法 律 实 证 研 究 丛 书

Empirical Research of Law and Litigation

总主编 宋英辉

宋英辉 袁金彪 /主编　　郭云忠 /执行主编

我国刑事和解的理论与实践

Theory and Practice of Criminal Reconciliation in China

北京大学出版社
PEKING UNIVERSITY PRESS

图书在版编目(CIP)数据

我国刑事和解的理论与实践/宋英辉,袁金彪主编. —北京:北京大学出版社,2009.1

(法律实证研究丛书)

ISBN 978 - 7 - 301 - 14817 - 4

Ⅰ.我…　Ⅱ.①宋… ②袁…　Ⅲ.刑事诉讼 - 和解 - 研究 - 中国　Ⅳ.D925.204

中国版本图书馆 CIP 数据核字(2008)第 200089 号

书　　　名:我国刑事和解的理论与实践
著作责任者:宋英辉　袁金彪　主编
责 任 编 辑:孙战营
标 准 书 号:ISBN 978 - 7 - 301 - 14817 - 4/D · 2229
出 版 发 行:北京大学出版社
地　　　址:北京市海淀区成府路 205 号　100871
网　　　址:http://www.pup.cn　电子邮箱:law@pup.pku.edu.cn
电　　　话:邮购部 62752015　发行部 62750672　编辑部 62752027
　　　　　　出版部 62754962
印　刷　者:三河市新世纪印务有限公司
经　销　者:新华书店
　　　　　　650 毫米 ×980 毫米　16 开本　27.5 印张　452 千字
　　　　　　2009 年 1 月第 1 版　2009 年 1 月第 1 次印刷
定　　　价:46.00 元

总　序

主编“法律实证研究”丛书，思虑已久。

我们出版这套丛书，主要有以下愿望：第一，吸收和借鉴社会学等领域的经验，运用实证的方法来研究法律问题；第二，探索在我国开展法律实证研究的相关问题，推广法律实证研究方法；第三，推广法律实证研究产生的成果，以便解决类似的问题；第四，作为沟通理论与实务的途径之一，促进法学理论研究者与法律实施者彼此之间的了解与理解；第五，从一个侧面反映我国法治发展取得的成就。

在现代社会中，科学的方法被认为是科学的灵魂，如果没有科学的方法就不会有真正的科学。在社会科学内部，因为方法论的孤立和闭塞，曾导致学科之间距离遥远。正如日本法学家川岛武宜所描述的，在法社会学产生以前，“法律学”是处于一种“光荣孤立”的状态下。正像政治学、历史学、民族学等各门社会科学没有为“法律学”提供的研究提供任何帮助一样，“法律学”也没能为这些社会科学的研究提供任何信息。① 长期以来，法学界比较盛行思辨、比较等方法，前者注重从概念、范畴等出发进行理论建构，后者注重通过比较发现各国法律制度的共性与个性以提供对策。总体而言，它们在定性分析上有其优势，但难以进行定量分析。在法律领域进行实证研究，即是按照一定程序规范和经验法则对法律信息进行定性与定量分析。通过对法律规范、法律文化、法律载体、诉讼案件等的实证研究，可有效描述法律现象、解释法律原因、预测法律规则、评价法律效果。

在许多国家和地区的法学研究中，日益强调实证研究方法。实证研究不仅成为实现法律整合本土资源、优化法律秩序的重要途径，而且具有

---

① 〔日〕川岛武宜：《现代与法》，王志安等译，中国政法大学出版1994年版，第235页。

以第一手的实证材料为支撑实现对法学研究成果的预测和检验的功能。法律实证研究普遍强调对其方法论上的科学安排与严格要求。比如:制定科学的规划设计,设定研究指标,确立操作化流程;选择合适的观察方式,包括实验法、调查研究、定性的实地研究、非介入性研究、评估研究等;进行精确的资料分析,包括定性资料分析、定量资料分析等;制定研究风险与预防方案,分析可控因素、不可控因素;合理把握研究中的伦理议题和政治蕴含,即实证研究应保障自愿参与、对参与者无害、符合法律职业伦理等规范要求,合理处置与意识形态、政治关系之间的问题等。

在我国,尽管法律实证研究的基本范畴和基本方法还有待理论总结和实践摸索,但其价值却不可忽视。首先,法律实证研究有助于拓宽法律研究视野和研究方法。在我国已有的研究成果中,有些或者缺乏问题意识,或者解释力低下,或者践行力不足,远离司法实践,难以发挥法学研究的应有作用。法律实证研究可以沟通法学理论与法律实践,促进法学研究与自然科学和其他社会科学的融合,使法学研究能够不断丰富自我,并更好地发挥指导立法与司法的作用。其次,法律实证研究有助于完善立法,推进司法改革。法律实证研究是发现规则及其实施中真正问题之所在的有效途径,因而可以使决策者准确把握法律的执行情况,从而可以有针对性地制定规则。最后,法律实证研究在一定程度上可以避免或降低法律改革中的风险。与其他研究方法相比,通过在小范围进行可控性的实证研究项目,尤其是通过实验检验规则的有效性,可预测法律规则效果,并可根据实验结果及时调整规则,从而减少甚至避免法律改革中的盲动和风险。

随着我国经济的迅猛发展和社会关系的变化,立法、司法、法学研究都面临诸多新问题。为了很好地应对这些问题,立法机关、法律实施者及学者都在付出自己的努力,探索解决问题的对策与方案。这些探索与改革,许多已经取得了重大成就。法律实证研究方法不仅为这些改革与探索提供了方法论支持,而且法律实证研究的成果也从特定的视角反映出我国法律改革取得的成就与进步。

当然,与其他研究方法一样,法律实证研究有其局限性。不过,正是由于各种研究方法都有其优势与不足,才需要发挥各自之所长,实现优势互补。从这个角度讲,由于我国已有的法学研究多关注抽象、思辨及比较的方法,所以,探索、推广法律实证研究便更具有现实意义和学术价值。

路漫漫其修远兮,吾将上下而求索。在我国,法律实证研究刚刚起步。由于受制于诸多主客观因素，在我国进行法律实证研究尚面临诸多困难，探索、推广法律实证研究方法还有很长的路要走。

不过，我们已经扬帆起程了。

宋英辉

2008 年 10 月 20 日

前　言

近几年，我一直在关注实证研究的方法，并先后在浙江和河北进行了刑事诉讼相关制度改革的试点研究。2006 年年底，我承担了福特基金会资助的课题“恢复性司法与中国刑事诉讼法改革实证研究”，2007 年又承担了国家社会科学基金项目“刑事和解制度研究”。为了实现预期的研究目标，我们课题组先后对探索刑事和解工作的地区进行了实地调研；利用多种途径向法官、检察官、警察、当事人、社会民众等发放问卷两千余份；在国家法官学院、国家检察官学院、法院、检察院、公安局、司法局与法官、检察官、警察、司法行政人员召开不同形式的座谈会、交流会；对刑事诉讼中的犯罪嫌疑人、被告人、被害人及已经和解的加害人、被害人进行访谈；现场观摩在检察环节适用刑事和解的真实案例。

本书即是上述课题调查、研讨中形成的部分成果，主要包括三部分：

第一部分，刑事和解：法律家与法学家对话录。在域外已有多年历史的恢复性司法，关注点不在报复和惩罚，而是着眼于治疗创伤和恢复破裂的社会关系。与传统的报复性司法不同，恢复性司法是在寻求抚慰、宽容与和解中伸张正义的。那么，如何认识、完善中国的刑事和解呢？为此，我们课题组与江苏省无锡市人民检察院在风景如画的太湖之滨——无锡，联合举办了“宽严相济刑事政策与刑事和解研讨会”。来自国内著名高校的法学家与来自实务部门的法律家，就刑事和解问题展开了一场高层次对话。该对话反映了我国刑事和解理论和实践的基本状况。本部分即根据研讨会录音整理而成。

第二部分，刑事和解的实际状况。本部分文章的撰写者主要来自探索刑事和解工作的一线人员——检察官和司法行政人员。他们有着多年的法律实务经验，尤其是对于刑事和解工作，更是有着切身的体会。这些文章,是对作者所在地区刑事和解工作的总结,也包含着作者个人多年从事刑事和解工作的心得体会。而一国的司法、执法的真实水平和实际状况,正是通过他们这样的一个个鲜活的个体所体现出来的。因此,要了解中国的刑事和解实践,首先要了解法律实务者对刑事和解的真实看法和感受。

第三部分,刑事和解典型案例。有人说,英美法的有趣,正是源于其判例的有趣。判例是活生生的人与人之间的激烈冲突和纠纷的生动记录,也是那些力图解决纠纷的司法人员思想轨迹的深刻反映。通过考察判例所显示的案件的纠纷事实、探求为解决纠纷而论述的理由及体味法律和司法机关所起的作用,我们可以寻找到实践运行中的"活法"。本部分精选了全国十一个省份的检察院和司法行政机关提供的83个案例,其中,既有检察官促成和解的,也有通过人民调解委员会调解达成和解的;既有和解成功的,也有和解失败的。这些案例,无论是案件类型还是处理结果,基本上反映了近年来刑事和解在我国的实际运行情况。

本书的编写本着充分尊重作者观点和客观反映我国刑事和解探索现实状况的原则,希望本书的出版能对关注我国刑事和解理论与实践的读者有所裨益。当然,由于种种原因,本书不可避免地存在着不足之处,敬请读者批评指正。

本书由主编、执行主编统稿,中国政法大学刑事司法学院博士研究生向燕协助统稿。

在本书出版之际,谨对为我们调研提供支持、帮助和便利的法院、检察院、公安机关和个人表示感谢;感谢同行专家对我们项目的支持;感谢无锡市人民检察院为"宽严相济刑事司法政策与刑事和解研讨会"的成功举办所做的付出。

本书的出版,得到北京大学出版社的大力支持,在此一并表达我们深深的谢意。

宋英辉

2008 年 10 月

目　　录

第一部分　刑事和解：法律家与法学家对话录

第二部分　刑事和解的适用状况

第三部分　刑事和解典型案例选评

第一部分

刑事和解:法律家与法学家对话录

刑事和解的理论基础

陈国庆（最高人民检察院法律政策研究室主任）

刑事和解的理论基础确实是当前实务和理论上非常重大的一个问题。在刑事诉讼中搞和解，对我们传统诉讼制度、传统诉讼理论产生了非常大的挑战。我们国家的刑事和解是在中央构建和谐社会这个理论指导下，首先从地方、从基层检察机关试点搞起来的，具有强大的生命力。我们注意到，关于刑事和解国外也有一些理论，比如恢复正义的理论、平衡理论，还有叙说理论。但是，这些理论都不足以论证我国目前刑事和解的性质，简单照搬理论模式的做法在理论研究上是没有生命力的，也是没有太多价值的。同时我们也注意到，有人概括说我们国家刑事和解的基础是我国以和为贵的文化、当事人主体地位的回归、罪刑法定原则从绝对到相对的转化，等等。这些概括有一定的道理，但还要进一步地研究。

以往理论上一直认为，在刑事诉讼中，公诉案件是国家对犯罪人的追究，公诉案件是不能和解的，也没有调解制度。这不仅表现在刑事诉讼中，《行政诉讼法》第 50 条也明确规定人民法院审理行政案件不得调解。但我们注意到，在有些地方的行政诉讼中有 30%—40% 的案件是通过和解的方式解决的，这说明我们现行的诉讼制度、诉讼理论在面对司法实践时出现了某些困境。我们过去的理论认为，犯罪具有社会危害性，危害了公共利益，公诉是国家追诉犯罪的行为，是否追究犯罪不以被告人是否认罪为前提，也不以被害人是否谅解为前提。因此，在刑事诉讼中一直实行国家追诉主义，追求实体上的真实。特别是在过去，刑事诉讼具有很重的法定主义色彩，刑事诉讼中的原则与民事诉讼中的当事人意思自治、当事人处分原则有着非常大的或者根本的区别。但是，现在看来，这些传统制度可能是需要调整的。

在刑事和解中，存在着国家和被告人之间的法律关系、被害人和被告人之间的法律关系，我们首先要搞清楚刑事和解到底是国家和被追诉人的和解还是被告人和被害人的和解。过去我们认为，在刑事诉讼中被害人和被告人是没有处分权的，现在大家讲和解主要是指被告人和被害人之间达成一定的和解，由有关的司法机关对这种和解关系予以认可，并以诉讼的手段和方法予以肯定。实际上，在不同的法律关系中都存在和解的因素，这个问题是需要认真研究的。

刑事和解的理论基础大概有这么几个方面是需要研究的：

第一，和谐理论。简单地认为恢复性司法或者恢复正义理论构成我国现在刑事和解的理论基础是值得探讨的。因为恢复性司法或恢复正义理论很早就介绍到中国来了，但在相当长的一段时间内并没有引起司法实务机关的重视，而是最近两年才开始搞刑事和解。这是为什么呢？我认为，最重要的一个背景就是中央提出了构建社会主义和谐社会理论，这构成了刑事和解根本的理论基础。构建和谐社会实际上对刑事司法的执法观念产生了非常重大的改变，从构建和谐社会、化解社会矛盾、解决社会纠纷、最大限度地减少不和谐因素的角度出发，在刑事诉讼中需要对犯罪状况进行认真分析，对犯罪进行分类。客观地讲，有些犯罪还存在对抗性，如危害国家安全类犯罪、危害公共安全类犯罪等，对这些犯罪是不能搞和解的。但是，由人民内部矛盾引发的一些犯罪，特别是一些罪行轻微，有明确被害人的案件，是存在和解的条件的。现在的大多数案件都属于后一类案件。

第二，诉讼模式。过去我们长期认为刑事司法是对抗制司法，我们刑事司法改革应向抗辩制发展，这些发展的趋向值得研究。对于认罪的、矛盾可以调解的，可以朝着和解的方向、朝着合作的方向发展。在诉讼的模式、诉讼的方式上，要根据犯罪的实际情况、根据对犯罪的分类，采取不同的诉讼模式和不同的诉讼发展方向。同时，要肯定当事人对于一定的诉讼案件可以参与、可以和解。也可以考虑引入民事诉讼的一些基本原则，比如当事人处分原则、意思自治原则。当然在刑事诉讼领域要受到比较严格的限制，引入这些原则要符合法律规定，不得违反国家和社会的公共利益，需要一些具体的规制。

第三，自由裁量。在刑事司法中，司法机关有一定的自由裁量权，这也为刑事案件和解的处理提供了一定的可能性前提。现代法治从形式主义逐渐向实质主义转换，比如罪刑法定从绝对向相对转化，执法从机械地照搬法律向能动地执法转变。在刑事诉讼的相当一部分领域里我们并不否认对抗模式，但在相当一部分可以和解的案件中也应该从对抗性司法向合作性司法转变。这样才能从中国的实际出发，更好地满足我们构建社会主义和谐社会的需要，更好地实现社会的公平正义，更好地维护当事人的合法权益。

陈瑞华（北京大学法学院教授、博士生导师）

刑事和解现象的出现有两个鲜明的特征：第一，它从来不是在什么有系统的、现成的理论指导下展开的一项改革，这项改革实际上是司法实践中带有一定自生自发性的、自下而上的一个改革试验。第二，刑事和解制度没有一个固有的模式，它基本上是边探索、边试验、边调整。我注意到适用的案件范围从最初的轻伤害案件逐渐向纵深方向发展，很多地方把它适用到法定刑为 3 年以下有期徒刑的案件，案件的适用对象、刑事和解适用的程序都在不断发展之中。这个制度应验了过去美国联邦最高法院的大法官霍姆斯的一句名言：法律犹如一棵生命之树，从它发展开始，它有一个生长发育的过程。而过去，我们过于强调成文法的作用：从一个理论构建一个制度，从这个制度来制定一个成文规则，按这个规则来进行一定的实践。这样一条路径其实已经被打破了，它现在是从实践中萌芽、发展，逐渐成长发育。我们将任何理论强加给它，不管说它是好的或是不好的，我觉得都太过于武断。这个时候对于研究方法来说应该是一个最好的转型机会，那就是把它当做一个生命有机体，观察它的发展、发育、今后的走向，然后从理论上给予解释。我们过去的理论过于强调规范，动辄提出一些理论，要求实践中按照这个理论来构建一个制度。在我看来，在刑事和解制度上，这样一种思维方式、研究方法可能不大适用。

关于刑事和解产生的原因，我们很多学者包括实务界的人士，一贯习惯于从西方来寻找论证我国一项改革的理论根据，比如说恢复性司法。在我看来，刑事和解与恢复性司法恐怕还不能完全等同，因为迄今为止只有烟台的平和司法模式与恢复性司法有一定的相似之处。有些地方搞的改革，根据我有限的阅读，我觉得与恢复性司法的关系不是特别大。理由有三：第一，恢复性司法是以社区作为一个基本的被害人，并以此作为理论基础，而我们的刑事和解没有过多地强调社区的作用、社区的参与。第二，恢复性司法更多地强调一种交流、沟通、对话，达到心灵的回归，甚至提出了回归社会这样一个概念。而目前在中国大多数地方搞的刑事和解中，这样一种真正强调心灵的沟通、倾诉、在精神方面使传统的对抗制司法模式所不能满足的欲望得到满足，这一点恐怕还不是很明显。第三，恢复性司法更多强调的是一种从侦查、起诉、一审、二审乃至执行阶段的全方位的、各方的参与，而且方式多种多样，非常灵活。它最初是在澳洲、新西兰的土著居民解决争端的方式中受到启发和产生灵感，慢慢地扩充到正式的司法制度当中，它是对传统性对抗模式的一种替代、一种补充。中国目前的刑事和解，恐怕更多的还是围绕着赔偿问题来展开，我在一篇文章当中把它概括为一种基于控辩双方赔偿问题所进行的和解、对话、协商乃至交易过程。

还有的人写文章说刑事和解是受中国古代"和合文化"的影响，我觉得这样的概括有一定的道理，但为什么"和合文化"在中国产生了好几千年，而我们最近才刚刚提出刑事和解模式呢？用"和合文化"来代替今天的刑事和解恐怕在动因上缺乏必要的因果关系的论证，它的客观效果可能有助于和解的诞生，但是从动因上恐怕还难有充分的说服力。

那么，刑事和解的最大动因是什么呢？我的一个基本观点是，它是用一种功利主义的思考替代教条主义的传统。功利主义或者实用主义代替教条主义，这是人类发展的一个革命性的更替。小平同志在改革开放中主张，不管白猫、黑猫，逮到老鼠就是好猫，这就是一种典型的功利主义思想，以结果论英雄而不过分强调一些僵化的原则和教条。同样的道理，我们过去的教条表现在两个方面：第一，有罪必罚，已经到了教条的地步；第二，对被告人、嫌疑人从理论上过多地强调无罪推定、从轻处理，现在有些方面也走到了教条的地步。这使得我们的刑事司法出现了一种瓶颈效应：我们没办法保护被害人；我们没办法解决附带民事诉讼，在传统的、正式的司法模式中，附带民事诉讼基本上已经山穷水尽，没有任何出路；我们没有办法解决被告人的前科劣迹问题，我们没有办法把西方国家那种前科劣迹的撤销制度引过来。在我们检察机关主持的刑事和解中，被告人的动力是什么？就是因为他可以避开前科劣迹，这样一种终身伴随的前科劣迹制度可能是我们被告人愿意选择刑事和解的最大动力。所以，我觉得这种功利主义的思考在中国的出现，非常像辩诉交易在美国的发生学原理，那就是一种"利益兼得"原理。我们可以看到刑事和解制度的出现对被害人是有利的，因为刑事附带民事诉讼要么赔偿额度很低，要么根本执行不了，民事判决执行难，附带民事诉讼执行更难。根据我的调查，在北京的基层法院，附带民事诉讼的判决执行率不超过2%，某区的附带民事诉讼判决执行率，以轻伤害为例，半年执行判决率为0%。这说明被害人对案件进入法院正式审判有一种恐惧症，认为不会得到真正的解决。对于被告人来说，他最大的好处就是避开了前科劣迹这样非常不幸的、一旦是罪犯终身是罪犯的局面，一旦达成和解不起诉或者是在公安机关撤销案件，他就是无罪的，他就没有前科劣迹，没有犯罪记录。对于检察机关来说，毫不讳言，它也带来三个好处：第一是效率的提高。第二刑事和解成为疑难案件处理的一种方式。很多案件证据不足，又苦于没有办法，用刑事和解的方式避开了严格的证明责任分配。第三是和谐的大局。案件一旦到了法院，尽管可以追究犯罪，但被害人反复申诉、上访，案件虽然在法律上解决了，但它引起的社会问题仍然解决不了。所以，从这个角度来说，我个人认为，我们能否从辩诉交易发生的过程中来寻找一些理论的灵感，来看待中国目前的刑事和解：它们有很大的相似性——都是基于一种功利主义、以结果为中心的价值观，是对过去过于教条的意识形态价值的评判。当然它的正当性是另外一个问题。教条主义被克服以后，功利主义是不是绝对就是正当的，这是另外一个问题了。正如我们今天的社会，功利主义至上带来的价值观的混乱也给我很大的启发，这是需要进一步研究的问题。

不管刑事和解的初衷是什么、它改革的动因是什么，其实一个制度、一种改革一旦出现，它的初衷往往不是特别重要，我们要看它客观达到的效果。在我看来，刑事和解制度的出现，对传统的刑法理论、刑诉理论提出了三个挑战：

第一，挑战了犯罪与侵权的严格划分。现代包括近代以来刑法学、刑事诉讼法学建立的理论根基是犯罪与侵权的严格区分，认为犯罪是对国家统治的挑战，具有社会危害性，而侵权具有私人的违法性、侵权性。在犯罪与侵权这种区分的基础上，产生了刑事诉讼中的国家追诉主义、实体真实探求主义的理念，民事诉讼中产生了当事人处分原则、意思自治原则。这一系列的理念都非常重要。但在我看来，刑事和解制度的出现所带来的挑战在这方面有三个：(1) 犯罪与侵权概念的逐渐模糊，轻微犯罪侵权化。国家放弃追诉轻微犯罪，让位于被害人和被告人的和解协商，这实际上是突出了它的侵权性。在一部分有被害人的案件中，我们需要考虑，对犯罪的定义要不要重新讨论，还要不要过多地强调犯罪的社会危害性作为它的一个基础特征，对有被害人的案件，要不要强调它的私人侵权性也同样是犯罪的一个特征。(2) 刑诉民诉化。刑事诉讼在轻微案件中按照民事诉讼法的方法处理，尊重当事人的意思自由，采取处分原则。(3) 被害人地位、诉权得到充分保障。传统的诉权理论保障了被害人的申请权、参与权，最多再给他一个程序选择权。刑事和解制度的出现使被害人的诉权，达到了最高境界。被害人可以直接决定实体结果，这点与民事诉讼中的和解、调解制度有很大的相似性。与此相对应，它对以国家和被害人的关系为核心的刑事司法模式构成了挑战，从以国家与被告人的关系为中心，转向以国家和被害人、被告人的关系为中心。

第二，对传统的司法正义理论提出了挑战。我个人认为，过去多年以来，刑法学界、刑事诉讼法学界把罪刑法定、罪刑均衡、无罪推定、程序正义都绝对化了。刑事和解制度的出现给我们的研究提供了一个非常好的机会，我们可以研究罪刑法定、罪刑均衡、无罪推定、程序正义的例外，要从基于对抗的正义观来看待基于合作的正义观。我们传统的无罪推定和程序正义理论建立的基础是控辩双方的对抗，控辩双方有一个立场的对立，严格来讲是被告人做无罪辩护，被告人不认罪，这是传统的理论基础。但是，在中国传统的司法实践中，至少在法院阶段，至少有 80% 的案件被告人认罪了。被告人一旦认罪，双方的对抗或者说典型的对抗就不存在了，无罪推定还有多少存在的空间？证明责任的分配还有多少存在的空间？证明标准还有没有存在的意义？无罪推定、程序正义还有没有意义？所以，刑事和解给我们提出了一个挑战，我们既要研究传统对抗性司法的正义观，还要研究在这个之外基于合作的正义观。

第三，第三法律价值的出现。我们传统理论提出的法律价值是一种二元构造，最早是打击犯罪，保障人权；后来是惩罚犯罪，正当程序；再后来是实体真实，正当程序。这些都绕不开程序的公平和结果的公平。刑事和解制度的出现给我们提出了向两种法律价值的挑战，我把它称为第三法律价值——社会关系的修复带来的和谐价值。如果没有更好的名词就将其概括为司法和谐价值。司法和谐价值不取决于结果，也跟程序没有必然的联系，它是在传统的结果正义和程序正义之外出现的第三个价值。对未成年人案件来说它不光是一个和谐，还要强调教育、感化、挽救，有点像 1974 年美国学者格里菲斯的家庭模式理论，给我们的启发，我们可以概括为一种关爱模式、完整模式。由于出现了第三法律价值，使得以传统的结果公正、程序公正为标志的二元构造受到了第一次挑战。

段农根（中央政法委研究室处长）

宽严相济的刑事司法政策是我们党在最近提出来的理念，目的在于进一步提高司法效率，化解人民矛盾。党的十六届六中全会提出构建社会主义和谐社会，最高人民检察院在2006年也进一步提出了司法机关如何贯彻宽严相济的刑事司法政策的一些要求。按照我的理解，贯彻宽严相济刑事政策最基本的要求就是充分运用现行法律关于从重、从轻和减轻包括免除处罚的有关规定，在严厉打击严重犯罪的同时对适宜的案件作轻缓化处理，通过宽与严两手的做法，做到宽严相济，最大限度地教育挽救可以挽救的人，最大限度地通过执法机构的执法办案，维护社会稳定。在这种大背景下，尤其是在最高人民检察院出台《贯彻宽严相济刑事政策的若干意见》之后，我们应该进行大胆的探索，包括对刑事和解制度的适用范围和程序进行深刻研究。最近许多基层检察院成功地运用刑事和解方式办理了一些案件，应该说解决得比较好。我们目前的检察机关对刑事和解的研究和尝试主要是在因为纠纷而产生的犯罪上，在这类犯罪中着重于弥补犯罪人对被害人所造成的损失。宽严相济的刑事司法政策与刑事和解应该说是有益的尝试，但我国的《刑事诉讼法》中并没有明确规定刑事和解的适用范围、程序。因此，对刑事和解制度的确立应该采取三个步骤：第一，是要逐步丰富和完善刑事和解的相关理论，为刑事和解实践提供充分的理论基础；第二，是认真总结司法实践中的成败得失，为将来的立法积累经验并提出有建设性的立法建议；第三，是由于目前的法律缺少相关规定，因此，我们在司法实践中必须注意要在法律框架之内进行探索。

汪建成（北京大学法学院教授、博士生导师）

讨论刑事和解的理论基础应注意的几个问题：犯罪的性质是什么？对犯罪的认识是仍停留在犯罪是孤立的个人反对统治关系的观念上，还是要强调犯罪其实也是一种纠纷。刑事和解直接的目的是什么？在我看来是恢复法律秩序，这实际上扩展了刑事诉讼的功能。恢复一种被犯罪破坏了的法律秩序，仅用追诉和惩罚的方式是不行的。被破坏了的法秩序不仅仅有抽象的，还有具体的。在各种各样具体的法秩序中，受到伤害最严重的是被害人。

不管是对公安机关、检察机关还是其他执法机关，刑事和解都有赖于自由裁量机制，如果没有自由裁量，和解是没有余地的。不管是从演绎还是归纳的角度讲，我们想探讨的就是刑事和解的程序化机制，包括背后隐藏的刑事政策的程序化机制。

我们在探讨刑事和解的理论基础时，恐怕需要从不同层面来考虑。和谐社会理论是一个很大的理论，具体到刑事诉讼中的一项具体制度的时候，还要挖掘这个理论如何在刑事领域中得以体现，所以我非常赞同最高人民检察院从宽严相济的刑事政策这个角度来谈刑事和解。我们国家要从自身去寻找刑事和解的理论基础，但是西方的理论诸如恢复性司法理论对我们也还是有一定借鉴意义的。

刑事和解目前没有一个固定的模式，但不能总是这样，我们可以并且应当通过这样一个过程去推动刑事和解制度的建立。刑事案件要采用两分法，有一部分刑事案件要走和解的道路，有一部分不见得要走和解的道路。刚才有的专家发言中提到从对抗制走向合作制，我认为有一部分恐怕要走向合作制，有一部分恐怕要更加走向对抗制。

张志铭（中国人民大学法学院教授、博士生导师）

讨论刑事和解制度的正当性基础，也就是我们从不同的角度、不同的意义上追溯一个问题——这样一种制度尝试、改革到底有一个什么样的合理的基础、正当的基础。如果没有，这种改革是没有前途的，这种制度是不可能建立起来的，即使建立起来也是不能持久的。

我认为，对刑事和解的正当性进行概念追溯是不充分的，不能很好地说明刑事和解的正当性。把刑事和解追溯到宽严相济的刑事政策，追溯到和谐社会，追溯到和合思想，这些观点促成了新的思考，但如果从因果关系上去解释确实很难得出一个很确定的结论。宽严相济刑事政策从新中国成立以来就是一个将“严”一以贯之的政策，而我们现在在同样的一个政策概念下，却要引发出一个“宽”的东西来讲刑事和解，可能有很大的跳跃。中国自古以来就有和合思想，而中国历史上的刑罚却是以苛刻严峻著称的，为什么在中国几千年的历史中、在和合思想的濡染下没有产生宽刑、和解，而近几年却产生了呢？

我认为，上述概念的追溯在理论上只是一种说法甚至是一种修辞，但并不是真正的探源。真正的理论基础要从我们刑事领域本身的问题来进行追溯。这种追溯首先要面对的就是对犯罪的界定。我们经常说犯罪是个人对社会的行为，是反社会的、危害社会的行为，在其中我们发现没有受害人、没有个人的思想。而我们对犯罪的理论定义也是讲它的违法性和社会危害性。这样一种理论可以追溯到很远，在古罗马法中就有一个定理：公法行为、公法问题不得由个人之间的协议来解决。落实到刑事问题上就表现为很长时间以来的国家追诉主义。如果完全从刑事理论上来讲的话，可能有这样一个问题，就是在我们原来的制度里面是没有或者很少有个人的因素，更多的是一种国家本位、社会本位的思想。

从中国的实践来看，现在出现刑事和解，在大的背景上与我们改革开放二十多年以来的社会整体趋势是合拍的。我们的改革开放简单地讲就是一个还权于民、还权于社会的过程，在强大的国家意志之下发育个人的空间、社会的空间。而到了现在这个阶段，个人的空间、社会的空间已经发育得比较良好了，已经应该有自己的声音了。人们就开始思考在刑事领域里，在传统的刑法对犯罪的界定下，是不是存在国家的过度介入问题。而刑事和解的出现与中国总体的社会发展趋势是呼应的、有关系的。在这样一种大的背景下来思考刑事和解问题，它的理论基础在什么地方？我觉得是刑事当事人的权利、人权的保障问题。也就是说，很多我们现在认为是犯罪的东西实际上并不太多涉及国家或者公众的利益，完全可以通过这种私人之间的交谈来解决问题。

讲到这里我要提出一个看法，用刑事和解这样一种制度建构去解决很多的现实问题，可能是不相称的。在这样一种制度下，我们要思考两个层面的问题：第一个层面的问题，是去罪化、轻刑化的问题。也可能我们原来认为是罪，特别是我们原来认为是轻罪的，可能以后不应该被认为是罪；还有一个就是原来觉得是重罪的，现在可能要从宽，即去罪去刑、轻罪轻刑的问题。但这个问题只能通过刑事立法来解决，通过刑事司法来解决这个问题有点文不对题或者是无效的。第二个层面，在严格界定罪与刑的情况下，我觉得任何一个罪肯定都会涉及个人与社会两个维度。也就说刑事和解这个概念，如果撇开了公权机构、社会的介入，是很难成立的，这就应了“公法问题不能由私人协议来解决”，制约是必须的。这种制约按照我们现在的表达是检察机关主导，但从中国的社会发展趋势来看，国家和社会之间也存在着一个分离，换句话来讲，社会不可能完全由国家来代表，在这种情况下就分解成三个维度：个人、国家（主要有政府部门、检察机关，当然检察机关也存在着怎么定位的问题）、社会，这三个方面都是必须考虑进去的。

刑事和解适用的案件范围和条件

樊荣庆（上海市人民检察院侦查监督处副处长）

对刑事和解的适用范围，大概有这么四种主张：一是认为刑事和解适用范围侧重于轻微刑事案件和未成年人犯罪案件，也就是可能判处 3 年以下有期徒刑的轻微案件和未成年人犯罪案件。这种主张是具备充分的法律依据的，即我国《刑事诉讼法》第 172 条、《人民检察院刑事诉讼规则》第 291 条、《人民检察院办理未成年人犯罪案件的规定》第 21 条以及第 13 条第 2 款、最高人民检察院《关于检察工作中贯彻宽严相济刑事司法政策若干意见》的第 12 条等。二是认为刑事和解适用于所有的轻微刑事案件和部分严重的未成年人犯罪的案件。刑事和解最初是针对青少年犯罪案件和初犯、轻犯的，但目前在英国、澳大利亚，刑事和解也被应用于成年犯和相对严重的犯罪。在上海市检察机关适用刑事和解的 32 起未成年人犯罪案件中有 12 起为抢劫案件，1 起为故意伤害案件。三是认为刑事和解可以适用于除最严重的犯罪以外的其他所有刑事案件。这种主张源自新西兰的以家庭为单位的恢复性面谈，在那里恢复性司法已被用于除了最严重犯罪以外的所有刑事案件。四是主张刑事和解适用于所有被害人为自然人的刑事案件，即使是严重的犯罪案件也有适用的空间。被视为刑事和解鼻祖的霍华德教授认为：刑事和解不仅针对轻微的案件和初犯，经验表明恢复性司法对更严重的案件能产生更大的影响。目前，美国、加拿大在严重暴力犯罪中适用被害人—加害人调解程序的案件也越来越多，在一些重伤害案件、强奸案甚至杀人案中也适用了刑事调解程序。

我认为，应当稳妥地选择现阶段适用刑事和解的范围。目前实践中对于刑事和解的适用范围都持谨慎态度。联合国预防犯罪和刑事司法委员会关于刑事和解的专家会议报告中也指出：在将刑事和解模式运用于重罪时应当非常的谨慎，因为对这些案件而言，修复伤害并非总是可能的。重罪适用刑事和解在西方国家虽有实践和探讨，但这种尝试遭到了被害人保护运动的反对和司法主流程序的否定。我认为，我们目前也不宜将步伐迈得太快。因此，刑事和解适用范围应主要适用于法定刑为3年以下有期徒刑的犯罪、告诉才处理的犯罪及轻伤害犯罪等主要侵犯公民个人人身或财产的轻微刑事案件。

在未成年人案件中应扩大刑事和解的适用。未成年人实施的轻微犯罪和部分严重犯罪都存在适用的空间，这是因为，未成年人身心发展尚不健全，犯罪的主观恶性、客观行为所表现的恶劣程度往往小于成年人，犯罪所带来的社会危害性与成年人相比也有较大的差别。如果采取一刀切的做法，将所有涉重罪的未成年人案件排除在刑事和解之外，不利于贯彻宽严相济的刑事政策，也忽视了未成年人犯罪的特殊性。

对刑事和解适用条件的设计应尽量周全。主要包括以下方面：一是被害人是自然人的案件。对于危害国家安全、危害公共安全的犯罪以及公职人员的职务犯罪，由于侵害的是公众和国家的利益，使用刑事和解不仅会使国家、社会遭受利益损失，而且会使人民对国家治理社会的能力产生怀疑。二是案件事实清楚、证据确实充分。这是刑事和解的适用基础，否则，加害人很可能在种种压力之下，违心表达意愿，接受对其不利的调解结果。另外，从逻辑上说，如果不查明案件的事实真相，也就很难确定是否发生了刑事案件。三是加害人作出有罪供述，认罪态度良好。刑事和解的初衷是为被害人提供疏通情感的渠道，如果没有加害人有罪供述的先决条件，也就根本无法达到预期的效果。四是双方自愿，意思表示真实。自愿是刑事和解的原则性前提。五是加害人的主观恶性不大。主要表现为过失犯罪、从犯等。六是有很好的监护条件和社会帮教条件。在公安机关、司法机关作出撤案、不捕、不诉、被免予刑事处罚、宣告缓刑和判处短期自由刑等决定后，能对加害人进行良好的监护、帮教，以防止他们和解之后因无人监管而再次犯罪，促使其更好地回归社会。

吴孟栓（最高人民检察院法律政策研究室处长）

根据现行《刑法》和《刑事诉讼法》的规定，只有被害人告诉才处理的犯罪案件和被害人有证据证明的轻微刑事案件这两类自诉案件，人民法院可以调解，当事人可以自行和解。根据现行法律的规定，检察机关就刑事和解探索的法律空间应该讲是非常有限的，仅限于可公诉可自诉的案件或者进入公诉程序的比较轻微的刑事犯罪案件。

全国检察机关对刑事和解进行了积极而又很谨慎的探索。谨慎的表现之一就是适用的范围还很有限，集中在轻伤害案件、过失犯罪案件和未成年人实施的轻微犯罪这么几类。也正因为法律空间比较狭窄，一些地方在探索时多多少少地突破了现行的法律框架。我个人觉得要正确确定刑事和解适用的范围，可以从这三个方面来把握：第一，刑事和解案件的范围要与建设和谐社会背景下的刑罚目的相适应。刑罚是国家调控社会矛盾最严厉也是最后的手段，不能把惩罚和报复作为刑罚的根本目的，尤其在建设和谐社会的背景下刑罚的运用要着眼于真正地解决矛盾，而不是暂时地压制矛盾，要着眼于彻底地平息矛盾，而不是激化矛盾，更不能制造新的矛盾。第二，刑事和解的案件范围应该与当前人民内部的矛盾凸显和刑事犯罪高发的实际相适应。去年我国刑事案件的总量基本上接近五百万件，根据有关专家的核算将来可能会接近一千万件，那么在这么多案件里面大概有75%是判处5年或者5年以下有期徒刑的轻微犯罪，在这75%的案件里面大概又有40%—70%是由于家庭邻里纠纷和生产、生活、工作中的纠纷这样一些人民内部矛盾而引发的。我们确定刑事和解的范围要充分考虑这种实际情况和实际需要。第三，确定刑事和解的范围要与司法机关特别是基层司法机关的办案力量、人员素质和执法环境相适应。我们基层司法机关案多人少的矛盾十分突出。司法人员的整体素质还有待于提高，特别是司法机关的执法环境，也有很多不尽如人意的地方。确定刑事和解的适用范围除了考虑实际的需要还要考虑我们实际的可能。关于一些具体问题，比如被害人是单位的案件、侵犯公民权利的职务犯罪案件、比较严重的刑事犯罪案件、发生在家庭成员之间的重伤害或者杀人案件能不能适用和解，这些问题还要进行深入的研究。高检院的有关部门也在积极研究，争取在适当的时候制定一个规范性文件，对全国检察机关刑事和解的探索情况进行规范。需要说明的是，检察机关要严格依法行使自己的职权，在《刑法》和《刑事诉讼法》没有修改之前，一定要在法律允许的范围内进行探索。

李建明（南京师范大学法学院教授、博士生导师）

在适用刑事和解这个问题上，我担心的不是将来适用不足，而是担心适用的范围过大、条件过宽。不该和解的适用了和解措施，可能会带来一些问题：一是瓦解社会对犯罪的认识评价体系。尽管我们观念要变革，要与时俱进，但如果和解广泛适用以后，是与非、善与恶就可能在一片和解声中模糊掉了。一个社会一旦善与恶、是与非、罪与非罪的界限过于模糊，很可能我们的信仰、我们的行为规范体系都会发生变化。第二，范围过广会牺牲法治的权威。树立法治的权威也是我们的重大任务。同等情况同等对待是法治的一个原则，而同样的案件有的适用了和解有的没有适用，或者和解的程度不同，可能会得到明显不同的处理结果。容易让人产生"问题不在大小，关键在于态度"的印象。第三，可能影响长久的和谐。在个案中我们往往着眼的和谐是犯罪行为人与被害人的和谐，一旦适用范围太宽以后，会忽略了社会利益。我们现在看到的是一些地方实行和解以后犯罪率下降了，但大规模推行以后，刑事犯罪率最终究竟怎么样，特别是一般预防效果如何，我们在这方面还没有实践的数据。我认为，适用范围过宽会影响犯罪的一般预防，从而影响社会稳定，从长久来看会产生不和谐的因素。各地检察机关目前在这个问题上持比较谨慎的态度，这非常好。

另外，刑事和解的适用范围和条件不应该太死板固执，应该是动态的、可变的。现在一定要设定一个什么样的范围，我觉得不是很恰当。在实践、探索的过程中应把握这么几个原则：第一，是有利于和谐的实现，这个和谐是小和谐，就是本案中实现的和谐，尊重双方当事人的意见；第二，是有利于实现持续的和谐，不仅要考虑本案还要考虑长久，考虑一个地区的犯罪预防、和谐局面的形成；第三，兼顾各种价值、各种利益的平衡。其实我们处理刑事案件，不论是严重犯罪还是轻微犯罪，都涉及方方面面的利益、方方面面的价值和追求。我们不仅要关注到和谐价值，一个社会的生存发展还有很多很多的价值需要我们去关注，如道德体系的维护、社会共同利益的维护等。检察机关是国家和社会利益的保护者，它这种社会公共利益的角色不能淡化。

对于有的地方要求的案件事实清楚、证据确实充分，我认为这不应成为和解的条件。有的案件证据不充分，但犯罪嫌疑人自己承认，如果适用和解，刚好解决了证据不充分的问题，所以，条件过严也不好。

刑事和解的模式和程序

王敏远（中国社会科学院法学研究所教授、博士生导师）

首先，我们是在什么样的范围内来讨论刑事和解这个问题？当前在刑事和解的试点中，各地检察院都是很谨慎的，一般仅对轻微犯罪、未成年人犯罪等适用刑事和解。我们可以把刑事案件分为两类：一类是自诉案件，一类是公诉案件，这个分类是比较周延的。如果刑事和解仅仅局限于自诉案件的话，那么探讨刑事和解没有太大的意义，因为自诉案件本来就是可以调解的，和解制度本身的内容可以在这个框架内来建设。而如果将案件的范围扩大到公诉案件的话，马上就会面临法律依据不足的困境。基于此，我们探讨这个问题的宗旨、出发点就要做相应的调整：我们今天的讨论是为今后的制度完善创造条件、打下基础的，我们很难说现在已经有了完善的法律基础。

其次，刑事和解的宗旨是什么？我们设计刑事和解制度时，刑事诉讼的宗旨或价值应该做怎么样的调整？刑事和解究竟是以往的刑事诉讼目的和价值的一种补充还是一种纠正？如果作为补充，就是在原有目的和价值之外增加了一个，就像陈瑞华教授所说的司法和谐。如果作为修正，是根本性的修正还是一个局部性的修正？我想根本性的修正大家都不会同意。局部的修正又是一种什么意义上的修正，这种修正对原来的目的、宗旨、原来的功能会有怎样的调整作用？我认为从补充的意义上来考虑，可能更容易被接受。

再次，对于刑事和解的模式和程序的理解。任何模式肯定不是单一的，一国的制度只有在多种模式并存的时候才有价值。刑事诉讼的模式，有的是因为不同国家、不同地区的历史不同而形成的，比如英美法系的模式、大陆法系的模式；还有的是由于目标或者价值判断的要求存在差别，比如犯罪控制模式和正当程序模式。我认为，应当从另一个层面上讨论刑事和解的模式，而不应该仅从历史角度考虑，因为探讨的目的是要为以后的制度建构做准备。总的来讲，这个模式应当与通过刑事和解所要实现的基本目的联系在一起，对此可以做一些更多的共性思考，以设计在全国都能适应的普遍模式。

最后，构建刑事和解模式应当注意的问题。一是主导者是谁。刑事和解可以考虑法院主导模式、检察机关主导模式、公安机关主导模式。二是轻罪的和解模式和重罪的和解模式是否要有区别。轻罪的和解模式，是指对轻罪通过和解可以免予追究或者减轻责任，但重罪的和解应该与此有所不同。三是我们在进行刑事和解的时候应当避免的问题：要避免不公正的和解，无论是目标的追求还是程序的设计；要避免片面追求效率的和解，效率只能是在追求公正的过程中的一种附带价值；要避免失控的和解，和解应当是可控的，即规范意义上的和解。

李爱君（江苏省南京市人民检察院公诉处处长）

在对刑事和解的探索过程中，不同检察机关形成了不同的模式和程序。但在这个过程中，需要遵循一些基本的原则：

第一，公平自愿原则。在和解的过程中尤其是公诉阶段检察机关倡导下的和解，检察人员主观上要保持中立，客观上也有这样的需求。我们劝导某一方时，也许是善意的，但是民事赔偿当中有可能出现一方漫天要价一方坐地还钱的局面，不管我们做哪一方的工作都会给另一方当事人造成有失公正的印象。因此，要遵循自愿原则和检察人员自身保持中立的原则。

第二，遵循程序规范的原则。无论是区县院还是市级院、省级院，在刑事和解运作过程中都涉及一个地区执法的规范化问题。尽管一项改革仍处于摸索阶段，但同一地区应当适用同一标准，这一标准可能不尽成熟，但可以在实践中不断完善。同时也要有内部的监督制约规范，这一方面既是保护检察干警的需求，另一方面也是防止司法不公的需要。

第三，各司其职原则。在和解的过程中，如果检察机关一家来唱独角戏的话，司法资源力量是不够的。为此，南京市检察机关联合司法行政机关等多个单位对刑事和解案件进行了向前延伸和向后拓展。一方面，通过向前延伸，将民事调解交由专门的人民调解委员会负责。2007 年 3 月，南京市人民检察院和南京市司法局、南京市“大调解中心”会签了《南京市轻罪案件委托人民调解的实施意见》。按照该《实施意见》，检察人员将符合条件的案件，交给基层的人民调解委员会进行民事部分的协商调解。这一方面是基于效率的考虑，另一方面是基于调解效力的考虑。人民调解委员会形成的调解书是具有法律效力的，而我们检察机关主导下的和解形成的和解协议在目前的司法环境下是没有法律效力的。到目前为止，我们绝大部分案件都是按照这个程序来操作的。第二个方面是向后拓展，和解后犯罪嫌疑人的矫治由社区负责。在达成和解协议、案件处理完毕后，我们并没有使其游离于社会监控之外，而是将其融入社会矫治中，借助社会力量，使其尽快回归。如南京市雨花台区人民检察院与区司法局签订了《联合帮教纪要》，规定案件处理完毕后，检察院承办人必须将加害人资料转入到其居住地的司法所，由司法所对其进行跟踪监督，关注其思想的变化，鼓励其友善与人相处。

第四，注重效果的原则。如果在和解中出现这种情况：双方都自愿和解，但是和解所造成的社会影响和危害远远大于他们和解之后两个人的受益程度，那么检察人员就要考虑到整个社会对它的接纳度、社会效果、对公序良俗的侵害程度、长远的社会和谐效应等。因此，在和解效果违背整个社会效果的情况下，当然要作否定的决定。

周伟（上海交通大学法学院教授、博士生导师）

第一，关于刑事和解与恢复性司法。将恢复性司法在英美法系的含义理解为恢复性正义更为准确一点。最初恢复性司法或者恢复性正义并不是司法机关的事情，而是起源于社区的纠纷解决方式，是一种民间的东西。我们现在讲的刑事和解，基本上是检察机关主导的。如果最初的这种恢复性正义是一种非官方行为的话（当然有官方的意思在里面），那么我们现在的刑事和解就具有中国特色，就不能照搬国外的恢复性司法，而应该逐步地形成比较统一的理论支撑，形成比较统一的模式和程序。

第二，关于刑事和解与辩诉交易。过去在辩诉交易中被害人是不参与的，而刑事和解中被害人是参与的。强调保护被害人的权利也是这几年国外刑事诉讼发展的一个趋势，那么在这个过程中被害人参与到底是刑事和解还是对辩诉交易的改革，需要好好研究。研究目的并不是说我们要照抄什么，而是弄清楚它的本质，使我们形成一种比较清晰的思维。

李哲（法学博士，最高人民检察院检察理论研究所研究人员）

恢复性司法在英文中是 Restorative Justice，和它相对应的是 Distributive Justice。Restorative Justice 更准确的应该翻译为恢复性正义，Distributive Justice 是报复性正义或者叫分配性正义。两者在西方的司法体系中是并存的。虽然从 20 世纪六七十年代开始，恢复性司法在西方作为一种思潮出现，在实践中也以各种各样的方式表现出来，但占主流的仍然是报复性正义或分配性正义，也就是罚当其罪。

恢复性正义在实践中的表现形式有所不同。最初起源于加拿大土著居民的纠纷解决方式，现在在加拿大的法院中仍有 Aboriginal Court，即土著居民的法院。这种法院的法官不穿法袍，以很随意的方式解决纠纷。对绝大多数加拿大人来说，恢复性司法表现为检察官将他认为合适的案件分流给社会工作者，社会工作者对纠纷进行调处。对那些加害人表达了足够的悔改意愿，并按照社会工作者的指示完成一系列悔改行为的加害人，社会工作者带着被害人、加害人、检察官一起到法官面前将这个案件撤销。所以说它是分流案件、解决矛盾乃至最终彻底解决刑事案件的一种方式。

在美国，有一种民间调解，志愿者调解完民事纠纷导致刑事案件的解决。还有一种叫社区法院，法官和当事人以很随便的方式坐在一起，聊天一样的就把问题解决了。基于此，我认为，恢复性正义与其说是一种司法程序，还不如说是一种正义的实现方式，是我们社会在对纠纷解决进行思考的另一种更人性化的、更和谐的解决方法。

将恢复性司法引入中国更多的是应吸收其中的和谐因素。我们所关注的是，在审查起诉阶段，充分发挥检察官的作用，实现修复被破坏的社会关系。在这个过程中，检察官有三个作用：第一，分流案件。检察官有自由裁量权，对于轻微的案件可以在和解之后作出不起诉决定。第二，监督、把关的作用。目前刑事和解有两种模式：一种是检察官进行的调解，另一种是人民调解员进行的调解。无论哪种调解，检察机关都要发挥监督、把关的作用。这是因为我国检察机关是法律监督机关，不只是单纯的追诉方，还承担着维护社会公序良俗、维护公平正义的职责。在这种职责下，检察机关可以认为是民意的代表。哈佛大学的一位教授曾经强调过：

恢复性司法不仅是被告人和被害人两个人的事情,我们更要强调在这个过程中社区对这个问题的接受。社区这个概念在翻译中可能也存在一定误解。我们现在将 community 理解为居民委员会、村庄。在西方,社区的概念很大,在一些大城市中,人们也是老死不相往来。社区概念在中国更多地反映为一种民意的代表、社会公序良俗的体现。那么,谁是公序良俗的把关者呢?我认为是检察院。检察院应当对和解的过程、和解的结果有一个把关的作用。第三,可以通过程序上的约束力,监督、敦促和解协议的履行。检察官可以告知当事人,如果和解协议能够履行,就表明有悔改的意思,检察机关可以不起诉或提出较轻的量刑建议。如果不能很好地履行和解协议,案件将转入正常的刑事诉讼程序。

李贵方(中华全国律师协会刑事业务委员会副主任)

第一,刑事和解的模式。刑事和解的模式大概可以分为三类:第一类是自诉案件的和解,自诉案件的刑事部分和民事部分都可以和解,这个法律是有规定的。第二类是检察机关、公安机关参与的和解。按照现行的刑事诉讼法,公安机关进行和解的空间是比较小的,主要是检察机关的和解。第三类是公安机关、检察机关和法院都参与的和解。今天我们谈得比较多的是检察机关引导的和解,而我个人认为刑事和解必须扩大到法院,如果法院不参与,刑事和解制度就缺乏足够的生命力。原因在于法院参与之后刑事和解的范围就可以扩大,比如说某些重罪也可以适用和解,死刑案件如果赔偿得好也可以考虑判死缓,这些如果没有法院的参与是做不到的。另外,法院参与可以解决执行的问题,比如刑事附带民事诉讼可以先就民事部分作出判决,然后再进行刑事判决。

第二,刑事和解是被告人和被害人的和解,但必须是在司法机关的组织下,需要司法机关进行确认,最重要的是要由司法机关负责执行。

第三,刑事和解需要律师的参与。律师的参与便于与被害人、被告人的沟通,减少反悔。

第四,关于"以钱买刑"问题。现在普遍的观点是在刑事和解中要避免"以钱买刑",我认为这种观念存在问题。钱也是刑,在一定程度上以钱替换其他刑也未尝不可。一个犯罪行为人有上亿的资产,拿出一部分给社会,以减轻对自己的刑罚,这并非就是不公正、不道德的,拿钱出来对于社会也是一种补偿。如果想推进刑事和解制度,必须在观念上解决这样的问题。

杨宇冠（中国政法大学诉讼法学研究院教授、博士生导师）

在中国古代就有以钱赎刑的做法。人们对这个问题之所以不理解，主要是因为担心会造成富人和穷人之间在适用刑罚上的不平等。我认为，不平等本来是存在的，贫富差距也会长期存在，不会因为刑事和解而产生更大的不平等。

刑事和解的一个重要作用在于它有助于减少审前羁押。在 1990 年，联合国通过了非监禁措施的最低标准，提倡在刑事诉讼中减少监禁，包括减少实体刑的监禁，也包括减少审前羁押。联合国《公民权利和政治权利国际公约》第 9 条也规定，审前羁押不应当是一个常规的状态，而应当是一种例外。在我国，审前羁押是一个常规的状态，而刑事和解恰恰有助于减少审前羁押。

刑事和解的配套措施

宋镇藤(山东省烟台市人民检察院副检察长)

烟台市检察机关把在当地没有固定住所和单位的外来务工人员,也纳入平和司法的适用范围。主要办法是与当地企业签订帮教协议,设立帮教基地,外地犯罪人可以在帮教基地与企业职工同工同酬。

平和司法和解程序的启动,首先,由案件承办人填写启动平和司法和解程序审批表,经部门负责人审核后报请主管检察长批准,并向相关人员送达适用平和司法和解程序通知书,确定和谈和帮教会议的具体时间、地点、和解的内容、参加人员,我们在实践中通常也邀请律师参加。

其次,由社区综合治理办负责人主持召开座谈会议,达成和解后,双方签订刑事和解协议书和民事赔偿协议书。刑事和解协议书的内容主要包括加害人认错态度、具结悔过、赔礼道歉、经济赔偿的和解内容、受害方的宽恕等。和谈以两次为限,和谈不成功或事后反悔的,转为刑事诉讼的普通程序。实践中,和谈会议一般由当地的综合治理办公室主任、副主任召集和主持,检察官参加并介绍案情但不主持会议。

傅文魁(河北省石家庄市裕华区人民检察院副检察长)

石家庄市裕华区人民检察院在刑事和解中注意强化监督,防止司法腐败。第一,强化办案过程中的监督。除了接受人大、社会、媒体的监督外,纪检部门参加刑事和解会议,监督案件处理过程。第二,建立回访制度。纪检部门每年对和解双方当事人进行回访,内容包括案件处理方式、处理结果的满意程度、办案人员的执法纪律和执法作风等。第三,建立专门的刑事和解备案制度。所有的刑事和解案件必须在案件管理中心登记，包括：当事人基本情况、主要案情、案由、和解协议、结案方式、承办人及主管检察长意见、纪检部门意见及回访情况等。

孙辉（上海市杨浦区司法局基层科科长）

2002 年 1 月以来，上海市杨浦区逐步建立起包括公安机关立案侦查、检察机关审查起诉、法院审判阶段的部分轻微刑事案件委托人民调解工作机制。迄今为止共调解案件 1094 件，其中 70 件没有调解成功，调解成功后反悔的有 4 件。

对于符合委托调解的案件，由司法机关告知当事人可以调解，当事人同意调解的，由双方填写申请书，由司法机关委托人民调解委员会调解。调解员与双方当事人沟通后，确定调解时间开始民事调解。首先，在调解员主持下，由受害一方谈加害人的加害过程、自己受到的损害，包括物质损害以及加害行为对受害人造成的心理、精神上的损害。然后由加害人谈实施加害行为的原因、环境、背景、条件，以及自己成长的经历等。双方互相倾诉后，在工作人员调解下谈赔偿问题。对于赔偿数额，如果说在刑事附带民事诉讼中的赔偿数额是 1 的话，刑事和解中的赔偿数额一般不超过 2，平均在 1.5 左右。因为在有些案件中，受害人受到的精神伤害远远超过物质伤害，但在刑事附带民事诉讼中精神损害赔偿是不予支持的，同时也要防止受害人漫天要价。

我再从以下几个方面谈一下刑事和解的配套措施：

第一，公检法各机关在考核指标方面的协调。目前，公检法各机关都存在对案件的考评指标，比如公安机关在考评中重视结案数、打击数，检察机关限制不诉率、捕后缓刑率，这些考评指标都制约了刑事和解的推进。

第二，建立刑事和解的社会组织保障。杨浦区在 12 个街道、镇全部建立了调解委员会，每个调解委员会至少聘请三名专职调解员，这些调解员中有 1/3 左右是政法机关的退休人员。可以说这种组织保障为刑事和解打下了一个基础。

第三，建立刑事和解与社区矫正的对接机制。目前大家探索的社区矫正主要针对判处缓刑的人员，对于公安机关撤案、检察机关做不起诉处理的案件，也应当建立与社区矫正的对接机制。另外，除缓刑、管制外，可以考虑增加社区管制、社区服务等作为刑罚的种类。

陈龙（江苏省无锡市人民检察院公诉处副处长）

无锡市检察机关恢复性司法工作向四个方面延伸：第一，向校园延伸，努力挽救失足青少年。第二，向企业延伸，着力和解轻微刑事犯罪。第三，向社区延伸，努力修复受损的社会关系。第四，向外来人员延伸。由于竞争力较弱，外来人员极易被边缘化，增加了社会不稳定因素，近年来无锡市外来人员犯罪率逐年上升。对外来人员轻微刑事案件适用刑事和解，使外来人员真正体会到人文关怀和法律的公平正义，有利于消除对外来人员的歧视，维护社会稳定。

无锡市检察机关根据适用案件的不同，将恢复性司法程序划分为非刑罚化和处刑轻缓化两类，并向前延伸至侦查机关，向后延伸至审判机关，横向扩展至社区的矫正。并根据恢复性司法的不同种类，采取不同的工作措施。

非刑罚化的恢复性司法程序，适用于犯罪情节轻微的案件。它有两种模式：一种是检察机关提前介入的模式，公诉部门根据公安机关反馈的信息，对符合条件的案件将公诉职能向前延伸至公安机关，采取派员提前介入的方式，在公安机关的配合下，积极促成有和解意向的双方当事人进行和解。对达成和解协议并履行完毕的，向公安机关提出不予刑事追究的非刑罚处理的建议，即建议公安机关撤销案件，并委托社区矫正组织进行帮助。非刑罚化处理的案件仅限于少数的未成年学生的犯罪案件、轻伤害案件、交通肇事致肇事者直系亲属死亡的案件。检察机关对这类案件从严掌握，无锡市九个基层院两年来处理这类案件 13 件。另一种是审查起诉阶段的模式。对于公安机关移送起诉符合恢复性司法适用条件的案件，检察机关主持促进双方的和解，达成和解协议并履行完毕后，检察机关作出不起诉的决定，并委托社区矫正组织对其落实帮教和考察措施。

处刑轻缓化恢复性司法程序一般适用于犯罪嫌疑人犯罪情节较重，但具有法定从宽情节的案件。办理此类案件首先委托社区矫正组织中的调查人，对犯罪嫌疑人的性格特点、家庭情况、社会交往、成长经历以及实施被指控犯罪前后的表现等进行周密调查，根据是否适合社区矫正的评估意见，确定是否启动恢复性司法程序。程序启动后，检察机关将积极促成双方的和解，和解成功并履行协议完毕后，犯罪嫌疑人被羁押的可以变更强制措施，同时委托社区矫正组织进行社区帮教。案件提起公诉时，参考社区矫正组织的评估意见，决定是否向法院提出适用简易程序、普通程序简化审及判处缓刑的建议。法院判决后，对符合社区矫正的再与社区矫正工作相衔接。

冯仁强（浙江省杭州市人民检察院副检察长）

在刑事和解中，有以下几个问题需要注意：

第一，和解反悔的处理。在刑事和解中，被告人往往被从宽、从轻处理或者是作不起诉处理，所以反悔基本上都是被害人提出的。反悔的原因和类型基本上有三类：第一种情况是加害人欺诈，其目的主要是为了逃脱处罚、减轻处罚；第二种情况被害人欺诈，被害人为尽快拿到赔偿，作出表面上的谅解，待经济赔偿到手后则以种种借口向司法机关提出反悔，要求继续追究加害人的刑事责任；第三种情况是被害人受到来自外界不正当的压力，违心地作出了同意刑事和解的意思表示。

对于加害人欺诈，本质上违反了适用和解的基本前提，且未消除或者降低加害人的人身危险性和社会危害性，当出现反悔时，应当撤销原决定，重新提起公诉。

对于被害人欺诈，要维持原来的和解决定。理由是刑事和解的基础是加害人的悔罪与主动对加害行为后果的赔偿，已经导致刑罚目的与功能的实现，被害人欺诈不影响目标与功能的实现，若仅因被害人的欺骗便判断和解协议的无效，从而对加害人重新予以处罚，对加害人是不公平的。同时被害人的这种行为也是一种违法的、不道德的、不诚信的行为，不应因此获利。

被害人受到外界压力的来源无外乎两类，一类是来自加害人方，一类是来自非加害人方，即与加害人在刑事和解中的行为无关。对于来自加害人方面的压力，显然与加害人欺诈相同，只是更加隐蔽而已，在本质上不仅违反刑事和解的自愿原则，且加害人的人身危险性及加害行为的社会危害性并未得到消除或者降低，当出现被害人反悔时，应当撤销原决定，重新提起公诉。对于后一类，即被害人受到的外界压力与加害人无关，加害人确实真诚悔过，人身危险性事实上已经消除或者降低时，司法机关应作何处理？我认为，虽然此时加害人的人身危险性已经消除，但由于加害行为产生的社会危害性仍然部分存在，被害人受到不公正对待，特别是刑事和解过程严重违反当事人自愿原则，甚至存在司法机关的故意违法，导致或产生了新的应当纠正的社会危害性，应当撤销原刑事和解决定，重新提起公诉。当然，对于和解决定撤销与加害人行为无关时，应当在具体案件的定罪与量刑处理过程中充分加以斟酌，以始终体现罪责刑相适应原则。

第二，和解协议的效力。刑事和解协议，既是对该加害行为作出刑事最终处理决定的重要基础，又是加害人与被害人就民事赔偿结果达成的一致协议。对于其中民事部分的效力认定，应独立于刑事处理部分，不能因为刑事处理部分无效而认为民事协议部分当然无效。如此，不仅将民事法律行为效力的认定直接混同于刑事诉讼行为，而且也不利于充分体现民事法律行为中当事人的自治与处分权，更不利于对被害人合法利益的切实保障和刑事和解制度目的功能的实现。加害人与被害人达成赔偿协议后，即成立独立的民事合同——单务合同，作为单务合同的义务履行方，加害人不得在自己违反和解前提的情况下，以显失公平或乘人之危等主张撤销，除非其有明显证据证明被害人在具体赔偿请求中存有欺诈行为或使对方陷于不公正或违背公共利益和公序良俗。鉴于该协议形成于诉讼过程中，并经司法部门审查，为维护刑事和解协议的严肃性，法律在一般情况下应赋予该和解协议财产性或非财产性赔偿部分类似民事诉讼中调解书的强制执行效力。

第三，赔偿数额的确定。民事赔偿的数额是和解协议的一项重要的审查标准。在协商或者司法审查过程中，应适当参考本案提出相关民事诉讼的可能赔偿标准，相当或适当高于这一标准。当然如果双方自愿，也可以完全不考虑这一标准。实践中协议赔偿数额往往高于一般刑事或民事赔偿，对于这部分赔偿的性质，应当视为加害人对自己财产或者民事权益的自由合法处置——一种基于道德义务的赠与合同行为，且一经达成协议，无论是否已经交付，均不得主张撤销或者拒绝交付。

谢佑平（复旦大学法学院教授、博士生导师）

我们今天的话题不仅是民事的和解，更重要的应当是刑事的和解。刑事和解是关于罪和罚的调和、协调、协商，范围就不仅限于我们今天所谈的范围，我们的视野应当更广，需要有胸怀。和解中的当事人不是检察院，检察院只是代表，真正的当事人是国家，是国家跟个人的和解。如何理解犯罪的对抗性、反社会性、反国家性，而国家怎样宽容他，没有博大的胸怀是无法理解刑事和解含义的。我是主张把这个视野放大，这一点涉及观念和制度的改变。长期以来我们重打击轻保护，而且没有把国家和公民放在平等的地位看问题。在中国的人文观念和文化观念中，个人是低微的、处于服从的地位。在国家本位的传统下，很难谈得上现代法治要求国家同个人是平等的。如果没有这种观念，在刑事和解中理解刑事这两个字是很难的。刑事和解不只是用赔偿来解决问题，更重要的从刑事责任、犯罪和犯罪构成、罪与非罪的层面去理解。

将刑事和解仅适用于轻微案件或者未成年人犯罪的案件也是有局限性的，以后可以考虑将研究领域扩展到非特殊案件以外的所有案件。特殊案件是指危害国家安全的案件，由于这类案件的对抗性、颠覆政权性，所以，是没有和解的余地的。只要不属于这种政治案件，从理论上讲都是可以和解的。犯罪就是一种矛盾、一种纠纷，我们为什么要将刑事和解限于轻微犯罪呢？

局限于检察院的职能上谈和解只能是小和解概念，大和解概念要包括公安机关和法院。没有公安机关和法院的支持，这种和解只能是检察机关职能范围内的小动作而已，不能超出职能范围，效果也无法向外延伸。真正的和解应该有公安机关的同意和参与，而且在法律上公安机关应当服从于检察机关，检察机关享有裁量权，处于主导地位。现在的困难是公安机关不同意的话，检察院是不能和解的，主导在公安机关。另外，因为涉及定罪，罪与非罪的判断，大和解要有法院的同意。如果检察院在大和解中享有了有罪与非罪的定罪权，就违背了无罪推定原理，检察院更多的是程序上的主导权，实体上罪的判断权要交由法院。没有法院的认可、审判的参与，真正的和解是做不到的。最后，大和解也离不开被害人，没有被害人的支持和接受，和解是不能达成的，民意会表达不同的意见。

陈卫东（中国人民大学法学院教授、博士生导师）

刑事和解既反映了国家、社会对人性的尊重，也是大的社会政治背景使然。检察机关对刑事和解进行了积极的探索，我非常赞赏我们的检察机关又一次走在了理论的前沿。下面谈一下我的几点思考：

第一，检察机关能不能担当起刑事和解的重担。刑事和解是一项复杂的工作，检察机关公诉部门人员少、任务重，而且犯罪还呈现着不断增加的态势。我不知道公诉部门有没有一个工作量的概算，即和解一个案子与按照正常程序处理，二者的工作量有多大差距。按照我们国家犯罪的比例，3 年以下刑罚的犯罪占整个犯罪的 60%，如果这些案件都和解的话，和解的任务是相当重的。

第二，宽严相济讲的是该严则严，该宽则宽，而刑事和解只涉及一个方面，就是宽。如果说将刑事和解不断地增加，不断地扩大，使整个犯罪向轻刑化、非犯罪化的趋势发展，这会不会导致犯罪成本的降低，会不会导致我们社会秩序不稳定的反弹？

第三，赔偿的问题。我们传统的观念是不能打了不赔，不能花钱买刑，那现在是不是就可以理直气壮地提倡花钱买刑了？这符合社会正义的要求吗？如果说加害人是穷人的话，难道说这个法律就是为富人立的？如果是这样的话，我们社会道德体系、价值观会走向何方？

第四，公诉案件如何适用自诉程序。刑事诉讼目前是两种程序，公诉程序和自诉程序，公诉程序是一种非常严谨的程序，体现了起诉法定主义的一种精神，虽然我们也在接受起诉便宜主义、检察官自由裁量权等理论和观念，但公诉案件能不能和解还是值得讨论的。自诉案件之所以可以和解是因为主体是被害人和被告人，在公诉案件检察机关能不能代替被害人去和解，这种和解会不会侵害被害人权利？如果检察机关可以与被告人和解，那么这种和解还叫和解吗？这是典型的辩诉交易。如果在这种意义上使用刑事和解的话，国外已经有了辩诉交易制度，我们还有必要再去构建中国的刑事和解吗？如果说我们想通过这样一种方式来使和解的比例进一步提高的话，不如变换一种方式，不是使公诉案件适用这种自诉的程序，而是扩大自诉案件的范围，把侵犯公民个人人身、财产权利方面的案件都规定为自诉案件，也就可以毫无障碍的去和解。为什么不从这样的一种思路去考虑呢？

第五，检察机关开展刑事和解的出发点显然是非常值得肯定的，但要明确工作的立足点应该放在什么地方。比如是立案启动追诉程序后才开始和解，还是尽量地化解矛盾使有些案件不进入程序，或者对于进入程序的案件以后尽量减少羁押。大家都知道，我国现在的羁押率是很高的，如果我们探讨如何减少羁押，这就是最大的和谐。而在现行的检察权限内，检察机关为构建和谐社会可以做的事情有很多，比如更多地使用不起诉或者采取取保候审的强制措施，这在现行法律框架内都是可以的。

第六，刑事和解的配套措施。刑事和解需要完善法律上的依据，目前亟须最高人民检察院就检察系统内刑事和解的做法作出规范。刑事和解不单是公诉部门的事，需要检察机关的内部协调机制；刑事和解也不是检察机关一家的事，需要有外部机构的衔接机制。

刑事和解研究述评

张智辉（最高人民检察院检察理论研究所所长、博士生导师）

第一，我们在什么背景下讨论刑事和解，如果是在宽严相济的背景下的话，刑事和解只是宽严相济中“宽”的内容，但并不是“宽”的全部内容。除了刑事和解之外，检察机关在贯彻宽严相济刑事政策中还有很多的事情可以做。因此，要在更大的范围内思考宽严相济刑事政策。

第二，要区分检察工作中的刑事和解和理论探讨中的刑事和解，分层次来研究。各地检察机关在探索刑事和解中都表现出了谨慎的态度，这一点也得到了与会专家的肯定。司法活动必须在法律的范围内展开，而刑事和解还是有法律依据的，比如《刑事诉讼法》中关于相对不起诉、绝对不起诉的规定。《刑事诉讼法》第 15 条规定了绝对不起诉的情形，其中第 1 种涉及情节问题，即情节显著轻微危害不大不认为是犯罪的不予起诉。《刑法》第 13 条规定，情节显著轻微危害不大的，不认为是犯罪。情节轻重是由什么决定的？我们讲犯罪的社会危害性，犯罪对社会的危害性体现在哪里？我认为，情节轻重就包含了犯罪对被害人的危害，这种危害的程度和影响与加害人犯罪后的表现是密切相关的。刑法就在一定意义上承认犯罪人犯罪后的表现可以影响他的刑事责任，如自首、立功等。

而刑事和解在理论探讨方面可以更广阔一点。有学者也指出，仅限于现在的范围，意义是不大的。但扩大适用到什么程度、效力如何、法院是否认可、能不能有程序的保障等，都是需要立法解决的。但加强理论研究，有助于以理论塑造制度，以规范刑事和解。

第三，刑事和解的法律根据是有限的，在有限的范围内我们做些什么，怎么做？恢复性司法、平和司法、辩诉交易、刑事和解等这些概念之间有没有共同点，有没有融合的可能性？在设计刑事和解制度时，怎么保证它的科学性，也就是怎么防止权力滥用、防止不公正的发生？这些都是需要深入研究的。另外，我们经常讲轻罪从宽，但不是所有的轻微伤害案件都可以和解？我认为，有些重罪也可以和解，而轻罪并非都可以和解。"打了你，我赔你，赔了我再打你"的情形是不能和解的。因此，尽管行为较轻，但如果和刑法的价值观与法律理念相违背的话，一定要追究。在适用刑事和解时要考虑是不是有利于预防犯罪，是不是有利于犯罪人的改造。

刑法中确定了罪刑法定、罪责刑相适应、法律面前人人平等三大原则，刑事和解不能突破刑法的三大原则。其实，刑法给司法留下了很大的空间，刑事诉讼法也提供了一定的渠道与裁量权，二者结合起来，司法机关运行刑事和解的法律空间就非常大。比如在对一个行为定性的时候，在很多情况下都有量上的要求，达不到量的要求就不是犯罪。这个量的掌握就可以成为刑事和解的空间。

今天大家大都从程序的角度谈刑事和解，实体方面的研究不多，像刑事和解适用的实体条件等都没有涉及，对此还需要进一步研究和深化。

宋英辉（北京师范大学刑事法律科学研究院教授、最高人民检察院法律政策研究室副主任［专家挂职］、博士生导师）

第一，观念的更新。刑事和解是对过去刑事司法实践的经验总结或者教训反思。过去虽然强调严惩和宽大相结合，但工作的重点或者更多关注的是打击。现在强调宽严相济，实际是恢复和实现宽和严的平衡。严打是必要的，但严打和刑罚不能解决所有的问题，严打只可能在短期内有效，从长久保持社会稳定的角度来看，除了严厉打击严重的刑事犯罪之外，还有更多的途径去处理和解决刑事案件，而刑事和解就是其中非常有效的一个途径。同时，所有的案件都去搞严打，都去适用刑罚，这也不符合刑事诉讼的规律。因为犯罪行为本身就有轻有重、各式各样，有的适合用严厉的刑罚去打击，有的可以用其他的方式去处理。刑事案件的处理方式、途径应当是多元的，这才符合事物的规律和实际。

刑法基本的功能在于消除、化解矛盾，实现社会的和谐。在这个大的目标下，凡是有利于实现这一目标的方式和手段都是可以用的，当然要在不违反法律的情况下。如果说法律没有提供这样的手段，我们可以去完善法律，以实现这一目标。对于刑事和解的评价也要根据其是否有利于实现这一目标而定。如果一个人犯了罪，真诚悔过，愿意用支付金钱的方式来对被害人、对社会做一些有意义的事情，或者通过其他方式弥补犯罪造成的损失，有关机关对他作出从轻处罚的决定是可以的。因为在这种情况下，刑罚的目的已经实现了。当然，对于和解之后加害人扬言："我打了你，我给你钱，然后我再打你"，那不是真正的和解，不是我们谈的和解，办案机关也是不会因为赔偿到位而从宽处理的。

第二，刑事和解概念的理解。我们现在谈的刑事和解，实际上并不是刑事案件刑事部分的和解，而是在刑事案件的民事部分和解之后，被害人对加害人刑事处罚有一个宽容的态度，有关机关通过审查，对加害人作出比较宽缓的处理。因此，刑事和解并不是当事人对刑事部分的处分，这一点与辩诉交易有本质的区别。也正是从这个意义上讲，刑事和解并不违反法律的基本规定。当然，有学者主张刑事部分也可以和解，但在目前的法律框架下做不到，刑事部分的和解是将来立法解决的问题。

第三，刑事和解有无法律上的依据。我们分情况来看：第一种是犯罪情节轻微，依照刑法不需要判处刑罚或者免除刑罚的，检察机关可以作出不起诉处理。那么在当事人就民事部分达成和解后，检察机关对符合不起诉条件的案件作出不起诉决定，这个没有任何问题。只不过原来检察机关对民事赔偿重视不够，现在重视通过民事赔偿获得被害人的谅解，从而使被损害的社会关系得到修复。第二种是案件本身不符合不起诉条件，但双方当事人就民事部分达成协议，相互达成谅解，检察机关在起诉的时候可以建议法院从轻作出处理。这也没有任何法律障碍，并且检察机关也是一直这么做的，只是原来做得不够。第三种是对严重的犯罪是否能适用刑事和解。我认为，如果加害人通过赔偿或者其他方式取得了被害人谅解而且真诚悔过，检察机关在起诉时建议法院从轻处罚，这没有问题。第四种是检察机关在作出不起诉处理的时候（狭义的刑事和解，终止程序的刑事和解），能不能附加一定条件？这个也是有相应得法律依据的，比如《刑法》规定对不需要判处刑事处罚、免除刑罚的，可以训诫、责令具结悔过、赔礼道歉、赔偿损失，《刑事诉讼法》和最高人民检察院《人民检察院刑事诉讼规则》也有这方面的规定。因此，我认为，刑事和解在现行法律框架下还是有较大操作空间的。

有学者主张扩大自诉案件的范围来保护被害人权益，我认为这和刑事和解并不矛盾。扩大自诉能否取代和解？实践证明，1996 年《刑事诉讼法》修订后，第三类自诉案件的范围已经非常广泛了，但实践中的效果不是很好，因为运用自诉的手段会受到很多方面因素的限制。所以，自诉不能取代和解，两者的作用也不相同。

刑事和解应该充分利用现有法律规定的途径。我国法律规定的有些手段，目前并没有得到充分的利用。比如不起诉制度，在国外检察官运用得很多。由于我们国家限制不起诉率，使得我们没有充分地运用这个手段。刑事和解的探索不能违反法律的基本规定，不能和法律的基本精神相背离，但对法律有规定的，也应该用足、用够。

第四，刑事和解应当注意的几个问题：(1) 不能搞不公正的和解；(2) 不能单纯追求效率，要注重社会效果；(3) 如果和解不成，不能作出对加害人不利的处理；(4) 防止权力滥用和司法不公。检察官在刑事和解过程中要注意把握好度，要尊重当事人的意愿，可以采取适当的方式促成当事人和解，但不能不适当地影响当事人的意愿。

第五，配套机制问题。现在很多检察官反映，做一个刑事和解的案件还不如起诉到法院，因为刑事和解尽管社会效果很好，但受到工作机制、考核制度的影响。一个和解案件通常要接受本院、上级有关部门、人大、纪委多方的检查，仅在向检查者作汇报上就要花费大量的时间。我们注意到，最高人民检察院《关于在检察工作中贯彻宽严相济刑事司法政策的若干意见》中指出要改变这种不合理的、僵死的考核机制，建立一个更科学、合理的管理体制。考核是必要的，关键要科学合理。刑事和解是一项社会工程，不只涉及公检法司，还涉及矫正机构、律师等，应当发挥各个方面的积极作用，形成合理的配套机制。

第二部分

刑事和解的适用状况

我国刑事和解适用现状之概览

“恢复性司法与中国刑事诉讼法改革实证研究”课题组*

自2006年9月至2007年4月，“恢复性司法与中国刑事诉讼法改革实证研究”课题组就我国司法实践中以刑事和解①的方式处理刑事案件的情况进行了调研。就考察的地域范围来说，涵盖北京、上海、江苏、浙江、湖南、山东、河北、河南、海南等省市的部分有代表性的市、区(县)②；就调研的机关来说，包括公、检、法机关以及司法行政机关。在整个考察和调研过程中，课题组通过发放问卷、与公安司法人员及司法行政人员举行座谈、走访已经和解的当事人等形式，对刑事和解司法实践的情况有了较为直观的了解。现将有关情况汇总如下：

一、关于刑事和解的实践模式

刑事和解是指在刑事诉讼程序运作过程中，加害人以认罪、赔偿、道歉等方式取得被害人谅解并达成协议以后，国家专门机关不再继续追诉程序，或者对其作出从轻处罚的一种案件处理方式。刑事和解不是当事人直接处分案件的刑事部分，而是当事人在达成和解协议、被害人表示原谅加害人的基础上，办案机关根据案件情况作出处理，案件刑事部分的处

---

* 课题组成员：宋英辉、郭云忠、李哲、罗海敏、何挺、王贞会、冯诏锋。

① 具体称谓各地不尽一致，在山东省烟台市惯用的称谓是“平和司法”，实际上两者在本质上是相同的，本文一概称之为“刑事和解”。

② 这些地区多数制定了规范性文件，对刑事和解进行规范。譬如，北京市委政法委印发了《关于北京市政法机关办理轻伤害案件工作研讨会纪要》、北京市朝阳区人民检察院制定了《轻伤案件处理程序实施规则》，湖南省人民检察院制定了《关于检察机关适用刑事和解办理刑事案件的规定(试行)》、江苏省无锡市公检法司四机关联合出台了《关于刑事和解工作的若干意见(试行)》、河南省郑州市人民检察院出台了《关于贯彻宽严相济刑事司法政策的若干规定》、山西省太原市人民检察院出台了《办理轻微刑事案件适用刑事和解的规定(试行)》等。

理权仍由办案机关行使。

根据调研收集的资料显示，由于受到经济发展水平、社会治安形势、公安司法人员素质等因素的影响，我国司法实践中不同地区在探索适用刑事和解处理刑事案件的模式上也存在一定的差别。按照主持刑事和解的主体不同，可以分为公安司法人员主持的刑事和解模式和非司法人员主持的刑事和解模式。前者又可以细分为公安人员主持的刑事和解模式、检察人员主持的刑事和解模式和审判人员主持的刑事和解模式；后者则主要是指由公检法机关以外的人民调解员或者其他调解人员主持的刑事和解模式。

实践中，虽然在侦查阶段进行刑事和解的案件占一定比例，但更多的案件，需要经过侦查阶段受害方和加害方对立情绪的缓冲后，在审查起诉阶段由检察机关或者由检察机关委托人民调解组织来主持和解。检察机关参与刑事案件的和解程序，并不限于审查起诉阶段。基于其法律监督机关的地位和身份，在立案阶段、侦查阶段和审判阶段，甚至是执行阶段，都可能参与到刑事和解的程序之中。同样，人民调解组织或者社会调解组织主持和解也适用于刑事诉讼的所有阶段。

根据检察机关在主持刑事和解过程中所起的作用不同，可以将检察机关主持的刑事和解分成确认和解与促成和解两种方式。确认和解就是当事人双方事先已经有和解意向，并已经通过磋商达成和解协议，检察机关仅仅参与确认其和解效力[①]；促成和解，即检察机关根据一方当事人提出的和解请求，与另一方当事人沟通，促成双方当事人和解。为了充分体现和解过程和结果的自愿性，在实践中应当以确认和解为主，同时辅之以检察机关促成和解。对于人民调解组织或者其他社会组织主持刑事和解的，在实践中的惯常做法主是检察机关根据案件的基本情况[②]，经过审查

① 检察机关主持刑事和解，并不仅指检察机关主持刑事和解的协商过程。在确认和解中，检察机关并不直接参与和主持刑事和解的协商阶段，而只是参与确认刑事和解协议的效力。但考虑到这种当事人自行和解的情形，协商期间并无外界力量的干预，完全是在自愿平等的基础上达成和解协议，然后再由检察机关确认其有效与否，在一定意义上也牵涉到检察机关对刑事和解的间接主导作用。因此，我们也将其纳入检察机关主持的刑事和解。

② 上海市杨浦区“委托人民调解”模式刑事和解适用的案件类型是指因民间纠纷引起的故意伤害致人轻伤案件，但并非所有故意轻伤害案件都可以适用调解，对于“雇凶杀人、涉黑涉恶、寻衅滋事、聚众斗殴以及其他恶性犯罪致人轻伤的”、“行为人系累犯，或在服刑、劳动教养和被采取强制措施期间因纠纷致人轻伤的”、“多次伤害他人身体或致三人以上轻伤的”、“携带凶器伤害他人的”等社会危害性较大的案件，不适用人民调解。

后认为委托人民调解组织或其他社会组织主持和解更有利于当事人之间纠纷的处理的，在征求双方当事人的意见后，经过与司法行政机关沟通，委托给司法局下属的人民调解组织调解。即便是委托给人民调解组织主持调解，也不代表检察机关在刑事和解中毫无作用，检察机关要对刑事和解的整个过程进行监督和提供法律意见。

二、关于刑事和解的适用对象

调研结果显示，各个地区刑事和解的适用对象不尽一致，但基本不存在根本性差异。对于刑事和解的适用对象可以从两个角度进行考察：一是案件的类型；二是犯罪人的情况。从案件类型的角度来说，既包括轻微犯罪，也包括少数适宜和解的严重犯罪。但是，并不是所有的轻微刑事案件都可以适用刑事和解，适用刑事和解的案件主要限定在以下几类：可能判处 3 年以上有期徒刑的过失犯罪案件、故意伤害案件、过失致人重伤案件、未成年人、在校学生犯罪的刑事案件以及可能判处 3 年以下有期徒刑、管制、拘役、单处罚金等刑罚的其他轻微刑事案件。对于职务犯罪案件、社会影响恶劣的带有“霸”字色彩的案件、涉黑案件，社会危害性较大的“两抢”案件，以及团伙、流窜犯罪等案件，不适用刑事和解。从犯罪人的角度而言，刑事和解主要适用于承认犯罪、有悔罪表现的初犯，对于主观恶性较大的惯犯、累犯，以及不认罪、不悔改或者认罪态度差、没有社区矫正可能性的犯罪人不适用刑事和解。

三、关于刑事和解的适用原则及条件

对于符合适用刑事和解范围的案件，也不代表必然适用刑事和解予以处理。刑事和解必须符合一定原则并满足一定的条件。就各地区有关刑事和解的规定来看，刑事和解的原则主要包括：(1) 合法性原则。即在适用对象、适用条件以及程序运作等方面，都必须符合法律、司法解释和刑事政策的要求，在法律规定的范围内进行探索，不得违反法律的明文规定，更不得违反社会的公序良俗，不得损害国家、集体和他人的利益。(2) 平等自愿原则。必须在双方地位平等、自愿协商的情况下主持和解，当事人一方不得虚构事实或隐瞒真相以欺骗或者诱使另一方进行和解，也不得有胁迫、威吓等行为以强迫对方当事人进行和解。(3) 公共利益原则。和解必须符合公共利益的要求。不能为了和解而和解，也不是轻微案件都可以和解。(4) 和解不成不能加重处罚原则。经过和解，如果双方当事人无法就刑事赔偿达成一致意见或者达成和解协议后当事人一方又反悔的，不应因和解不成而对该方当事人做任何不利的推论和评价，尤其不得加重对加害人的刑事处罚。同时，除以上几项原则外，烟台市检察院还规定了公权启动原则①和法律监督原则。②

根据各地区的有关规定和实践，进入刑事和解程序，一般都必须具备以下几个条件：(1) 犯罪嫌疑人主动承认犯罪事实，且未作无罪辩解的；(2) 犯罪嫌疑人在当地有固定居所或者稳定的社会关系；(3) 有明确的被害人或者被害单位、组织；(4) 双方或者一方有和解意向。同时，各地区根据本地的实际情况，对于刑事和解的适用条件做了相应的调整，比如烟台市检察院要求适用刑事和解处理的案件，除满足以上四项条件外，还要求犯罪嫌疑人必须已经处于有效的控制之中，否则不予适用刑事和解。另外，一个案件是否适用刑事和解的方式予以处理，在具体操作过程中，还要考虑很多因素。例如，加害人以及家庭的情况，是否具有支付赔偿金的能力；对加害人是否有帮教的条件；被害人方的态度是否激烈，是否强烈要求追诉加害人；加害人与被害人在犯罪发生前的关系等。这些因素需要根据案件的具体情况来酌情考虑。

四、关于刑事和解的处理方式

我国立法没有规定公诉案件采用刑事和解的方式处理，各地通过长期的实践摸索，逐步建立了一套较为完善和系统的刑事和解案件处理方式。实践中，经检察机关主持和解或者由人民调解组织主持和解的案件，主要通过非监禁化、非刑罚化和轻刑化的方式对加害人不予追究或者予以从轻处罚，具体包括：不捕；不诉；建议公安机关撤案；向法院提出量刑建议。其中，常见的处理方式是建议公安机关作撤案处理、相对不起诉和向法院提出量刑建议三种。

第一，非监禁化处理方式。具体包括两种方式：一是在侦查阶段，对于公安机关报请批准逮捕的犯罪嫌疑人，通过适用刑事和解能够达成和

---

① 对属于刑事和解适用范围的刑事案件，应当由办案机关启动该程序，对双方当事人经自愿协商达成和解协议的，检察机关经对和解协议进行审查确认后可以建议公安机关作撤案、相对不起诉处理或者向法院提出量刑建议等；对于事先已经达成和解协议、但当事人一方或双方事后又反悔的，办案机关应当终止刑事和解，重新启动普通刑事诉讼程序。

② 刑事和解是刑事案件的一种新的处理方式，必须在检察机关的监督下依法进行，同时要贯彻公开透明的原则，主动接受当事人及社会公众的监督。

解协议的，则由检察机关作出不批准逮捕的决定；二是在审查起诉阶段和审判阶段，通过适用刑事和解，对提起公诉的案件向审判机关提出量刑建议，由法院对被告人适用缓刑、管制、单处罚金或者免予刑事处罚等非监禁刑罚方法。

第二，非刑罚化处理方式。具体包括三种方式：一是在公安机关尚未立案的时候检察机关提前介入案件，通过适用刑事和解及时化解纠纷、消除矛盾，从而建议公安机关不予立案，或者对已经立案的案件建议公安机关撤销案件；二是在审查起诉阶段，检察机关以退查的形式建议公安机关作撤案处理；三是在审查起诉阶段，对符合酌定不起诉条件的，由检察机关直接对适用刑事和解的犯罪嫌疑人作出酌定不起诉的决定，终结刑事诉讼程序。

第三，轻刑化处理方式。主要是检察机关以量刑建议的形式，向法院提出从轻、减轻或者免除刑罚的意见和建议，由法院作出宽缓处理。

根据案件的不同情形，作出非监禁或者非刑罚化的处理决定，除了加害人赔礼道歉、具结悔过、实际履行赔偿协议、恢复原状外，有些还要求加害人附带参加相应的社区矫正项目，比如限期强制劳动、限期从事一定的公益活动、定期书面或者口头汇报等，有效实现对犯罪人进行教育、改造的目的。此外，有的检察院通过自行提起刑事附带民事诉讼的方式促成和解的实现，加大对公共财产权益的保护，取得了很好的法律效果和社会效果。

五、对刑事和解实践的总体评价

各地在司法实践中适用刑事和解处理刑事案件的有益探索和尝试，从宏观方面讲，是在构建和谐社会这个大背景下，对宽严相济刑事政策的贯彻和落实，符合我国司法改革的发展方向，符合司法资源优化配置的内在要求，充分彰显以人为本、实现社会和谐的价值理念；从微观方面讲，纯粹惩罚性、封闭型的刑罚体系已经越来越被社会所摒弃，随着对刑罚本质和目的认识的不断深化，具有宽容性和开放式的刑罚制度逐渐被人们接受和宣扬，刑罚社会化、轻缓化已经成为当前刑事司法领域的趋势之一。根据调研所收集的材料和回访复查的结果显示，适用刑事和解处理的案件，在法律效果和社会效果两方面的优势和积极作用都很突出。首先，刑事和解有效化解了当事人之间的纠纷和矛盾。许多轻微刑事案件，发生在邻里、亲友之间，并且多为初犯，主观恶性不大，如果不能恰当、稳妥的处理这些案件，可能会加深加害人和被害人之间的矛盾，甚至有的犯罪人会重新走上犯罪的道路。通过赔礼道歉、赔偿损失和社区帮教等方式教育、改造犯罪人，消除其人身危险性，避免了短期自由刑造成的交叉感染，也在一定程度上降低了诱发重新犯罪的动因和可能性。其次，切实保护了被害人的利益，也有利于教育挽救犯罪人。以往检察机关处理刑事案件“一诉了之”，对被害人的赔偿只有法院的一纸“空判”，实际上很难执行。通过适用刑事和解，在双方当事人达成和解协议后，办案机关监督加害人及时向被害人作出赔偿，恢复被害人因加害人的犯罪行为而承受的物质损失和精神创伤，有效地保护了被害人的利益。同时，通过与被害人面对面的进行交谈，犯罪人更容易认识到自己行为的危害性，从而有利于教育挽救犯罪人。最后，降低了诉讼成本，节约司法资源，进而提高了诉讼效率。我国司法实践中面临的亟待解决的问题就是司法资源的投入量与需求量之间的矛盾，司法人员超负荷运转，监管场所人满为患的状况十分突出。刑事和解的适用，对轻微刑事案件实施轻缓刑事政策，对案件进行繁简分流，避免繁琐的诉讼程序给当事人带来的诉累，总体上减轻了办案机关和监管场所等机关和部门的工作压力。

六、需要进一步研究与探讨的问题

毋庸置疑，各地区刑事和解的有益探索和尝试，不仅在制度上为构建我国的刑事和解制度提供了可资借鉴的样本和模型，也为进一步在实证上论证刑事和解在我国的可行性提供了坚实有力的参量和依据。作为一项实践探索，刑事和解还存在着这样或者那样的问题。其中，有些问题是制度架构方面的，有些问题是具体操作方面的。在构建我国的刑事和解制度之前，对这些问题需要进一步认真加以思考和研究。这些问题主要包括：刑事和解如果适用比较严重的犯罪，是否违背宽严相济刑事政策？如何保障和解协议的自愿性和公平性？办案机关在促成和解过程中应当如何把握才适度？和解协议的效力如何？如何界定刑事和解与“花钱买刑”的界限？对于共同犯罪案件能否适用和解？①

---

① 譬如，在共同犯罪中，能否对其中的某一个或者某几个被追诉人适用刑事和解并分案处理，而对其他共犯仍然采取通常诉讼程序进行追诉呢？如果先归案的被追诉人通过与被害人达成和解协议已经作出赔偿的，其他后归案的被追诉人是否还能再就赔偿问题与被害人进行协商、和解？对于有多个被害人的案件，如果被害人之间对和解意见不一致，应该如何处理？

跨区域犯罪、外地人犯罪案件可否进行及如何进行刑事和解？贫穷的加害人如何适用刑事和解？如何避免刑事和解中的权力滥用等。这些问题都是在司法实践中遇到的实际问题。对于这些问题的解决，尚有待于进行深入研究和探索。

宽严相济与刑事和解程序的思考

叶　青　魏化鹏*

一、宽严相济刑事政策的原理与模式

刑事政策是公权力对一定时期和一定社会背景下犯罪的集中体现。对刑事政策的剖析要建立在对一定时期犯罪认识的基础上,它是刑事政策得以确立的客观前提;对刑事政策的剖析还要结合公权力的运行状况,它是刑事政策的制定者与实施者。从此意义上说,刑事政策不单单是刑法问题,而是一个社会公共政策的问题,刑事政策在司法实践中应依托于有效的模式,对刑事政策实施模式的探讨,应被纳入刑事诉讼法的研究范畴。

宽严相济的刑事政策应放置于我国刑事政策的大视野下进行考察,将其正确的定位。我国长期以来的基本刑事政策是惩办与宽大相结合,我国 1979 年《刑法》第 1 条将惩办与宽大相结合的刑事政策确认为《刑法》的制定根据。宽严相济是惩办与宽大相结合刑事政策的题中之意。我国对惩办与宽大相结合刑事政策在认识上经过了一个复杂的变化过程。从 20 世纪 80 年代初期开始,我国进入了社会转型期,不同利益集团之间的矛盾凸现,犯罪大量出现。在这种情况下,我国进入了一个严打时期。从 1983 年到 2001 年的近二十年时间里,我国先后发动了三次全国范围内的严打战役。有学者称:严打政策体现的只是惩办与宽大相结合政策中惩办的一面,或称为“重重”的一面,而远非犯罪控制策略的全部内容。对严重犯罪的严惩必须与对轻微犯罪的轻处辩证结合。唯有“轻

---

* 叶青,华东政法大学诉讼法学研究中心主任、教授;魏化鹏,华东政法大学刑事诉讼法专业研究生。

轻”方能“重重”,方能真正有效地实现对犯罪的控制。[①] 因此,严打刑事政策在内容上与惩办与宽大相结合的刑事政策存在着抵触。1997 年《刑法》删除了第 1 条中关于惩办与宽大相结合刑事政策的规定,立法者对删除此条款的立法理由做如下解释:惩办与宽大相结合是我们党和国家同犯罪作斗争的基本刑事政策,这项政策对于争取改造多数,孤立打击少数,有着重要的作用。由于《刑法》已经根据犯罪的不同情况作了一系列区别对待的规定,如对累犯、教唆未成年人犯罪规定了从重处罚,对从犯、胁从犯、未遂犯、中止犯和自首立功的犯罪分子规定可以从轻、减轻或者免除处罚,根据罪犯在执行刑罚中的表现还规定了减刑和假释,等等。这都是惩办与宽大相结合政策的具体体现,因为这一政策已体现在具体规定之中。所以,《刑法》不再单独专门规定惩办与宽大相结合的政策。[②] 从立法者的解释可以看出,我国《刑法》不再规定惩办与宽大相结合的刑事政策,并不意味着《刑法》对这一刑事政策的否定,而是通过具体的规定将其体现在《刑法》条文中。

刑事政策可以划分为三种“理想类型”模式,即国家本位型、国家—社会双本位型、社会本位型。[③] 国家本位型刑事政策是国家至上理念在惩罚犯罪中的表现形式。社会本位型刑事政策排斥了一切国家反应,以社会为本位,要在没有任何国家干预的情况下自主、自律。国家—社会双本位型刑事政策的思想基础来自于社会先于国家的理念,坚持保护社会和保障人权相统一,保障人权优先的原则。在“社会先于国家”的理念支配下,刑事政策构成有三种形式:(1) 国家和社会共同行使控制和预防犯罪的权力;(2) 严格罪刑法定,国家惩罚的对象受到严格的限制,即只惩罚法定犯罪,越轨行为由社会处理;(3) 国家出于预防犯罪的目的,对犯罪分子通过惩罚、教育、改造使之重新回归社会,任何惩罚的方式都是为目的服务。[④] 学者普遍认为,我国刑事政策从国家本位型向国家—社会双本位型转变是刑事政策理性选择的必由之路。国家和社会共同行使惩罚犯罪的权利,这就从一定程度上打破了公权力控制犯罪的垄断格局,社会对犯罪控制的介入使得被害人和加害人获得了平等对话、调和

---

① 侯宏林:《刑事政策的价值分析》,中国政法大学出版社 2005 年版,第 325 页。

② 胡康生、李福成主编:《中华人民共和国刑法释义》,法律出版社 1997 年版,第 2 页。

③ 谢望原、卢建平等:《中国刑事政策研究》,中国人民大学出版社 2006 年版,第 609 页。

④ 严励:《国家本位型刑事政策模式探讨——刑事政策模式研究》,载《山西大学学报》2003 年第 5 期。

矛盾的平台。

二、刑事和解与宽严相济刑事政策

如何在刑事司法体系内实现既保护被害者利益又使犯罪者回归社会的理想目标，是当今世界刑事政策中面临的重大课题之一。20 世纪 70 年代，西方的刑法改革者在对这一问题的探讨中，提出了令人瞩目的刑事和解理论。刑事和解的理论基础之一就是恢复性司法，恢复性司法运动可以被追溯到 1972 年美国明尼苏达州（Minisuta）创建的赔偿中心或者 1974 年安大略省基陈纳市的爱尔密若镇（Elmira）的“被害人—犯罪人”和解项目。[①] 此项目是指在一个受培训调停人的主持下，被害人与犯罪人面对面的交流。最初的方式非常简单，即在两个未成年人和受害者之间存在一个面对面的沟通，沟通的结果是受害人接受了道歉和损坏的赔偿。为了追求刑事个案正义以及缓解司法资源的压力，恢复性司法理念向世界各国蔓延。

目前西方国家的刑事和解主要有四种模式：社区调停模式、转处模式、替代模式、教会模式，主要特点是：适用范围主要是少年犯罪和一些有关个人权益的成年人的轻微犯罪；前提条件是双方当事人自愿以及加害人作出有罪答辩；刑事和解由“调停人”或执法官主持进行，他们在和解过程中保持中立并协调双方的关系；刑事和解的过程以加害人的责任承担和被害人的伤害叙说为主线，和解过程中达成的协议内容主要有赔礼道歉、消除影响以及赔偿损失；司法机关对合法的和解协议予以审查认定，并以此作为终止刑事追诉、减刑和缓刑的考虑要件。近年来，为了应对犯罪高发与司法资源相对紧张之间的矛盾，我国司法实务界广泛地开展刑事和解的试点工作，虽然其直接目的是缓解司法资源的压力，但在制度层面上贯彻了宽严相济的刑事政策。

宽严相济的刑事司法政策，是党的十六届六中全会对当前司法工作提出的明确要求，也是党和国家在新的历史条件下，通过总结长期以来打击犯罪、预防犯罪的经验而得出的重要结论，其实质就是要对犯罪区别对待，做到宽严适度，对轻微犯罪案件依法予以从宽处理。

---

① Margaret Shaw & Frederick Jan, *Restorative Justice and Policing in Canada Bringing the Community into Focus*, Department Of Sociology & Anthropology: Concordia University Press. 1998, p. 37.

检察机关作为法律监督机关，在维护社会和谐稳定中担负重要职责，为了使宽严相济的刑事司法政策在检察环节中得到合理的贯彻，最高人民检察院于2006年12月28日在第十届检察委员会第六十八次会议上通过了三个相关文件：《关于在检察工作中贯彻宽严相济刑事司法政策的若干意见》、《人民检察院办理未成年人刑事案件的规定》、《关于依法快速办理轻微刑事案件的意见》。其中在《关于在检察工作中贯彻宽严相济刑事司法政策的若干意见》中第8条明确规定：检察机关要正确把握起诉和不起诉条件，依法适用不起诉。在审查起诉工作中，严格依法掌握起诉条件，充分考虑起诉的必要性，可诉可不诉的不诉。对于初犯、从犯、预备犯、中止犯、防卫过当、避险过当、未成年人犯罪、老年人犯罪以及亲友、邻里、同学同事等纠纷引发的案件，符合不起诉条件的，可以依法适用不起诉，并可以根据案件的不同情况，对被不起诉人予以训诫或者责令具结悔过、赔礼道歉、赔偿损失。确需提起公诉的，可以依法向人民法院提出从宽处理、适用缓刑等量刑方面的意见。该《意见》第12条与第20条对第8条的规定作了补充性说明，即规定因人民内部矛盾引发的轻微刑事案件可以依法从宽处理，对因亲友、邻里及同学同事之间纠纷引发的轻微刑事案件，要本着“冤家宜解不宜结”的精神，着重从化解矛盾、解决纠纷的角度正确处理，对于轻微刑事案件中犯罪嫌疑人认罪悔过、赔礼道歉、积极赔偿损失并得到被害人谅解或者双方达成和解并切实履行，社会危害性不大的，可以依法不予逮捕或者不起诉。确需提起公诉的，可以依法向人民法院提出从宽处理的意见。对属于被害人可以提起自诉的轻微刑事案件，由公安机关立案侦查并提请批捕、移送起诉的，人民检察院可以促使双方当事人在民事赔偿和精神抚慰方面和解，及时化解矛盾，依法从宽处理。检察机关在办理刑事案件中应强化化解矛盾的工作。检察机关在办理刑事案件中，应当加强对与犯罪有关的社会矛盾、纠纷的化解和调处工作，将矛盾化解情况和达成协议及履行情况作为考虑从宽处理的一个重要因素。对有直接被害人的案件作从宽处理或者决定不起诉的，可以要求犯罪嫌疑人向被害人赔礼道歉、赔偿损失，取得被害人的谅解，检察机关也要做好对被害人的解释、说明工作，防止产生新的涉法上访。

修订后的《人民检察院办理未成年人刑事案件的规定》第20条明确规定：对于犯罪情节轻微，并具有下列情形之一，依照《刑法》规定不需要判处刑罚或者免除刑罚的未成年犯罪嫌疑人，一般应当依法作出不起诉决定：被胁迫参与犯罪的；犯罪预备、中止的；在共同犯罪中起次要或者辅助作用的；是又聋又哑的人或者盲人的；因防卫过当或者紧急避险过当构成犯罪的；有自首或者重大立功表现的；其他依照《刑法》规定不需要判处刑罚或者免除刑罚的情形。该《规定》第21条针对未成年人适用不起诉的情况进行了详细的解说：对于未成年人实施的轻伤害案件、初次犯罪、过失犯罪、犯罪未遂的案件以及被诱骗或者被教唆实施的犯罪案件等，情节轻微，犯罪嫌疑人确有悔罪表现，当事人双方自愿就民事赔偿达成协议并切实履行，符合《刑法》第37条规定的，人民检察院可以依照《刑事诉讼法》第142条第2款的规定作出不起诉的决定，并可以根据案件的不同情况，予以训诫或者责令具结悔过、赔礼道歉。

《关于依法快速办理轻微刑事案件的意见》第3条规定了适用快速办理机制的轻微刑事案件的条件：案情简单，事实清楚，证据确实、充分；可能判处3年以下有期徒刑、拘役、管制或者单处罚金；犯罪嫌疑人、被告人承认实施了被指控的犯罪；适用法律无争议。该《意见》第4条规定：对符合第3条规定的下列案件，应当依法快速办理，具体包括未成年人或者在校学生涉嫌犯罪的案件；70岁以上的老年人涉嫌犯罪的案件；盲聋哑人、严重疾病患者或者怀孕、哺乳自己未满一周岁婴儿的妇女涉嫌犯罪的案件；主观恶性较小的初犯、过失犯；因亲友、邻里等之间的纠纷引发的刑事案件；当事人双方已经就民事赔偿、化解矛盾等达成和解的刑事案件；具有中止、未遂、自首、立功等法定从轻、减轻或者免除处罚情节的案件；其他轻微刑事案件。

从上述最高人民检察院的三个关于宽严相济的司法解释的内容可以看出，我国的司法实务部门已清醒地认识到司法工作的困境，并试图寻求突围的本土化路径，进而对检察环节不起诉适用的条件进行了详细的规定，然而，原则性的规定总要依托具体的实践模式才能发挥其应有的效果。我国的《刑事诉讼法》于1996年修改时废除了免予起诉制度，代之以相对不起诉制度，其立法考量之一即是定罪权统一的问题，相对不起诉制度在近十年的刑事诉讼司法实践中并没有发挥其应有的作用，原因是多方面的，若要使宽严相济的刑事政策有效地应用于司法实践，就应找到其运作的良性模式，刑事和解程序正是为解决相对不起诉制度的适用问题而创设的，其存在的价值在于通过刑事案件当事人之间的和解，使纠纷得以合理的解决，并促使犯罪人重返社会，进而发挥相对不起诉制度分流案件的作用，在检察环节贯彻宽严相济的刑事政策，并能在一定程度上缓解司法资源的压力。

三、中国刑事和解运作现状分析

我国司法实践中出现的刑事和解运作模式主要有以下几种：

一是轻伤害案件的和解不起诉。[①] 北京市朝阳区人民检察院自2002年开始着手进行关于轻伤害案件处理改革的尝试。《朝阳区人民检察院轻伤害案件处理程序实施细则》(试行)第3条规定了适用的案件范围，包括：(1) 案件事实清楚；(2) 证据确实充分；(3) 根据犯罪情节，可能判处有期徒刑以下刑罚的；(4) 犯罪嫌疑人认罪且对人民检察院可能作出的不起诉决定没有异议的；(5) 被害人统一协商且不再要求追究犯罪嫌疑人刑事责任的；(6) 经法医依法鉴定为轻伤。对累犯、再犯、具有黑社会性质或者恐怖组织性质的持械伤害、聚众斗殴及其他情形的刑事轻伤害案件，不予适用。

上述《细则》还规定，如果犯罪嫌疑人认罪，被害人也自愿与犯罪嫌疑人协商就赔偿达成一致意见并不要求追究其刑事责任，并且犯罪嫌疑人已将约定的赔偿金提交检察机关，双方也制作了书面的《轻伤害案件赔偿协议书》的情况下，检察人员可以制作《案件审查终结报告》，提出相对不起诉意见，报检委会决定。检察机关作出不起诉决定后，在法定申诉或告诉期满后，犯罪嫌疑人和被害人不申诉或者不告诉的，检察人员将赔偿金交付被害人，并记录在案。

二是对未成年犯罪人实施暂缓起诉。北京市海淀区人民检察院正式启动对犯罪的未成年人实施暂缓起诉制度，即对那些犯罪情节较轻、悔罪态度较好、依法只能或可能判处3年以下有期徒刑的未成年人，作出暂缓起诉的决定，给予未成年人1个月至6个月的考验期，若被不起诉人信守承诺，在暂缓起诉期间不违背应遵守的事项，检察官即不再对其进行追诉。这是继南京市浦口区人民检察院"开历史之先河"对一名涉嫌盗窃的大学生暂缓起诉后，又一基层检察院对犯罪的未成年人实施暂缓起诉。

上述轻伤害案件的和解不起诉还在上海市浦东新区、杨浦区、长宁区、黄浦区、徐汇区检察院进行了试点，在此不一一赘述。从以上的实践模式可以看出，我国大部分地区的基层检察机关对刑事和解都赋予了新的内涵，将其与不起诉制度结合在一起，发挥其实现个案正义和缓解司法

---

① http://www.legaldaily.com.cn/jzz/2005-05/24/content_137578.htm，访问日期：2007年5月20日。

资源压力的优势。

我国的《刑事诉讼法》并没有对刑事和解制度进行专门的规定，与该制度类似的调解、和解程序，是在刑事自诉与刑事附带民事诉讼的条文中予以规定的。自诉案件的调解主要存在于告诉才处理的案件及被害人有证据证明的轻微刑事案件中，其中人民法院可以调解，当事人也可以自行和解。[①] 人民法院调解主要有以下特征：调解必须坚持自愿和合法原则，不得损害国家和集体以及公民利益；调解必须由人民法院主持；调解协议不能涉及刑事部分；调解协议书由审判人员、书记员以及双方当事人签名或者盖章，并加盖人民法院印章，调解书一经送达，即发生法律效力，自诉人反悔，就同一事实又告诉时，人民法院应不予受理，调解书没有达成协议或者调解书送达前一方反悔的，人民法院应当进行判决。这与刑事和解程序存在一定的区别：首先，是适用的诉讼阶段不同，自诉案件中人民法院的调解是适用于两类案件的一审审判程序中，刑事和解程序适用于审查起诉环节；其次，是适用的案件范围不同，自诉案件的和解主要是上文提到的两类案件，而刑事和解程序适用的案件范围相对较窄，主要是轻伤害、交通肇事、故意毁坏公私财物以及未成年人犯罪；再次，是主持人不同，自诉案件的调解是在一审法官的主持下进行，而刑事和解程序主要是在人民调解委员会或者乡镇基层司法所的法律工作者主持下进行。

刑事自诉案件的自行和解是指自诉人和被告人在互相谅解的基础上，使纠纷获得解决，双方当事人自行和解后，自诉人应向法院撤回自诉，对自诉人撤回起诉的，人民法院一般应予准许。但人民法院对这类申请，应主动审查，主要目的是防止自诉人在威胁之下被迫撤诉。适用自行和解应注意以下两点：首先，是自行和解应在宣告判决之前提出，以维护人民法院判决的严肃性；其次，是自行和解必须在严格遵守国家法律、法令，保障社会公益和当事人合法权益的前提下进行。通过比较可以看出，自诉案件的当事人和解是一种诉讼外解决机制，我们姑且把其看做是私力救济的一种方式，人民法院在此纠纷解决过程中扮演的是一种审查人的角色。与此不同的是，刑事和解程序是诉讼的具体组成部分，在此程序中作出的和解协议不仅要接受检察机关的审核，和解协议的执行也需要检察机关的监督，程序的终结也是在和解协议之基础上检察权运作的结果，所以说刑事和解程序并非诉讼外的程序，而是刑事诉讼的有机组成部分。

---

① 叶青主编：《刑事诉讼法学》，上海人民出版社2004年版，第349页。

刑事附带民事诉讼是指司法机关在刑事诉讼过程中，在解决被告人刑事责任的同时，附带解决因被告人犯罪行为所造成的物质损失而进行的诉讼活动，本质是犯罪行为所造成物质损失的民事化解决方式，所以在非检察机关提起公诉的附带民事诉讼，均可以适用调解。通过调解，促使双方当事人达成协议，在协议的基础上制作调解书，送达当事人双方后即发生法律效力。调解书达成协议并当庭执行完毕的，可以不制作调解书，但要经双方当事人、审判人员、书记员签名和盖章后才生效。调解书未达成协议或者调解书未送达前当事人一方反悔的，民事诉讼应通过审判解决。刑事附带民事诉讼的调解主要是针对由犯罪行为所造成的物质损失部分，包括人身权利受犯罪侵害而遭受的物质损失以及财物被犯罪分子损坏而遭受的物质损失，这些损失既包括直接遭受的也包括间接遭受的，如被害人因伤不能工作而造成的收入减少，当然这些损失不包括精神损失。

从上述的分析可以看出，我国现行立法框架内的调解、和解程序主要存在于审判程序中，刑事和解作为解决纠纷的一种有效方式，发挥着分流案件和优化司法资源配置的功效，但我国的刑事和解的运作大多利用法院的资源，这在一定程度上削弱了其功效。本文设计的刑事和解程序存在于审查起诉阶段，在此阶段实现案件的繁简分流更有利于法院集中优势资源应对大案、要案。审判阶段的调解不涉及被害人的精神损失赔偿问题，本文的刑事和解程序因具有使犯罪人不被起诉的非犯罪化功能，使得犯罪人乐于接受被害人的精神损害赔偿请求，这样的制度设计更好的保护了被害人的权益，也更有利于纠纷的解决。

四、我国刑事和解程序的构建

刑事和解程序的价值在于对犯罪所破坏的社会关系的修复以及帮助犯罪人重返社会，其现实意义在于分流刑事案件，减轻日益加重的司法工作的压力。基于此，设立刑事和解程序的指导思想有以下两点：一是程序设计的简便易行性。程序应该能够提供给当事人双方一个易于交流和沟通的平台，程序的参与者应对程序的操作规程一目了然，使其易于接受该程序，这样才能扩大程序的适用成功率，充分发挥其分流案件，缓解司法资源压力的功效，如若程序设计过于复杂，就不利于当事人双方了解和选择适用该程序。二是程序设计应有较强的针对性。刑事和解程序的价值是对个案的修复，而非对危害社会秩序犯罪的修复，它仅适用于个人法益对个人法益侵害的案件中，对于那些危害国家安全、侵害社会秩序、市场秩序的严重刑事案件，不应适用该程序，对于那些被破坏的社会关系无法恢复或犯罪人无赔偿能力以及不愿意赔偿的案件，不应适用该程序。

一项完整的程序架构应包括程序的启动权、程序的参与人、程序的适用对象与适用阶段、程序的准备与实施内容、程序的救济措施等方面内容。在实证调研的基础上，拟对刑事和解程序进行如下具体构建。

(一) 程序的适用原则

第一，该程序仅适用于有被害人的案件。由于没有被害人的案件无法建立起沟通的平台，无法解决损害的赔偿问题，所以以自己为被害人和没有被害人的案件不适用刑事和解程序。

第二，该程序是既定司法制度的补充而非替代。对具体案件是否适用该程序应由检察官根据具体情况作出决定，即对于符合适用条件的案件应选择适用该程序而非必须适用。

第三，应严格限制该程序适用的案件范围。针对该程序的特点设定其适用案件对象，对于那些社会危害性大以及影响恶劣的案件，应排除在此程序之外。

第四，该程序中的刑事和解协议不应涉及刑事问题。刑事和解协议是双方当事人就损害赔偿等问题达成的合意，不应当涉及刑事部分的内容，即不允许当事人双方对犯罪事实和量刑情节的问题进行和解，其目的是维护法律的权威性和司法的公正性。

第五，刑事和解程序适用的前提条件之一是犯罪人承认犯罪事实，其认罪应基于自愿，而非被利诱和胁迫；如若在该程序中所达成的和解协议因一方当事人反悔或犯罪人没能依约履行而导致公诉程序的启动，该犯罪人对犯罪事实的承认及其所做的承诺不得作为在审判阶段认定其有罪的证据。这也是出于鼓励犯罪人与被害人进行和解的制度设计。

(二) 程序的适用前提

因为刑事和解程序建立在相对不起诉的基础之上，所以相对不起诉的适用前提同样适合该程序。首先，行为人的行为已经构成犯罪，即该行为已符合《刑法》第 13 条规定，具备了社会危害性、刑事违法性和应受惩罚性三个特征，以及刑罚分则规定的罪名特征。适用该程序的犯罪人的行为必须从事实上构成犯罪，即经检察机关审查后，认为证据确实充分，足以认定为犯罪的行为。其次，犯罪人的行为不仅要符合犯罪情节轻微，依照《刑法》规定不需要判处刑罚或者免除刑罚，还要符合该程序所界定的特殊案件性质。再次，犯罪人应是初犯、偶犯且自愿承认其犯罪行为，只有其对犯罪行为自愿供认，才能使被害人认识到其和解的诚意，双方才存在沟通的可能性。最后，双方当事人自愿适用该程序，并经过检察机关的审查确认。

（三）程序的适用阶段与对象

该程序适用于审查起诉阶段，是检察官自由裁量权的一种体现。设立该程序的主要目的在于恢复犯罪所破坏的社会关系，帮助犯罪人重返社会，以达到个案的正义，所以该程序应选取那些犯罪情节轻微、影响性不大，且当事人之间有和解的基础以及能够顺利履行和解协议的案件作为适用对象。笔者在调研过程中发现下列四类性质的案件在实践操作中均有体现，且效果良好，达到了程序设立的初衷，这也是笔者没有以法定刑期作为设立该程序适用对象标准的原因。笔者认为，刑事和解程序的适用对象应包括下列性质的案件：

一是轻伤害罪。轻伤害案件是指因民间纠纷引发的故意伤害致人轻伤且社会影响不大的案件，且犯罪人是初犯、偶犯，该案件未激起民愤，社会影响不大。有下列情形之一的轻伤害案件，不宜适用于该程序：雇凶伤人、涉黑涉恶、寻衅滋事、聚众斗殴及其他恶性犯罪致人轻伤的；行为人系累犯，或在服刑、劳动教养和被采取强制措施期间，因纠纷致人轻伤的；多次伤害他人身体或致三人以上轻伤的；轻伤害案件中又涉及其他犯罪的；携带凶器伤害他人的；其他不宜适用该程序的案件。

二是未成年人犯罪。对于未成年人实施的轻伤害案件、初次犯罪、过失犯罪、犯罪未遂的案件以及被诱骗或者被教唆实施的犯罪案件等，情节轻微，犯罪嫌疑人确有悔罪表现，当事人双方自愿就民事赔偿达成协议并切实履行，符合《刑法》第 37 条规定的，人民检察院可以依照《刑事诉讼法》第 142 条第 2 款的规定作出不起诉的决定，并可以根据案件的不同情况，予以训诫或者责令具结悔过、赔礼道歉。

三是交通肇事罪。从案件性质上看，该程序主要适用于侵犯个人人身和财产法益的犯罪，而基本上不适用于侵犯国家和社会法益的案件，这是由该程序的特点所决定的。但是，需要指出的是，一般认为我国《刑法》分则中的危害公共安全罪、破坏社会主义市场经济秩序罪、妨碍社会管理秩序罪侵犯的都是社会法益，那么能否认为对这些犯罪都不能适用于该程序？对此应当区别对待。我国《刑法》分则关于法益的确定具有明显的社会本位色彩，有些是社会法益与个人法益同时存在，典型的如交通肇事罪。交通肇事罪在我国《刑法》中属于危害公共安全罪的一种，侵犯的法益是公共交通安全。从理论根基上考察，将交通肇事罪作为危害公共安全的一种犯罪，带有明显的社会本位色彩，认为危害公共安全罪重于侵犯公民人身权利罪，强调的是该种罪行对公共交通安全的危害性和刑法对公共安全的优先保护。所以，只要行为构成交通肇事等侵犯社会法益的犯罪，就不得认定为过失致重伤、死亡等侵犯个人法益的犯罪。[①]有些国家和地区的刑法从个人法益重于社会法益的角度出发，将因交通肇事致人伤亡的行为规定在侵犯个人法益的类罪中，如日本刑法、台湾地区的刑法。不论是将交通肇事致人死伤的犯罪规定为危害公共安全的犯罪还是侵犯个人法益的过失致人死伤罪，大多数学者认为交通肇事罪对个人法益的侵犯比对公共安全的侵犯更直接，更需要关注。交通肇事罪在我国《刑法》中虽然被列入侵犯社会法益的犯罪中，但在符合一定条件下仍然可以适用刑事和解程序，即法定最高刑为 3 年以下有期徒刑的以及具有法定从轻、减轻情节，可能被判处 3 年以下有期徒刑的交通肇事罪。对于那些致人重伤或死亡后逃逸的，不能适用该程序。

四是毁坏公私财物罪。故意毁坏公私财物罪，是指故意毁灭或者损坏公私财物，数额较大或者有其他严重情节的行为。这里所说的“故意毁坏公私财物”是指出于某种个人动机和目的，非法毁灭或者损坏公共财物或者公民私人所有财物的行为。“毁坏”是指使用各种方法故意使公私财物的价值和使用价值全部丧失，或者将公私财物部分毁坏，使其部分丧失价值和使用价值。构成故意毁坏公私财物罪，必须符合下列条件：一是故意毁坏公私财物罪主观上必须是故意，包括直接故意和间接故意，同时，犯罪目的只是毁坏公私财物，不具有非法占有的目的，这也是本罪与其他侵犯财产罪的本质区别，过失毁坏公私财物的，不构成本罪。二是行为人实施了故意毁坏公私财物数额较大或者有其他严重情节的行为，所采用的方式主要是毁灭和损坏。

由于本罪侵犯的客体是公私财物所有权，侵犯对象是各种公私财物，犯罪人对犯罪造成的损害有补偿的可能性，而且该犯罪行为不是针对被害人人身，这使得被害人与犯罪人有和解的可能性。此类犯罪可以适用于刑事和解程序。

---

① 张明楷：《刑法的基本立场》，中国法制出版社 2002 年版，第 49 页。

（四）程序参与人及启动权的归属

刑事和解程序的参加者主要是双方当事人和调停人。刑事和解是当事人为达成和解协议而进行沟通的平台，当事人双方主导着程序的进程，检察机关和调停人扮演着程序辅助者的角色。该程序关注的焦点是被害人损害的赔偿以及伤害的抚平，被害人损害的赔偿有赖于犯罪人的认罪以及对和解协议的履行，所以应将程序的启动权赋予案件的当事人双方。当事人双方应向检察机关提出适用刑事和解程序的书面请求，检察机关对此请求结合案件的具体情况进行审查，以决定是否准许适用该程序，若审查认为符合适用该程序的条件，通知犯罪人并征求其意见，为启动该程序做前期准备。因为当事人双方大多不了解案件的性质以及该程序的内容，所以在案件移送审查起诉后，检察机关负有告知和释明的义务，即让当事人双方了解该程序的适用前提及对象，以便当事人自主选择是否启动该程序，所以在该程序中，检察机关只负有征询当事人双方是否愿意适用刑事和解程序的权利，程序的启动权仍掌握在当事人手中。

（五）程序的准备与实施内容

在司法实践中，刑事和解程序存在三种具体的操作模式：第一是由检察官主持和解，即检察官在该程序中作为调停人，在当事人双方达成和解协议后负责对其进行审查，在此基础上予以确认，在和解协议履行的基础上对犯罪人作出相对不起诉的决定。笔者对该模式不予赞同，因为检察官作为调停人介入该程序与其公诉和法律监督职能相冲突，容易造成权力的异化。第二是当事人自行达成和解协议，然后将和解协议送交检察机关，检察机关在审查协议内容合法性的基础上对该协议进行确认，在和解协议正当履行的基础上作出不起诉决定。该模式简便易行，但实践中并不多见，原因是我国大多数刑事案件中辩护律师缺位，当事人的法律知识存在诸多盲点，很少有人了解该程序的具体适用条件、对象及操作规程。第三是在程序启动后，由检察机关委托社区人民调解委员会，由人民调解员居中进行和解，在当事人双方达成和解协议后，由人民调解委员会将和解协议书副本以及人民调解履行情况记录书副本等材料移送检察院机关，检察院机关在审查该协议合法性的基础上对其加以认定，若和解协议顺利履行，则相应作出不起诉决定。该模式在实践中应用广泛，且具有相当的合理性与可操作性，下面针对该模式进行具体的分析与构建。

案件被移送检察机关审查起诉后，公诉部门就应该对符合适用刑事和解程序的案件，及时告知犯罪嫌疑人、被害人有申请委托人民调解委员会主持和解的权利；犯罪嫌疑人、被害人均愿意委托人民调解委员会的，应当告知其各自在委托调解过程中的权利义务、具体的申请方法和操作程序以及达成和解协议后案件的处理方式。当被害人向检察机关提出适用该程序的书面申请时，即标志着刑事和解程序的启动，随即进入程序的准备阶段。公诉部门在收到当事人的和解申请后，应在 3 日内将案件委托人民调解委员会，并及时移送所需的案件材料（包括检察机关的《案件委托人民调解联系函》、《人民调解申请书》、公安机关移送的起诉意见书和相关证据材料复印件）。办案机关应该委托其所在地的区域性人民调解委员会或加害行为发生地、当事人居住地的街道（镇）人民调解委员会主持和解。

和解与履行和解协议的期限应明确规定，为了使案件快速解决，期限总计不应超过 15 日，情况特殊需要延长的，人民调解委员会可向委托案件的检察机关提出延期申请，经检察机关分管领导批准后，可以延长 15 日。对于不能一次性履行损害赔偿金额的案件，为了加强该程序的可操作性，可允许犯罪人分期付款，但必须提供保证人或保证金（可为现金、有价证券以及可估价物品）进行担保。

在正式的和解程序开始之前，和解人要面对面地与被害人和犯罪人会谈，并向他们解释此程序的意义，让他们对此程序的意义和目的及运作情况有一个清楚的了解。然后，应由被害人首先发言，讲述犯罪行为对其造成的财产和身心的伤害，其次，是犯罪人对其犯罪行为动机和目的的描述，使被害人得以对犯罪人的心态有一个基本的了解，便于他们相互间的谅解与沟通，在此程序过程中，应允许被害人和犯罪人获得律师的帮助，以对其提供法律咨询，但不宜移入对抗机制。

由人民调解委员会在规定的期限内对双方当事人进行调解，双方达成调解协议并履行的，人民调解委员会应当将《人民调解协议书（副本）》和《人民调解协议履行情况记录》等材料移送检察机关。未达成调解协议或达成调解协议后不履行的，检察机关应当继续审查起诉程序。

（六）程序的救济措施

程序的救济途径是对程序不公正的一种事后补救措施，即是指程序中的相关权力发生异化而出现程序不公正现象时，如何使程序复位。刑事和解程序的预设目标是和解协议有效履行、对犯罪人适用相对不起诉。若当事人一方在和解协议被检察机关确认前反悔，该案件应立即进入公诉程序，犯罪人在和解协议达成前所作的认罪承诺不得直接作为检察机关提起公诉的证据，除非有其他证据对其加以佐证；若犯罪人不能按约定履行和解协议或者在和解协议履行期间针对被害人又发生新的侵害行为，该案件也应立即进入公诉程序。在上述两种情况下，犯罪人在和解协议达成过程中所作的认罪承诺，不得在审判阶段作为对其定罪处罚的依据。

（七）程序的其他注意事项

由于我国地区经济发展不平衡，中西部地区的社区建设还不够完善，有些地区甚至还没有建立起居民委员会，所以在制度设计时应考虑到运行方式的多元化。我国基层司法所承担着人民调解、法制宣传、法律服务、法律援助、社区矫正的职能，2005 年我国基层司法所工作人员发展到 99800 人，平均每所 3 人。[①] 在中西部社区建设不健全的区域，可以委托给基层司法所进行和解。在和解的过程中，人民监督员适时地介入有利于防止权力的滥用。为此，应改变现有的人民监督员选任机制，赋予人民代表大会选任人民监督员的权力而非是现行的检察机关选任。一项制度的建立需要多方的配合与努力，只有根据各地情形，进行系统、细致而深入的改革，才能使刑事和解制度落到实处。

① 参见吴爱英：《抓住机遇，加大力度，努力把司法所建设提高到一个新的水平》，载《中国司法》2006 年 10 期。

未成年人案件引入刑事和解制度的思考

樊荣庆*

在传统的刑事司法观念中，犯罪被视为“孤立的个人反对统治阶级的斗争”。作为社会关系的保护者，国家通过刑事司法程序对犯罪分子定罪、处刑，从而使正义得到声张。然而“被害人—犯罪人”的个人关系却被搁置一旁，被害人在诉讼中的作用被弱化，逐渐成为被遗忘的角色。如何在刑事司法体系内实现既保护被害者利益、恢复被破坏的社会关系，又达到使犯罪者改过自新、复归社会的理想目的，是当今各国刑事司法政策面临的一个现实难题。西方学者在对这一问题的研究中，提出了“刑事和解制度”。刑事和解制度，又称被害人与加害人的对话、被害人与加害人会议、被害人与加害人的和解或恢复正义会商，它是指犯罪行为发生后，经由调停人（一般由专业人士）的帮助，使被害人与犯罪人直接商谈，解决刑事纠纷，目的是为了恢复犯罪人所破坏的社会关系，弥补被害人所受到的伤害以及恢复犯罪人与被害人之间的关系，并使犯罪人改过自新，复归社会。①

一、刑事和解制度的发展沿革与理论渊源

（一）刑事和解制度的发展沿革

刑事和解的思想渊源最早可追溯至原始社会的私人分割赔偿，但作为一种刑事理论，它发端于20世纪中叶，是西方国家刑事思潮和法律价

---

* 樊荣庆，上海市人民检察院侦查监督处副处长。

① 刘凌梅：《西方国家刑事和解理论与实践介评》，载《现代法学》2001年第1期。

值观变化的产物。西方传统刑事司法一直以犯罪行为和犯罪人格的研究为主要内容，随着 20 世纪犯罪被害人学的兴起，对被害人的保护这一课题逐渐步入人们的视野。在第七届关于犯罪预防和犯罪人待遇的联合国大会上，被害人保护与补偿成为重要议题之一。随后，英国法学家 Margery Fry 感到在刑事司法过程中不能无视被害人，提出应赔偿被害人，并着力于罪犯与被害人和解。在被害人保护思想日趋成熟的同时，监禁、矫正的政策日渐陷入窘境。对监禁与矫正实践的失望使刑事司法政策在 20 世纪 70 年代开始转向行刑社会化。这一理论的核心思想在于将罪犯交由社会改造，使罪犯在不脱离正常社会环境的条件下完成人格重塑的过程。由于行刑社会化理念与刑事和解的价值取向——以被害人的利益为中心寻求与加害人的和解——不谋而合，刑事司法政策开始探索一种被害人保护和罪犯复归的平衡之路。这条道路，在刑事司法领域之内的重要表现之一就是刑事和解制度的确立。[①] 刑事和解制度的现实实践始于 20 世纪 70 年代加拿大安大略省的"加害人—被害人"和解尝试方案。当时，基秦拿县的一名缓刑官员说服法官让两名涉嫌破坏艺术作品的年轻人同所有的被害人见面。其后，法官责令两年轻人向被害人赔偿所有损失作为其判处缓刑的条件。数月后，两名加害人再次会见所有被害人并支付了相应的赔偿。基秦拿县的尝试逐渐演变为一个由教会捐赠、政府补助和社会各界支持的"被害人—加害人"和解方案基金会。随后，加拿大其他地区也积极参与这项活动。1978 年，美国印第安纳州埃尔克哈特市首次将"被害人—加害人"和解方案引入美国。自此，该和解方案迅速在整个美国和欧洲获得了普遍认可。到目前为止，世界已拥有一千二百多个"被害人—加害人"和解项目，其中美国和欧洲的项目占到了总数的 75%。[②]

（二）刑事和解制度的理论渊源

西方学界迄今为止关于刑事和解制度理论最为全面的解说来自于美国犯罪学者约翰 · R. 戈姆在《刑事和解计划：一个实践和理论构架的考察》一文中所提出的平衡理论（equity theory）、叙说理论（narrative theory）和恢复正义理论（restorative justice theory）。平衡理论以被害人关于在何

---

① 马静华、罗宁：《西方刑事和解制度考略》，载《福建公安高等专科学校学报》2006 年第 1 期。

② 杨兴培：《刑事和解制度在中国的构建》，载《法学》2006 年第 8 期。

种情况下何为公平、何为正义的朴素的合理期待为前提。当先天的平等和公正的游戏规则被加害人破坏时，被害人倾向于选择成本最小的策略技术来恢复过去的平衡。这种理论使刑事和解成为一种低风险、高效率的纠纷解决机制，但它的缺陷在于，仅从被害人而不是社会与加害人的角度来认识刑事和解，能够回答的也只是“被害人为什么参与”的问题，并不能全面的解构刑事和解的所有价值。叙说理论将刑事和解当做被害人叙说伤害的过程，并将被害叙说变为一种有效的心理治疗方式。叙说过程的重要意义不在于故事内容本身，而在于叙说的过程和叙说者与叙说对象之间的共鸣。但是叙说理论仅从心理学的学科视角及被害人的利益本位来论证刑事和解的合理性，显然过于狭窄。而恢复正义理论认为，犯罪破坏了加害人、被害人和社会之间的正常利益关系，恢复正义的任务就是三者之间重建这种平衡。这种平衡是全面的平衡：对被害人而言，修复物质的损害、治疗受到创伤的心理，使财产利益和精神利益恢复旧有的平衡；对加害人而言，向被害人、社会承认过错并承担责任，在确保社会安全价值的前提下交出不当利益从而恢复过去的平衡；对社会而言，受到破坏的社会关系得到了加害人与被害人的共同修复，从而恢复了社会关系的稳定与平衡。[①] 因此，可以说恢复正义理论在强调被害人利益保护的同时兼顾了犯罪人的社会复归，全面地诠释了刑事和解理念。

二、刑事和解制度的价值取向

任何一项法律制度所追求的终极价值目标都是试图达成公正与效率的合理平衡，而刑事和解制度的价值取向恰好有助于这一目标的实现。

（一）刑事和解的公正价值

刑事和解是对个体公正与整体公正进行权衡的结果，以对被害人、加害人全面保护为其根本目的。

第一，刑事和解体现了对被害人利益的保护。长久以来，各国刑事政策往往侧重于对犯罪嫌疑人、被告人的权利保障而忽视或弱化了对被害人的权利保护。将犯罪嫌疑人、被告人的权利保障状况作为人类社会文明的标志自然无可厚非，但这种忽视被害人权利保护的单向度人文关怀从某种程度上说很难被视作通往终极正义的正确路径。尽管我国于

---

① 向朝阳、马静华：《刑事和解的价值构造及中国模式的构建》，载《中国法学》2003 年第 6 期。

1996年修改的《刑事诉讼法》对被害人的权利作出了多项补充规定，如对不立案不起诉决定的申诉权、鉴定结论知悉权、抗诉申请权、参与庭审权，但上述诸项权利的规定旨在增强追诉能力，满足被害人的报应情感。实际上，被害人除了报应需要之外，同时也对包括物质恢复和心理恢复在内的被害恢复抱有强烈的需求。[①] 但司法实践忽视甚至无视被害恢复的现状，这导致的直接后果就是被害人地位的工具化。与之相反，刑事和解以被害人利益为中心，大大提升了被害人在诉讼中的主体地位，使其不仅能够参与而且能够对刑事冲突的解决发挥积极作用。刑事和解制度中通过加害人与被害人面对面的叙说过程，使得被害人能够在一个平和的环境中治疗心灵创伤。而双方达成的赔偿协议以及加害人的积极履行保证了被害人物质损失的及时修复。刑事和解兼顾了被害人的精神利益与物质利益的恢复，淡化了被害人的报应情感，以当事人之间正常社会关系的平复为附属效果，从而降低了被害人二次被害的可能性。

第二，刑事和解有利于对加害人合理利益的保护并促进其再社会化。刑事和解通过被害人与加害人就犯罪影响进行的讨论，使加害人能够深刻地体会到自己行为的严重后果，从而促使其真诚认错、悔过。同时，刑事和解使加害人免于被科以刑罚所带来的"交叉感染"的不良后果。再者，因为和解协议的达成与履行不再启动或中止对加害人的刑事追究，加害人得以摆脱犯罪标签的不利影响。传统刑法观和司法习惯思维都强调对犯罪一定要用刑罚加以惩戒，而刑事和解理论试图在刑罚制度之外探讨有回旋余地的纠纷解决机制，在一定程度上消解了刑法的命令性和工具性，有助于软化刑法的强制性，从而使加害人可以更加自然地实现再社会化。

第三，刑事和解还体现了对公共利益的保护，有利于构建和谐社会。构建和谐社会是人类千百年来孜孜以求的共同理想。我们的执政党和国家已经在党的纲领性文件和治国方略中明确提出了要建设和谐社会的目标。和谐社会最基本的标志是人与人互敬互爱，最大限度地消除摩擦与仇恨。刑事和解制度的引入，特别是其中的加害人向被害人赔礼道歉、赔偿损失、为社区提供公益服务等，一方面，有利于化解人与人之间的冲突与矛盾，修复被损害的社会关系；另一方面，刑事和解通过整合加害人的

---

① 向朝阳、马静华：《刑事和解的价值构造及中国模式的构建》，载《中国法学》2003年第6期。

羞耻心，促使他们改过自新，既谴责犯罪行为，又相信犯罪人在本质上仍然是一个好的个体，并在此基础上采取相应的措施使其远离罪恶。同时，通过对犯罪人的否定评价和对犯罪行为可能带来负面影响的揭示，告诫人们不要以身试法。可见，刑事和解不仅追求对犯罪人的特殊预防，同时关注犯罪的一般预防，从而有效地达到预防犯罪的目的，维护社会公共利益。

（二）刑事和解的效率价值

刑事诉讼是一个需要投入大量人力、物力、财力的活动和过程，但一定时期一定阶段一个国家投入刑事诉讼的资源总是有限的。较之于居高不下的刑事发案率，本来就紧张的司法资源日益显得捉襟见肘。在司法有限的前提下，为了更好地完成诉讼任务，就必须高效的利用有限的司法资源。刑事和解制度使部分案件不进入诉讼程序即得到妥善处理，较好地对诉讼程序起着繁简分流的效果，从而有利于最大限度地节约诉讼资源、提高诉讼效率。

三、我国未成年人案件中引入刑事和解的法律依据及实证分析

（一）在未成年人案件中引入刑事和解制度的必要性

未成年人犯罪率增加和犯罪低龄化问题是当前危害社会治安的一个突出问题，预防和减少未成年人犯罪已引起各国的重视。如何针对未成年人心理、生理及思维、阅历等特点，采取有别于成年人犯罪案件的处理方式，实现预防和减少未成年人犯罪的目的，已成为各国法律理论界与实践部门广泛研究的课题。近年来，在针对未成年人犯罪案件处理上，许多国家在司法制度上的一个显著特点是在刑法理念方面从惩罚主义向保护主义发展，推行或试行人性化、社会化的行刑处罚制度。未成年人由于其生理、心理发育尚未完全成熟，犯罪偶发性比较大，且主观恶性小，因此，对其处置在方法上应当有别于成年人。通过刑事和解，一方面能避免监禁给其带来的“感染”和未成年人人格发展的严重心理障碍；另一方面又有助于未成年人认识错误、吸取教训。同时，相对于成年人，未成年人由于年少无知，更容易得到被害人的谅解。因此，在我国现有制度下，在未成年人案件中引入刑事和解制度是最理想的选择。纵观世界现代法律制度演进过程，少年司法制度常常充当改革先驱者的角色。因此，可以首先在少年法领域内作出尝试，在取得经验、加以完善后，再行推广到整个制度。

（二）引入刑事和解制度的法律依据

在我国未成年人案件中引入刑事和解制度并不是要在现行法律框架之外随意设立，而是具有充分的法律依据。

联合国《关于在刑事事项中采用恢复性司法方案的基本原则》中确立恢复性司法方案，包括罪犯和被害人和解的行动准则。联合国《少年司法最低限度标准规则（北京宣言）》第1.4条规定，对未成年犯罪人，应“减少根据法律进行干预的必要”。根据这一精神，该《规则》第18.1条第（c）款规定少年司法中以补偿和赔偿作为监禁的替代措施。因此，对未成年人适用刑事和解是各国通例，也是刑事司法国际准则对少年司法特殊要求的具体化。

我国《刑事诉讼法》第172条规定，对于自诉案件，人民法院可以进行调解，自诉人在宣告判决前，可以同被告人自行和解或者撤回自诉。《刑事诉讼法》第142条第2款明确规定，对于罪行轻微，依照《刑法》规定不需要判处刑罚或免除刑罚的，人民检察院可以作出不起诉决定。《人民检察院刑事诉讼规则》第291条规定，人民检察院决定不起诉的案件，可以根据案件的不同情况，对被不起诉人予以训诫或者责令具结悔过、赔礼道歉、赔偿损失。《人民检察院办理未成年人刑事案件的规定》第21条规定，对于未成年人实施的轻伤害案件、初次犯罪、过失犯罪、犯罪未遂的案件以及被诱骗或者被教唆实施的犯罪案件等，情节轻微，犯罪嫌疑人确有悔罪表现，当事人双方自愿就民事赔偿达成协议并切实履行，符合《刑法》第37条规定的，人民检察院可以依照《刑事诉讼法》第142条第2款的规定作出不起诉的决定，并可以根据案件的不同情况，予以训诫或者责令具结悔过、赔礼道歉。该《规定》第13条第2款还规定，对于罪行比较严重，但主观恶性不大，有悔罪表现，具备有效监护条件或者社会帮教措施，不具有社会危险性，不会妨害诉讼正常进行，犯罪后能够如实交代罪行，认识自己行为的危害性、违法性，积极退赃，尽力减少和赔偿损失，得到被害人谅解的未成年犯罪嫌疑人，可以依法不予批准逮捕。最高人民检察院《关于在检察工作中贯彻宽严相济刑事司法政策的若干意见》第12条规定，对于轻微刑事案件中犯罪嫌疑人认罪悔过、赔礼道歉、积极赔偿损失并得到被害人谅解或者双方达成和解并切实履行，社会危害性不大的，可以依法不予逮捕或者不起诉。确需提起公诉的，可以依法向人民法院提出从宽处理的意见。对属于被害人可以提起自诉的轻微刑事案件，由公安机关立案侦查并提请批捕、移送起诉的，人民检察院可以促使双方当事人在民事赔偿和精神抚慰方面和解，及时化解矛盾，依法从宽处理。

2006 年 5 月上海市公检法司四家机关也联合颁发了《关于轻伤害案件委托人民调解的若干意见》，其中规定：在受理、立案侦查、审查起诉、审判阶段，公安机关、人民检察院、人民法院等办案机关根据双方当事人申请将符合条件的轻伤害案件委托人民调解委员会进行调解。各司法机关可根据调解的结果分别作出不立案、不起诉、不处罚等处理。可以说，该《调解意见》实质是对刑事和解制度的积极尝试。

（三）我市在未成年人案件中引入刑事和解制度的现状分析

随着一系列规范性文件的相继颁布，我市一些基层检察部门也开始遵照文件的精神开展对未成年人案件引入刑事和解的实践探索。

2006 年以来上海市各基层检察机关共在 32 件未成年人案件中适用刑事和解，适用未成年人达 41 人。附表如下：

案件数量（件）	适用未成年人数（人）	案由（件）					适用阶段（件）		适用结果（件）			和解主体（件）		和解方式（件）
		抢劫	盗窃	故意伤害	交通肇事	寻衅滋事	审查起诉	审查批捕	和解轻判	和解结案		检察机关	人民调解委员会	经济赔偿赔礼道歉
										相对不诉	退回公安撤案			
32	41	12	8	8	2	2	29	3	5	21	6	29	3	32

如表所示，2006 年以来上海市各基层检察机关在未成年人案件中适用刑事和解的基本状况呈现出以下特点：

第一，适用案由以抢劫、盗窃、故意伤害（轻伤）为主，其中抢劫罪所占比例高达 37.5%，盗窃与故意伤害（轻伤）罪各占 25%。案件种类不仅仅限于盗窃、故意伤害（轻伤）等轻微刑事案件，还涉及抢劫等重罪名刑事案件。同时还涉及过失犯罪如交通肇事案件、危害公共秩序的犯罪如寻衅滋事案件。

第二，在检察阶段促进刑事和解程序的主体基本上以检察机关为主导，约 90.6% 的案件由检察机关主导刑事和解，少量案件委托人民调解委员会调解。

第三，绝大部分案件是在审查起诉阶段适用刑事和解，这主要是由于审查批捕阶段时间较短。

第四，65.6% 的案件采用和解后相对不诉的处理方式。对于一些如抢劫等重罪名刑事案件则采用和解后起诉，但建议人民法院酌情从轻处罚。18.8%的案件在审查批捕或审查起诉阶段达成和解后，采取退回公安机关并由公安机关作出撤案处理的方式。

第五，和解的方式基本上采用经济赔偿和赔礼道歉的方式。

四、构建未成年人案件刑事和解制度的初步设计

刑事和解制度在尊重被害人，促使犯罪嫌疑人或被告人认罪、悔罪、改过自新等方面日益显示出一定的优势，对刑法秩序与安全价值的实现也起到了明显的作用。所折射出来的现代性民主和法治的内涵具有普适性的价值，从时代的发展趋势而言，在中国有必要移植域外刑事和解制度的合理内核为我所用。但是，从上述实务部门对刑事和解制度的探索实践中不难看出，未成年人案件适用刑事和解制度仍然处于摸索阶段，实践操作中尚存在诸多不尽完善之处。任何一项理论与制度价值的实现，必然离不开相应的运行模式，同样，刑事和解价值目标的实现当然要以合理的、有操作性的运行模式为载体。由于当前各国对刑事和解制度的研究尚不完善，因此还不具备全面引入刑事和解的条件，但是通过借鉴和吸收，在未成年人案件中理性的引入刑事和解制度并加以本土化设计则是必要的。以下将对我国未成年人案件刑事和解的制度设计略抒管见，以期对我国司法实践有所裨益。

（一）未成年人案件引入刑事和解要注意的三个问题

1．检察机关在刑事和解中的权重问题

对刑事和解适用阶段的一般性理解认为，在刑事诉讼的侦查、起诉和审判乃至执行阶段都可以进行刑事和解。[①] 实践中，公检法三机关也都曾主持过成功的刑事和解。对于执行阶段而言，由于缺乏现实的法律依据，在该阶段推行刑事和解制度的条件尚不成熟。

我国《刑事诉讼法》第172条规定，人民法院对自诉案件，可以进行调解；《最高人民法院关于执行〈中华人民共和国刑事诉讼法〉若干问题的解释》第90条规定，经公安机关、人民检察院调解，当事人双方达成协议并给付，被害人又坚持向法院提起附带民事诉讼的，人民法院也可以受理。根据上述规定，在侦查、起诉和审判阶段均可以引入刑事和解。但是

① 黄京平、张枚：《刑事和解的司法现状与制度构建》，载《国家检察官学院学报》2006年第6期。

在侦查阶段与审判阶段,由于案件主要掌握在公安机关、法院的手中,故这两个阶段的刑事和解是由公安机关、法院主导,检察机关主要是配合公安机关、法院促成刑事和解的实现。

检察机关对刑事和解的适用主要是在审查批捕和审查起诉阶段。在审查批捕阶段对于符合条件的案件可以促成当事双方自行和解或委托人民调解,和解成功的可依法对涉案未成年人作出相对不捕的处理结果,并及时落实社区帮教措施的跟进。但是实践情况中,由于审查批捕阶段的审查期限较短,而当事人双方刑事和解协议的达成往往需要在较长时间内反复磋商,故检察机关应重点掌握在审查起诉阶段适用刑事和解。在审查起诉阶段,经审查,对符合条件的案件,检察机关可以征询双方当事人的意愿,促成当事双方自行和解或委托人民调解,和解成功的可依法对涉案未成年人作出相对不起诉或建议人民法院从轻或减轻处罚的处理结果,对作出相对不起诉的未成年人及时落实帮教措施。

2. 监督与主导关系

在不同阶段的刑事和解过程中,检察机关应当依据职能处理好监督与主导关系。

侦查阶段和审判阶段的刑事和解应该分别由公安机关和人民法院予以主导,在这一过程中,检察机关的作用就主要体现为监督功能。也就是说,检察机关应该监督适用刑事和解的案件是否适格,如果发现案件不宜适用刑事和解,且刑事和解程序刚刚启动的,应当建议公安、法院通过正常诉讼程序处理案件;对于公安机关已经促成刑事和解并作出撤案处理的案件,应当建议公安机关予以立案;对于审判机关已经促成刑事和解并对被告人作出免除或从轻处罚的,应建议其依法改判。同时检察机关还要对以下内容进行监督:公安机关和人民法院在侦查以及审判阶段所主导刑事和解的程序是否合法;和解协议的内容是否是出于加害人与被害人真实的意思表示;公安机关和人民法院是否存在利用职权强迫一方接受或拒绝对方提出的和解协议,以及在该过程中公安、审判人员是否存在徇私枉法、枉法裁判、收受贿赂等违法犯罪行为。如果发现存在上述违法犯罪行为的,应当依法向其送达纠违意见书或依法追究刑事责任。检察机关所扮演的这一角色是其法律监督职能在刑事和解制度中的延伸与具体体现。

在审查批捕和审查起诉阶段,由于此时案件由检察机关处理,此一阶段中出现的刑事和解自然是以检察机关的主导来促成委托人民调解或当事双方自行和解工作的顺利进行。检察机关此时应该在充分掌握案件具体情况的基础上积极促成加害人与被害人之间达成刑事和解，并且具体负责监督和解协议的履行。但与此同时，在双方缺乏和解基础的情况下，检察机关也不宜过分拖延和解程序，在必要的情况下应该果断放弃促成和解，按照正常诉讼程序完成对案件的审查。

3．注重刑事和解的本土化

关于适用刑事和解的未成年人案件范围。从司法实践与理论界的通说来看，目前适用刑事和解的案件一般限于法定刑低于有期徒刑 3 年、告诉才处理及轻伤害等主要侵犯公民个人人身或财产权利等轻微刑事案件。[①] 毫无疑问，在传统刑事法律观念和刑事法律尚未有重大调整的情况下，刑事和解实践保持一定的谨慎是必要的，但是，随着对该制度探索的不断完善，刑事和解的适用范围将来必然会逐渐扩大，尤其是未成年人案件，对轻罪和重罪的处理都将存在适用刑事和解的空间。具体而言，除了重大恶性暴力、手段特别残忍、社会影响特别恶劣等严重刑事犯罪案件外，那些侵害客体在一定程度上可赔偿、可修复、可补偿的案件，如轻微人身伤害、盗窃、交通肇事、抢夺、未成年人强索类案件，社会影响不大、情节不是十分恶劣的抢劫、寻衅滋事等案件，都可以适用刑事和解。对于故意伤害致人重伤、情节较为严重的抢劫等案件在当前情况下应当慎用，如果经考察被害人确实能够谅解加害人，而加害人又符合前述刑事和解适用的条件的话，也可以考虑适用刑事和解来处理案件，但在处理结果上应有所差别。

关于适用刑事和解的阶段和结果，根据前述相关法律规定，在侦查、起诉和审判阶段引入刑事和解有着充分的法律依据，但是不同的阶段对不同案件适用刑事和解的结果应当有所区别。

在侦查、起诉阶段，对于法定刑低于有期徒刑 3 年、告诉才处理及轻伤害等主要侵犯公民个人人身或财产权利的轻微刑事案件，公安机关可以撤案、检察机关可以作出相对不起诉处理，即和解结案。但是对于抢劫、故意伤害致人重伤等性质较为严重的刑事案件，公安、检察机关虽仍可以对其适用刑事和解，但均不得作出和解结案的处理结果，而是应当移

① 参见汤火箭：《我国未成年人犯罪刑事和解制度的构建与论证》，载《人民检察》2004 年第 10 期。王金贵、刘国华：《关注刑事和解 促进社会和谐》，载《人民检察》2006 年第 9 期。黄京平、张枚：《刑事和解的司法现状与制度构建》，载《国家检察官学院学报》2006 年第 6 期。

送审查起诉并提起公诉，只是可以在提起公诉时建议法院酌定从轻处罚，即和解轻判。这是因为，依据我国现有法律的有关规定，对于上述轻微刑事案件在适格的情况下，公安、检察机关有权对其作出非犯罪化处理，而对一些重罪如抢劫、故意伤害致人重伤、死亡等案件法律并未授予公安、检察机关该项权力。如果在侦查、审查起诉阶段对这类案件适用刑事和解并结案的话，则难以摆脱侵犯法官独立审判权力的嫌疑。因此，在侦查、审查起诉阶段，对轻微刑事案件适用刑事和解一般可以和解结案，而对于部分重罪名案件则只能作出和解轻判的处理结果，即对于轻微刑事案件可以作出免予刑事处罚的结果，对于重罪案件则可以酌情降低其法定刑幅度。

实践中，在检察阶段适用刑事和解，曾出现退回公安机关作撤案处理的结案方式，根据《人民检察院刑事诉讼规则》第262条之规定，退回公安机关处理仅限于“发现犯罪嫌疑人没有犯罪事实”和“发现犯罪事实并非犯罪嫌疑人所为”两种情形，因此，笔者认为，在检察阶段将达成和解协议的案件退回公安机关处理的结案方式，有违反正当程序之嫌，不宜采用。

关于主持刑事和解的主体，理论界和实务界均存在较大争议。理论界的观点主要有：一是由加害人物色调停人后报办案机关审查并征求被害人同意。[①] 二是在刑事和解的初期阶段，调停人由法官、检察官担任，随着经验的积累和外部条件的成熟，调停人的范围可逐步扩大为社区工作人员、法律志愿者等。[②] 三是以基层人民调解组织为基础，从中培养、吸纳专业的调停人员参与主持刑事和解。[③] 从实践中的做法来看，也主要有三种模式：一是委托人民调解员进行调解；二是在不同阶段由公、检、法主持调解。三是当事人双方自行和解，公、检、法等机关主要承担告知和确认工作。

当前适用刑事和解应采用以委托人民调解为主、当事人双方自愿和解，司法机关承担告知和确认工作为辅的模式。这是因为，由司法机关主持刑事和解，难免又陷入传统的“国家—犯罪人”的刑事司法模式，司法机关在和解中的强势地位容易滋生司法腐败。此外，司法机关在巨大的

① 刘志成、熊明：《未成年犯罪案件和解不诉探讨》，载《中国刑事法杂志》2005年第1期。

② 汤火箭：《我国未成年人犯罪刑事和解制度的构建与论证》，载《人民检察》2004年第10期。

③ 向朝阳、马静华：《刑事和解的价值构造及中国模式的构建》，载《中国法学》2003年第6期。

案件压力下,很难做到公正与效率兼顾。从长远看,应当在国家司法权力之外构建刑事和解制度,以社会上独立的第三方作为纠纷解决的调解人。实践中,让人民调解委员会在刑事和解中发挥作用的做法也取得了一定的成绩。2004 年 11 月 18 日,北京市司法局、公安局联合下发了《关于在"城八区"建立治安行政调解与人民调解联动工作机制的意见》,要求"城八区"普遍建立民间纠纷联合接待室,联合接待室建立后,工作成效明显。如北京市丰台区六里桥地区的联合接待室,自 2005 年 4 月成立的一年时间里共调解纠纷 1208 件,成功 1049 件。① 2006 年我市公、检、法、司四家单位共同会签了轻微刑事案件委托人民调解的有关规定,部分基层公安、司法机关也相继会签了有关规定,并在实践中进行了成功的个案探索。尽管目前委托人民调解主持刑事和解还不具备完善的条件,但民间调解作为我国基层社会的一种解纷方式,有着悠久的历史传统和深厚的群众基础,且具有简易、灵活、普遍和自治性的特点。可以预期,一俟时机成熟,民间调解在构建我国刑事和解制度过程中必将发挥积极的作用。

4. 和解的方式

目前实践当中进行刑事和解基本上完全采用经济赔偿、赔礼道歉的方式。对刑事和解的方式应当有所扩展,可以适当引入让加害人参与社区公益服务、为被害人提供劳务等和解方式。这样不仅可以避免让实施加害行为的未成年人产生用钱买刑的错误认识,同时更有利于促进加害人与被害人之间达成谅解,利于未成年人重新融入社会,形成健康的价值观、人生观。

(二) 未成年人案件适用刑事和解的基本条件

一是案件事实清楚、证据确实充分。这是刑事和解的基础。否则加害人很可能在种种压力之下,违心表达意愿,接受对其不利的调解结果,反而不利于保护加害人的权利。另外,从逻辑上说,如果不查明案件事实真相,就很难确定是否发生了刑事案件,进而确定加害人与被害人,刑事和解也就无从谈起。

二是加害人作有罪答辩且其认罪态度良好。刑事和解的初衷之一是为被害人提供疏通情感阻滞的渠道,如果没有加害人有罪答辩的先决条件,根本无法达到预期和解效果。

三是双方真实自愿。自愿是刑事和解的原则性前提,它包括被害人

① 王金贵、刘国华:《关注刑事和解 促进社会和谐》,载《人民检察》2006 年第 9 期。

与加害人双方自愿的真实意思表示。

四是加害人主观恶性不大，如其系过失犯、初犯、偶犯、从犯或胁从犯，或者犯罪行为的发生原因中，客观因素起了主导作用，如加害人在极度贫饥下实施了偷盗、抢劫等行为。

五是有良好的监护条件或社会帮教条件。在检察机关作出不捕、不诉决定后，未成年人能获得良好的监护或帮教，不致再发生社会危害。

（三）检察阶段对未成年人案件引入刑事和解的程序设计

刑事和解的程序，一般分为和解的告知、提出与受理、和解准备、和解陈述与协商、签订和解协议、审查生效等阶段。刑事和解的告知，是由检察机关综合考虑上述和解前置条件，认为可以和解协商的，先征得被害人同意后，正式向加害人或其法定代理人、监护人书面告知可以进入和解程序。检察机关经过审查加害人的刑事和解提案，符合刑事和解的范围和条件的即可受理。和解准备的过程由检察机关、加害人、被害人共同完成，通过检察机关和被害人、加害人分别会谈，在合理、合法的尺度范围内积极创造和解的条件。和解陈述与协商是由调停人促成被害人与加害人对话，让他们商谈加害行为对各自生活的影响。加害人应向被害人承认过错、表达歉意，进而双方对加害行为造成的损失和赔偿的具体数额、赔偿方式进行协商并达成一致意见。在双方通过和解陈述与协商达成谅解之后，加害人与被害人之间达成书面赔偿协议并提交检察机关。检察机关经过对和解协议进行审查，确定其内容公平、合法，且为双方真实意思表示，即可确认和解协议的效力。[①] 待检察机关确认和解协议的内容已经为加害人一方完全履行之后，检察机关方可中止追究加害人的刑事责任。

① 黄京平、张枚：《刑事和解的司法现状与制度构建》，载《国家检察官学院学报》2006 年第 6 期。

上海市杨浦区人民检察院实行轻微刑事案件和解的基本情况

王　强*

在建设社会主义和谐社会的时代背景下，实行轻微刑事案件和解制度，有助于体现教育挽救政策、强化办案的社会效果，有利于化社会消极因素为积极因素，减少社会对立面，促进社会和谐。检察机关在法律允许的范围内，作出必要的探索，是义不容辞的责任。自 2005 年上海市杨浦区人民检察院实施轻微刑事案件和解制度以来，一共对 7 起故意轻伤害案件适用了和解程序，7 起案件中因相邻纠纷所致的案件 2 起，在校学生琐事纠纷所致的案件 2 起，亲属琐事纠纷所致的案件 1 起、感情纠纷所致的案件 1 起，一般琐事所致的案件 1 起。2006 年 6 月，该院对故意轻伤害和解案件的当事人做了抽样回访工作。绝大部分当事人认为我院推行的这项制度符合当前建立和谐社会的需要，对有效化解因琐事产生的人民内部矛盾，消除社会对立面有积极的意义。轻微刑事案件和解制度取得了较好的社会效果和法律效果。

一、轻微刑事案件和解制度的理论基础

上海市杨浦区人民检察院实施轻微刑事案件和解制度，是指在审查起诉阶段，被害人和犯罪嫌疑人双方自愿在有关组织或单位的主持下，犯罪嫌疑人向被害人认罪悔过，取得被害人的谅解，双方达成和解以及赔偿协议后，检察机关以不起诉或者建议公安机关撤销案件的方式终止刑事诉讼的制度。

---

* 王强，上海市杨浦区人民检察院副检察长。

国内一些学者对“刑事和解”的探讨，较多借鉴国外“恢复性司法”理论，认为“刑事和解”是“恢复性司法”在中国的表现形式。“恢复性司法”理论突破了对犯罪本质的认识，认为“犯罪的本质主要是犯罪人对被害人或者社区的侵害，而非国家和社会的公共利益”①。这种认识将传统的刑事犯罪理念撇开是值得商榷的。如果所有犯罪都可以通过“被害人与加害人协议”而消解，这无疑夸大了“恢复性司法”的功能。目前国外刑事司法中就存在“恢复性司法”在刑事领域无限扩张的趋势②，并受到各方的质疑。③ 杨浦区检察院所构建的“轻微刑事案件和解制度”在强调被害人保护以及修复破坏的社会关系上与西方“恢复性司法”的目的相同，但两者在理论根源以及制度设计上存在本质的不同。杨浦区检察院“轻微刑事案件和解制度”的理论基础是“私诉（自诉）优先原则”。④

我们认为，犯罪针对的客体从整体来看可以分为社会统治秩序和个人权利，侵犯秩序犯罪的存在奠定了国家公诉的基本前提，然而在部分侵犯权利的犯罪中，统治秩序未受到严重的损害，这时彰显被害者权利显得尤为重要，这是自诉制度存在的理念基础。我国《刑事诉讼法》之所以将轻微刑事案件纳入自诉案件范畴，首要意义在于尊重被害人的意愿，保证被害人诉讼权利及合法权益的实现。即将此类案件诉讼权交付于被害人，由其选择是否诉诸公权力，甚至由其选择是否追究加害人的刑事责任。从刑事自诉的法律规定来看，自诉案件可以调解解决也可以自行和解或者撤回起诉。这就表明对轻微刑事案件处理应当充分尊重被害人的意愿。

“被害人有证据证明的轻微刑事案件”是《刑事诉讼法》规定的刑事自诉案件的类型之一。不过，为了切实保障被害人利益，对于这类轻微刑事案件，法律在允许被害人自诉的同时，也允许国家公权力的介入。六机关《关于〈中华人民共和国刑事诉讼法〉实施中若干问题的规定》第4条

---

① 陈晓明：《论修复性司法》，载《法学研究》2006年第1期。

② 在英美法系，恢复性司法并不限于轻罪案件，一些重罪案件也逐步尝试恢复性司法模式，英国2000年就有1700名重罪案，如强奸、抢劫等等仅通过“告诫”这种非常简单的恢复性司法程序结案。

③ 有学者就谈到：“恢复性司法虽然追究一种具体的正义，然而也将正义推向了一种很不确定的状态。”参见郑成良、张英霞、李会：《中美两国司法理念的比较》，载《法制与社会发展》2003年第2期。

④ 上海市杨浦区人民检察院课题组：最高人民检察院重点调研课题《刑事起诉政策研究》，第49页。

在列举“被害人有证据证明的轻微刑事案件”范围之后规定:“上述所列八项案件中,被害人直接向人民法院起诉的,人民法院应当依法受理,对于其中证据不足、可由公安机关受理的,应当移送公安机关立案侦查。被害人向公安机关控告的,公安机关应当受理。”因此,这类案件存在着自诉与公诉的交叉与结合。实践中,大量的“轻微刑事案件”进入到公诉环节,并不在于该类案件在犯罪性质上发生了变化,仅仅由于被害人证据收集手段缺乏或者出于被害人对国家司法制度的依赖。“自诉案件的性质没有改变,被害人享有的权利就不应改变”[①],故对已经进入到“公诉环节”的这类自诉案件,会存在自诉与公诉选择的问题,我们认为根据法律设立刑事自诉制度的目的,应当坚持“自诉优先”的原则,充分尊重被害人的意见。具体表现为:一是被害人要求自诉的,允许自诉;二是被害人要求公诉的,应该公诉;三是被害人不愿意追究加害人责任的,刑事司法部门应当考虑不予追究加害人刑事责任;四是被害人控告后又放弃诉权的,刑事司法部门应该撤案。

另外,目前《刑事诉讼法》以及相关司法解释的相关规定也为检察机关实施刑事和解提供了一定的法律依据。《刑事诉讼法》第 142 条第 2 款规定:“对于犯罪情节轻微,依照刑法规定不需要判处刑罚或者免除刑罚的,人民检察院可以作出不起诉决定。”《人民检察院刑事诉讼规则》第 291 条第 1 款规定:“人民检察院决定不起诉的案件,可以根据案件的不同情况,对被不起诉人予以训诫或者责令具结悔过、赔礼道歉、赔偿损失。”据此,将轻微刑事案件和解程序放在检察机关审查起诉环节进行,是在现行的法律框架下探索刑事和解制度的最合理的途径,《刑事诉讼法》赋予检察机关的自由裁量权是检察机关参与刑事和解的法律依据。

二、杨浦区人民检察院轻微刑事案件和解制度的案件范围和条件

适用和解程序的案件范围必须严格限制在被害人拥有自诉权的“轻微刑事案件”范围之内。原因在于:一是“刑事和解”并不是万能的,它明显不能适用于侵害国家法益的犯罪和大多数侵害社会法益的犯罪,否则刑法上的报应和威慑会因刑事和解的泛化而失去效力,这不仅无益于犯罪的预防与矫正,反而会造成刑事司法应对犯罪的疲软和无力;二是现行

---

① 卞建林:《刑事起诉制度的理论与实践》,中国检察出版社 1993 年版,第 263 页。

的法律框架下,我国检察机关的自由裁量权相当有限,如果刑事和解程序的推广过分地使检察机关突破现有的自由裁量权以促成和解,这将令公众产生“以钱买刑”的联想并提出国家刑事处罚权走向市场化的质疑,影响国家司法正义的实现,也不利于检察机关法律监督职能的行使。根据法律对轻微刑事案件的规定,我们认为适用刑事和解的案件罪名主要是国家六机关《关于〈中华人民共和国刑事诉讼法〉实施中若干问题的规定》第4条列举的八项案件范围,较为常见的是我国《刑法》第四章、第五章规定的法定刑在3年以下的侵犯公民人身权利、民主权利罪、侵犯财产罪里所涉的部分罪名,而涉及公共利益和社会秩序的不在考虑范围。出于试行阶段的慎重考虑,我们以“故意伤害(轻伤)”案件为切入点对和解制度进行探索,且目前把造成故意轻伤害案件的起因仅限于“琐事纠葛、邻里纠纷”等民间纠纷,对于“雇凶杀人、涉黑涉恶、寻衅滋事、聚众斗殴以及其他恶性犯罪致人轻伤的”、“行为人系累犯,或在服刑、劳动教养和被采取强制措施期间因纠纷致人轻伤的”、“多次伤害他人身体或致三人以上轻伤的”、“携带凶器伤害他人的”社会危害性较大的犯罪,明确规定不得适用调解制度。

刑事和解须尊重当事人尤其是被害人的自由意志。由于刑事和解的理论基础是“自诉优先”,故当事人尤其是被害人的意见对案件的处理有至关重要的作用,只有加害人和被害人达成一致意见,双方都自愿通过刑事和解处理纠纷时才能适用刑事和解,而绝不是由司法机关代行双方当事人的意愿,强制性或者无原则地要求轻伤害案件的双方当事人都进行和解。对犯罪嫌疑人或被害人任何一方明确拒绝调解的案件,就依法对犯罪嫌疑人提起公诉。同时,在刑事和解过程中,双方当事人的意思表示是否真实、确切,由检察机关予以审查,防止一方当事人强迫另一方当事人以“自愿”的形式造成不当调解情况的发生。

参与刑事和解的加害人应当为初犯、偶犯且认罪悔罪,取得被害人的谅解。“初犯、偶犯”意味着伤害案件的发生具有一定的偶然性,大部分是由于加害人一时情绪激动或者被害人的过错在先所致,加害人主观恶性小、加害人与被害人之间的矛盾有缓和的可能。因此对初犯、偶犯实行非刑罚的处理方式有利于加害人回归社会,也有利于被破坏的社会关系的复合。

三、杨浦区人民检察院轻微刑事案件和解制度的模式与程序

（一）和解中间人的选择

我们认为，检察机关在刑事和解中担任调停人的角色并不合适。检察机关定位为国家法律监督机关，虽然在审查起诉时也负有“客观中立”的义务，但是检察机关与被害人在刑事诉讼结构中同属于“控诉方”，检察机关主导调解，在形式上难以体现“中立性”的特征，也会对加害人造成一定的心理压力。且就目前检察机关的人力资源而言，显然也无力涉足刑事和解中的具体斡旋。故将该类案件移交基层人民调解委员会委托调解是保证调解者中立性的恰当选择，且调解业务属于基层人民调解委员会的日常工作内容，基层人民调解委员会具备一定的法律专业人员，能够胜任加害人与被害人之间的“协调”工作。

关于人民调解委员主持调解的合法性问题。我们认为，首先，《刑事诉讼法》规定刑事案件的刑事处理权力由法院、检察机关专属，这不容置疑。而刑事案件的民事部分的处理，《刑事诉讼法》并未规定由人民检察院进行。同时司法行政机关人民调解委员会有权对民事纠纷进行调解，不能因该纠纷涉及刑事犯罪就忽略其民事部分。其次，虽然人民调解委员会是在案件审查起诉过程中进行调解，但由于其不涉及案件的刑事部分，所以不存在审查起诉过程的中断、中止，即案件一直处于检察机关的审查起诉中，委托人民调解并不是独立的刑事诉讼程序，没有违反程序法的规定。最后，人民调解委员会进行调解，并不能影响检察机关独立行使起诉权，调解的结果仅能作为检察机关作出处理决定的参考依据之一，不存在司法行政机关介入审查起诉的问题。因此，在刑事案件审查起诉阶段引入人民调解并不违背现行法律的规定。

（二）适用刑事和解案件的结案方式

刑事和解制度的结案方式有两种：一是作相对不起诉处理；二是退回公安机关作撤案处理。

根据《刑事诉讼法》第142条第2款规定：“对于犯罪情节轻微，依照刑法规定不需要判处刑罚或者免除刑罚的，人民检察院可以作出不起诉决定。”故意轻伤害案件由于加害人悔罪认罪态度好，取得被害人谅解并作出了赔偿，部分案件符合相对不起诉的标准，据此，检察机关可以依该条规定对犯罪嫌疑人作相对不起诉处理。而对于情节相对更轻的案件，可退回公安机关作撤案处理。

(三)检察机关的权力和义务

一是应向当事人及时告知权利。对于提出愿意刑事和解的当事人双方,公诉部门有义务充分告知他们相关的权利,防止一方当事人因法律知识的缺乏造成法律适用的不平等。如:可以聘请律师作为诉讼代理人;可以对整个调解过程中侵犯其合法权利的行为提出控告、检举;可以对根据调解协议作的相对不起诉决定提出复议等等。二是应对调解协议进行全面审查。对于由调解委员会主持下达成的刑事调解书,公诉部门应予以全面审查,要再次与双方当事人谈话,以了解协议书达成的背景,确保协议书内容的真实性、自愿性和合法性。公诉部门也可派员参加调解活动(调解活动仍由调解组织主导)。三是对人民调解过程的监督。公诉部门在案件委托人民调解委员会调解后,有权对人民调解的合法性进行监督,对违法的调解协议,应不予认可,并可重新委托人民调解或是按正常程序起诉。四是决定案件最终的处理。检察机关在案件经过人民调解后,应该根据案件的具体情况,如被害人获得赔偿的程度、犯罪嫌疑人悔罪状况以及案件的实际危害程度等选择作出不起诉处理或者退回公安机关作撤案处理。

(四)和解制度的具体程序

(1)检察机关在收到移送审查起诉的轻伤害案件之日起3日内,对于符合调解条件的,在将《犯罪嫌疑人诉讼权利义务告知书》、《被害人诉讼权利义务告知书》送达被害人、犯罪嫌疑人及其代理人、辩护人或者法定代理人、近亲属的同时,告知其有申请人民调解的权利。(2)双方当事人愿意委托调解的,在被告知之日起5日内应当向案件承办人递交调解的书面申请。(3)案件承办人在收到诉讼当事人双方愿意和解的书面申请后,应对以下方面进行认真审查:犯罪嫌疑人愿意调解的意思表示;犯罪嫌疑人的悔罪认罪态度;被害人愿意调解的意思表示;当事人愿意接受人民调解委员会的调解。(4)案件承办人应当3日内审查完毕,并报检察委员会讨论决定是否移送人民调解委员会调解。(5)检察机关向受委托的人民调解委员会(一般为当事人所在地或者纠纷发生地街道(镇)人民调解委员会)移送材料,包括:公安机关移送起诉意见书;司法鉴定意见书;相关证据材料的复印件;双方当事人愿意和解的申请;检察机关出具的《委托人民调解案件移送函》。(6)案件承办人应在5日内会同调解员制定调解方案,调解由人民调解委员会调解员主持,案件承办人出席并协助。(7)经人民调解委员会调解,双方当事人愿意签订协议的,应当在3

日内将协议副本递交检察机关。调解一般应在 20 个工作日内完成。双方当事人不能达成协议的,对犯罪嫌疑人依法提起公诉。(8) 经人民调解委员会调解后双方达成协议的,案件经检察委员会讨论决定退回公安机关另行处理或作相对不起诉处理。

轻微刑事案件委托人民调解工作的实践与思考

孙　辉*

2002年以来，顺应恢复性司法的潮流和宽严相济的刑事司法理念，上海市杨浦区公安、检察、法院、司法局等部门互相配合，共同实践，以轻伤害案件、故意毁坏财物案件等轻微刑事案件为切入点，循序渐进地探索轻微刑事案件委托人民调解工作。实践中取得了积极的成效，其中也发现了一些值得思考和完善的问题。

一、轻微刑事案件委托调解的实践情况

从2002年开始，杨浦区主要以轻伤害案件为突破口，探索轻微刑事案件委托人民调解工作，从时间跨度上看，大致分为三个阶段。

一是司法行政机关与公安机关合作，开展警民联合调解。2002年1月，杨浦区司法局和区公安分局选择延吉、定海两个街道开展了轻伤害案件委托人民调解试点工作，创设了警民联调，即公安机关委托人民调解的工作模式。试点中的操作程序是：(1) 公安派出所(当时叫警署)在接到"110"报警后，就地平息事态的发展并制作笔录，固定证据，如当事人愿意调解的，移交街道(镇)人民调解委员会(当时叫社区矛盾纠纷调处中心)调处；(2) 人民调解委员会受理的民间纠纷，可能发生矛盾激化的，邀请社区民警参与，共同化解纠纷；(3) 街道(镇)司法科与公安派出所定期分析社区矛盾纠纷情况，对重大、疑难、复杂的矛盾纠纷，联手进行调处。2002年7月，杨浦区司法局和区公安分局在对试点工作进展情况进

* 孙辉，上海市杨浦区司法局基层科科长、博士。

行调研的基础上拟订了规范性操作文本，即《关于对民间纠纷引发伤害案件联合进行调处的实施意见（试行）》（下称《意见（试行）》），轻伤害案件委托人民调解工作在全区范围内推开。根据《意见（试行）》的规定：对于因琐事纠葛、邻里纠纷引发的轻伤害案件，公安机关受理后，双方愿意调处解决的，由区公安分局刑队责任区队、派出所委托街道（镇）人民调解委员会进行调解，调处成功后，由调委会出具人民调解协议书，公安民警协助调委会通过回访制度，监督协议的执行，并把履行完毕的调解协议书留存归档。对达成调解协议的案件，公安机关受理后未立案的，作出不予立案的决定；已经立案的，作出撤销案件的决定。

杨浦区"警民联调"取得了积极的成效，从 2002 年至 2006 年 12 月，全区各街道（镇）人民调解委员会以及区联合人民调解委员会共调处公安机关委托的轻伤害案件 1022 件，其中轻伤 443 件，轻微伤 579 件。调处成功 952 件，不成功 70 件，履行 948 件，反悔 4 件。调处成功率 93.2%，履行率 99.6%。实践中取得了"两高、两低"的办案实效，即调处成功率高、协议履行率高、解决成本低、再犯率低，有效地推进了"刑转民"。

二是轻伤害案件委托调解工作向诉讼阶段延伸，全面推进"刑转民"。从实践情况看，尽管绝大多数因民间纠纷引发的轻伤害案件都在公安机关受理和立案阶段通过委托人民调解，得以解决，但每年还有一部分此类案件进入了诉讼程序。为了更好地发挥人民调解的作用和优势，2005 年 4 月 25 日，杨浦区司法局又与区检察院联合印发了《关于在办理轻微刑事案件中委托人民调解的若干规定（试行）》，将委托人民调解机制引入刑事诉讼的公诉阶段。具体制度设计是：对于在公安机关没能委托调解的轻伤案件，检察机关先征询双方当事人的意见，在双方同意的基础上，由公诉科或未检科承办检察官向分管领导汇报，分管领导审核同意后，再提交检委会讨论。检委会批准后，委托相关人民调解委员会调处（附有关卷宗材料及《委托人民调解案件移送函》）。调处成功的，人民调解委员会将人民调解协议书副本及《委托人民调解回复函》送检察院，承办检察官在核实协议履行情况后，对犯罪嫌疑人做不诉（一般是相对不诉）处理或者建议公安机关做撤案处理。对于调解不成的，重新启动诉讼程序。

2005 年 11 月 11 日，杨浦区公检法司四家联合印发了《关于轻伤害案件在诉讼阶段委托人民调解的规定（试行）》，建立起覆盖公安受理立案、检察公诉到法院审判等阶段的,由民间纠纷引发轻伤案件的委托人民调解工作机制。在法院审判阶段的具体制度设计是:法院对于符合条件的案件,在征得区检察院和双方当事人的同意后,委托相关人民调解委员会调解,调解成功并履行完毕的,有两种情况:对于自诉案件,原告撤诉;对于公诉案件,一般作有罪免刑处理。对于调解不成的,则继续开庭审理。

有这样一个案例:2005 年 9 月 7 日,杨浦区五角场街道调委会成功调处了全市首例由检察机关委托的轻伤害案件。该案加害人与被害人因琐事发生纠葛,并造成被害人轻伤。由于被害人自身存在过错,加害人系初犯且悔罪态度较好,双方当事人同意调解并在调委会主持下达成协议:加害人对被害人作相应的经济赔偿,被害人则自愿放弃追究加害人的刑事责任。协议履行完毕后,检察机关对加害人作出不起诉决定。一起轻伤害案件,通过人民调解和风细雨地得以彻底消解,实现了社会效果、法律效果、政治效果的统一。

从量上看,杨浦区通过委托调解的轻伤害案件在全部刑事案件中已经占有一定的比例。从 2002 年至 2006 年,杨浦区各人民调解委员会受托调处的刑事案件一共有 452 件(其中公安委托 446 件、检察院委托 7 件、法院委托 2 件)①,通过委托调解的刑事案件约占刑事案件总数的 10.5%。随着 2005 年 11 月杨浦区公检法司四家联合发文,2006 年这一比例又比过去几年的平均比例有所上升。②

三是以侵财类案件为突破,拓展轻微刑事案件委托调解的范围。2006 年 5 月,上海市高级人民法院、人民检察院、公安局和司法局以杨浦区《关于轻伤害案件在诉讼阶段委托人民调解的规定(试行)》为蓝本,制定下发了有关轻伤害案件委托人民调解的规范性文件,轻伤害案件委托人民调解工作随后在全市推广。杨浦区政法各家在进一步规范和完善轻伤害案件委托人民调解工作的同时,又根据恢复性司法的理念,着手探索侵财类轻微刑事案件和未成年人轻微刑事案件等轻微刑事案件的委托人民调解工作,并通过个案实践,取得了积极的成效。

① 包含区法院审理判决的刑事案件的数量和经公安机关、检察机关、法院委托人民调解委员会调处解决的数量。

② 2006 年杨浦区公检法委托调解的轻伤害案件 112 件(不包括 85 件轻微伤害案件),通过委托调解的刑事案件约占刑事案件总数的 13.4% 左右。

有这样一个案例:2006 年 8 月 12 日早晨,犯罪嫌疑人王某、李某酒后驾车回家,在地下车库见自己的车位被被害人朱某的一辆凯迪拉克车占用。犯罪嫌疑人通过保安寻找被害人而未找着。于是,犯罪嫌疑人王某、李某拿了一支口红,在车辆的前、后挡风玻璃及右侧窗玻璃上用口红涂写了侮辱性的文字。同时对车辆拳打脚踢,致使该车的左后尾灯、发动机护板、车门等部位遭到不同程度的损坏。公安机关确认,两人的行为涉嫌故意毁坏财物罪。侦查终结后,依法移送检察机关起诉。

区司法局在与区人民检察院会商后认为,王某和李某故意毁坏他人财物虽已涉嫌犯罪,但两犯罪嫌疑人能自首,并表示愿意赔偿被害人的损失,有调解基础。鉴于此,区人民检察院将该案委托区联委驻法院人民调解工作室调解。接受委托后,工作室派出两名资深调解员进行调解。经过耐心细致的工作,两加害人当面向被害人表达了悔意,并愿意赔偿被害人的损失以取得谅解;而被害人也表示愿意在达成合理赔偿的基础上,放弃追究两犯罪嫌疑人的刑事责任。最终,一起故意毁坏财物的轻微刑事案件经委托人民调解委员会得以成功解决,使侵财类的轻微刑事案件的处理获得了一条新的解决途径。

在总结个案探索的基础上,杨浦区司法局草拟了《关于故意毁坏财物案件委托人民调解的规定》和《关于未成年人轻微刑事案件委托人民调解的规定》。

二、关于轻微刑事案件委托调解实践中存在问题的思考

尽管杨浦区轻微刑事案件委托人民调解的实践意义和理论意义都毋庸置疑,但还是存在一些需要进一步解决的问题:

一是实践中委托人民调解组织调处的轻微刑事案件的范围还比较狭窄。在一定程度上,恢复性司法(restorative justice)可以说是轻微刑事案件委托人民调解的理论依据。但从国外的实践看,恢复性司法适用的案件范围远远超过轻伤害案件一种。比如"被害人—加害人调解模式"这种最常用的模式不仅适用于财产犯罪和轻微的伤害案件,而且已经拓展到一些严重的暴力犯罪。据统计,美国在 1995 年调解的刑事案件中,67% 可归为轻微犯罪,而其余的 33% 则属于严重犯罪;德国 1995 年调解的刑事案件中,70% 为严重犯罪,只有 30% 属于轻微犯罪;奥地利 1996 年调解的成年人犯罪案件有 73% 为严重犯罪,未成年犯罪中的 43% 为严重

犯罪。[①] 与之相比较，目前，杨浦区制度化设计的实践还仅限于轻伤害案件，且是因民间纠纷引发的轻伤害案件，故意毁坏财物案件还仅仅是个案探索阶段。

二是加害人承担责任的方式过于单一。在目前杨浦区委托调解的实践中，受害人在收到加害人的赔偿款之后就基本全部结束了，其他附带的措施也就只有训诫、具结悔过、赔礼道歉等几种。这基本上把刑事案件的处理方式等同于一般的民事案件，像在西方国家经常使用的社区服务，管教协助，保护观察处分，交纳保证金，定期汇报学习、生活情况等辅助惩戒和帮教措施，在杨浦区的实践中基本没有用过。

三是目前有关部门考核指标的设定及烦琐的程序设计在一定程度上制约了刑事案件委托人民调解工作的开展。党的十六届六中全会以来，中央领导多次在讲话中提出要在司法实践中贯彻"宽严相济"的刑事司法政策，2006 年 12 月 28 日，最高人民检察院通过了《关于在检察工作中贯彻宽严相济刑事司法政策的若干意见》，2007 年 3 月，最高人民法院出台了《关于进一步发挥诉讼调解在构建社会主义和谐社会中积极作用的若干意见》，这些都是开展轻微刑事案件委托调解的有利条件。但在具体实践中，有关部门的考核目标[②]的设定与重刑主义的理念互相强化，在一定程度上制约了轻微刑事案件推行的力度和适用的广度。比如上级公安机关对下级公安机关的考核以及公安机关内部对民警工作的考核，就有这样两个指标：一是结案数；二是打击数。前一个指标还无所谓，因为基层派出所或刑队责任区队可以凭人民调解委员会出具的《人民调解协议书》和《委托人民调解回复函》结案或者撤案。但后一个指标打击数，就不利于委托调解工作的开展，因为为了完成打击指标，一些本来具有委托调解基础的案件，承办民警往往不会启动委托调解程序，而是在侦查结束后移送检察机关提起公诉。而在审查起诉阶段，委托调解的程序

---

① Umbreit, M. and Coates, R., National Survey of Victim Offender Madiation Programmes in the U. S. St. Paul, University of Minnesota, Center For Restorative Justice and Mediation, 1997, p. 187.

② 上级公安机关对下级公安机关的考核，公安机关对相关科室及基层民警的考核；上级检察机关对下级检察机关的考核，检察机关内部对公诉科、未检科及承办检察官的考核；上级法院对下级法院的考核，法院内部对刑庭及承办法官的考核等都设计了考核指标。

过于繁琐[①],直接影响了承办检察官启动委托人民调解工作的积极性,更多是直接向法院提起诉讼。同时,对于已经进入审判阶段的轻微刑事案件,法院在委托调解后也无法作无罪判决,因为在检察机关内部对检察官以及上级检察机关对下级检察机关的考核指标设定,被法院作无罪判决的案件是要扣分的,这一点在杨浦区检察机关的考核体系中,并没有例外的规定。总之,由于一些考核指标的限制以及政法机关之间考核指标设定的不协调,结果导致“可捕可不捕的‘捕’”了,“可诉可不诉的‘诉’”了、“可判可不判的‘判’”了,不利于委托调解这种刑事和解模式在实践中的发展。

四是在消除当事人的“犯罪标签”方面还存在一定的局限。无论是恢复性司法,还是刑事和解制度,其目的之一就是要消除加害人的“犯罪标签”,减少社会对立面。在杨浦区的实践中,公安侦查和检察机关审查起诉阶段通过作撤案或不诉处理,这个问题已经解决,但在审判阶段委托调解的两起刑事案件,即便是委托调处成功且加害人自觉履行的,区法院刑庭还是经开庭审理后,对加害人作了“免刑”的有罪判决。其中的原因就如上文所述,如果法院对于检察机关提起公诉的犯罪嫌疑人作无罪判决,或者再退回检察机关作不诉处理,在检察机关内部的考核中,都要扣分。这就导致审判机关只能作免刑或者减轻刑事处罚处理。从当事人来看,尽管是“免刑”,但涉罪的法律文书还是要进入其档案。与实刑判决和缓刑这种虚刑比起来,“免刑”所留下的“犯罪标签”虽不明显,但“犯罪标签”还是无法完全消除,对当事人今后的工作、生活都会带来一定的消极影响。

三、关于进一步优化轻微刑事案件委托调解的建议

结合上述对轻微刑事案件委托人民调解工作中存在问题的分析,借鉴国外恢复性司法实践中的成功经验,可以从以下几方面入手,不断优化和完善轻微刑事案件委托人民调解工作,探索中国式恢复性司法制度。

第一,进一步扩大委托调解的范围。《刑法》分则规定的犯罪的具体罪名有 391 个,大致可以划分为公诉案件和自诉案件两大类。根据“私诉优先”及尊重当事人诉权的原则,自诉类的刑事案件完全可以通过委托调

① 承办检察官如想启动委托调解,首先征询双方当事人的意见,在双方同意的基础上,先向科室分管领导汇报,科室领导同意后再向分管副检察长汇报,分管副检察长审核同意后,再提交检委会讨论。检委会决定后,才能委托相关人民调解委员会调处。由于程序过于烦琐,再加上办案时限的约束,承办检察官更愿意直接提起刑事诉讼。

解解决。根据《中华人民共和国刑事诉讼法》第170条的规定，自诉案件（共涉及26个具体罪名）包括下列案件：（一）告诉才处理的案件（涉及侮辱罪、诽谤罪、暴力干涉婚姻自由罪、虐待罪、侵占罪5个罪名）；（二）被害人有证据证明的轻微刑事案件（涉及故意伤害致人轻伤罪、非法侵入住宅罪、重婚罪、遗弃罪等具体罪名）；（三）被害人有证据证明对被告人侵犯自己人身、财产权利的行为应当依法追究刑事责任，而公安机关或者人民检察院不予追究被告人刑事责任的案件。以上三类自诉案件通过和解或者说委托人民调解都可以。尽管《刑事诉讼法》第172条规定自诉中的第三类案件，不适用调解。但这里是指诉讼调解，只要双方当事人同意，完全可以通过委托人民调解解决。

除此之外，量刑在3年有期徒刑以下的公诉案件（共涉及34个罪名），只要犯罪侵犯的对象是具体的个人或法人（也即侵害的是"私益"），且符合以下条件，一般也可以适用委托调解：行为人系初犯、偶犯，社会危害性较小，社会影响不大；双方对侵害行为不存在异议；加害人承认自己的行为给受害人造成的伤害；加害人积极悔罪，并主动向被害人赔礼道歉；加害人积极赔偿被害人的损失；被害人接受加害人的赔偿和赔礼道歉，并表示愿意放弃追究加害人的刑事责任；公检法等部门综合各方面情况，认为适用于委托调解。

但像危害国家安全罪、危害公共安全罪、危害国防利益罪、走私罪等犯罪，侵犯的对象不是具体的个人或法人的利益，而是社会和国家的利益（公益），即便罪行轻微，一般也不适用委托调解。

第二，丰富加害人承担责任的方式。在委托调解工作中，除了要求加害人进行赔偿外，还可以借鉴西方一些国家在"恢复性司法"中的做法，把一些介于民事赔偿和刑事处罚之间的辅助惩戒和帮教措施，适用于加害人，比如社区服务，管教协助，保护观察处分，收取担保金。[①] 除了以上几种强制措施外，有关部门还可以要求免予刑事处罚的对象，在一定的时期内（3个月、6个月、1年不等）定期向司法行政机关或社区警察汇报学习、生活情况。

---

① 特别是对于一些未成年犯，在委托调解过程中，可以责成其监护人交纳一定的保证金，如果加害人在一定时期内没有再次违法犯罪的，说明监护人切实承担了监管的责任，司法机关就会把保证金退还；相反，如果加害人在规定的期限内又重新违法犯罪，说明监护人疏于监管，可以把担保金上缴国库。

第三，党委（政法委）要协调政法各家将考核指标的设定顺应“宽严相济”的刑事司法理念的要求。在公安侦查阶段，把符合条件的案件委托调解的比例，纳入对民警和基层派出所、刑队责任区队考核的指标；在审查起诉阶段，要适当简化检察机关内部操作程序；而更为关键的是，在审判阶段经委托人民调解委员会成功调处的轻微刑事案件，法院作无罪判决的，不应在列入检察机关内部考核的扣分项目指标。

第四，坚持委托调解中的自愿原则和回避原则，确保调解的公平性。尽管社会发展的大背景朝着有利于适用“宽严相济”的司法政策方向发展，但无论在理论研究还是实践操作中，仍存在一丝顾虑，担心被社会民众贴上“花钱买刑”的标签。而一起成功调处后加害人在履行阶段又反悔的案件①，也折射出在委托调解过程中坚持回避原则的重要性。为了防止“花钱买刑”的社会舆论的形成以及最大限度地降低协议的反悔率，就必须坚持把人民调解工作中的自愿原则和诉讼程序中的回避原则结合起来，确保调解的公平性。遵循调解的自愿性，是保证调解公平性的前提和基础，任何机关和个人，都不能强迫双方当事人调解，尤其是要避免加害人在面对压力的情况下选择调解。在当事人同意调解后，还要坚持回避原则，侦查人员、检察人员、审判人员、调解人员有下列情形之一的，应当自行回避，当事人及其法定代理人也有权要求他们回避：是本案的当事人或者是当事人的近亲属的；本人或者他的近亲属和本案有利害关系的；担任过本案的证人、鉴定人、辩护人、诉讼代理人的；与本案当事人有其他关系，可能影响公正处理案件的。

同时，上述人员不得有接受当事人及其委托的人的请客送礼、违反规定会见当事人及其委托人等影响案件处理公平性的行为。上述人员有违反前款规定的，除由相关机关依法追究法律责任外，当事人及其法定代理人有权要求他们回避。

第五，不断完善轻微刑事案件委托调解的配套措施。为了有效推进委托调解，还要建立相应的配套措施：一是要建立相应的社会组织保障。刑事和解的一个关键步骤是选定中间调停人，在理论和实践上，承办民警、检察官和法官以及中立调解员都可以担任这一角色。在探索的初始

---

① 在一起公安机关委托调解的轻伤害案件中，加害人在与被害人达成协议后在履行赔偿额的1/4后反悔，不再履行协议。被害人先后多次到受托调委会所在街道以及区司法局信访，称调解员和加害人有特殊关系。

阶段，可能更多是由民警、检察官和法官担任，但根据国外经验，从中立性、节约司法资源等方面考虑，由专门的调解员担任可能更为合适。从杨浦区的实践看，在2001年底，为了配合轻伤害案件委托人民调解工作的开展，12个街道（镇）全部建立了人民调解委员会，通过政府购买服务的方式，聘请了三十余名专职人民调解员，其中有一部分是政法部门的退休人员。从全国的情况看，虽然在街道乡镇层面建立了人民调解委员会，但专职调解员并不多。所以，长远看，刑事和解无论是理论还是实践的发展，都需要进一步加强街道乡镇一级的人民调解组织建设，推进街道乡镇人民调解委员会调解员的专业化和职业化。

二是建立委托调解和社区矫正的对接机制。刑事和解制度体现了恢复性司法的一个重要价值取向，即实现犯罪人重返社会。故在刑事和解程序实施之后，必须关注犯罪人的矫治和回归工作，社区、学校、单位、家庭等各方要积极参与，注重恢复环境的建设，不能出现一“放”了之的倾向。上述杨浦区委托调解的实践，基本上把刑事案件的处理方式等同于一般的民事案件。理论上而言，这种情况仅仅适用于双方和解、公安机关撤销案件的情况。但刑事和解可能涵盖“撤销案件、不起诉、免除刑罚处罚或从轻处罚”这样一个从轻到重的区间，对于和解后，如果是被判决有期徒刑的，加害人自动进入监狱矫正程序中；如果是被判处缓刑、管制的，则进入社区矫正程序；对一些作“有罪免刑”或相对不诉的刑事案件，也不能一“放”了之。如果不加强对这一部分人的监督管理和教育挽救，一些人还会再次走上犯罪道路，这必然会使刑事和解的社会效果大打折扣，甚至会产生负面影响。因此，对于被判处缓刑、管制的对象，需要进一步完善社区矫正工作，加强监管和帮教；对“有罪免刑”或相对不诉的刑事案件的当事人，可以适用一定期限的社区服务，管教协助，保护观察处分，要求对象向有关部门或社会工作者，定期汇报学习、生活情况，并由司法社工、家庭、学校、社区等方方面面监督对象在学校和社会上的表现。这就需要实现刑事和解和社区矫正的无缝衔接。

三是建立刑事和解中的社区参与制度。在通过调解或者和解的方式处理刑事案件过程中，除了调解员，加害人和被害人的家人、代理人，公检法机关人员之外，还应当建立社区派员参加的制度。特别是对于检察官、法官主导进行的和解，可以吸收街道（镇）司法科司法助理员、司法社工或其他社区代表参加，听取社区对加害人的处理意见，这也有助于刑事和解与社区监管的提前衔接。

南京市检察机关公诉部门轻微刑事案件和解机制

江苏省南京市人民检察院公诉处

近年来，江苏省南京市检察机关公诉部门紧密结合工作实际，围绕“构建和谐社会”这一主题，积极转变司法理念，科学把握刑事政策，积极实践，大胆探索，2004 年在部分区县院开展了轻微刑事案件和解办案机制尝试，并逐步在全市推广。截至 2006 年 12 月，全市检察机关共采用该机制处理涉案犯罪嫌疑人共计 951 人，无一人再犯罪，切实保障了被害人的合法权益，有效地钝化了社会矛盾，丰富了不起诉的内涵，取得了很好的法律及社会效果，为构建“和谐南京”发挥了公诉工作特有的功能。2006 年，《检察日报》、《南京晨报》等多家媒体对此进行了报道。2007 年 4 月，在高检院公诉厅组织的贯彻宽严相济刑事司法政策座谈会上，我院与其他检察院进行了经验交流。我们的主要做法是：

一、围绕一个目标，更新轻微刑事案件处理的司法理念

构建和谐社会的长远战略目标对于检察机关的执法理念和工作方法提出了新的、更高的要求，围绕这一目标，一方面我们组织全市公诉干警紧扣如何创建“平安南京”，发挥基层检察院司法能动性，提高执法能力等主题进行大讨论，并开展一系列的专题研讨活动，从中找出公诉环节参与创建活动、预防和减少犯罪的着力点，最大限度地发挥公诉职能作用。另一方面我们通过对本地区的治安状况进行调研分析，发现在基层检察院的办案实践中，轻微刑事案件所占比例较高，以我市 2000 年到 2004 年为例，不满 3 年的轻罪案件占了近七成的比重，并且呈逐年上升的趋势。对轻微刑事案件的处理，法院大部分都是判处缓刑、单处附加刑或免予刑

事处罚。更引起我们关注的是，有些案件虽经过法院判决处理，但双方当事人并不满意，尤其是轻伤害案件双方对立情绪较大，往往造成案件办理了，宿怨也结下了，不能有效化解矛盾。

通过认真研讨和对传统工作模式的反思，我们认为现有的轻微刑事案件的公诉政策已经不能完全适应形势发展的需要，必须要用新的司法理念修正那些不合时宜的旧观念和工作方式，使之更加符合构建和谐社会的要求。恢复性司法理念从修复社会个体间社会关系的视角，通过设立“对话”、“补偿”机制，能够有效地保护被害人合法权益，促进侵害人悔过自新和进一步提高公正司法效率，从而达到增进社会和谐、维护社会稳定之目的。我们将贯彻落实这一新型司法理念作为公诉部门的重点课题，创建了“轻微刑事案件和解”工作机制，即根据恢复性司法理念的精神，在审查起诉过程中，针对轻微刑事案件采取允许当事人自愿和解，以和解结论为依据，作出不起诉或者建议侦查机关撤案及时终结刑事诉讼程序的办案机制。

二、做到两个延伸，实现轻微刑事案件和解的内外联动

在轻罪案件和解机制的运作中，我们发现，仅凭检察机关的一己之力，和解机制的影响力有限，并且发挥的作用受到一定的局限。针对上述情况，我们与司法行政机关等单位主动进行沟通，将轻罪案件的和解机制前伸和后延，实现和解的社会化运作。

一是向前延伸，即民事调解由专门的人民调解委员会负责。我市在制度实施的初期阶段，调停人由检察人员来担任，主要原因在于承办人员既熟悉案情和法律规定，又具有官方色彩，容易为当事人各方接受。但这种调解没有法律依据，同时增加了相当大的工作量，违背了当初提高诉讼效率的初衷，经过充分论证和走访，我们与南京市司法局、南京市“大调解中心”共同会签了《南京市轻罪案件委托人民调解的实施意见》，将民事部分的和解主持工作交由人民调解委员会负责，人民调解委员会向当事人双方解释和解程序的步骤要求，解答有关问题，邀请他们参与，帮助他们准备直接的面谈，并就被害人与犯罪嫌疑人对刑事和解期待内容的合理性及可能性进行评估，对犯罪损失进行计算，对赔偿实现的可能性进行分析，最终犯罪嫌疑人和被害人之间达成书面赔偿协议。人民调解委员会将协议提交办理案件的检察官，检察官根据和解协议结果、法律规定及双方当事人对诉讼结果的请求作出相应处理。

二是向后延伸,即和解后犯罪嫌疑人的矫治由社区负责。为了使和解工作真正实现教育加害人、改造加害人的目的,在达成和解协议、案件处理完毕后,我们并没有使加害人游离于社会监控之外,而是将其融入社会矫治中,借助社会力量,使其尽快回归。如雨花台区人民检察院与区司法局签订了《联合帮教纪要》,规定案件处理完毕后,检察院承办人必须将加害人资料转入到其居住地的司法所,由司法所对其进行跟踪监督,关注其思想的变化,鼓励其友善与人相处。秦淮区人民检察院与相关部门在街道成立了预防与治理青少年犯罪的"诚爱基地",设置了专门的"司法社工",负责青少年犯罪后的矫治工作,使矫治工作更加制度化、规范化、专业化,同时在全省范围内首推"社会公益劳动服务令制度",由检察机关同社区企业签订失足青少年矫正工作协议,让这些人员通过自身劳动获取报酬以弥补自己的犯罪行为给国家、集体、他人的损失。市院也在积极同市司法行政部门商讨会签相关材料,将和解后的犯罪嫌疑人统一纳入到社区矫正的人员范围中去,建立挽救改造新途径,解决新机制结案与加害人回归社会之间的衔接问题。

三、把握三个重点,完善轻微刑事案件和解的规范管理

经过两年多的实践和探索,2006 年我们在充分论证和运用的基础上,制定了《南京市检察机关轻罪案件和解实施意见(试行)》,着重从以下三个方面强化对轻微刑事案件和解机制的规范化建设:

第一,从适用范围上进行规范。考虑到目前刑事和解正处于探索阶段,本着公诉改革稳妥、慎重的原则,目前我市检察机关在轻罪案件中适用刑事和解的案件范围主要限于:法定刑为 3 年以下的有期徒刑、拘役、管制或者附加刑的未成年人犯罪案件、因民事纠纷而引发的故意伤害案件(轻伤)、交通肇事案件等。对于公害案件,比如危害国家安全、危害公共安全的犯罪,由于侵害的是公众的利益和国家的利益,且公权具有不可让渡性,故这类犯罪亦不能适用轻罪案件公诉政策的原则结案。

第二,从操作方式上进行规范。我市检察机关公诉部门经过几年的司法实践,并结合轻罪案件处理的相关理论,制定了轻罪案件和解的具体操作模式:一是建议侦查机关撤销案件或决定相对不起诉。对于符合轻罪标准的案件,具有法定的免除刑罚的情节,同时嫌疑人方已和被害方达成和解协议,就民事赔偿部分达成一致意见,并已实际赔付的,可以建议侦查机关撤销案件或决定相对不起诉。实践中,建议公安机关撤销案件

也成为了我市轻罪案件结案的重要方式，2004 年以来，共建议公安机关撤销案件 352 人，检察机关作相对不诉 261 人。二是建议法院对被告人判处缓刑或单处罚金。对于在审判阶段的轻罪案件，被告方已和被害方达成和解协议，就民事赔偿部分达成一致意见，并已实际赔付的，符合判处缓刑或单处罚金的，公诉机关可以以量刑建议的方式建议法院对被告人判处缓刑或单处罚金，2004 年以来，共建议法院对被告人判处缓刑或单处罚金 338 人。

第三，从适用条件上进行规范。规定了轻罪案件和解的适用条件，包括主观条件与客观条件。主观条件是指犯罪嫌疑人已作出有罪答辩和当事人双方自愿进行和解。有罪答辩意味着犯罪嫌疑人承认犯罪行为是自己所为，认识到犯罪行为对被害人的实际危害，能为被害人提供疏通情感的渠道。当事人的自愿参与也是不可或缺的，否则刑事和解的价值目标根本就无法实现。客观条件则指案件事实已经查明、证据确实充分，并且民事赔偿应已达成一致意见，并赔付完毕。

四、强化四项机制，确保轻微刑事案件和解的质量效率

经过几年的积累和实践，我们制订并形成了一套行之有效的工作机制，既提高了诉讼效率，又保障了案件质量，确保轻微刑事案件和解机制取得实效：

强化轻微刑事案件和解的快速办理机制。一是建立专业办案体系。根据实际情况，我们实行案件繁简分流，专门成立轻微刑事案件办案组或未成年犯罪办案组，限定办案期限，以专业化的分工保证轻微刑事案件处理的效率与质量。以玄武区人民检察院轻微刑事案件办案组为例，2006 年，一名承办人带领两名见习书记员共办理轻微刑事案件 330 件 517 人，无一错漏案件发生。二是在遵守法定程序、确保案件质量的前提下，简化工作流程。我们实行委托法警或辅助人员告知犯罪嫌疑人答辩意见书制度，并简化轻微刑事案件审查起诉工作文书制定的内容，只强调根据个案特点做到表述“该繁的繁、该简的简”。三是建立一体化工作模式。加强与侦查监督、监所检察等多个业务部门的联系，彼此之间建立横向的信息通报、工作衔接等多个制度，在检察工作的各个环节体现刑事和解的原则，如侦查监督环节一件案件进行了和解，公诉环节就会跟踪处理，而监所检察环节就会监督矫治。

强化轻微刑事案件和解的程序机制。对轻微刑事犯罪适用刑事和解

既是法律性很强又是政策性很强的工作。因此,严格、规范的执法程序成为刑事和解的必要环节。如,程序的启动:对于哪些案件适用刑事和解制度必须由承办人提出,经部门负责人批准后,才能够启动程序。程序的引导:检察人员可告知犯罪嫌疑人、被害人双方进行自愿协商在必要时可以提供法律意见。但是,不允许参与协商。程序的终结:双方签署和解协议且履行和解协议后,由承办人提出建议公安机关撤销案件、不起诉、暂缓不起诉等意见,经公诉部门负责人审核后报检察长或检察委员会决定。

强化轻微刑事案件和解的监督制约机制。一是建立督查督导机制,由纪检部门或督察机构负责和解工作的全过程监督,当事人如发现办案过程中有不公平、不公正之处,可以直接进行反映。二是加强汇报制度和实行备案制度。规定交通肇事案件造成三人以上死亡等五类案件以及超范围适用的案件,必须向市人民检察院请示汇报,建立专门的备案表格,每月定期将相关文书向市人民检察院报备。三是强化轻微刑事案件和解后的跟踪回访机制。我们建立定期与不定期相结合的跟踪回访制度,指定专人,对经作出不起诉的对象进行回访,及时掌握加害人的相关表现,并加强与公安机关、学校、社区以及犯罪嫌疑人所在单位等相关部门的联系,听取意见,统一认识,配合做好矫治工作。

强化轻微刑事案件和解的当事人权利保障机制。一是严格执行权利告知制度、意见听取制度、律师会见制度,切实维护、保障诉讼参与人的诉讼权利。二是与相关部门联系沟通,会签文件,对审查起诉阶段因经济困难等原因无力委托辩护人、诉讼代理人的犯罪嫌疑人和其他刑事诉讼参与人,联合开展法律援助工作,积极开展轻微刑事案件公诉阶段律师在场权制度的试点。三是将量刑建议、普通程序简化审、证据开示、暂缓不起诉、不起诉听证等公诉改革措施综合运用于轻微刑事案件和解工作,形成规模效应,确保和解后当事人的权利落到实处。

轻微刑事案件和解是我市检察机关为落实构建和谐社会的要求,从实际出发而作出的积极尝试,通过几年探索、实践和完善,该机制日益显现其良好的效果和价值,不断发挥其功能和作用,要进一步提高这项工作的水平,还需要加大研究的力度,加强相关制度的完善,我们希望通过相互学习和相互借鉴,将我市轻微刑事案件和解工作提高到一个新的水平,努力实现南京公诉工作新的跨越。

轻微案件公诉和解机制的探索与思考

李爱君*

轻微案件公诉和解机制是指检察机关在审查起诉工作中，针对轻微刑事案件允许当事人自愿和解，并以和解结论为依据，作出对犯罪嫌疑人轻缓处理的新型办案机制。在构建和谐社会的大背景下，当前刑事案件的高发态势促使司法界对固有的司法模式进行重新审视，轻微案件公诉和解机制也因此获得了研究以及局部展开尝试的机会。如何看待这项全新的司法改革举措的现实意义并有力地回应质疑的观点，是促使该机制能够得到社会的接纳并最终得以顺利施行的重要前提，而为了保障和解机制能够得到规范的适用，科学的制度构建也是必不可少的。

一、施行轻微案件刑事和解机制的必要性及其现实意义

在构建和谐社会的大背景下，司法界迫切地需要寻求一种更为有效的司法制度。而通过已经展开的刑事和解机制的有限尝试，使我们更清楚地认识到了该制度的现实意义：

第一，严峻的治安形势促使司法界不得不对固有的司法模式进行重新审视。一是刑事案件总量不能得到有效控制。尽管一直没有放松对犯罪的打击，但刑事案件的高发态势未能得到遏制。二是在刑事案件总量缓慢增长的同时，轻微刑事案件的总量却保持着更快的增长幅度。以南京地区为例，2003 年至 2005 年的刑事案件总量以年均 11.3% 速度递增，而法定刑在 3 年以下的交通肇事案、故意伤害（轻伤）案、过失致人重伤

---

* 李爱君，江苏省南京市人民检察院公诉处处长。

案以及未成年人犯罪案件总量却以年均17.3%的速度增长。三是再犯率居高不下。据统计,我国目前的再犯罪率达到30%以上,许多重大的案件都是由曾经受过“改造”的人重新犯罪。以上局面的形成,与我国长期以来奉行的封闭式、制裁式、对抗式的简单的司法模式不无关系。重打轻防,片面追求刑罚的制裁性使得刑事司法的预防犯罪功能难以发挥;对抗、封闭式的司法导致犯罪人与被害人之间、犯罪人与社会之间对立情绪不能有效地得到化解,缺乏沟通与宽容成为犯罪人顺利回归社会的障碍。在这种形势下,刑事和解制度由于其社会化(提供给犯罪人与被害人沟通的平台,将相关的组织与个人吸纳到程序中来)、人性化(注重被害人与犯罪人的权益保护,充分尊重他们的意愿)、个别化(根据个案的特点采取最有效的诉讼程序)的特点引起普遍的关注和司法界浓厚的兴趣。

第二,传统的司法思维与模式已经远远不能顺应国际刑事司法发展的潮流。在当今的国际刑事司法的主流中,普遍奉行这样的观念:社会控制固然需要有公权力的权威,但这并不意味着必须由国家垄断处理犯罪的所有权力,社会秩序也并不必然仅仅依靠国家公权力加以维护,法治也不必然是以国家意志为基准的法律规则之治,多元化的价值观和多元化的犯罪处理模式会使现代法治更富有效力,打破国家对刑事追诉的独占局面是刑事司法的一个重要发展方向。[①] 许多国家的刑事司法理念从惩罚主义向保护主义发展,具有人性化、社会化的行刑处罚制度得以推行,而诸如刑事和解机制等恢复性司法制度由于其轻缓、开放、体现人文关怀的特点受到广泛的推崇。

第三,刑事和解机制的施行有利于犯罪人与被害人权益的双向保护。传统的司法立足于国家本位价值观,以国家追诉犯罪为主线,突出强调国家在打击犯罪和维护国家利益功能上的绝对地位,整个司法围绕着被告人是否构成犯罪以及对被告人如何进行处理来进行,孤立的被告人与强大的国家机器之间处于完全不可调和的敌对状态。同时,在这种刑事司法理念的指导下,直接受到犯罪伤害的被害人则完全被边缘化,被害人权益被忽视。[②] 刑事和解机制作为一种更为开放、讲求人文关怀的司法制

① 〔美〕埃里克森:《无需法律的秩序》,苏力译,中国政法大学出版社2003年版,第213、304页。

② 秦策:《恢复性正义理念下的被害人权利保护》,载《刑事被害人保护问题研究》,人民法院出版社2007年版,第36页。

度，其对犯罪人与被害人的权利保障方面的功能是无法替代的。在该制度的适用过程中，犯罪人可以通过与被害人以及社会各方面的接触认识到自己行为的错误，通过自身的努力以及外界的有效引导，从而尽快地回归社会。对被害人来说，刑事和解机制不仅名副其实地确立了其在刑事诉讼中的当事人地位，更直接的是其在犯罪人的道歉和赔偿中获得精神上的慰藉以及经济上的弥补。

第四，和解机制有利于促进社会的和谐。“和为贵”一直是中国人传统的行事准则。施行刑事和解机制至少能够实现三个方面的和谐：一是促进犯罪人与被害人之间的和谐。通过沟通、交流，双方当事人之间的对立情绪可以得到有效化解。二是促进犯罪人与社会之间的和谐。刑事和解机制为犯罪人开启了一扇接触社会的窗口，犯罪人可以通过与社会的接触了解到自己性格上的缺陷以及道德观的偏差，而有效的引导能够促使其克服性格上和心理上的障碍，实现与社会接轨。三是促进司法机关与社会的和谐。在这种开放式的司法模式中，司法机关能够广泛听取来自社会的意见，而社会公众也通过积极的参与增强了对司法的认同。由此，司法机关办案的社会效果必然得到改观。

此外，刑事和解机制对于提高司法效率、节约司法资源方面的现实意义，理论界多有论及，在此不再赘述。

二、在审查起诉环节施行刑事和解机制的该当性分析

刑事诉讼包括侦查、审查起诉、审判三个阶段。实践中，在哪个环节对案件进行和解更为适宜，要根据个案的特点得出结论，而作为一般性的制度而言，在审查起诉环节施行刑事和解机制的条件更为充分，更能发挥其积极作用。理由如下：

第一，在审查起诉环节适用和解机制更易于当事人接受。在侦查阶段，双方当事人处于高度对立状态，被害人很难接受对犯罪嫌疑人从轻处理的提议，而对于有些犯罪嫌疑人来说，逃脱处罚的侥幸心理会使刑事和解缺乏先决条件。在审判阶段，对于被告人而言，由于获得不起诉的机会已经丧失，被告人已经感受到了刑罚的紧迫，其从心理上接受和解处理的可能性大大降低。在审查起诉环节，在经过一段时间的调整与适应之后，被害人的抵触情绪有所缓解，其接受和解的可能性较侦查与审判环节更大；对犯罪嫌疑人来说，案件已经移送审查起诉，侥幸逃脱处罚的可能性几乎不存在，获取从轻处理的本能会使其更能接受和解处理。

第二，在审查起诉环节施行和解机制有多样化的处理案件方式。在审查起诉阶段，对案件的最终处理方式包括相对不起诉、暂缓起诉、建议侦查机关撤销案件、建议法院适用缓刑等多种方式，而侦查环节与审判环节适用和解机制之后的处理方式相对来说比较单调。处理方式的多样化意味着检察机关在适用和解机制以后有更多的选择性，能够根据案件的不同特点、当事人的意愿、帮教条件以及犯罪嫌疑人的性格特征决定采取最能够体现司法效果的处理方式。

第三，在审查起诉环节施行和解机制能够实现公平与效率的最佳组合。从讲求公平的角度，适用和解机制的先决条件之一是案件事实清楚、证据确实充分，而这一点则使侦查环节对案件进行和解受到限制。从讲求效率的角度，让过多的轻微刑事案件进入审判程序被认为是不经济的，与世界的司法潮流也是不相符的，而在审查起诉环节进行和解则能够实现公平与效率的最佳组合。

三、对质疑观点的回应

对公诉和解机制进行评价时不乏溢美之词，但也有质疑的声音。理性地分析反对观点，并作出使人信服的解释，是和解机制能被社会接纳并得以推行的前提条件。当前，质疑的观点主要包括以下几个方面：

首先，公诉和解机制缺乏法律依据。这种观点认为，法律没有直接赋予检察机关在审查起诉环节对案件进行和解的权力，检察机关不具备调解纠纷的资格，其调解结论不具有法律效力。虽然现行法律未明确授予检察机关对刑事案件进行和解的权力，但在司法实践中，和解的精神一直在影响着刑事司法。比如，听取被害方的意见是审查起诉工作中的一项法定程序，尤其在对具备相对不起诉条件的轻微刑事案件的审查过程中，检察机关在作出最终的处理结果之前，一般会就此征求被害方的意见，被害方的意见往往成为检察机关处理案件的重要依据。和解制度只不过在此基础上，提供了一个供被害人与犯罪嫌疑人沟通的平台。至于调解的资格问题，可以考虑将调解工作交给适格的主体完成。

另外，我国《刑法》第 36 条确立了民事赔偿的原则。《刑法》第 37 条规定："对于犯罪情节轻微不需要判处刑罚的，可以免予刑事处罚，但是可以根据案件的不同情况，予以训诫或者责令具结悔过、赔礼道歉、赔偿损失，或者由主管部门予以行政处罚或者行政处分。"这些法律规定体现了刑法谦抑性的特点，同时也隐含着恢复性司法的基本精神。这些法律规定和司法中的有益经验是促使公诉和解机制得以展开实践的基础。

其次,对刑事案件进行和解客观上助长"私了"之风。"遵照"当事人的意愿对案件进行处理,必然会导致许多刑事案件会在当事人之间私下消化,司法的权威势必受到挑战。这种观点片面地理解了刑事和解制度,实属对该制度的错误理解所致。"私了"本质上是当事人通过沟通、协调的方式就某项纠纷的解决达成合意,最终使纠纷在私下得到解决的处理方式。很明显,和解机制并不属于传统的"私了"范畴,在和解程序中,检察机关仍占据主导地位,和以往的司法模式不同的是,当事人的意志被带到诉讼当中并受到尊重,司法更注重案件处理的社会效果。因此,认为和解制度的施行会助长"私了"之风的顾虑是多余的。

最后,为有钱人开绿灯,造成新的社会不公。轻微案件和解的内容主要包括道歉与赔偿两项,前者有利于疏通被害人阻滞的情感,而后者则给予被害人经济上的弥补。在许多案件中,赔偿是否能够满足被害人的需求直接影响到双方当事人能否达成合意。很明显,在这种程序中,富人处于更有利的地位,而穷人则处于不利的境地。造成这种局面的根本原因是来自社会个体占有资源的不平等,同时,这种所谓的形式上的绝对公平也是不可取的。这是因为:第一,只要存在贫富差距,凡是涉及以当事人财产支付为内容的法律适用都会面临这方面的困惑,而刑事和解制度同样不能避免,将这种社会问题归责于某项制度本身是不公平的。第二,正如共同的贫穷不是社会所追求的公平一样,为达到所谓的绝对公平,不惜牺牲所有刑事案件被害人获得经济赔偿的机会的做法同样也是不值得提倡的。毕竟,"给予每个人以其应得的东西乃是正义概念的一个重要的和普遍有效的组成部分"①。第三,即便不适用和解机制,在现行的制度下,类似的问题也不能得到有效解决。试想,将所有的案件都按照惯常的模式处理(如简单地起诉),同样也不能解决由于犯罪人经济能力的差距而导致被害人获得赔偿的不公平的问题。

四、轻微案件公诉和解制度构建之探索

第一,适用对象与范围。在确定和解机制的适用对象与适用范围的问题上,应当坚持有限适用的原则。该机制的适用对象应当限定为未成

① 〔美〕博登海默:《法理学:法律哲学与法律方法》,邓正来译,中国政法大学出版社 2004 年版,第 264 页。

年犯罪嫌疑人以及成年犯罪嫌疑人中的过失犯、初犯、偶犯。适用的范围应当界定为：法定刑为判处 3 年以下有期徒刑、拘役、管制或者附加刑的未成年人、在校学生犯罪案件、交通肇事案件、因民事纠纷而引发的故意伤害、过失致人重伤案件等。

第二，适用的条件。一是案件事实清楚。有确实、充分的证据证明犯罪事实发生，而且犯罪事实确系犯罪嫌疑人所为。二是犯罪嫌疑人认罪。刑事和解的初衷之一是为被害人提供疏通情感阻滞的渠道，如果没有犯罪嫌疑人的有罪答辩作为先决条件，根本无法达到预期的和解效果。三是双方当事人无异议。对于适用和解机制必须双方当事人同意，并且当事人的意思表示应当真实。四是未成年人、在校学生应有适当的帮教条件。

第三，刑事和解程序。一是程序启动。刑事和解的适用可以由被害人、犯罪嫌疑人以及各自的委托人或代理人提出，已经死亡的被害人由其继承人或近亲属向公诉机关提出。二是审查与受理。公诉机关在接受申请后，应当从以下几个方面审查是否符合适用刑事和解机制的条件：犯罪嫌疑人是否认罪，是否有真诚的悔悟；被害人是否自愿接受和解；案件的种类是否符合和解的条件；本案适用和解机制后的社会效果与法律效果等等，从而决定是否适用和解机制处理。三是具体运作。经审查符合刑事和解的案件，由检察机关委托案发地或者犯罪嫌疑人居住地的基层人民调解委员会进行调解。接受委托的人民调解委员会应当在规定的期限内完成调解工作。在人民调解委员会的主持下，双方当事人达成调解协议后，应当就调解结论形成书面意见。检察机关负责对调解程序的合法性、公正性进行监督，对调解协议的正当性和协议的履行进行监督，并就双方对案件处理意见予以确认。人民调解委员会应当将调解结果及时反馈给检察机关，调解协议作为检察机关作出案件处理决定的重要参考依据。四是结案方式。适用和解机制后，案件的处理方式包括：(1) 不起诉。对符合相对不起诉条件的案件，在调解成功的情况下，由检察机关依照《刑事诉讼法》第 142 条第 2 款之规定，作出不起诉处理。(2) 附条件的暂缓不起诉。在双方达成协议的情况下，充分利用办案期限，由检察机关作出暂缓起诉决定，若协议得到履行，则不予起诉；如义务方无正当理由不履行协议的，则予以起诉。(3) 起诉。对一些不符合不起诉条件的案件，双方达成合意的，由检察机关作出起诉决定，但在公诉时提出建议人民法院依法从轻处理的意见。

第四，帮教与监督。在对案件作出不起诉或暂缓起诉的决定之前，检察机关会同社区、学校或者相关的企业单位制定科学的帮教计划，检察机关有义务监督该计划的执行。在程序的运行过程中，检察机关应当发挥主导作用，积极对和解的公正性、合法性以及和解协议的履行、帮教措施的落实进行监督。重点监督和解是否出于当事人真实意思、和解程序是否公正、和解协议的内容是否合法、是否有悖于公序良俗等等。必要时可以终止和解。检察机关应当吸纳社会的广泛监督。通过社会的参与使和解制度更加透明，必要的时候可以进行公开审查，广泛听取意见。另外，检察机关应当通过内部程序的设置加强自身监督。特别是通过汇报、审批、复查、备案等形式确保上级检察机关对下级检察机关适用和解机制的规范性进行有效监督。

无锡市检察机关恢复性司法工作总结

江苏省无锡市人民检察院

恢复性司法是通过犯罪嫌疑人向被害人道歉、赔偿、被害人谅解犯罪嫌疑人等方式,促进犯罪嫌疑人顺利回归社会的检察工作创新举措。早在2005年全市检察机关就紧紧围绕“法治无锡”、“构建和谐社会”目标要求,在严厉打击各类刑事犯罪的同时,全面客观分析我市治安情况,在轻微刑事案件中开始探索和解工作机制和恢复性司法模式。2006年年初,市院依托各基层院的探索实践,以“轻微刑事案件和解工作机制和恢复性司法模式”为题申报了创新项目,并以此为契机,在检察系统全面推行恢复性司法工作机制。

一、恢复性司法工作的实践状况

到目前为止,全市两级检察机关已办理恢复性司法案件113件,其中非刑罚化案件38件,处刑轻缓化案件75件。非刑罚化案件中公安撤销案件13件,不起诉案件8件;提出轻缓量刑建议的68件。从罪名上看,故意犯罪类案件87件,其中故意伤害(轻伤)案件24件;盗窃案件27件;过失犯罪类案件22件,未成年人犯罪案件33件,约占总数的38%。教育挽救未成年人41人,通过调解协议化解矛盾34件38人,社区矫治34件47人。通过近几年来的创新实践,取得了良好的社会效果和法律效果。工作重点主要有以下几个方面:

第一,向学校延伸,着力挽救失足青少年。例如,施某系我市某镇初一学生,为上网吧打游戏,至张某家窃得30元后为抗拒抓捕,殴打张某。公安机关以抢劫罪向我院移送审查起诉,学校也将施某除名。检察官为挽救失足少年，多次到施某家，帮助其认识侵害行为给他人和社会造成的危害。最后，施某主动向被害人赔礼道歉，其父母主动承担了被害人的医疗费用，检察院遂作出不以犯罪处理的决定。与此同时，检察院还就施某复读问题及时与学校、教育局沟通、协调，与施某签订了跟踪帮教协议。目前施某的学习、生活情况良好。又如，无锡某高等职业技术学校学生李某与同校的孙某某等发生争吵、扭打，其持水果刀将孙脸部划成轻伤。事后，一时气盛的李某头脑清醒下来，向承办检察官表示后悔，并要求向对方赔偿并赔礼道歉。后在检察官的见证下，双方达成了赔偿协议。鉴于李某已经取得了被害人的谅解，双方达成了和解协议，检察院适用恢复性司法程序，公安机关将该案撤销。

对于上述学生偶犯、初犯案件，按照以往的处理方式，即使双方当事人中途达成和解，检察机关仍要代表国家提起公诉指控犯罪，而现在适用恢复性司法程序，在当事人达成了和解协议并履行完毕后，就可及时终止诉讼程序。

第二，向企业延伸，着力和解轻微刑事犯罪。譬如，刘某某因经济困难，利用所在单位的管理漏洞，多次以夹带方式盗窃单位铜件。检察官审查发现，刘某某虽然实施盗窃行为次数较多，但合计金额却不大，主观恶性也不深，有和解的可能性。于是，检察院决定对该案适用轻微刑事案件和解机制，促成双方达成了书面调解协议，企业同意其继续留厂工作。最后检察院对刘某某作出了不起诉决定，圆满地化解了一场矛盾。又如，薛某某所在村村民认为该村受到邻近某制品厂的噪音、污水污染，经协商未果而情绪激愤，其纠集部分村民砸坏了该厂价值一万五千余元的生产设备和生产资料。承办人深入现场与双方当事人座谈，并走访群众和基层组织。劝导促和下，制品厂放弃追索损失，保证不在晚上开机生产；村民也同意不再使用极端手段扰乱企业正常生产，答应通过环保部门解决污染问题。

近几年来，偷盗企业原材料、成品等财物，敲诈勒索企业主及因劳资、环保纠纷等引发的刑事案件时有发生，其中大部分属于轻微刑事案件，涉案金额不大，且贫困是嫌疑人实施犯罪的主要因素之一。如对其科以刑罚，企业难以获得有效赔偿，对嫌疑人原本贫困的家庭而言，更是雪上加霜，极易激化矛盾。

第三，向社区延伸，着力修复受损的社会关系。譬如，史某某与邻居王某某下象棋时发生争吵、打斗，史致王受轻伤。承办检察官发现双方是邻居，于是多次走访，听取意见，促成双方就赔偿问题达成了协议。但因史的实际经济状况，一时无法兑现。于是，承办人将该案移送起诉至法院，建议判处缓刑。庭审时公诉人对被告人进行深入教育，并对被害人与被告人进行了劝解，最后法院采纳了检察机关的意见。又如，吴某某和包某为帮朋友出气，将与朋友有矛盾的吴某打成轻伤。公安机关以吴某某、包某涉嫌故意伤害罪，向检察院移送审查起诉。在审查过程中，被害人吴某希望对包某、吴某某从轻处罚，包某、吴某某犯罪后也很后悔，向吴某进行了赔偿，并表示要努力训练，在江苏省第十六届运动会上取得好成绩。鉴于双方均有和解意向，并达成了和解协议，检察院决定适用恢复性司法程序，决定对包某、吴某某不起诉。后在江苏省第十六届运动会上，包某获男子青年组七项全能金牌；吴某某获得男子青年组 110 米栏第四名、400 米栏第五名。

对于双方系邻居、同事、朋友等关系的这类案件，如果按照以往的司法处理方式，将犯罪嫌疑人关进监狱，不但使原有关系更加紧张，还将给整个社会的人际关系带来不良的负面效应，从而不利于和谐社会的构建。启动恢复性司法程序，既缓和了社会矛盾，又彰显了法律向善的一面。

在一起王某某轻伤害案件中，检察院积极对其适用社区矫正措施，帮助其开夜排档，现在夜排档已发展成粗具规模的酒楼，王得以重新回归社会，还先后协助公安机关抓获一名抢劫犯和一名盗窃犯，在当地传为佳话。对该类案件，犯罪嫌疑人因一时糊涂而触犯法律，犯罪情节轻微，认罪态度好，且及时地进行了民事赔偿，若此时简单地对犯罪人处以刑事处罚，社会效果不一定好。反之，对该类案件启动恢复性司法程序，即可达到教育挽救犯罪嫌疑人的目的，又可取得良好社会效果。

第四，向外来市民延伸，着力维护社会公正和谐。有一案件，外来务工人员张某某驾驶二轮摩托车避让不及，撞伤张某，致张某抢救无效死亡，且张某某负事故的主要责任。被害人家属了解其家庭十分困难，遂对民事赔偿不抱希望，提出对其从重处罚的书面意见。承办检察官了解到张某某父母有赔偿的意愿，促成了张某某的真诚悔过和双方的和解。检察院向法院提交了减轻处罚的量刑建议函，被法院采纳。张某某情不自禁地说，想不到我一个外来务工人员，还能得到你们真心的帮助，在我的家乡也不一定得到啊！还有一起案件，外来人员姜某某利用“1997 香港回归祖国邓小平像”纪念邮票，对我市一保险业务员实施诈骗，共骗取 5 万元，给受害人造成较大经济困难。承办人多次做姜某某的思想工作。

在承办人的主持下，对双方进行了当面调解，由姜某某家属向被害人退赔了1.6万元，姜某某也得到了法院的从轻处理。

由于竞争力较弱、与本地联系不紧密等因素，外来务工人员极易被边缘化，增加了不稳定因素。对外来市民所犯的轻微刑事案件积极主动适用和解机制，使外来市民真正体会到人文关怀和法律的公正无私，有利于弱化社会矛盾。

二、恢复性司法工作试行规定的制定

在当前构建和谐社会的建设进程中，把恢复性司法理念引入司法实践，用于指导未成年人犯罪案件和部分轻微刑事案件的司法处理，具有重要的现实意义。同时，在目前的刑事司法体制下，要使我们开展的恢复性司法工作不违背现行法律规定的基本精神，并且具备司法资源可以承受的现实可行性，必须合理确定工作的重点和适用范围，科学制定恢复性司法的工作程序。为此，市院通过广泛的研讨论证，根据实践成效，及时制定出台了《无锡市人民检察院关于开展恢复性司法工作的规定（试行）》（下面简称《规定》），较好地创出了法治无锡建设工作新特色。《规定》分正文和附件两部分，正文共有18条，主要规定适用原则、适用范围、和解程序及内部监督等内容；附件是检察机关开展恢复性司法工作必须填写的法律文书。

该规定一是明确恢复性司法的目的是尽可能使遭受破坏的社会关系得以修复，促进社会和谐发展，而不是无原则的调解或出于息讼目的的压制性调处；二是强调从对事实、法律负责到对社会负责，从重打击轻保护到打击与保护并重转变的办案理念；三是确立检察机关适用恢复性司法必须遵循自愿、平等保护、获得律师、监护人帮助及和谈不成不为过等基本原则；四是言明恢复性司法的适用范围；五是规定辅助配套实施制度。如前置性人格调查制度、权利义务告知制度及和谈终止制度等；同时为保证规范执法，还规定了案件督导督察制度。该《规定》为各基层院积极开展恢复性司法工作，更好地促进本地区的社会和谐提供了切实可行的制度依据。

三、恢复性司法工作的实施措施

第一，树立恢复性司法工作基本原则。经过反复论证，全市检察机关在探索恢复性司法机制之初，将基本指导原则确立为“自愿原则”与“和谈不成不为过原则”。启动恢复性司法程序，必须要犯罪嫌疑人、被害人等各方完全自愿，而且犯罪嫌疑人在恢复性司法程序中陈述的案件事实、承认的与定罪量刑有关的事实，未经本人再次确认，不得作为其以后认定事实和定罪量刑的证据。指导原则体现了恢复性司法的基本精神，充分保障了人权，符合刑事诉讼制度不断走向文明、实现社会和谐的需要。通过近两年的司法实践，指导原则受到了相关各方的欢迎与肯定。

第二，建立恢复性司法工作操作规程。一部分基层院在市院《规定》的基础上，制定了有关恢复性司法工作的操作规则，深化了具体工作流程，使《规定》更具操作性。操作规则立足检察职能，向前、向后延伸，积极拓展社区矫正功能，并将恢复性司法程序划分为非刑罚化和处刑轻缓化两大类别。

非刑罚化的恢复性司法程序一般适用于未成年人、在校学生犯罪案件及情节较轻的成年人犯罪案件。办理此类案件，有意识地向前延伸，采用提前介入方式，积极促成有和谈意向的犯罪嫌疑人、被害人和谈，达成和谈协议履行完毕的，向公安机关发出不予刑事处罚的非刑罚化处理建议，并委托社区矫正组织进行帮教。对公安机关已移送审查起诉，符合适用非刑罚化恢复性司法程序处理的案件，在积极促成双方和谈，达成和谈协议履行完毕后，即作出不起诉决定。无论是非犯罪化还是不起诉处理的犯罪嫌疑人，检察机关均委托社区矫正组织进行帮教，期限不少于6个月。期满后，社区矫正组织作出综合评估。

处刑轻缓化的恢复性司法程序一般适用于犯罪情节轻微、具有法定从宽情节的成年犯罪嫌疑人。办理此类案件，首先委托社区矫正组织作为“调查人”，对犯罪嫌疑人的性格特点、家庭情况、社会交往、成长经历以及实施被指控犯罪前后的表现等进行周密调查，根据是否适合社区矫正的评估意见，确定是否启动该程序。程序启动后，积极促成双方和谈，和谈成功并履行完毕的，应将在押犯罪嫌疑人变更强制措施为取保候审，同时委托社区矫正组织进行社区帮教，直至人民法院判决后，再与社区矫正工作自然衔接。与此同时，注意向后延伸，在案件提起公诉时，主动参考社区矫正组织的评估意见，提出适用简易程序、普通程序简化审及判处缓刑的建议，为法院对被告人从宽处罚创造条件。

第三，创建恢复性司法工作配套文书。恢复性司法强调被害人在解决纠纷过程中的主动权、决定权。为了保障被害人的权益，基层院设计了《恢复性司法和谈告知书》、《恢复性司法圆桌和谈规则》等配套文书，以确保被害人可以自愿决定是否参与恢复性司法和谈。此外,有些基层院与区司法局会签了《关于社区帮教工作的操作规程》,明确了帮教流程和效果。

第四,建立恢复性司法工作监督程序。为加强对适用恢复性司法程序案件的监督,防止借恢复性司法名义,徇私舞弊、滥用职权,各基层院建起了完善的监督机制。院督导室跟踪旁听所有适用恢复性司法程序案件的处理并不定期抽查案件材料;院纪检组出台适用恢复性司法程序办案的责任规范,对所有适用恢复性司法程序的案件实行事前备案、事中走访调查、事后回访考察的全程监督,发现问题,及时审查处理。

第五,设立恢复性司法工作衔接机制。为保证恢复性司法程序能顺利介入到现行刑事诉讼之中,检察机关积极主动与公安、法院研讨、协调,建立了恢复性司法应用的衔接机制。有些基层院召开区公、检、法三家相关负责人参加的关于适用恢复性司法程序的联席会议,会上达成有关未成年人犯罪、轻伤害等类案可适用恢复性司法程序及其启动方式的协议。有些还与公安机关达成了协助检察院处理提前介入的个案及犯罪人案后帮教工作的一致意见;有些与法院会签了社区帮教、社区矫正工作协议,协议规定两家共同培训社区矫正组织工作人员,对适用恢复性司法程序启动审判前社区帮教的案件,对其进行普通程序简化审、量刑建议、处刑轻缓化判决,均要参照社区矫正组织提交的社会调查报告。

第六,建立恢复性司法工作研讨机制。恢复性司法是我院在构建和谐社会与开展公诉改革过程中推出的一项有益探索。为及时总结经验、改进不足、不断完善恢复性司法的运行机制,市院就运行中遇到的新情况、新问题建立了专门的研讨机制,多次召开专题研讨会,以研讨促实践,有力地推动创新项目向纵向发展。

四、恢复性司法工作的实施效果

全市检察机关试行恢复性司法程序已近两年,恢复性司法的工作机制日趋完善,从我们已采用该机制处理的案件来看,效果良好,具体表现在如下几个方面:

一是促进犯罪人真诚悔改,有效遏制再犯罪。恢复性司法有助于犯罪人的改造。传统对抗式的刑事处理方式对查明犯罪事实的益处不可否认,但对加、被害双方关系的解决效果不佳,有时可能更加恶化。如被害人害怕遭到报复,犯罪人对认罪伏法难以心服,监狱的惩罚改造作用有限，甚至极易遭受二次污染等，与构建和谐社会的目标不相协调。而恢复性司法使犯罪人更易修复泯灭的“羞耻感”、恢复人性尊严，更易调动起他们改邪归正的主观能动性和融入和谐社会中的自觉性。我们在司法和谈中常见的场景是：犯罪人在看到自己的亲人痛心疾首时，经常会倍感耻辱；在看到被害人的伤痛和凄苦时，经常后悔不已，主动进行赔偿；在看到社区人员对自己的宽容、支持时，经常深受感动而真心悔罪。如在办理误入歧途的未成年人小薛盗窃案时，小薛面对因自己失足而几欲轻生的母亲，接受自己真诚道歉和全额赔偿的被害人，真心帮教的单位领导、社区成员，当场痛下决心要重新做人。现在他已恢复为一名人人称赞的好青年。小薛动情地说：“是检察官们给了我这次重生的机会，让我能够重新回到多彩的世界，温暖的家。”所以说恢复性司法倡导侧重的面对面沟通交流，易使双方矛盾化解，消除仇视心理。

二是保障被害人合法权益，实现社会公平与正义。传统刑事司法制度缺少对被害人的应有关注，如果检察官不愿意让被害人作证，被害人就几乎被排除在刑事诉讼程序之外。恢复性司法有效地克服了这一弊端，被害人的合法权益得到了切实保障。从我院的司法实践来看，恢复性司法面对面的会谈和讨论，使被害人能够直接获得关于犯罪的信息，直接诉说自己因犯罪受到的伤害及影响，使被害人在获得物质赔偿外，因犯罪所受的精神创伤也能得到治疗。同时，恢复性司法程序注重发挥被害人在解决犯罪矛盾时的能动作用，使被害人认可该程序的公平性，促进社会关系更加和谐。如 2005 年 6 月 30 日，常州市某铜业有限公司等三家单位派专人将三面上书“为人民服务”等字样的锦旗送到惠山区院。他们真诚地说：“我们从来没有想到会有这样的处理方法，你院的恢复性司法让我们物质上得到赔偿、精神上得到安慰，犯罪人能够真诚悔罪，这对老百姓来讲真是一件大好事。”而这源于一起案额七万余元的收购赃物案。该案移送审查起诉后，犯罪嫌疑人吴某通过其辩护人，转达了愿意退赔失主损失、重新做人的决心。惠山区院征求双方意见后，决定适用处刑轻缓化的恢复性司法程序。和谈会议上，双方进行了长时间的“对话”，吴某诚恳的悔罪、致歉、赔偿，使被害单位尽释前嫌，一场干戈化为玉帛。

三是提高了诉讼效率，降低了司法成本。非刑罚化恢复性司法程序分流了部分案件，减少了诉讼环节，缩短了诉讼时间，降低了法院的出庭率，使司法人员有更多地精力投入到重大疑难复杂案件中去。处刑轻缓化的恢复性司法程序也在很大程度上提高了诉讼效率，节约了司法成本。

同时，恢复性司法还扩大了非监禁范围，降低了监禁率，减少了监狱负荷，使监狱有更多精力投入到对重刑犯的改造中，促进和谐社会关系的构建。

四是有助于修复社会关系，促进和谐社会构建。现阶段主流的有罪必罚的刑罚理念，对犯罪的处理方式过于僵化。恢复性司法帮助我们重新审视犯罪的性质，在价值取向上更多元，责任承担上更宽容，不再一味强调重刑，而是鼓励社会力量多方面介入刑事案件的解决。恢复性司法的"以柔克刚"，有助于被破坏的社会关系与秩序的修复，恢复全社会的和谐。如在办理蒋某破坏计算机信息系统案时，承办检察官通过了解得知蒋某是公司的核心技术人员，是公司产品能远销海外的"大功臣"。蒋某身陷囹圄，公司蒙受了巨大的经济损失，处于破产的边缘。如果按照通常程序办理，蒋某将就此沦没，公司陷入困境，双方成为冤家。适用恢复性司法程序后，情况就完全不同了。回访考察时，该公司老总激动地说："检察院的恢复性司法，真是治病救人的好办法！不仅挽救了蒋某，让我们双方消除了误解，更挽救了公司，让濒临绝境的公司又起死回生。我们老百姓欢迎这样的恢复性司法。"

恢复性司法与未成年人司法改革

徐盛希　徐　瑾*

恢复性司法是一种强调与特定犯罪有利害关系的各方共同参与犯罪处理活动，以恢复被破坏的社会关系与秩序的新型司法模式。恢复性司法具有独特的司法理念与价值取向，为犯罪的解决提供了一种不同于传统司法的全新解决方案。

一、恢复性司法的基本理念及其理论基础

双视角的犯罪观。与认为犯罪是对国家利益的侵害，破坏的是统治秩序，国家通过刑事司法程序对犯罪分子定罪、处刑的报应性司法观念不同，恢复性司法重新审视犯罪的本质，将之界定为人们之间相互关系的一种侵害，认为犯罪破坏的是和谐的社会关系，刑事案件的关系人是国家、犯罪人、被害人、社区等多方，对国家统治秩序的侵犯仅仅是一种间接的侵犯，是全新的修复性司法观念。

复合式的目标定位。与单一追求对犯罪人惩罚的传统司法不同，恢复性司法认为，犯罪是一种损害，更是一种机遇。作为一种冲突的爆发，总有着一定的原因，犯罪人、被害人、社区若能借此探究犯罪发生的根源，寻求合适的途径予以解决，能促使大家间的关系比以往更加和谐。它使刑罚的惩罚功能退居其后，主要从教育功能出发，致力于犯罪人人格的回归、社会角色的复归和社会关系的修复。

共同体的犯罪责任观。与追求对犯罪人的定罪处刑来实现刑事责任承担的传统司法不同，恢复性司法鼓励机动、灵活地处理问题，主张建立

---

* 徐盛希，江苏省无锡市惠山区人民检察院检察长；徐瑾，江苏省无锡市人民检察院法律政策研究室主任。

多元对话与协商机制来解决纠纷，它要求所有的刑事案件关系人都要作出反应，共同决定如何消除犯罪的后果及其对未来的影响，注重对被害人的保护，以预防犯罪为己任。

合意型的犯罪解决方式。与采用相互争执的追诉和防御模式的对抗型传统司法不同，恢复性司法以宽容为理念，任何受犯罪影响的人都被鼓励参加到犯罪处理的过程中来。认为参加的人越多，证明关心犯罪人与被害人的人越多，就越能促成和解协议的达成，保障和解协议的执行。

透视恢复性司法的基本理念，其主要的价值追求是“恢复”，即通过一系列的司法活动来努力恢复到犯罪前的社会秩序和个人状态。这是由其基本理念所倚赖的基础——恢复正义理论所决定的。恢复正义理论认为，犯罪破坏了加害人、被害人和社会之间的正常利益关系，恢复性正义的任务就是在三者之间重建这种平衡。这种平衡是全面的平衡：对被害人而言，修复物质的损害、治疗受到创伤的心理，使财产利益和精神利益恢复旧有的平衡；对加害人而言，向被害人、社会承认过错并承担责任，在确保社会安全价值的前提下交出不当利益从而恢复过去的平衡；对社会而言，受到破坏的社会关系得到了被害人与加害人的共同修复，从而恢复了社会关系的稳定与平衡。恢复正义理论在认可犯罪违法性前提下，强调犯罪对被害人、社会甚至犯罪人自身的伤害，强调要恢复伤害而非纯粹的惩罚。由于恢复正义试图以被害人心理康复、重建为目标，通过对正义整体观念上的恢复来重构对犯罪行为的回应，因此构成了当今域外恢复性司法最重要的理论基础。有人甚至认为恢复司法实质上就是恢复正义，恢复正义体现了“由个人解决冲突”的价值理念，正义的实现途径不再是刑罚与服从，而是社会关系的良性互动；正义的评价标准不是有罪必罚，而是被加害人所破坏的社会关系是否得到修复。①

从对恢复性司法的解析中我们可以看出，恢复性司法以被害人利益作为整个刑事冲突关注的核心，以对犯罪进行补救，作为恢复性司法的中心任务。恢复性司法的基本理念与目前世界范围内处理未成年人违法犯罪问题所遵循的原则不谋而合。

二、引入恢复性司法的合理根基

制度移植的成功很大程度上依赖于本土制度和观念的契合，恢复性

① 马静华：《刑事和解的理论基础及其在我国的制度构想》，载《法律科学》2003 年第 4 期。

司法模式与我国诸多传统未成年人司法制度、观念有着不同程度的暗合。

契合我国未成年人的刑事司法政策。根据我国《未成年人保护法》、《预防未成年人犯罪法》的规定,我国对违法犯罪的青少年,以"教育、感化、挽救"为方针,实行的是"教育为主、惩罚为辅"的刑事政策。也就是说,面对未成年犯罪人社会应当承担其应尽的责任,以"教育手段"为核心,努力以非惩罚性手段来挽救,而不是将罪犯简单羁押了事。恢复性司法主张在唤起犯罪人责任感的基础上,用预防性、恢复性的刑事政策取代惩罚性、报应性的刑事政策,以恢复社会安宁,促进社会和谐作为刑事政策终极目标的观点,与我国的未成年人刑事司法政策相契合。

契合我国未成年人刑事司法制度的基本理念。我国未成年人刑事司法制度的基本理念是处罚从宽,这是基于未成年犯罪人责任能力不完备以及他们较易接受教育改造的特点而确立的,反映了刑罚与罪责相适应的原则以及刑罚目的的要求。① 犯罪学认为,未成年人犯罪是社会的、生理的和心理的因素共同作用的结果。可见,对犯罪未成年人的处罚适当与否,不仅关系到犯罪未成年人的前途,而且还会产生巨大的社会影响,其意义超出对犯罪的未成年人处罚本身。② 恢复性司法着眼于修复被犯罪行为破坏的社会关系,将促使犯罪人重新融入社会作为主要目标之一,与我国未成年人刑事司法制度的基本理念相契合。

契合我国未成年人犯罪防控的指导原则。"共同参与、综合治理"是我国对未成年人犯罪进行防控的指导原则。具体可以表述为"以综合治理为导向,以教育、保护、防范为主要内容,以家庭、学校、社会为联动机制,以保障青少年身心健康成长、培养良好品行为目标,惩教结合,以教为主,标本兼治,重在治本,最大限度地预防和减少青少年犯罪与被害。"③ 恢复性司法强调社会环境的作用,在犯罪成因观上不同于传统司法认为犯罪是犯罪者自由意志选择的结果,而是注重从个体所处的社会环境背景出发寻找犯罪的影响因素。在对犯罪行为的处理上要求有社会各方的参与,通过将犯罪人重新整合进社区生活中,来预防失足青少年未来可能的犯罪行为,鼓励发挥社区在控制和降低犯罪方面的作用等,与我国未成

---

① 赵秉志:《犯罪主体论》,中国人民大学出版社 1989 年版,第 132 页。

② 胡康生主编:《中华人民共和国预防未成年人犯罪法释义》,法律出版社 1999 年版,第 99 页。

③ 冯树梁:《中外预防犯罪比较研究》,中国人民公安大学出版社 2003 年版,第 354 页。

年人犯罪防控的指导原则相契合。

三、引入恢复性司法的中国基础

文化基础。诉讼文化的价值取向会深深地影响和制约司法实践的运作机制和决策程序。中国“和文化”源远流长。传统儒家思想认为诉讼是消极的社会现象，它要求官员们不要轻易就纠纷进行审判并颁布对当事人具有约束力的判决，而需就纠纷进行调解，以寻求双方当事人都乐意自愿接受的解决方案。这种方法就是中国人说的“劝讼”与“息讼”。[①] 对于未成年犯罪人，更是主张一种迥异于成年人的特别宽容理念——恤幼。即国家、社会和长者对青少年的健康成长负有不可推卸的责任，对青少年要给予更多的关爱。这种“恤幼”情结是我国法制史上的一大传统，历史上诸多朝代的立法都有关于未成年犯与成年犯区别对待的规定。如我国早期的成文法典《周礼》中的“三赦”（一赦幼弱，二赦老耄，三赦蠢愚）规定等。几千年来形成的这种诉讼价值观念，为我国引入恢复性司法提供了适宜的文化土壤。

理念土壤。随着中国民主法治进程的推进，传统重刑主义价值观有了多元化的取向。“宽严相济”刑事政策取代了传统的“严打”与“重刑”，尤其在未成年人犯罪领域提出和实践的一些举措，如“暂缓起诉、圆桌审判、社区矫正”等工作模式，与恢复性司法精神理念如出一辙，为我国引入恢复性司法提供了适宜的理念土壤。

制度土壤。审视我国的法律，虽然没有严格意义上的恢复性司法程序，但在刑事诉讼的部分程序和环节中已有了间接的、近似性的表现。如自诉案件允许当事人自行和解、允许撤诉、公诉案件轻微犯罪的不起诉、免予刑事处分、刑事附带民事诉讼等，都具有恢复性司法所强调的关怀被害人、犯罪人及社区安全秩序等的制度性因素。[②] 恢复性司法强调的调解，更是我国独特的司法形式。有学者指出，“民间调解作为中国基层社会的一种权利保护机制，与国家行政机制和司法机制相比，它在解决民间纠纷、保护公民权利方面，具有一些突出的优点。民间调解广泛存在于中国民众生活之中，有悠久的历史传统，有深厚的群众基础，具有普遍性的优点。正是由于民间调解具有简易性、灵活性、普遍性和自治性等优点，

---

① 陈弘毅：《调解、诉讼与公正》，载《现代法学》2001 年第 3 期。

② 宋英辉、许身健：《恢复性司法程序之思考》，载《现代法学》2004 年第 6 期。

所以,它仍将是中国社会解决民间纠纷、保护公民权利的重要方式”[①]。调解尤其在少年司法中被广泛运用,这为我国引入恢复性司法提供了适宜的制度土壤。

现实土壤。我国对未成年人犯罪,虽然强调“教育、感化和挽救”原则,但因采取的是与成年人刑事诉讼无异的程序,仍要给予严厉的惩罚。然而从实际效果来看,这种“以恶制恶”的犯罪反应模式并未取得预想的良好效果,单纯严惩的作用并不明显。现实呼唤对未成年人犯罪处理要适时转型,从追求社会秩序和谐、未成年罪犯恢复最大化等社会视角出发重新定位,为我国引入恢复性司法提供了适宜的现实土壤。

四、和谐社会语境下未成年人司法引入恢复性司法的必要性

对和谐的追求是人类不可遏止的内在价值取向。而犯罪是对社会和谐的最大破坏,未成年人是祖国的未来和民族的希望,对其犯罪是否妥善处理将直接关系到和谐社会建设的成败。恢复性司法作为一种解决刑事案件的新型程序性机制,对构建和谐社会语境下的未成年人司法具有重大的理论和现实意义。

有利于未成年犯罪人的再社会化。刑罚应以迫使罪犯进行再社会化,顺利回归社会为目的。正如我国台湾学者林山田教授所言,刑罚权的界限与行使,应以犯人再社会化的需要为依据,刑罚的宣告与执行应能作为犯人再社会化的手段。因此,惟有符合再社会化原则的刑罚,方是有意义而有必要的刑罚,一切足矣阻挠犯人再社会化之目的构想的刑罚,应尽量避免。[②] 未成年罪犯因生理和心理的不成熟,刑罚对其的影响远大于成年人,是非常不利于再社会化的。恢复性司法尽可能减少涉入刑事诉讼、尽量避免羁押的理念,有利于未成年罪犯康复和重返社会,控制与预防重新犯罪,是其再社会化的一个新途径。

有利于未成年被害人的心理重建。传统刑法对被害人地位和诉求重视不够,而“犯罪被害人是刑事司法制度的‘守门人’,在90%的案件中,被害人通过报警而进入刑事诉讼”[③]。所以说尊重被害人的主体地位,保

---

① 夏勇:《走向权利的时代》,中国政法大学出版社 1995 年版,第 326 页。

② 转引自翟中东主编:《自由刑变革——行刑社会化框架下的思考》,群众出版社 2005 年版,第 200 页。

③ 〔德〕施奈德:《国际范围内的被害人》,许章润译,中国人民公安大学出版社 1992 年版,第 4 页。

护被害人的合法利益，是减少其由受害方变为加害方、抵制犯罪、维护社会秩序的重要因素，这对未成年被害人影响也更大。恢复性司法以被害人利益保护为核心，通过非对抗的“面对面会谈和讨论”方式，抚慰被害人的情感和心理创伤，满足其物质、精神等多方面的要求，从而能更理性地对待犯罪者。

有利于公正和效率价值的实现。恢复性司法以对多方主体利益的全面保护为基本蕴涵，实现了刑事司法的公正性。它不是简单地从法律角度去界定犯罪，而是以人为本，充分发挥社区和当事人的创造力，以最大限度地实现社会正义，寻求解决被害人、犯罪人和社会由于犯罪行为而遭受损害的最佳途径，以最符合利益的方式处理犯罪案件。[①] 当然，是要以案件事实清楚、证据确实充分为前提，多方参与，尤其是以司法机关的监督和审查为保障，这使司法过程在确定人们的实体权利义务时能实现刑事司法宏观系统内的价值平衡，实现了实体公正。它鼓励被害人和社区成员都积极地最大程度地参与司法程序，一方面使被告人减轻对社会的抵抗情绪，另一方面也能在互相谅解的基础上促进被告人与社区的融合。[②] 这种多方参与，提倡犯罪人、被害人和社区之间互动对话、公开透明的民主程序，实现了程序公正。

恢复性司法通过实施全新的诉讼程序，使诉讼成本投入与产出合格的诉讼案件之间实现了更高的诉讼效率。以国家追诉为标志的刑事司法模式和以监禁刑为中心的刑罚结构，虽然在法律效果上实现了对犯罪的惩处，但确实成本极高而收益有限。以故意伤害（轻伤）案件为例，按传统的处理方式，一旦启动了公诉程序就无法中止，即使双方当事人中途达成和解，检察机关仍要代表国家提起公诉指控犯罪。案件起诉到法院后，符合相关法律规定的，就必须追究被告人的刑事责任。而任何资源都是有限的，有限的司法资源在面临刑事案件数量持续上升，司法机关工作压力不断加大时，我们只能使“需要公正的案件更加公正，需要效率的案件更加有效率”[③]以寻求两者间的一种平衡。恢复性司法能使某些案件的处理绕开起诉、审判程序，快速、合法、有效地解决大量轻微案件的责任归

① 苏力：《恢复性司法综述》，载《贵州大学学报》2002 年第 3 期。

② 吴丹红：《恢复性司法初探》，载陈光中、江伟主编：《诉讼法论丛》（第九卷），法律出版社 2004 年版。

③ 陈瑞华语，转引自马明亮：《正义的妥协》，载《中外法学》2004 年第 1 期。

属，使司法机关合理配置资源，重点处理对社会秩序造成严重破坏、社会影响较大的案件，全面提高诉讼效率。此外，恢复性司法在人文主义色彩、刑法谦抑性理念及避免“犯罪标签”影响等方面也都具有独特的价值。

总之，着眼于修复被犯罪行为破坏的社会关系，将促使犯罪人重新融入社会作为主要目标之一的恢复性司法及其体现出的系列价值，能为未成年人犯罪处理提供更人性化的方式，能对我国构建和谐社会，预防、治理未成年犯罪产生积极意义。即使对未成年人刑事案件不能一概以恢复性司法程序来处理，但将惩戒与教化相结合，也可有效弥补刚性刑罚的不足。因此，恢复性司法应该成为我国未成年人司法改革的一个选择。

张家港市人民检察院适用刑事和解的司法实践分析

丁建勤　张红霞　张庆凤*

近年来，张家港市人民检察院转变执法理念，在审查逮捕、审查起诉工作中，不断探索刑事和解的途径，充分关注被害人利益的实现，最大程度保障犯罪嫌疑人权利，取得了较好的法律效果和社会效果。从张家港市人民检察院的实践来看，在检察环节推广刑事和解已经具备现实必要性和实践土壤。在检察环节的刑事和解是指在审查批捕、公诉环节，在查明案件事实的基础上，以检察人员为主导，依据法律规定，根据被害人与加害人双方共同意愿，由检察人员组织加害人、被害人以及社区代表参与，促进双方沟通交流，确定犯罪发生后解决方案的一项检察职能。很多国家都存在着刑事和解的实践。如法国议会在 1993 年 1 月 4 日通过对《法国刑事诉讼法典》第 41 条之补充规定："共和国检察官如认为进行调解可以保证受害人受到的损失得到赔偿，可以终止因犯罪造成的扰乱，有助于罪犯重返社会，在其就公诉作出决定之前，并征得各方当事人的同意，可以决定实行调解"，就是法国对检察机关启动刑事和解程序在立法上的明确规定。

一、刑事和解适用的阶段、对象和范围

张家港市人民检察院开展刑事和解主要集中在捕前阶段、捕后阶段和审查起诉阶段。

---

* 丁建勤，张家港市人民检察院副检察长；张红霞，张家港市人民检察院办公室副主任；张庆凤，张家港市人民检察院助理检察员。

逮捕是最严厉的强制措施。在严打刑事政策的要求下，以往张家港市人民检察院逮捕率一直很高，捕后被法院判处 3 年以下有期徒刑、拘役及缓刑的比例也较高。近年来，张家港市人民检察院严格把握逮捕适用条件，依法全面、正确掌握逮捕要件，对确有逮捕必要的，才适用逮捕措施。而对轻伤害案件、交通肇事案件均考虑通过刑事和解的途径弱化案件当事人之间的矛盾，和解协议达成后，作出不捕决定。在批捕阶段主要是对一些具备和解条件但在捕前由于时间关系等原因没来得及和解的案件适用和解，和解后公安机关予以变更强制措施，也确实能体现构建和谐社会的要求。但审查逮捕的时间性要求比较高，7 天内除了对交通肇事、故意伤害等事实清楚、证据确实充分的案件有适用刑事和解的时间外，其他案件由于案件性质的原因和侦查阶段深挖余罪的需要，不太可能适用刑事和解。

审查起诉阶段则是开展和解工作的最佳阶段，这一阶段侦查机关已经侦查终结移送审查起诉，犯罪事实已经查清，被害人经过这段时间对被告人的态度更趋于理性，从现实角度也更希望能够从被告人处获得赔偿，在办案过程中，如盗窃、诈骗等侵财案件的被害人也都向检察人员表示希望能够向被告人提起附带民事赔偿诉讼。但我国关于刑事附带民事诉讼的司法解释规定，只有人身权遭受侵害的被害人才能提起附带民事诉讼，对侵财性案件并不能适用，故而相当一部分侵财型案件的被害人往往得不到任何赔偿。如果被告人自愿认罪的，一般也希望赔偿被害人损失以减轻自己的刑事责任。故而在审查起诉阶段，依据《刑事诉讼法》第 142 条第 2 款的相对不起诉规定，对于罪行轻微，依照《刑法》规定不需要判处刑罚或免除刑罚的，犯罪嫌疑人和加害人已经达成和解协议的，就相应作出不起诉决定。

张家港市人民检察院刑事和解的适用对象主要是过失犯，侵财型轻罪案件的初犯和偶犯。故意伤害致人轻伤案中犯罪嫌疑人和被告人，他们主观恶性小，往往属于激情犯罪，对这类加害人的教育改造较容易。对一些故意伤害、交通肇事案件，被害人往往也有一定的过错责任，故而被害人也容易原谅加害人，被犯罪行为侵害的社会关系比较容易恢复，因此这类案件的当事人常常也希望进行刑事和解。

张家港市人民检察院对未成年人适用刑事和解的案例并不多。由于 2006 年年初最高人民法院颁布了《关于审理未成年人刑事案件具体应用法律若干问题的解释》，苏州的公安机关对于盗窃数额不满 3 次并且数额在5000元以下的未成年人均不认为是犯罪,故而未成年人提请批准逮捕数较之往年明显下降,相应的报捕的未成年人犯罪数额一般都在1万元以上,大多系多次作案,虽然这些未成年人对自己的犯罪行为很后悔,感觉对不起被害人,但他们大多家庭破裂,居无定所,缺乏有效的社会帮教条件,案发后也不能积极退赃,并不具备适用刑事和解的条件。

刑事和解的产生和发展是刑罚个别化理念的产物,并不是任何刑事犯罪案件都可以适用刑事和解,否则"罪刑法定"、"罪责相当"等长期以来形成的刑法基本原则将受到冲击,追求司法公正更加艰难。适用刑事和解的案件范围主要是法定刑在3年有期徒刑以下,存在明确被害人的案件。如交通肇事案件,我们规定只要同时符合下列条件的交通肇事案件,均可运用刑事和解制度,作出相对不起诉决定:事故造成1人死亡;犯罪嫌疑人对交通事故负主要责任;犯罪嫌疑人肇事后及时报警或自首;犯罪嫌疑人无酒后开车、无证无照开车及逃逸等从重或加重处罚情节;事故双方就赔偿等事项达成了协议并已履行;无其他负面的社会影响。2005年以来,张家港市人民检察院共对14名交通肇事案件犯罪嫌疑人作出了不批准逮捕决定,并对其中7人作出相对不起诉处理。

对公安机关侦查的轻伤害案件(涉黑恶势力案件除外),我们认为此类案件本质上属于自诉案件,只是由于被害人自行取证困难,不便自诉,才在被害人的要求下进入公诉程序。对此类案件的处理,我们注意从审查逮捕环节开始做双方的调解工作,并充分尊重被害人意见,只要双方就赔偿等事项达成了协议并已履行完毕,犯罪嫌疑人真诚悔罪,被害人要求不再追究犯罪嫌疑人的刑事责任的,能在审查批捕阶段和解的就不捕,不以犯罪论处,捕后和解的就在审查起诉阶段对犯罪嫌疑人作出相对不起诉决定。2005年以来,张家港市人民检察院共对13名故意伤害致人伤害案件犯罪嫌疑人适用刑事和解后作出了不逮捕决定。但对涉黑恶势力的故意伤人案件,我们没有从简单的息事宁人角度对双方的矛盾进行化解,而是考虑到此类案件的性质与一般的伤害案件性质迥异,不予启动刑事和解程序,依法从快从重将此类案件起诉到法院。如张家港市人民检察院办理的一起带有黑恶势力之间的报复伤人案件,犯罪嫌疑人愿意赔偿被害人,被害人一方则强烈要求伤好后要和对方一较高低,表示不接受对方的赔偿。张家港市人民检察院依法予以快捕快诉。

对于家庭内部成员之间或者亲属间纠纷引起的故意伤害致人重伤案件,如果非要按现行法律规定处理,造成对方重伤的加害人可能会被判处

3年以上实刑，两家都会因此结下更深的冤仇，不利于社会的和谐。因此，对于此类案件，只要双方出于真实和解意愿，张家港市人民检察院也力图从构建和谐社会的角度出发，化解当事人之间的怨恨情绪，及时做好双方当事人的思想工作，和解后张家港市人民检察院依法作出不逮捕决定。如2006年，张家港市人民检察院对1件亲属间矛盾引起的故意伤害致人重伤案件适用了刑事和解。

当然，对于危害国家利益和纯粹危害社会公共利益的案件，一律不适用刑事和解。因为此类案件侵害的法益是抽象的，范围更广泛，影响更深远，涉及社会秩序稳定等广大社会成员的深层次利益，若对此类案件也适用刑事和解，则社会公众会丧失对法律的信仰，会缺失社会安全感。而对于群众中因民事纠纷引发的互相斗殴甚至结伙械斗，虽然已符合聚众斗殴罪的犯罪构成，但后果不严重的以及其他情节显著轻微的，张家港市人民检察院也从化解群众矛盾的角度出发，在双方当事人之间做好工作，和解后作从轻处理。此类案件虽然也侵害到社会秩序这一公共法益，但相比而言，案发场所特定，并非严格意义上的公共场所，社会影响也相对较小，对其他不特定多数人的生活秩序并没有造成恶劣影响，故这类案件也有适用刑事和解的基础。2006年，张家港市人民检察院对涉嫌聚众斗殴罪的2名犯罪嫌疑人依法作出不批准逮捕决定。

二、适用刑事和解应坚持的原则

为积极开展刑事和解的探索与实践，不至于让刑事和解在实用主义的道路上走得太远，偏离了法律的公平与正义之内在核心，张家港市检察院确定了刑事和解制度的基本原则：

第一，检察机关启动程序原则。追诉犯罪是一种国家权力，检察机关依照法律规定审查案件事实和证据，代表国家行使批准（或决定）逮捕权、公诉权，也有权根据案件事实和证据作适当的变通。从我国的司法现状来看，案件在检察机关处理过程中，刑事和解的适用根本决定权在检察机关，而不在当事人或社会组织。任何人不得以刑事和解作为刑事犯罪嫌疑人承担罪责的免责事由，否则就无法保障这一司法改革的正确方向。

第二，自愿原则。刑事和解的程序与结果都应建立在各方当事人自愿基础之上，对于是否参与刑事和解以及是否接受协商结果都应当是无强迫的、自愿的，更不得以司法监禁为要挟，迫使犯罪人接受被害人及其委托人提出的无理要求。也要防止违背被害人意愿而放纵犯罪行为使其免受刑罚追究的情形出现,损害法律尊严和法制统一。

第三,禁止不当差别原则。法律面前人人平等是现代法治国家通行宪法,当我们以追求社会效益为理由而对本应纳入正式司法程序的具体案件予以“法外处置”时,一要尽力使类似案件都积极采取刑事和解;二是对于同一案件的共同犯罪人,除非有法律规定应当从重或加重处罚情节,或主观恶性的主观方面及累犯等的客观方面明显不适用刑事和解的情形,不应当对其中有的共同犯罪人适用刑事和解,有的犯罪人却被纳入正常司法程序予以监禁制裁。否则,违背了法律平等的原则,不利于社会正义的实现,从而影响刑事和解适用的社会效果。

第四,案件适格原则。适用刑事和解,前提必须是审查认定的案件事实清楚、证据确实充分,在刑事责任确定的前提下,才能让犯罪嫌疑人检讨其罪行,让其承担对被害人的物质赔偿和精神补偿,适用刑事和解积极挽救、教育犯罪嫌疑人才具备相应的事实基础。若案件事实不清、证据不足,盲目为化解矛盾而由检察机关出面在当事人之间进行调解,容易让社会公众对检察机关的角色定位产生怀疑。因为此类案件认定犯罪嫌疑人有罪的证据不足,也就根本谈不上让其认罪、悔罪。单纯出于防止被害人缠诉目的而由检察机关启动刑事和解,会使公众产生对法治的误解,这种做法显然是不可取的。事实上,对于事实不清、证据不足的不捕、存疑不诉案件,都理应退回公安机关继续侦查,检察机关过度干预此类案件会妨碍社会正义的实现。

三、刑事和解的程序及效果

张家港市人民检察院适用的刑事和解,是经过适格主体决定后对合法和解结果予以认可,并以此作为不捕、不诉、减刑的前置要件。一般遵照或认可以下模式:一是被害人与加害人私下达成和解协议,案件承办人员不参与,当事人双方只需将和解协议提供给检察机关,再由检察机关来告知和解后产生的法律后果即可。二是在检察机关案件承办人员主持下,将被害人与加害人双方组织起来,吸收社区代表参与,和解过程以加害人责任承担和被害人伤害叙说为主线,以赔偿协议达成为最终结果。检察机关对于和解后拟不捕的案件,由承办人提交部门集体讨论后报检察长审批后确定。对于和解后拟相对不起诉的案件,在交由本院检察委员会讨论后确定。和解后拟提起公诉的案件,承办人提出从轻处罚的量刑建议后经主诉检察官办案小组讨论再报检察长签批确认。

适用刑事和解的效果主要体现在以下几个方面：

第一，社会效果好。从张家港市人民检察院刑事和解的实践角度看，以刑事和解方式办理的案件，被害人的物质权益和人格尊严得到最大限度的保障；加害人受到教育，付出物质代价，双方矛盾得到化解；有利于加害人充分体验社会的宽容和温暖，促使其改过自新、回归社会和自身发展，避免了监禁刑的适用对加害人带来的“标签”效应；有利于保持加害人家庭的稳定与和谐。

第二，节约了诉讼资源，提高了化解纠纷的效率。从检察机关执法办案角度看，刑事和解后对案件作不捕处理，虽然在检察环节多做了工作，但缓解了羁押场所羁押轻罪案件犯罪嫌疑人的压力，避免了交叉感染，很大程度上推动了整个社会司法资源的整合配置。在审查起诉阶段对加害人作和解处理后相对不起诉的，更是拓展了相对不起诉权行使的空间，和解后提起公诉的，公诉人提出从轻或者减轻处罚的量刑建议，一般也能得到合议庭的支持，节约了大量的庭审时间。以往不适用刑事和解的案件，法院判决被告人在交纳罚金的同时必须向被害人承担相应的赔偿责任，但多半执行罚金到位了，被害人利益却得不到赔偿，不利于化解纠纷。

第三，有效促使了犯罪嫌疑人、被告人自愿认罪，巩固了司法活动的成果。很多案件案发后，加害人被羁押在看管场所，他们不能会见家人，感觉被家人遗弃，内心对司法机关有抵触情绪，加之监管场所其他犯人的“友情帮助”，刑拘后翻供的人数不少。检察机关在提审时，主动向他们了解犯罪原因、悔罪认识，并表示愿意在加害人、加害人家属与被害人之间进行磋商，帮助双方尽量减少敌对情绪，使加害人切实感受到社会对他们的关怀，使他们真心认识到自己行为给他人造成的损害，并对自己的行为产生道德上的否定，从而下决心不再犯。

第四，大力提升了检察机关在社会公众中的公信力。以往，很多群众对检察机关的地位和职能知之甚少，只知道公安机关抓人，法院审判，检察机关扮演的角色充其量只是个公诉人。至于不捕权、不诉权，很多群众不知道检察机关有此项权力，知道的也存有偏见，认为只是针对特殊群体的“特赦权”。试行刑事和解之后，群众普遍感到很满意，一般的交通肇事案件，只要符合和解条件的均可以不捕，故意伤害案件凡造成轻伤的一般也经过检察机关这一环节就消化处理了。那些可能判处 3 年有期徒刑以上刑罚的案件，按照以往的刑事政策，都是一律适用逮捕强制措施，适用刑事和解后，这类案件只要符合适用原则，也作不捕处理，提起公诉后均能获得轻判。刑事和解的实践让群众更深地了解到检察机关的权能，提升了群众对司法机关的信任度，让他们感觉到检察机关不是板着面孔按部就班地只行使逮捕、起诉权，而是充满着人性关怀。

四、刑事和解适用中遇到的障碍及完善

刑事和解在大部分国家还处于实验阶段，都是作为传统刑事诉讼模式的补充，各国都在探索一套适合于本国的刑事和解模式。刑事和解对于我国来说是一个崭新的课题，在理论上，需要刑法学、犯罪学、诉讼法学、监狱学以及社会学领域的学者沟通与合作。在实践上，需要调动犯罪人、被害人、公检法机关、律师以及社区群体的共同参与。在理念上，也有待司法观念的统一，因而在适用上应当遵循循序渐进的原则。

（一）检察机关推行刑事和解遇到的观念冲突

张家港市人民检察院对是否要开展刑事和解，一开始认识也不统一。赞成对一些轻伤害案件和轻微刑事案件实行刑事和解的主要基于以下认识：一方面，刑事和解能很好地发挥被害人在诉讼中的主体地位作用，加强对被害人的保护，可以兼顾被害人的精神利益和物质利益的恢复，通过对被害人及时有效地赔偿，加快其心理伤害的平复。另一方面，刑事和解还能很好地保护加害人的利益，通过被害人与加害人双方的会晤，可以促使加害人真诚地认错觉悟。和解协议达成和履行后不再启动或中止对加害人的诉讼，或予以从轻或减轻处罚，保护了加害人的利益。另外，刑事和解耗费成本低，所需时间短，且不损害公共利益，应大力提倡。

反对实行刑事和解的主要基于以下的考虑：刑事和解虽然在一定程度上关注了被害人与加害人的利益的全面恢复，但在一定程度上牺牲了公共利益，我国实行以公诉为主，自诉为辅的诉讼制度，现行法律规定对公诉案件不能实行和解。而且刑事和解程序缺乏相关法律规定，程序不规范，赔偿缺乏标准，适用的对象具有随意性，会导致一些有钱人伺机用金钱打通法律的通道，穷人只能望洋兴叹。这会对法律面前人人平等原则会造成不小的冲击。在反对刑事和解的理由方面，还有人提出：一是和解使刑法的惩罚功能受到影响；二是和解使预防犯罪的功能受到影响。检察机关作为执法机关，不能自己去创制程序，改革探索要有法治理念，应在现有规定的框架内进行。

打击犯罪、维护稳定是检察机关的首要职能，而刑事和解主张犯罪的消弭，与检察机关打击犯罪的职能是否存在冲突？我们认为并不冲突。

第一,刑事和解并不意味着检察机关放弃打击犯罪、追诉犯罪的职能。在构建和谐社会的语境下,传统的刑事司法观念和诉讼模式也必将带来重要变革。构建和谐社会,很重要的一点是如何看待和处理犯罪问题。在和平环境下,犯罪是社会矛盾最激烈、最主要的表现形式。公正、妥善地处理犯罪案件,是化解社会矛盾、解决社会纠纷的重要方面。要在构建和谐社会的视野下,重新审视我们对犯罪的态度,如何对犯罪进行科学分类,以保证公正合理地在处理刑事案件中贯彻宽严相济的刑事政策。对少数严重刑事犯罪,如恐怖犯罪、黑社会性质组织犯罪应当依法严惩,这本身就是构建和谐社会的要求和体现。对一般轻微犯罪贯彻轻缓的刑事政策自不待言,对一些情节性质不严重的暴力犯罪,如邻里纠纷、被害人过错引起的伤害案件,可以从化解社会矛盾、建立和谐社会的角度进行必要的处理,使犯罪引起的矛盾最大限度地化解,将犯罪造成的危害减少到最低,并采取有效措施尽量予以弥补。这是当前对待犯罪、处理犯罪面临的非常重要的课题。

从深层次上理解刑事和解的实质,其实在大部分刑事冲突中,都可能适用刑事和解,只不过方法和程序不同而已,它对提升被害人的诉讼地位、重视赔偿被害人的损失、强调发挥当事人在刑事诉讼中的主观能动性及恢复道德观念、以和平方式恢复秩序,在对话协商基础上解决冲突,对处理所有或者大部分非敌对、非不可调和的犯罪案件都有一定的意义。

第二,刑事和解并不意味着检察机关放弃行使求刑权。按照社会危害性的观点,即使犯罪行为只针对某个具体的个人,但其实质仍然是对国家和社会的整体危害,侵害的也是国家统治和社会秩序,因为“犯罪是孤立的个人反对统治关系的斗争”,正是因为犯罪本质上是对国家、社会的危害,所以,追诉犯罪、惩治犯罪的主体也只能是国家,排除了被害人的意志对犯罪惩治的影响。在刑事和解的情况下,被害人与犯罪人通过一定的程序达成和解之后,检察机关对犯罪就不再提起公诉,国家在一定程度上实际丧失了追诉和惩治犯罪的实体性权利。其实,刑事和解赋予被害人和犯罪人在犯罪处置上的某种实体权利,真实地反映了人们越来越注重社会生活中各种相互重叠甚至相互冲突的多元利益和价值的现实。犯罪的本质是社会危害性,但同时也表现为对被害人利益的侵害。因此,不仅要以国家的角度认识犯罪的性质,也要从被害人的角度认识犯罪的性质,这是对政治国家和市民社会分立事实的承认,也是当代我国社会利益多元化的要求。

在检察环节刑事和解之后作不起诉处理，对刑罚的体制并不会产生影响。依照法律规定，检察机关对于罪行轻微，依照《刑法》规定不需要判处刑罚或免除刑罚的，有权作出相对不起诉决定。作相对不起诉处理的前提也是确认犯罪嫌疑人有罪。对犯罪在刑事责任的承担方式或者实现方式上，刑法学理论认为，给予刑罚处罚是刑事责任最基本、最主要的一种实现方式，但刑罚处罚决不是唯一的刑事责任实现方式，除此之外，刑事责任的实现方式还包括以非刑罚处罚方法实现刑事责任以及通过宣告行为构成犯罪实现刑事责任等方式。关于非刑罚处罚方式，《刑法》第37条规定："对于犯罪情节轻微不需要判处刑罚的，可以免予刑事处罚，但是可以根据案件的不同情况，予以训诫或者责令具结悔过、赔礼道歉、赔偿损失，或者由主管部门予以行政处罚或者行政处分。"由此，以非刑罚处罚方法实现刑事责任的方式的内容，实际上大体与刑事和解的内容相同。因而，从实体法的角度看，在刑事和解的情况下，犯罪人的刑事责任是以非刑罚处罚的方法实现的。

第三，刑事和解并不会导致检察机关预防犯罪职能的削弱。追究犯罪人的刑事责任，实现刑罚的目的，包括一般预防和特殊预防，刑事和解之后，加害人已经悔罪，其人身危险性消失，不会再犯；就一般预防而言，对于轻微的刑事案件，实行和解不诉能达到一般预防目的。因为轻微刑事案件的社会影响小，一般仅限于熟人之间或社区范围内。在进行刑事和解中，有社区成员参加，他们能够感受到犯罪给别人带来的痛苦，也能感受到加害人的真诚悔悟和重返社会改过自新的要求，不去实施类似犯罪。

对较为严重的刑事案件，实行和解起诉，既照顾到特殊预防，也考虑到了一般预防。因为实施严重犯罪的加害人，主观恶性大，反社会心理强，虽然在刑事和解的过程中，加害人悔罪，但其人身危险性并未完全消失。加之这类案件在一定范围内社会影响比较恶劣，如果对加害人不起诉，确实会让社会上其他人产生错误认识，认为无论犯多大的罪行，都可能不受刑罚惩罚，这当然不利于预防犯罪，维护正常社会生活秩序。因而，对于可能判处3年以上有期徒刑的加害人，即使达成刑事和解，仍要起诉。

（二）检察机关推行刑事和解制度要注重规范

检察机关在启动刑事和解程序处理刑事案件的过程中，如果缺乏有效的监督与制约，就有可能出现违反职业道德甚至违反法律的行为。因此,必须以法律为保障,以完善的规章为参照,以高素质的队伍为践行者,才能确保这一制度运行的合法性和公正性。

第一,进行立法完善。虽然理论界对刑事和解不断给予种种善评,但刑事和解缺乏立法层面的支撑,有些甚至是打擦边球的做法。刑事和解制度要科学发展,长远发展,必须从幕后走向前台,从立法上予以明确规定。

第二,大力提升检察官的素质。对现行的公诉体制进行大胆改革,使检察官在刑事公诉中拥有充分的自由裁量权,调动检察官的主观能动性。积极性的调动,必须以检察官良好的素养为前提。当务之急,是要培养检察官法律至上的法治信仰。检察官素质的高低是检察事业发展的关键,是人民群众、社会各界对检察官产生信任感的基础。

第三,建立刑事和解档案制度。应当建立相应的刑事和解案件档案,对于已经适用过刑事和解的加害人,原则上不宜再适用刑事和解。对于适用刑事和解的案件要进行类案处理模式归类,在实践中逐步总结类案处理方法和制度。

(三)推行刑事和解需要制度之间的衔接与各执法机关之间的配合

推行刑事和解并非检察环节所独有的制度,在侦查阶段、法院审判阶段都存在运行的时机与平台。因此,刑事和解制度的倡导与践行也不应是检察机关"一家独唱",而应该是司法机关乃至全社会的"合唱"。随着被害人权益的广泛关注与行刑社会化呼声愈来愈强烈,在传统的刑事司法诉讼模式之外应对犯罪问题,需要设置独立的社会调处机构、社区矫正机构以及相关的执行转处、替代性刑罚的机构,使刑事和解具有司法之外的承接组织,为其搭建起社会性的通行桥梁。当然,首先在司法机关内部就急需解决以下三个问题:

一是在统一执法理念的前提下,将未成年人犯罪的处理与预防纳入刑事和解制度中。2006 年初最高人民法院出台的《关于审理未成年人刑事案件具体应用法律若干问题的解释》要求对刚刚达到盗窃犯罪起点数额,盗窃次数未满 3 次的未成年人盗窃行为,不作为犯罪处理。但在适用上,各地做法不一,对于何谓"盗窃数额刚达起点数额理解不一",在执法上出现地区差别,很多未成年人犯罪行为不再列入刑罚评价。相比刑事和解的理念与制度,这种撒手不管的粗放型执法方式在缓和社会矛盾、挽救未成年人方面会显得虚弱无力,事实上,该司法解释出台后,一些屡次犯罪的未成年人一再被行政处罚,直到满了 18 周岁才被司法机关起诉到法院。对未成年人犯罪后处断模式的选择需要全社会的关注。如果说刑事和解模式在我国全面实行还有待于作深入的思考，那么对于未成年人犯罪适用刑事和解后予以监外执行则是非常必要的。强调对未成年人的特别保护，不能对其犯罪行为一味法外从宽，而对未成年人轻微犯罪行为启动刑事和解程序，这将更有利于未成年人犯罪的教育与挽救。当然未成年人犯罪刑事和解涉及赔偿责任主体（未成年犯罪人）与实际赔偿人（未成年人的监护人）不符的可能，是否会对传统的刑事责任主义产生冲击，也是需要思考的问题。

二是更新考评机制，实现刑事和解模式与现行刑事案件质量考核机制的有效衔接。执法中有这样的情况：案件进入立案侦查程序后，双方一开始由于种种原因对赔偿事宜等没有达成和解协议，被害人也强烈要求公安、检察机关公诉追究嫌疑人刑事责任。案件进入审查逮捕程序，经过承办人做工作双方也未能和解，依照程序而作出批捕决定后。在案件移送审查起诉前后，双方达成了和解协议，或由公安机关作撤案处理，或由公诉部门作不起诉处理。公安机关基于考核要求，对于报捕之后的案件往往不愿意撤案，故而即使捕后达成和解协议的一般也将案件送到公诉部门手中，这本身就是诉讼资源的浪费。而公诉部门对于此类案件，碍于本院侦查监督部门已经批准逮捕，出于捕后案件一定要诉诸法院这一考核要求的驱动，也不得不将案件起诉到法院，再次造成诉讼资源的浪费。说到底，这样的考核规定已经制约了刑事和解的价值实现，需要在实践中推出新的案件质量评价机制。

三是完善赔偿数额确立机制，有必要成立赔偿给付司法评估机构。刑事和解制度在究竟由谁充当第三方比较合适问题，还存在着一些疑问，比如刑事和解中司法机关作为原先追诉犯罪的主体变成犯罪的调停人，中立性如何保证？实践中，所有被害人都希望得到赔偿，在获得赔偿后，很多被害人希望对加害人从轻处理；而也有相当数量的被害人提出的赔偿要求得不到加害人及其家属的认同，原因是他们的赔偿要求太高了，超出了加害方的经济承受能力，故而即使双方都有和解意向，但赔偿数额达不成一致也无法实现和解。如果是检察机关出面和解的，双方就可能对检察机关有一种不信任感，因为他们寄希望于法院能够对赔偿数额进行科学量化。因此，笔者认为关键在于完善赔偿数额确立机制，有必要成立赔偿给付司法评估机构，使被害人赔偿与加害人给付真正有章可循，在实现刑罚个别化的过程中也能达成一般的公正，这样也能减少检察机关在启动刑事和解程序过程中受私利驱动的因素，遏制其中可能产生的腐败。

当然，刑事和解制度在推行中也暴露出一些需要思考的问题，如刑事和解能否真正节约诉讼资源；能否有效预防犯罪；能否有效保障本地人犯罪与外地人犯罪处罚方法上的一致性。以发展的眼光来看，本着关怀被害人和被告人的人文精神，以修复和重建社会关系为目标，在恢复性司法理念指导下的刑事和解制度前景一定会更加美好。

关于刑事和解实践的总结

傅文魁　孙谧璟*

刑事和解是一种以协商合作形式恢复原有秩序的纠纷解决方式，是指在刑事诉讼中加害人以认罪、赔偿、道歉等形式与被害人达成谅解后，国家专门机关不再追究加害人的刑事责任，或者对其从轻处罚的一种制度。① 刑事和解是在公诉权谦抑的前提下，赋予当事人一定的决定权，允许被害人在特定的情形下主张诉权或放弃诉权，鼓励当事人之间通过协调和解的方式进行社会关系的自我修复。对传统的刑法理论提出了挑战，在刑事和解的视角下，刑事诉讼各主体的地位被重新阐释，从被害人的角度认识犯罪的性质，更强调个人权益的保护，被害人的诉讼主体地位被提到了前所未有的高度，而对加害人的社会危险性则进行既然与未然的综合考察，从以惩罚为主转为注重教育和引导，使其更好地回归社会。

我院从创建百姓满意之家入手，完成了人性化执法理念的转变，刑事和解作为对被害人进行恢复性治疗和对加害人进行复归性治疗的司法实践在我院已经逐步展开，现综合我院 2006 年 8 月至 2007 年 5 月办理的二十件刑事和解案件，从刑事和解工作现状、存在的问题以及对策三个方面进行论证和分析。

一、刑事和解工作的现状及特点

（一）现状

关于适用范围。刑事和解是在公诉权谦抑前提下的当事人对被犯罪

---

* 傅文魁，河北省石家庄市裕华区人民检察院副检察长；孙谧璟，河北省石家庄市裕华区人民检察院检察官。

① 参见陈光中：《刑事和解的理论基础与司法适用》，载《人民检察》2006 年第 5 期（下）。

破坏的社会关系所进行的自我修复，这突破了我国当前的刑法框架，为了维护刑法的稳定，保障国家司法权威，适用刑事和解的范围不宜太宽泛。从法益侵害的角度，犯罪可分为侵害个人权益的犯罪、侵害社会权益的犯罪和侵害国家权益的犯罪。① 刑事和解应该主要适用于侵害个人法益的犯罪。对于侵犯个人权益的案件适用刑事和解，有其合理性，这是因为在这类案件中犯罪行为侵害的对象和犯罪后果主要承担者都是个人，应当赋予被害人就如何得到合理赔偿的发言权。正如张明楷教授指出的："如果只注重对社会利益的保护，就会导致个人法益的丧失…"②就实践操作来说，我院当前刑事和解案件适用范围主要参照最高人民检察院《关于依法快速办理轻微刑事案件的意见》对"轻微刑事案件"的界定，同时还应满足以下条件：案情简单，事实清楚，证据确实、充分；可能判处 3 年以下有期徒刑、拘役、管制、或者单处罚金；犯罪嫌疑人、被告人承认实施了被指控的犯罪。

关于操作程序。程序正义是实体正义的前提和保障，刑事和解的具体程序应当包括以下步骤：

1. 初审。承办人接到移送审查起诉的案件后应当审查案件是否属于可以刑事和解的范畴。

2. 告知。如属于可以刑事和解的范畴，承办人应当告知当事人及其辩护人、代理人或者法定代理人、近亲属双方可以进行和解，以及和解的步骤和法律后果等。

3. 当事人向检察机关申请刑事和解并填写刑事和解案件意向审批表。检察官可以向当事人提出适用和解程序的建议，被害人、犯罪人或者其律师可以向检察机关提出和解的请求。

4. 主持调解。在检察机关的主持下，采取座谈会、听证会等方式征求当事人各方意见并核实相关情况。调解是为当事人提供一个沟通的平台，使加害人在充分意识到犯罪行为的危害性的情况下真诚的悔罪，促成加害人与施害人达成谅解。

5. 决定。检察机关综合案情和调解情况作出决定，可以采取终结刑事和解程序、刑事和解不诉以及刑事和解起诉等形式。

---

① 参见丁后盾：《刑法法益原理》，中国方正出版社 2000 年版，第 53 页。

② 参见张明楷：《法益初论》，中国政法大学出版社 2000 年版，第 242—243 页。

(二)刑事和解案件的特点

第一,案件性质的集中性。适用刑事和解的案件以轻伤害案件居多,这是因为此类案件多因琐事而冲动之下引致犯罪,加害人通常主观恶性不深,悔罪态度也比较真诚,再犯的可能性和社会危险性都不大。

第二,社会关系的特殊性。相当一部分刑事和解案件中,加害人与受害人之间是朋友、同学、同事、邻里关系等,对这类犯罪处理方式和尺度的把握,将对社会结构产生较大的影响,若处理不当非但不能修复已经破损的社会关系,反而会破坏社会的道德准则,造成更大的社会创伤。

第三,未成年人案件的特殊性。未成年人的心理和生理特点决定了未成年人案件处理方式的特殊性。刑事和解是否应当成为刑事诉讼的一项原则尚存在争议,但是对符合条件的未成年人犯罪案件适用刑事和解应当成为一种常态,同时还应适当扩大对未成年人适用刑事和解的范围。

二、存在的问题

首先,被害人的自愿性无法充分保障。自愿性是和解协议的前提和基础,由于刑事和解制度是一个开放式的纠纷解决机制,在某种意义上,被害人决定着对加害人刑事责任处分,如何保证被害人的意思表示真实、自愿,是刑事和解纠纷解决机制得以健康运行的重要一环。当前影响被害人真实意愿的因素主要来自两个方面:一是加害人通过威胁、引诱种种不当甚至违法措施影响被害人。二是制度上的缺失,一方面,刑事司法体制与司法资源对被害人的保护作用是有限的,对被害人的保护在现行法中唯一的体现是《刑法》第307条规定之妨害作证罪,除此之外,被害人在刑事司法过程中的人身安全的保障,以及在社会名誉、劳动就业及其他社会活动方面安全保护则于法无据;另一方面,现有刑事诉讼制度对被害人民事赔偿部分的保护还不够充分,刑事诉讼的整个过程持续的时间较长,被害人的民事赔偿通常不能及时给付,对于一些经济条件困难的被害人而言,达成和解协议是因为可以尽快得到民事赔偿,而非出于真诚的原谅。

其次,司法腐败问题。刑事和解尚处于探索阶段,既没有完整的理论体系指导,也没有统一的模式来规范,综合当前各地的刑事和解的操作模式,司法机关的裁量权对刑事和解适用的整个过程起着至关重要的作用,在透明度和公正性都无法充分保障的情况下,很容易滋生司法腐败的问题。

最后,案情的多样性与刑事和解处理方式单一性的矛盾突出。当前刑事和解处理方式主要为刑事和解不诉及和解起诉两种方式。然而,犯罪行为侵犯的客体通常具有多重性,犯罪的本质固然是社会危害性,但往往以侵害被害人的个人利益为具体内容和表现形式,公共利益和私权益有重合部分但并不完全一致。实践中每个案件的具体的犯罪情节都不尽相同,案件的处理结果往往是公共利益、私权益相互博弈的结果。刑事和解如何在充分关注私权益的同时,兼顾公共利益是必须要考虑的问题。

三、完善刑事和解制度的建议

针对刑事和解工作的现状和问题,下面对如何完善刑事和解制度提出如下建议:

首先,建立被害人人身利益和社会利益的保护制度。应当明确禁止出于影响司法效果的目的而对被害人的人身、财产、名誉、劳动就业等实施的威胁、暴力、贿赂等行为[①];如果加害方采取不当甚至违法措施影响被害人的真实意志,一经发现或者由被害人提出,将撤销和解进入刑事诉讼程序,并在量刑时作为酌定加重情节。此外,为了避免"赎刑"的情形发生,还应积极拓宽被害人经济补偿渠道,如完善社会救济手段,建立刑事被害人国家补偿制度等。

其次,充分发挥律师的作用。当事人的自愿是刑事和解协议的基础和灵魂,然而实践中可能存在违背当事人意志尤其是胁迫被害人的情形,律师作为专业的法律工作者,有着较高的法律职业操守,在刑事和解中能起重要的沟通媒介作用,有助于检察机关对当事人的真实意愿作出正确的判断。此外,律师具有系统的法学理论和丰富的实践经验,通过站在公诉的对立面上寻找和发现漏洞,可以监督和制约检察机关的行为,保障刑事和解目的的实现。

再次,加强检察机关队伍建设。一方面加强对办案人员的培训,以提高其政治素质、业务能力、办案水平;另一方面,规范工作制度,建立完善个案回防监督制度,强化内部司法制约。

最后,开辟刑事和解多样化的处理形式。犯罪作为既然的客观事实,社会危险性已经固定,但实施犯罪行为人的人身危险性在实施犯罪后则

① 参见马静华:《刑事和解制度论纲》,载《政治与法律》2003 年第 4 期。

可能会时刻发生变化，应当创造多样化的刑事和解处理方式并对其适用情况做详细划分，根据案情以及社会危险性是否降低和降低程度进行判断，并作出不同的决定以保证被害人利益、犯罪人利益、社会利益三者的平衡。

平和司法的理念与实践

宋镇藤　徐志涛*

刑事司法发展历程是一部由野蛮到文明、由恣意到理性、由严苛到轻缓、由对抗到对话的历史。中世纪前，死刑和肉刑一直是刑罚体系中的主导，16世纪后监禁刑逐渐占据主导地位，到了20世纪中叶，财产刑等非监禁刑和非刑罚处罚方法在刑事司法中被大量运用，恢复性司法理念逐步形成并发展，为加拿大、美国、英国、新西兰、澳大利亚、新加坡等国家所接受，并在联合国有关文件中得到认可，产生了多种实践模式。据估计，截至20世纪90年代末，欧洲共出现了五百多个恢复性司法计划，北美的恢复性司法计划也达三百多个，世界范围内的恢复性司法则达一千多个。① 目前，我国正在努力实践科学发展观，构建社会主义和谐社会。在司法实践中，如何立足本土法律资源，结合当地治安形势特点，确定科学的刑事执法模式，更好地实践社会主义法治理念，为构建和谐社会的大局服务？在思考这一问题的过程中，我们通过总结检察机关的办案实践，考察外地检察机关的先进经验，学习国外恢复性司法理念，提出了"平和司法"这一命题。

一、平和司法的内涵

平和，顾名思义，平，乃一向、不倾斜、无起伏、不激动、均等、公平之意；和，乃和缓、和谐、协调之意；平和，乃不偏激、平正谐和、调和之意。②

---

* 宋镇藤，烟台市人民检察院副检察长，烟台大学法学院兼职教授；徐志涛，烟台市人民检察院公诉处处长，东北林业大学法学硕士研究生。

① 正义网《恢复性司法：来自异国的刑事司法新动向》，http://www.jcrb.com/zyw/n58/ca156136.htm，访问日期：2006年12月1日。

② 参见刘佑生：《执法新境界》，中共中央党校出版社2006年版，第47页。

平和司法“是一种心态,更是一种司法境界”。[①] 从司法的角度看平和司法至少应当包括三个层面的含义:一是平和司法是在社会主义法治理念指导下的一种司法心态。执法者要以追求公平正义为根本,以理性、客观、审慎、平静、谦抑、宽容为要义,对于任何犯罪嫌疑人不论其罪行有多大,民愤有多大,执法者都要做到心态平和、平静如水、客观公正、不偏不倚,既保护好人的权利,又尊重坏人的权利,理性地执行法律,平等地保护所有的人。二是在刑事诉讼过程中,执法者要以轻微刑事案件为重点,以轻缓刑事政策为依据,以社会和谐为目标,对有和解意向的轻微刑事案件的加害人和受害人,通过公权启动刑事和谈及社区帮教会议,达成刑事和解,对犯罪人给予非刑罚化或轻刑罚化处理,修复被破坏的社会关系。[②] 三是以人为本,着眼帮教,构建执法和谐的最高境界。轻刑化并不是目的,对加害人在轻刑化处结的基础上要落实好帮教措施,构建社区帮教的大氛围,达到“平复创伤,恢复和谐”的目的。这三个层面分别是司法心态(基础要素)、司法模式(手段要素)和司法境界(目的要素)。它们不是孤立的而是交融的、不是并行的而是递升的、不是静止的而是互动的(见图表1)。[③]

图表1　平和司法三层面之间的互动关系

平和司法与恢复性司法既有联系又有区别。所谓恢复性司法是指“在调解人帮助下,受害人和罪犯及受犯罪影响的任何其他个人或社区成员,共同积极参与解决由犯罪造成的问题的程序”[④]。恢复性司法相当于平和司法的第二层含义,平和司法最大的发展就在于它的层次性和层次之间的互动性。另外,恢复性司法实际上是对刑事案件排除公权力的解决方案,是对加害人的“去罪化”,相对于自力救济和公力救济而言,可称

---

① 参见古树:《平和—现代司法之境界》,载《人民检察》2005年第23期。

② 对于重刑犯,如果具有法定或酌定从轻的情节,认罪悔过,被害人也有和解意向的,完全可以就附带民事诉讼部分适用平和司法和解程序,达成和解赔偿协议,并给予犯罪人从轻或减轻处罚。这应当也是第二层面的应有之义。

③

④ 参见联合国预防犯罪和刑事司法委员第十一届会议:《关于在刑事事项中采用恢复性司法方案的基本原则》。

之为“社会救济”[①]。而平和司法则与公权力密不可分,司法机关是平和司法程序的启动者、参与者、监督者和保障者,因而平和司法可视为“公力救济”与“社会救济”的融合。平和司法源于恢复性司法,又高于恢复性司法,可以说是恢复性司法的本土化。

平和司法与传统司法比较(见图表2),在执法理念上有以下五个方面的转变:一是从报应性理念向保护性理念的转变。刑法的产生是从血族复仇、血亲复仇开始,执法的报应性理念虽经几千年的发展、演变,但“杀人偿命”的传统理念至今仍然根深蒂固。平和司法追求执法由报应性理念向保护性理念的转变,即执法的首要目的是为了保护法益,保护国家、集体和广大人民群众的利益。这一转变完全符合社会主义法治理念的本质要求,即“执法为民”。二是从惩罚性为主向矫治性为主的转变。传统的执法理念往往着眼于对犯罪的惩罚,“不重判不足以服众”,“不杀不足以平民愤”。平和司法追求对犯罪人要坚持“教育为主,惩罚为辅”的原则,在矫治上下工夫,着眼于教育、挽救犯罪的人。三是从严格执法向和谐执法的转变。传统的执法理念一直强调“从重从快”,要以严打的声威震慑犯罪,强调严格执法、从重惩处。平和司法追求宽严相济、区别对待、宽中有严、严中有宽,宽不是法外施恩,严不是无限加重,要在法律的框架下慎罚、适中,对轻微刑事案件实行轻缓刑事政策,力求法律、经济、社会效果的和谐统一。四是由打击为主向预防为主的转变。传统的执法理念往往过于偏重打击,这无疑首先应该肯定。但从烟台的司法实践看,近三年来10年以上的重刑犯不足在押犯的10%,而10年以下刑期的在押人犯则占90%多,从犯罪主体看,80%是农民犯罪,且犯罪地也大部分发生在农村。所以,平和司法追求在打击犯罪的同时,要把着力点向预防犯罪转移,使打中有防,防中有打,打防结合,重在预防。五是从参与执法主体的专业化向多元化转变。[②] 传统的司法理念注重于政法机关打击犯罪的职能,社会治安的好坏往往归咎于政法机关打击的力度。而平和司法追求执法主体与社会治安综合治理主体参与的多元化,特别是对刑事和解与社区帮教,要求参与主体具有广泛性、处结方式具有灵活性、追求目标具有多元性、执法效果具有和谐性。

---

① 这里的社会救济,是相对于自力救济和公力救济而言,指的是通过社会、社区的力量处理刑事案件。

② 当然,不仅仅限于这几个方面的转变。

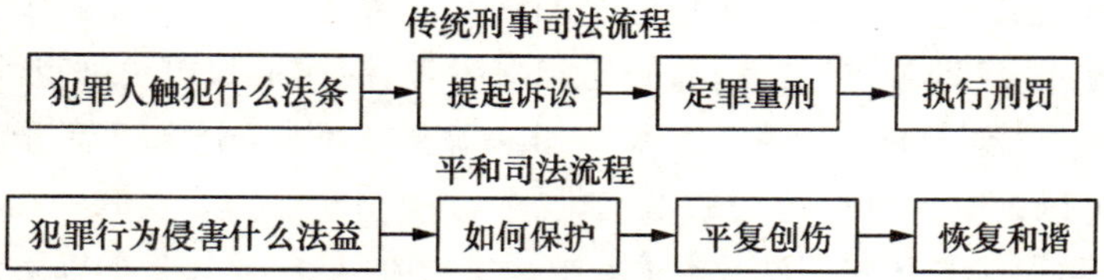

图表2　传统刑事司法流程与平和司法流程的对比

二、平和司法的渊源

对平和司法的渊源我们从以下四个方面进行研究。

第一,历史渊源。通观中国的法制史,虽然找不到“平和司法”一词,但在《礼记·乐记》中却有“平和之德”的记载。从中国法治理念的产生、发展、变化中,处处可以追寻到平和司法的内涵。一是从刑法的产生看,刑是血族复仇、血亲复仇的产物。血族复仇往往是“大刑用甲兵”,实行军事讨伐。所以最早的法律产生于复仇时代。但到周朝初期,统治者即提出“敬天保民”的执法思想,唐朝也提出“先存百姓”的执法理念。即执法是为了复仇还是为了保民自古就有不同的立场。二是从刑罚的程度看,成文法的公布,标志中国的法律进入峻刑时期。这一时期刑罚的特点是重刑,“严刑峻罚”,“行刑重其轻者”,连“弃灰于公道者”都要“断其手”,削足之刑也大幅增加。但早在西周初期,即提出“明德慎罚”的主张,《吕刑》通篇强调慎罚、适“中”。到春秋时期,郑国子产提出“宽猛相济”,孔子提倡“和为贵”,到唐朝强调“宽仁治天下”。三是从执法的手段看,古代生命刑大量存在,且名目繁多,仅剥夺生命刑的种类就有几十种,肉刑也大量存在。到汉朝汉文帝大胆废除肉刑,唐朝唐太宗下旨:“凡决死刑,虽令即杀,乃三复奏”。唐贞观年间,全国六千多万人口,从贞观元年到贞观四年,被判处死刑的仅29人。[①] 四是从刑罚的种类看,早期的刑出于兵,战争中俘获的俘虏大多即时被杀,生命刑是主要的刑种。但随着社会的逐步发展,古老的“五刑”在商代已较通行,到西周增加到“九刑”,甚至出现以铜赎罪制度,后来逐步出现劳役刑、财产刑等。五是从法律的分类看,古代由早期的刑民不分、重刑轻民,逐步出现了民法、商法等,这说明统治者解决调处矛盾的手段已不是单一地使用刑法。六是从犯罪预

---

① 参见刘佑生:《执法新境界》,中共中央党校出版社2006年版,第38页。

防看,以商鞅为代表的法家主张:“禁奸止过,莫若重刑”。[①] 他们提出“以刑去刑”的口号,主张用重刑防止人们犯罪。韩非认为“重一奸之罪”的目的是为了“止境内之邪”。[②] 这样才能实现“以刑去刑,刑去事成”的目的。[③] 但到汉朝,以董仲舒为代表的儒家学派则主张“德主刑辅”,或叫“大其德而小其刑”,“多其德而少其刑”,要求封建统治者治理国家必须以礼义教化为主,而以刑事惩罚为辅。[④] 从以上几个方面,不难看出平和司法有着丰富的历史渊源。

第二,国际渊源。平和司法是在恢复性司法的基础上提出并发展的。世界上第一个恢复性司法案例发生在1974年的加拿大安大略省基陈纳市。当时,该市的两个年轻人实施了一系列破坏性的犯罪,共侵犯了22个被害人的财产。在法庭上,他们承认了被指控的罪行,但后来却没有将法院判决的对被害人的赔偿金交到法院。在当地缓刑机关和宗教组织的共同努力下,这两名犯罪人与22名被害人分别进行了会见,通过会见,两人从被害人的陈述中切实了解到自己的行为给被害人造成的损害和不便,并意识到赔偿金不是对自己行为的罚金,而是给被害人的补偿,于是6个月后,两人交清了全部赔偿金。这种被害人—犯罪人的和解程序被视为恢复性司法的起源。受此案鼓舞,适用恢复性司法程序的案件日益增多,到20世纪90年代,恢复性司法在很多国家得到发展和应用。2000年12月联合国预防犯罪和刑事司法委员会《关于犯罪与司法:迎接二十一世纪的挑战》的《维也纳宣言》指出:“我们鼓励制订各种尊重受害者、犯罪者、社区以及其他各当事方的权利、需要和利益的恢复性司法、政策、程序和方案。”2002年4月,联合国预防犯罪和刑事司法委员会又通过了《关于在刑事事项中采用恢复性司法方案的基本原则》的决议草案,鼓励各会员国在制定和实施恢复性司法程序时利用该项决议。恢复性司法作为一项新的刑事司法模式,正日益成为西方刑法学界的一大“显学”,并在国际上成为一种潮流。恢复性司法坚持“利益均衡原则、多方参与原则、自愿原则、确定责任原则、补救原则”。它追求的价值功能包括保障人权功能、矫治罪犯功能、修复关系功能、提高效率功能、体现公正功能。可

① 参见蒲坚主编:《中国法制史》,北京大学出版社1989年版,第46页。
② 同上书,第47页。
③ 同上书,第45—47页。
④ 参见《汉书·董仲舒传》。

见，平和司法与恢复性司法的内涵有着紧密的渊源。

第三，现实渊源。从烟台的社会治安状况看，烟台是全国社会治安综合治理先进单位，早在20世纪90年代初期，全国社会治安综合治理现场会就在烟台召开，2005年烟台又被中央政法委授予全国“长安杯”称号，全国仅有三个城市获此殊荣。但即使这样的城市，刑事发案仍然处于上升趋势。从当地公诉部门统计的数字看，2005年以前连续3年起诉案件都呈上升趋势。而从法院判决情况看，连续3年判处缓刑以下的罪犯都接近起诉总数的50%，而判处10年以上的重刑犯，连续3年仅占起诉总数的8%—9%，不到10%，且绝对数基本持平并略有下降。另外，据侦监部门统计，近三年，被批准逮捕的人有近1/5作了缓刑以下的判决。从判处3年以下实刑犯所占比例看，一般占在押人员的10%左右。对这么多的缓刑犯不一定都要交付法院审判；对部分轻微刑事犯罪嫌疑人可以不实施逮捕；对判处3年以下的实刑犯未必都需要在监狱关押。从全国目前的治安形势看，恶性暴力犯罪案件上升，警力严重不足，关押场所严重超编。司法实践的客观形势需要推行平和司法，突出打击重点，宽严相济，繁简分流，慎用死刑，减少自由刑，增加缓刑和财产刑，控制在押人数，节约司法资源，把有限的资源投入到对严重刑事犯罪的打击上。

第四，法律渊源。一是法律依据。我国《刑法》、《刑事诉讼法》等法律为平和司法留有适用空间，提供了法律依据。例如，《刑法》第5条规定了罪责刑相适应的基本原则，即刑罚的轻重，应当与犯罪分子所犯罪行和承担的刑事责任相适应，重罪重罚，轻罪轻罚，宽严相济，罚当其罪；第13条规定了犯罪的范围，危害社会的行为依照法律应当受刑罚处罚的都是犯罪，但是情节显著轻微、危害不大的不认为是犯罪；第36条规定对犯罪行为应当根据情况判处赔偿经济损失；第37条规定了犯罪的非刑罚处罚方法，即对于犯罪情节轻微不需要判处刑罚的，可以免予刑事处罚，但是可以根据案件的不同情况，予以训诫或者责令具结悔过、赔礼道歉、赔偿损失，或者由主管部门予以行政处罚或者行政处分。《刑事诉讼法》第15条规定，情节显著轻微、危害不大，不认为是犯罪的不追究刑事责任，已经追究的，应当撤销案件，或者不起诉，或者终止审理，或者宣告无罪；第142条规定，对于犯罪情节轻微，依照刑法规定不需要判处刑罚或者免除刑罚的，人民检察院可以作出不起诉决定。

二是司法解释。近几年最高人民法院和最高人民检察院针对未成年人、轻伤害案件和被告人认罪案件等出台了一些适用轻缓刑事处罚的解释。例如,最高人民法院《关于审理未成年人刑事案件具体应用法律若干问题的解释》第11条第2款规定:“对未成年罪犯量刑应当充分考虑未成年人实施犯罪行为的动机和目的、犯罪时的年龄、是否初次犯罪、犯罪后的悔罪表现、个人成长经历和一贯表现等因素。对符合管制、缓刑、单处罚金或者免予刑事处罚适用条件的未成年罪犯,应当依法适用管制、缓刑、单处罚金或者免予刑事处罚。”2006年12月28日公布了修改的《人民检察院办理未成年人刑事案件的规定》,对未成年人犯罪的多种情形作出了不捕、不诉的规定,最高人民法院《关于审理抢劫、抢夺刑事案件适用法律若干问题的意见》和《关于审理未成年人刑事案件具体应用法律若干问题的解释》分别规定:司法实践中,对于未成年人使用威胁或使用轻微暴力强抢少量财物的行为,一般不宜以抢劫罪定罪处罚。

三是政策依据。我国自1949年新中国成立至1979年《刑法》颁布,长达30年的时间里没有刑法典,刑事司法主要由刑事政策指导。我国刑事政策经历了惩办与宽大相结合(1983年以前)——严打(1983年至2005年)——宽严相济(2006年至今)的演变。宽严相济的刑事政策在许多规范性文件以及工作报告中有所体现。在第十届全国人民代表大会第四次会议上,最高人民检察院贾春旺检察长在报告中指出,认真贯彻宽严相济的刑事政策。坚持区别对待,对严重的刑事犯罪坚决严厉打击,对主观恶性较小、犯罪情节轻微的未成年人,初犯、偶犯和过失犯,应慎重逮捕和起诉,可捕可不捕的不捕,可诉可不诉的不诉。最高人民法院肖扬院长在报告中要求“贯彻宽严相济的刑事政策,对罪当判处死刑但具有法定从轻、减轻处罚情节或者不是必须立即执行的,依法判处死缓或无期徒刑”。强调“对犯罪情节轻微或具有从轻、减轻、免除处罚情节的,依法从宽处罚”。宽不是法外施恩,严也不是无限加重,而是要严格依照《刑法》、《刑事诉讼法》以及相关的刑事法律,根据具体的案件情况来惩罚犯罪,该严当严、该宽则宽、宽严相济、罚当其罪。①

三、平和司法的实践

2006年烟台市检察机关适用平和司法程序办理了99起案件,其中决定不起诉的15件,提起公诉并建议法院从轻处罚的21件,退回公安机

① 参见新华网《两高强调“宽严相济”刑事政策》,http://news.xinhuanet.com/legal/2006-03/12/content_4292270.htm,访问日期:2006年12月1日。

关作撤案处理的63件(见图表3)。基本做法主要是把握了以下几点:

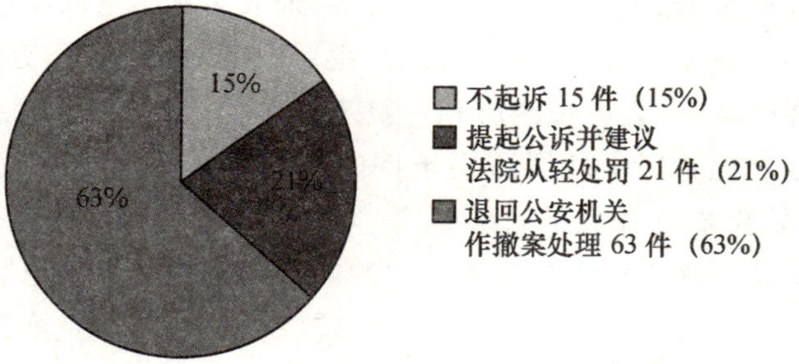

图表3

一是适用条件。(1)犯罪事实清楚,证据确实充分,应当追究刑事责任的;(2)犯罪人有固定的住所和单位,并已在案候审的;(3)犯罪人认罪、悔罪,并愿意积极赔偿的;(4)属于初犯、偶犯;(5)有明确的被害人和单位,并表示与犯罪人有和解意向的。在实践中,莱州市人民检察院把在当地没有固定住所和单位的轻微刑事犯罪人也纳入了平和司法的适用条件,主要办法就是与当地企业联手,设立了帮教基地,使外地的犯罪人也可以在帮教基地与企业职工同工同酬,多劳多得。这样不仅符合"对任何人犯罪,在适用法律上一律平等原则",而且有利于加害人的教育、改造和社会回归。

二是适用范围。适用平和司法的范围主要侧重于未成年人犯罪、过失犯罪和轻伤害犯罪等可能判处3年以下有期徒刑、拘役、管制、单处罚金的轻微刑事案件。对于主观恶性较大的危害国家安全和公共安全的案件,社会影响恶劣的涉黑案件,社会危害性较大的"两抢"案件、入室盗窃案件以及团伙、流窜犯罪等案件,不适用平和司法程序。从2006年适用平和司法办理的案件性质看,过失犯罪(交通肇事、失火)占30.3%,轻伤害案件占57.6%,侵财毁财案件占12.1%;未成年人犯罪占24.11%;因各种民事纠纷引发的案件占40.4%。对于严重刑事案件和群众深恶痛绝的案件没有适用平和司法程序。

三是适用阶段。平和司法可以适用于立案、侦查、起诉、审判、执行等阶段。只要加害人和被害人有自愿和解的意向,符合平和司法的适用范围和条件,就可以在立案、侦查、起诉、审判、执行等阶段公权启动平和司法程序。在立案和侦查阶段,如果侦查人员认为案件符合适用平和司法的条件,可以报告单位负责人批准,提交社区调委会调解,检察机关应派员参加；在审查起诉阶段，如果承办人认为案件符合适用平和司法的条件，可以报告单位负责人批准，提交社区调委会主持和解，公安机关应派员参加；在审判阶段，如果审判长认为案件符合适用平和司法的条件，可以报告单位负责人批准，召开和解会议，检察机关应派员参加；在执行阶段，如果犯罪人申请适用平和司法程序，由单位领导批准后，召开相关人员和解会议，检察机关和法院应派员参加。

四是处结方式。根据案件的性质和双方当事人的态度以及是否达成和解协议，依据法律法规的相关规定，决定给予轻刑罚化或非刑罚化处理。在立案阶段，如果被害人和加害人达成和解协议，可以不予立案；如果在侦查阶段达成和解协议的，可以不予逮捕；在审查起诉阶段达成和解协议的，可以不起诉或者起诉并提出从轻处罚的量刑建议；在审判阶段达成和解协议的，可以从轻、减轻或者免予处罚；在执行阶段如果被告人认罪、悔罪，并积极赔偿被害人损失，取得被害人谅解并达成和解协议的，可以减刑、假释，甚至可以通过再审程序从轻改判。

五是适用原则。必须坚持五条原则：其一，是依法和解原则。即和解必须符合法律、法规、司法解释和刑事政策要求，不得违反法律、法规，不得违反社会公德，不得损害国家、集体和他人的利益。其二，是平等自愿原则。即和解必须在平等和自愿的基础上进行，不得违背当事人意愿，不得胁迫或强迫当事人和解，不得显失公平。其三，是公权启动原则。即适用平和司法必须由司法机关在办案过程中根据需要启动，对双方当事人达成的和解协议，司法机关要审查确认。其四，是和解不成不为过原则。当事人达不成协议或者达成协议后一方反悔的，不得因此加重对加害人的惩罚。对于已经达成和解协议、但当事人事后反悔的案件，仍按一般诉讼程序处理。其五，是法律监督原则。适用平和司法办理轻微刑事案件要公开透明，主动接受人大及社会各界的监督。司法机关要互相配合、互相制约。检察机关要强化法律监督职能，加大监督力度，确保案件公正。

六是社区矫正。启动平和司法程序，对犯罪嫌疑人进行了轻刑罚化或非刑罚化处理，并不等于工作的结束，仍要坚持教育、感化和挽救的方针，立足于帮教，把工作向三个区域延伸：一是向社区延伸，即根据犯罪嫌疑人的常住户口居住地和工作单位居住地，由所在社区对其进行帮教；二是向校区延伸，如果犯罪嫌疑人是在校学生，应当与所在学校达成帮教协议，由学校负责进行帮教；三是向监区延伸，即对适用平和司法虽被从轻处罚，但仍需押送监管场所服刑改造的罪犯，不放弃帮教，仍采取相关措施注重社区矫正。蓬莱市人民检察院与当地团委、妇联、教委等五部门联合会签了《关于对启动平和司法程序的不起诉未成年人开展帮教工作的实施细则》,落实了帮教单位和帮教责任。

四、平和司法的价值

通过近年来适用平和司法办理案件的情况看,效果是明显的,发展是健康的。平和司法的价值取向主要有以下几点:

一是有利于化解矛盾纠纷,降低了刑事发案率。平和司法化解了犯罪人与被害人及双方族群之间的深层次矛盾,防止了矛盾激化。从烟台市检察机关适用平和司法处结的 99 起案件看,除 21 起提起公诉给予轻刑罚化处理外,其余 78 起均给予了非刑罚化处理,并未追究加害人的刑事责任,却取得了良好的社会效果,未出现一起当事人申诉,未发生一起矛盾激化,也没有一起事后反悔或者越级上访的。通过赔礼道歉、赔偿损失和社区矫正等方式教育、改造犯罪的人,消除其人身危险性,降低了诱发重新犯罪的可能性。刑事案件在连续多年上升的形势下,2006 年出现了明显下降趋势。从烟台市委通报的情况看,2006 年"全市呈现出'七降''一无'的好局面,即:刑事案件、治安案件、'两抢两盗'案件同比上年分别下降 3.63%、9.19% 和 12.68%;安全生产事故、交通事故和火灾事故分别下降 19.8%、18.36% 和 25.95%;越级上访明显下降,其中到省上访下降 24.5%,进京上访下降 32%,没有发生在全国、全省有影响的刑事案件和群体性事件"。对此,虽然不能说是全是因为推行了平和司法,但至少应当肯定,推行平和司法是完全符合党中央关于落实科学发展观、构建社会主义和谐社会的总体战略要求的。

二是有利于保护被害人利益,教育、挽救犯罪的人。过去对一般刑事案件往往是"一诉了事",对被害人的利益如何保护只有法院的一纸"空判",实际很难执行。适用平和司法处结的案件,注重了对被害人利益的保护。如当地发生的一起清明祭奠失火案,烧毁村集体松树一千三百余棵,价值 2.9 万元。检察院在审查起诉时,鉴于被告人主动投案,并表示愿意赔偿损失补种烧毁的树木等情节,在对被告人作出不起诉决定,被告人也自动履行了经济赔偿义务,对烧毁的山林进行补种并负责看护。有一基层检察院办理的一起高三学生张某轻伤害案件,被害人与被告人是同班同学,平日表现较好,因琐事打架触犯刑律属一时冲动,双方家长都希望从轻处理,通过启动平和司法程序,促成了当事人双方和解,对被告人作出了不起诉处理，使其继续读书，集中精力参加高考，并最终顺利考入大学。当事人双方家长及学校老师对此都非常满意。张某的父母说："如果对孩子起诉判刑，就是量刑再轻，孩子一生的前途也就完了，真得好好感谢人民的检察官。"

三是有利于降低诉讼成本，节约司法资源。目前，我国一方面犯罪数量仍然处于上升趋势，杀人、抢劫等严重犯罪仍然比较突出，另一方面，司法资源的投入量与需求量的矛盾仍然没有缓解，司法人员超负荷运转，监管场所人满为患的状况仍然比较突出。根据全市公诉部门的统计，平均每人每年出庭支持公诉近 50 起，最多的有的高达 80 起。如果在打击严重犯罪的同时，不对某些轻微犯罪实行轻缓的刑事政策，刑事司法资源的供需矛盾还会进一步加深。因此，平和司法的适用，注重宽严相济、区别对待，对轻微刑事案件实施轻缓刑事政策，使一些可能进入普通程序的案件而进入了简易程序，一些可能要作刑事处罚的案件而作了非刑罚化处理，使案件繁简分流，降低了诉讼成本，节约了司法资源。仅从公诉部门看，如果全市一年减少 100 起出庭的案件，虽然每个公诉人平均减少不到 1 起，但从整个诉讼过程看，司法资源的节约是显而易见的。

四是有利于改造和预防犯罪，平复创伤、化解纠纷。在大多数轻微犯罪案件中，因邻里纠纷引发的轻伤害、青少年犯罪、初犯、偶犯，占了很大比重。这些因一时冲动而引发的犯罪，主观恶性并不大。如果从严惩处，可能会加深犯罪人与被害人之间的矛盾，产生对社会的敌对情绪，甚至会因终生贴上"犯罪标签"而"破罐破摔"重新犯罪。平和司法通过非刑罚化或轻刑罚化的处理方式，避免了短期自由刑的弊端，更容易促使犯罪人在社会的感召下改恶从善。有一 17 岁女学生刘某在男朋友的怂恿下骗取一辆价值 5000 元的摩托车，案发后主动投案。在审查起诉时，检察机关考虑到其有法定和酌定从轻的情节，决定对其不起诉，并向其家长发放帮教联系卡，与学校一起签订了帮教协议。刘某在学校和家长的共同帮助教育下，进步很快。目前，刘某已与某外贸企业签订了就业协议，开始了新的生活。

五是有利于服务大局，赢得党委和社会各界的认可和好评。平和司法一经提出，烟台市委即给予了高度重视，市委常委会专题进行了研究，市委政法委专门下发了推行平和司法的文件，并召开会议进行推广。《人民日报》内参、新华社内参、《检察日报》、中央电视台、中央人民广播电台和省、市多家新闻媒体进行了深度报道。凡是适用平和司法处理的案件，涉案的当事人包括被害人、加害人，受害单位以及人大、政协、群众团体等,都给予了很好的评价。有一个改制企业,十几个工人长期占据了工厂过去的单身职工宿舍,有房住了以后仍然不搬,工厂多次做工作无效,便强行搬迁,引起厂方和工人发生争执,其中工人孙某拿碎酒瓶朝保卫科长脖子上捅去,构成轻伤,被公安机关拘留。在起诉阶段,犯罪嫌疑人悔过,并表示愿意赔偿被害人的经济损失,单位也表示谅解,启动平和司法程序后,双方达成了和解协议,检察机关对犯罪嫌疑人作了相对不起诉处理。孙某十分感激,积极动员其他占房户腾出了房子,企业拖了多年的搬迁纠纷得到了解决,使双方当事人都非常满意。

五、平和司法的思索

实施平和司法以来,我们在理论上积极探索,在实践中审慎推行。实践中主要是做到"三个防止":一是防止出现检察机关背上"打击不力"的包袱,影响了严打声威;二是防止个别人借平和司法之名,行"办关系案"、"人情案"之实,损坏了司法机关的良好形象;三是防止社会上出现"花钱买刑"的负面舆论,歪曲了推行平和司法的价值追求。

理论上主要进行了四个方面的探索:一是平和司法的称谓是否准确?可以说平和司法是根据中国传统文化的底蕴并借鉴国外恢复性司法的理念提出来的,具有中国特色。恢复性司法是一个舶来语,国外叫法也不尽相同。我们在 2004 年就已经试用恢复性司法的方法来处理因邻里纠纷引发的轻伤害案件,也取得了较好的效果,但恢复性司法这个提法在实践中叫不响,推不开,不为老百姓所接受。而平和司法的提法,不仅群众接受,人大支持,党委领导也给予了充分肯定,并在全市政法大会上提出了树立平和司法意识的要求。这使我们认识到恢复性司法只有与我国的传统文化相融合才会具有生命力。但对适用平和司法处理案件是一种程序还是一种方法?经过多次开会研讨和一年多的司法实践,应当叫做"平和司法和解程序",这样并不与《刑事诉讼法》相悖。

二是平和司法是否与宽严相济的刑事政策相符合?平和司法作为一种司法理念,不仅仅是对轻微刑事案件实行轻缓刑事政策,追求被犯罪行为所破坏的社会关系的修复,更重要的是追求执法者自身素质的提高和整个社会和谐氛围的形成。平和司法不等于轻刑化,宽严相济也不等于重刑化。重罪有可能从轻,轻罪也可能从重。重和轻都是相比较而言的。对于重刑犯具有法定从轻或酌定从轻情节的,该从轻的还是要从轻,即当宽则宽;对于犯罪情节恶劣、群众深恶痛绝的轻刑犯该从严的还是要从严，即该严则严。在2006年的司法实践中，某基层检察院把夜间连续入室盗窃两次、盗窃数额60元的两名流窜作案分子以非法侵入住宅罪起诉，并被法院判处两年有期徒刑。对连续盗窃四个下水道井盖的两名惯犯，虽不足1000元的盗窃罪标准，但检察院以危险方法危害公共安全罪起诉，法院各判刑4年。所以，平和司法是从执法的目的性上提出的一种司法理念，与宽严相济的刑事政策并不矛盾。刑事政策是手段，司法理念是目的，政策是阶段性的，理念则是长期的。宽严相济的刑事政策，无论是从宽还是从严，都不影响追求执法效果的平和、和谐。

三是平和司法是否适用严重刑事犯罪？实践中的思路是从严把握，平和司法和解程序侧重于适用可能判处3年以下有期徒刑的轻微刑事案件。这样可以在实践中尽量减少可能出现的弊端。但随着司法实践中的不断探索完善，在逐步推行的基础上，对重刑犯也可能适用平和司法和解程序。比如对下列情况：(1) 执法者无论对重刑犯还是对轻刑犯都应平等地保护其合法权益，无论是对犯罪人有利的证据还是不利的证据都应当依法提取，无论是有罪的供述还是无罪的辩解都应当认真听取记录在案，不能刑讯逼供；(2) 重刑犯有悔罪表示，愿意赔偿被害人及其亲属的经济损失，执法机关应当积极就民事赔偿部分促成双方当事人达成赔偿协议并及时兑现，使被害人的合法权益得到有效保护；(3) 重刑犯有自首、立功等法定从轻情节，或有其他酌定从轻情节，完全可以适用平和司法从轻处罚。这就是说即使对待重刑犯，也应以人为本，平和谦抑，客观公正，人人平等，尊重保护被告人的权利，即使重判也要追求效果和谐。

四是适用平和司法和解程序处结案件的方式是否可以适当放宽一些？在审查起诉阶段启动平和司法和解程序实践中采用了三种处结方式。即：退回公安机关补充侦查并建议撤案、相对不起诉、提起公诉并提出从轻处罚的量刑建议。今后在实践中能否对适用平和司法和解程序处结案件的方式适当放宽一些，用多一些？比如在立案阶段，对一些因邻里纠纷引发的轻伤害、毁财、盗窃财物数额不大并且能及时调解赔偿的案子，一般不予立案；在侦查环节，对有固定住所、固定单位、犯罪情节又较轻且有悔罪表现的犯罪人，一般不采取逮捕措施；在公诉环节，可以放开一些不起诉的范围，可以不受相对不起诉考核数额比例的限制或者暂缓起诉以观后效；在审判环节，多适用自由刑，慎用生命刑，多适用缓刑，少适用实刑，多适用财产刑，少适用自由刑；在执行环节，除减刑、假释外，可以通过再审程序由实刑改判缓刑等等。

平和司法的理念及程序推行

王利国　冯汝义*

确立平和司法理念，实现对轻微刑事犯罪的和谐执法，是山东省烟台市检察机关从落实科学发展观、服务构建社会主义和谐社会的大局出发，以社会主义法治理念为指导，借鉴国际社会倡导的恢复性司法理念，在国内司法界提出的全新课题。2006年以来，全市检察机关适用平和司法办理轻微刑事案件99件，取得了良好的法律效果和社会效果，未出现一起当事人申诉，未发生一起矛盾激化，未出现一人重新犯罪，当事人双方满意，党委、人大及社会各界给予了充分肯定，有力地促进了社会的和谐稳定。

一、推行平和司法的动因

所谓平和司法，主要是对符合适用条件的轻伤害案件、过失犯罪案件、未成年人犯罪案件等轻微犯罪案件，在司法机关启动、参与和监督下，被害人、加害人就案件处理自愿达成共识后，由司法机关对加害人进行非刑罚化或者轻刑化处理，使加害人能够通过主动的行为改过自新，被害人的物质和精神损失得到及时、充分补偿，进而恢复社会关系，化解社会矛盾，维护社会稳定。推行平和司法，我们主要基于以下考虑：

第一，平和司法是构建和谐社会的需要。我们党根据时代发展和形势需要，提出了构建社会主义和谐社会的目标要求。但是，目前我国处于人民内部矛盾凸显、刑事犯罪高发时期，犯罪总量持续增长，司法资源投入量严重不足，刑事积案上涨，再次犯罪率上升，以及由此引发的涉法上

---

* 王利国，山东省烟台市人民检察院法律政策研究室主任，鲁东大学兼职教授；冯汝义，山东省烟台市人民检察院法律政策研究室副主任。

访和群体性事件不断增多，对构建和谐社会造成了严重影响。司法实践证明，“重刑”并不能有效遏制犯罪趋势的上升，有些时候甚至容易激化矛盾，实行宽严相济的刑事政策是我们的理性选择。平和司法体现了依法从宽的刑事政策，由司法机关对加害人进行非刑罚化或者轻刑化处理，使其真诚悔改，取得被害人的谅解，恢复犯罪所损害的社会关系，符合我国“和为贵”、“冤家宜解不宜结”的民族习俗，有利于减少对抗，化解纷争，促进和谐。

平和司法把对被害人的损害补偿放在重要位置，以补救社会关系为着眼点，以快速解决争端为切入点，以有效手段教育挽救犯罪人为落脚点，体现出切合社会主义社会实际的公平感和人文关怀的和谐目标。从执法思路上看，平和司法从传统的“谁实施了犯罪行为，触犯了哪条罪名，应当给予怎样的惩罚”，转变到“谁受到了犯罪的侵害，受到了何种损失，怎样恢复这种损失”，从而改变了长期形成的“重打击、轻保护”的司法理念，是一种对刑事诉讼主体利益兼顾、平等保护，惩罚为辅、教育挽救为主的刑事诉讼新理念，充分体现了政法机关执法为民、公平正义的价值追求。

第二，平和司法是司法实践发展的客观需要。烟台是全国社会治安综合治理先进单位。早在 20 世纪 90 年代初期，全国社会治安综合治理现场会就在烟台召开，2005 年烟台又被中央政法委授予全国“长安杯”称号，并且是全国三个四连冠城市之一。即使在烟台这样治安状况较好的城市，刑事发案仍然处于上升趋势。从公诉部门统计的数字看，2005 年以前连续 3 年起诉案件都呈上升趋势。但从法院判决情况看，连续 3 年判处缓刑以下的罪犯都接近起诉总数的 50%，2004 年甚至达到 54.4%，而判处 10 年以上的重刑犯，连续 3 年仅占起诉总数的 8%—9%，不到 10%，且绝对数基本持平并略有下降。这说明，客观形势迫切需要我们实施宽严相济刑事政策，需要我们对轻微刑事犯罪采取轻缓刑事政策。

第三，平和司法适应了国际社会倡导的以刑事案件的社会救济、刑罚非监禁化、行刑社会化为特征的恢复性司法潮流。恢复性司法始于加拿大，20 世纪 90 年代在英国、美国、新加坡等国家得到发展和应用，目前已在国际上得到了普遍认同。2002 年，恢复性司法由学术界引入我国。2005 年 10 月我们在学习研究恢复性司法理论，并对我市政法机关有关做法进行总结的基础上，提出了平和司法这一课题，并在检察工作的实践中积极进行探索。

二、推行平和司法的法律政策依据

我国《刑法》、《刑事诉讼法》及相关司法解释为平和司法留有适用空间。《刑事诉讼法》第 142 条第 2 款规定了检察机关的不起诉权。第 77 条规定了刑事案件的被害人由于犯罪行为而遭受物质损失的，有权提起附带民事诉讼。《刑法》第 37 条规定了对犯罪情节轻微不需要判处刑罚的，可以免予刑事处罚，但是可以根据案件的不同情况，予以训诫或责令具结悔过、赔礼道歉、赔偿损失，或者由主管部门予以行政处罚或者行政处分。

关于未成年人犯罪，最高人民法院《关于审理未成年人刑事案件具体应用法律若干问题的解释》明确规定：对未成年罪犯量刑应当充分考虑未成年人实施犯罪行为的动机和目的、犯罪时的年龄、是否初次犯罪、犯罪后的悔罪表现、个人成长经历和一贯表现等因素。对符合管制、缓刑、单处罚金或者免予刑事处罚适用条件的未成年罪犯，应当依法适用管制、缓刑、单处罚金或者免予刑事处罚。《人民检察院办理未成年人刑事案件的规定》对未成年人犯罪的多种情形作出了不捕、不诉的规定。最高人民法院《关于审理抢劫、抢夺刑事案件适用法律若干问题的意见》和《关于审理未成年人刑事案件具体应用法律若干问题的解释》分别规定：司法实践中，对于未成年人使用威胁或使用轻微暴力强抢少量财物的行为，一般不宜以抢劫罪定罪处罚。

宽严相济的刑事司法政策为平和司法提供了政策依据。“宽严相济”是我们党的一贯刑事司法政策。最高人民检察院《关于在检察工作中贯彻宽严相济刑事政策的若干意见》，特别强调检察机关要在履行法律监督职能中全面贯彻宽严相济的刑事司法政策，建立健全贯彻宽严相济刑事司法政策的检察工作机制和办案方式，明确提出检察机关立案监督的重点要放在严重犯罪或社会影响恶劣以及违法立案造成严重后果的案件上，对轻微刑事犯罪可捕可不捕的不捕，可诉可不诉的不诉，必须起诉的，要同时向法院提出从轻处罚的建议。

三、平和司法的适用原则、条件、范围

理念意义上的平和司法，是在社会主义法治理念指导下的一种执法心态，一种司法境界。它以轻微刑事案件为办理对象，以轻缓刑事法律和刑事司法政策为依据，以追求公平正义和社会和谐为目标，要求执法者在

办案中坚持以人为本、执法为民、实事求是、客观公正，既保护受害人，又尊重加害人，理性及人性化执法，平等保护。将这一理念引入刑事诉讼，指导办理轻微刑事案件，关键是要准确把握适用的条件和范围。把握过宽，可能出现放纵犯罪、该严不严的现象；控制过严，则难以达到平和司法追求社会和谐的目的。我们在具体运作过程中，按照该严则严、当宽则宽的原则，反复论证、不断完善，既对符合平和司法适用条件的案件大胆适用，充分发挥其促进和谐的作用；又从严把握，避免了打击不力、花钱买刑和办关系案、金钱案和人情案等现象的发生。

首先，严格把握适用平和司法的原则。在适用平和司法办理轻微刑事案件时，我们制定并遵守了五条刚性原则：第一，依法和解原则。即和解必须符合法律、法规、司法解释和刑事政策要求，不得违反社会公德，不得损害国家、集体和他人的利益。第二，平等自愿原则。即和解必须在平等和自愿的基础上进行，不得虚构事实或隐瞒真相，不得有胁迫或强迫的行为。第三，公权启动原则。即适用平和司法必须由司法机关在办案过程中根据需要启动，对双方达成的和解协议，司法机关要审查确认；对于已达成和解协议、但当事人事后反悔的案件，仍按一般诉讼程序处理。第四，和解不成不为过原则。当事人达不成协议或者达成协议后一方反悔的，不因此加重对加害人的惩罚。第五，公开透明和法律监督原则。适用平和司法办理轻微刑事案件的全过程向社会公开透明，主动接受当事人及社会各界的监督；司法机关分工负责，互相配合，互相制约，确保依法适用。

其次，准确把握适用条件。即在适用平和司法办理案件时，首先审查是否符合下列条件：有证据证明有犯罪事实，并应当追究刑事责任；犯罪嫌疑人、被告人已查明并处于有效控制之中；犯罪嫌疑人、被告人已承认主要犯罪事实，且没有作出无罪辩解的；有明确的受害人（含单位）；犯罪嫌疑人、被告人一般有固定住所。对于符合这五项条件的轻微刑事案件，可以适用平和司法。

最后，准确把握适用平和司法的案件范围。即将适用平和司法的案件范围限定为轻伤害犯罪、过失犯罪、未成年人犯罪和可能判处3年有期徒刑以下刑罚的轻微刑事案件，并且一般仅适用于初犯、偶犯，对主观恶性较大的犯罪和累犯、惯犯、社会影响恶劣的带有“霸”字色彩的案件、涉黑案件以及团伙犯罪、流窜犯罪案件不予适用，对不认罪、不悔改或认罪悔改态度不好、没有社会矫正可能性的犯罪嫌疑人也不予适用。

犯罪类型	过失犯罪				故意犯罪			
	交通肇事	人身伤害	失火	其他	人身伤害	侵财	破坏生产经营	其他
件数	29		1		57	11	1	

图表 1　适用平和司法办理的轻微犯罪案件类型

年龄	未满18周岁	18周岁以上未满25周岁	25周岁以上未满40周岁	已满40周岁
人数	18	15	50	16

图表 2　适用平和司法办理的案件加害人年龄情况

犯罪起因	亲友纠纷	邻里纠纷	单位内部纠纷	突发事件	其他
件数	16	16	8	30	29

图表 3　适用平和司法办理的案件犯罪起因分析

准确把握平和司法的适用条件、范围，坚持五条刚性原则（参见图表1、图表2、图表3），使我们在办案中做到了严格执法、宽严相济，公平正义、平等保护，在避免违法办案和打击不力的同时，实现了平和司法化解矛盾、促进和谐的目的。

四、平和司法的适用程序

规范的操作程序是实施平和司法的生命线。探索推行平和司法以来，我们始终以“细节决定成败”的意识，要求从每一个办案环节、调解环节、矫正环节、履约环节入手，严格制定适用平和司法的程序规则，并在办案实践中规范执行，确保了适用平和司法办理案件时流程完整，文书齐备，结果明确，和谈、履约和帮教到位，不留隐患和“后遗症”。

第一，平和司法程序的启动。审查案件时，对符合平和司法适用条件和范围的案件，由案件承办人征得加害人和被害人同意，即了解双方当事人有和解意向后，经部门负责人审核，报请分管检察长同意，方可启动程序。办案人在相关人员的参与和监督下，进行告知（申请）、和谈、确认及履行程序。办案实践中，平和司法的适用可以在立案、侦查、起诉和审判四个阶段启动，检察机关可以采取不批准逮捕、不起诉、退回公安机关由公安机关作撤案处理以及向法院作从轻处理的量刑建议等四种方式处结适用平和司法的轻微刑事案件。以上四种处理决定，必须经检委会研究作出。

第二，启动和谈程序。对符合条件的案件启动适用平和司法后，按照程序规则，一般商请辖区综合治理办公室召集并主持召开和谈会议，由侦查人员和检察人员、加害人及负有赔偿责任的其他人、受害人、当事人的法定代理人及诉讼代理人、负有帮教责任的社区代表参加。各方积极促成加害人认罪悔过、当面道歉和主动赔偿，受害人接受赔偿、表示谅解，并与加害人签订书面和解协议。和谈以两次为限，和谈不成或协议翻悔，则继续一般的刑事诉讼。

第三，明确处罚方式。适用平和司法的案件，当事人达成和解后，根据案件实际情况和诉讼阶段，主要采取两种方式对加害人从轻处罚：一种是非刑罚化处罚。即虽然不批准逮捕或不起诉，但要求加害人赔礼道歉、具结悔过、实际履行赔偿协议、恢复原状、定期书面或口头汇报等为内容的社区矫正；对退回公安机关撤案的，建议公安机关另外给予其他处罚。另一种是轻刑化处罚。即对仍需提起公诉的案件，向法院建议对加害人从轻或减轻处罚。

第四，启动帮教程序。对加害人给予从轻处罚，不是表示平和司法个案适用的完结。办案实践中，必须坚持教育、感化和挽救的方针，立足于对加害人的社会帮教，做到了“三个延伸”：一是帮教工作向居住地和工作单位延伸。即对有固定住所和工作单位的加害人，要求所在居委会或村委、所在单位负责帮教。莱州市检察院针对适用平和司法的案件中无固定住所的外来加害人，在有关企业单位设立了帮教基地，参加劳动的矫正者与一般职工同工同酬，多劳多得，有利于加害人的教育改造和社会回归。二是帮教工作向校区延伸。即加害人是在校学生的，与学校达成帮教协议，由学校负责帮教。如蓬莱市检察院与有关部门会签了《关于对启动平和司法程序的不起诉未成年人开展帮教工作的实施细则》，落实了帮教单位、帮教责任、帮教内容、帮教期限及帮教需达到的效果，给予适用平和司法不起诉的未成年加害人改过自新的机会，达到教育挽救的目的。三是帮教工作向监区延伸。即对适用平和司法后仍判处实刑被押送监管场所服刑改造的罪犯，不因此放弃帮教，仍采取相关措施跟踪帮教。2006年以来，全市检察机关适用平和司法办理了99起案件，与学校、加害人单位或所在居委会（村委会）及有关帮教组织签订了帮教协议，帮教措施落实到位，被帮教人均有不同程度的转变。如莱阳市检察院办理的一起故意伤害案，村民黄某酒后遇到鳏居的叔叔，因以前有过节，黄某打了叔叔一个耳光致其耳膜穿孔，构成轻伤。鉴于当事人双方的亲属关系和受害人的现实情况，检察干警对黄某进行了严厉的批评教育，使其认识到自己的错误,后悔不迭。最终,莱阳市检察院对此案适用平和司法,召集两人及其他亲属在村委会有关人员的主持下进行和谈,促成叔侄达成和解。黄某诚恳地赔礼道歉,并表示承担叔叔的全部医疗费。后来,在村委会的积极帮教和监督下,黄某主动承担了赡养叔叔的义务,使老人的晚年生活有了依靠和保障。

坚持严格规范程序,保障了平和司法的程序公正,从而使平和司法的真正意义得以实现。检察机关既依法从宽处理了一批案件,化解了一批不稳定因素;又维护了法律的权威,避免了执法的随意性和违法办案等现象发生,使平和司法具有了旺盛的生命力。

五、推行平和司法的初步效果

推行平和司法程序以来,全市检察机关已处结了99起案件。全市检察机关对这一刑事司法模式的认识已经统一,工作机制也日益完善。从目前看,这项工作取得了良好的法律效果和社会效果,达到了化解纷争、减少对抗、促进和谐的目的。具体表现在以下几个方面:

一是促进了犯罪人真诚悔改,重新回归社会。在大多数轻微犯罪案件中,犯罪人多因琐事或一时冲动,本身可能没有意识到行为的后果和危害,主观恶性不大。犯罪行为发生后,严厉的刑罚可能会加深犯罪人与受害人之间的矛盾,激起犯罪人敌对社会的情绪,影响社会和谐。平和司法通过批评教育、经济赔偿等方式,更易调动起犯罪人改邪归正的主观能动性和融入社会的自觉性,在社会的感召下改恶从善。如,栖霞市某村村民王某与刘某因邻里纠纷相互殴斗,均致轻伤,在双方自愿达成调解协议后,栖霞市院建议公安机关作了撤案处理。王某感激地对办案人员说:“要不是你们,我和刘某都得被判刑,邻居成了仇人不说,在村里再也抬不起头。我们一定接受教训,好好相处。”牟平区某校学生李某在高考前夕,因琐事将同学王某打成轻伤,涉嫌故意伤害罪被移送审查起诉。办案人员了解到,李某平时表现较好,案发时纯属一时冲动,案发后主动向王某赔礼道歉,并多次在家长的陪同下去看望王某。在走访被害人及其亲属时,他们都希望对李某能从宽处理。牟平区院决定启动平和司法程序,在办案人员的主持下,李某在该校校长办公室当着老师和双方家长的面,再次向王某赔礼道歉,并当场达成赔偿协议,取得了被害人王某及父母的谅解。牟平区院建议公安机关作了撤案处理。最终,李某在高考中取得了较好成绩,达到了大专录取分数线。

二是使被害人的损失得到及时补偿，合法权益受到充分保障。在传统的刑事司法中，一旦发生犯罪，侦查、司法机关就代表国家介入案件的侦查、起诉和审判，被害人在诉讼中往往处于被动的地位，受到的损失难以得到及时、充分的补偿。平和司法给予被害人一个与犯罪人直接对话的机会，被害人可以当面告诉犯罪人的犯罪行为对他们造成的影响，通过犯罪嫌疑人的赔礼道歉和经济赔偿，得到精神上的慰藉和经济上的补偿；犯罪嫌疑人也可以通过具结悔过、赔礼道歉以及经济赔偿等方式，获得被害人的谅解，得到轻缓的处理。如蓬莱市院办理的一起失火案件，犯罪嫌疑人祝某在清明祭奠时，失火烧毁了村集体一千余棵松树，价值一万四千余元，该院决定启动平和司法程序。在和谈会上，祝某表示愿意赔偿造成的损失，同时恢复被烧毁的树木；村委会表示祝某系失火，能够弥补损失、恢复林木，就不要追究刑事责任了。双方达成谅解协议后，蓬莱市院向公安机关通报了意见，该案由公安机关撤回，双方对处理结果都很满意。莱州市院审查李某交通肇事案中，李某驾驶小型拖拉机与骑摩托车的王某相撞，致使王某当场死亡。案发后，被害人家属要求赔偿 15 万元，交警部门多次做工作，但李某生活困难，拿不出这么多的赔偿款，认为对方要的太多，双方矛盾和误会很深。检察人员复核过程中，被害人家属希望对李某从轻处罚，尽快得到赔偿。检察人员通过走访李某所在村庄、村委会了解到，李某平时热心助人，其遭遇得到了村民的同情，愿意捐款援助。在检察人员和村委会的协调和主持下，李某与被害人相互谅解，最终达成赔偿 13 万元的协议。村民自发捐助 5 万元，帮李某凑足了赔偿款，莱州市院作出了不予批准逮捕的决定。事后，当事人双方给该院送来了锦旗，表达了感激之情。

三是提高了诉讼效率，节约了司法资源。平和司法把大量的轻微刑事犯罪案件进行了分流，通过平和司法程序处结，减少了诉讼环节，缩短了诉讼时间，减少了当事人的讼累。全市检察机关通过平和司法机制办理的案件，全部实行了简易程序、普通程序简易审，诉讼效率大大提高。同时，它以协商的方式教育和改造加害人，化解了加害人与受害人及双方族群之间的深层次矛盾，防止了矛盾激化，降低了诱发重新犯罪的可能性，这都在很大程度上降低了办案和监管的成本，节约了司法资源，使司法人员将更多的精力投入到严重刑事犯罪和重大疑难复杂案件中去，有效地打击犯罪，促进社会和谐稳定。

六、全面推行平和司法程序应注意的问题

一是打击不力的问题。平和司法主要是针对未成年人犯罪和轻微刑事犯罪而设立的,在实践中要坚持宽严相济的刑事政策,防止无条件扩大平和司法适用范围,使主观恶性较大的严重刑事犯罪分子逃避刑事处罚。实施平和司法需要广大群众的积极参与和支持,其目的是维护社会的和谐稳定,为人民群众营造安居乐业的社会环境。作为一种理念的转变,可能存在一时不被群众理解的问题,比如把和解协议认为是"以钱抵刑",把社区矫正看成"放虎归山"等等。因此,需要加大宣传力度,促进广大干警和人民群众观念转变。

二是协调配合的问题。平和司法是一项系统工程,仅靠某个部门或某几个部门是做不好的,必须加强各部门间的协作配合,合力推进这项工作。例如,公安机关在立案环节适用平和司法,对轻微犯罪人采取不立案的处理措施,需要争取检察机关的支持与配合,防止出现因认识不一致发生立案监督的情况。检察机关在适用平和司法时,认为需要对被告人采取轻刑化处理时,应当积极提出建议和意见,争取审判机关的支持与配合,防止因认识不一致,造成轻缓刑事政策不能兑现等问题,影响平和司法工作的顺利开展。在实施平和司法中,还要加强决定机关与执行机关的配合,社区综合治理机构负责犯罪人履行和解协议的监督和社区矫正工作,发现不履行协议或者不适合社区矫正的,应及时向有关司法机关提出建议,恢复普通刑事诉讼程序。

三是监督制约的问题。在推行平和司法中,政法各部门既要相互配合,又要充分发挥职能作用,加强监督制约,防止出现执法偏差。例如,对公安机关适用平和司法程序,不予立案的刑事案件,检察机关要加强监督,对不符合平和司法条件的,要行使立案监督权,要求说明不立案理由。检察机关认为符合平和司法条件,对公安机关报捕的案件不批准逮捕,公安机关有异议的,要通过法律规定的复议、复核等程序进行制约。对人民法院认为可以适用平和司法程序,判处被告人不构成犯罪、免予刑事处罚或者其他量刑畸轻等情况,检察机关应当依法抗诉。对于适用平和司法认识不一致的案件,有关部门要求政法委协调的,由平和司法领导小组集体研究,作出决定。

三亚市检察机关关于刑事和解的探索

葛　君　邢蓉华*

一、三亚市检察机关 2005 年以来办理刑事和解案件概况

2005 年以来，我市检察机关办理刑事案件，尝试运用刑事和解对下列几类案件结案，或对被告人作相对不起诉处理，或建议公安机关撤回案件：过失犯罪案件和依法可能判处 3 年以下有期徒刑的故意犯罪案件，如交通肇事案件、轻伤害案件等；未成年人和在校学生轻微刑事犯罪案件；亲属、邻里、朋友间的轻微刑事犯罪案件。上述案件运用刑事和解取得了较好的效果，没有出现当事人另行提起诉讼、申诉、上访等等情况。

公安机关移送审查逮捕的案件中，有 18 人因与被害人达成和解，我市检察机关结合案件具体情节认为无逮捕必要，不批准逮捕。公安机关移送审查起诉的案件中，因与被害人达成和解，5 名故意伤害（轻伤）案件犯罪嫌疑人经我市检察机关建议，公安机关撤回了移送审查起诉意见书；2 名交通肇事案件犯罪嫌疑人被作相对不起诉处理；人民法院根据我市检察机关建议，对 1 名交通肇事案件被告人从轻判处拘役。

这两年来，我市各级检察院适用刑事和解的案件类型主要是故意伤害案件和交通肇事案件，适用阶段重点放在审查逮捕阶段。针对这种特点，我市检察机关领导多次组织侦监、公诉部门学习上级院有关正确适用宽严相济的刑事政策，在执法理念上努力与高检院、省院保持一致，更新

---

* 葛君，海南省三亚市人民检察院法律政策研究室主任；邢蓉华，海南省三亚市城郊人民检察院预防科科长。

观念,大胆实践:一是对侦查机关认为无需追究犯罪嫌疑人刑事责任,拟做撤案处理的,公诉部门审查侦查机关的处理意见,适时进行监督;二是通过审查,对有和解可能或和解结案效果会更佳的案件,我市检察机关都根据案件具体情况,促使双方当事人化解矛盾,达成和解;三是对双方当事人已经达成和解,但犯罪嫌疑人由于种种原因尚未完全履行和解协议,检察机关拟做相对不起诉处理的,组织双方当事人及其委托人、侦查人员召开听证会,充分阐明拟作不起诉的理由及不起诉后的各种风险(如犯罪嫌疑人被释放后可能不再履行协议),听取各相关部门和人员的意见,防止不起诉后被害人不服而提出申诉或侦查机关要求复议。

二、刑事和解的模式及原则

刑事和解属于刑事诉讼范畴,可以发生在刑事诉讼任何阶段,在侦查、检察、审判阶段,都可以适用。司法实践中,有不少人认为刑事和解应当按照刑事诉讼中的分工负责和互相监督的原则来进行,以维护法律的严肃性,增强法律权威和避免执行的困境。也就是说,适用刑事和解的案件,应当由侦查机关收集相关诉讼证据和刑事和解意见,公诉机关审查有关材料作出刑事和解意见书(需要公诉的另行制作起诉书),审判机关进行刑事和解裁定(刑事裁定的内容可以记入刑事判决书)并执行。这样,侦查、检察、审判三机关互相监督,检察机关全程进行法律监督。

刑事和解的目的在于恢复刑事损害前状态或者减小刑事损害程度,要有利于当事人之间及整个社会的和谐,兼顾国家、社会、个人的利益平衡。无论采用何种形式,无论刑事和解发生在何种诉讼环节,刑事和解应当包含以下原则:

一是要促使加害人通过积极的行为来恢复损害前状态或者减小损失、弥补损失。对犯罪嫌疑人(被告人)来说,这是在刑罚威慑力下的悔过、赎罪的方式;对社会来说,是一种预防犯罪的特别形式。刑事和解不能超越立法原意,不能削弱刑罚的威慑力。刑事和解是根据双方当事人的和解情况的酌情从轻、减轻处罚,而不是以和解代替刑罚,不是由当事人来操纵法律,更不是以钱买刑。

二是刑事和解协议的内容必须合法,不得违背公共利益和公序良俗。通过刑事和解明确告诫加害人,犯罪行为乃国法所不容,犯罪行为必须付出代价,其代价应该大于犯罪成本。刑事和解过程中,加害人必须悔过,应当向社会和被害人及其家属赔礼道歉,向法律承诺不再危害社会。

三是当事人自愿和解。在尊重当事人意愿的基础上，主持刑事和解的机关可以采取适当的方式推动双方当事人达成和解，要向当事人及其近亲属说明刑事和解的内涵与目的，并确认刑事和解的自愿性，告知双方当事人，违反任何一方自愿性的和解协议无效。

四是在加害人负有赔偿（补偿）义务的和解中，加害人应当提供担保（人的担保、物的担保），在指定的时间里，将补偿款物交到主持机关，由主持机关转交给被害人。

五是因刑事和解撤案或者不诉的，刑事和解书应当成为行政处理和民事诉讼或者行政诉讼的法律文件；在审判阶段，刑事和解书应当成为从轻处罚的判决依据，是刑事处罚的组成部分。

六是刑事和解是附属于刑事诉讼的特别程序，是以国家强制力为保证的。宪法和法律规定人民检察院对刑事诉讼行使法律监督权，因此人民检察院应当对发生在侦查、检察、审判各个环节的刑事和解进行监督。

三、刑事和解的程序

（一）刑事和解的启动程序

刑事和解发生在刑事诉讼过程，提出和解请求的途径可以有三条：一是办案机关认为符合刑事和解条件的，建议当事人提出和解请求；二是当事人主动提出和解请求；三是允许当事人及其近亲属、法定代理人、提供法律帮助的律师以及其他团体建议刑事和解。

设定格式化“刑事和解申请书”，无论何方填写，都要经由犯罪嫌疑人（被告人）和被害人共同确认。双方确认后，主持机关应当主持和解并制作和解笔录，逐一列出和解条件，形成《刑事和解协议书》，当事人或者法定代理人应当在《刑事和解协议书》上签字。

刑事和解协议要明白无误表明被害人未受任何威胁，与犯罪嫌疑人（被告人）自愿达成和解协议中，要清楚地表示被害人希望公诉机关减轻或不再追究犯罪嫌疑人（被告人）的刑事责任。刑事和解协议还要写明刑事和解的主持机关以及承办人（2 人以上），同时由主持机关以及承办人负责确认刑事和解的自愿性和审查《刑事和解协议书》内容的合法性。

（二）刑事和解的履行程序

《刑事和解书》要写明履行义务的方式、时间。明确规定刑事和解协议由双方当事人签订，一方系未成年人或者丧失诉讼行为能力的，由其法定代理人签订。

《刑事和解书》要写明犯罪嫌疑人(被告人)不履行刑事和解所约定的条款将会承担的法律责任。已经撤案的或者不诉的建议强制执行、行政拘留、或者采用劳动教养措施来矫治违法行为,被处以刑罚但从轻处理的应当恢复原审理程序重新审理。

犯罪嫌疑人(被告人)一方应当提供担保,包括人的担保和物的担保,在指定的时间里,将补偿款物交到主持机关,由主持机关转交给被害人。在犯罪嫌疑人(被告人)履行赔偿或补偿义务之前,担保人要承担经济责任,负责督促犯罪嫌疑人(被告人)履行义务或者代为犯罪嫌疑人(被告人)清偿。

在犯罪嫌疑人(被告人)不按时履行刑事和解协议时,允许受害人不履行刑事和解协议;但对于犯罪嫌疑人(被告人)不履行刑事和解协议,而受害人愿意履行刑事和解协议的,主持机关应当要求担保人履约或者用担保物履约。被害人有意刁难,故意不履行刑事和解协议,主持机关不予支持,触犯刑法的,应当依法处理。

刑事和解决定或裁定应当公开宣读,当事人应当领取《刑事和解决定书》或者《刑事和解裁定书》,履行签字手续。办案人员应当如实记录和解过程,连同和解笔录以及《刑事和解决定书》或者《刑事和解裁定书》附卷。

(三)刑事和解的监督程序

为防止滥用刑事和解侵害司法公正,在刑事诉讼各个阶段应当作出以下要求:一是侦查机关因刑事和解认为无需追究犯罪嫌疑人刑事责任,拟做撤案处理的,应将和解决定书报送检察机关,检察机关发现不符合刑事和解范围的,应当要求侦查机关移送起诉。二是对于由检察机关审理的案件,凡有和解可能或和解结案效果会更佳的,公诉部门都要根据案件具体情况考虑刑事和解方式,然后分别做好双方当事人的工作,促使双方当事人化解矛盾,达成和解。对于检察机关作出的刑事和解决定,要允许侦查机关申请复议。三是对双方当事人已经达成和解,但犯罪嫌疑人由于种种原因尚未完全履行和解协议,拟作相对不起诉处理的,由公诉部门组织双方当事人、侦查人员召开听证会,充分阐明拟作不起诉的理由及不起诉后的风险(如犯罪嫌疑人被释放后可能不再履行协议),听取各相关人员的意见。四是由公诉部门代表检察院建议人民法院对刑事和解案件从轻处罚被告人,但要审查涉及刑事和解的刑事判决书,要求人民法院说明刑事和解依据。在审判阶段实施的刑事和解,检察机关应当督促审判机关说明相关依据，如果认为不符合刑事和解条件的，可以对其和解裁定（判决）抗诉。

人民群众、媒体、人民代表、纪律检查部门可以查询《刑事和解书》和了解、观摩刑事和解的过程，以遏止刑事和解过程中可能出现的徇私舞弊、玩弄案件、行贿受贿行为。这是人民群众对侦查、检察、审判机关实施刑事和解活动的监督。

四、适用刑事和解遇到的问题及建议

在适用刑事和解的过程中，主要存在以下问题：

第一，我市检察机关对未成年人犯罪案件适用刑事和解比较少，没有充分发挥刑事和解对失足青少年的挽救作用。当前，我市未成年人犯罪主要集中在"两抢一盗"和故意伤害的案件上，70%以上被判处3年以下有期徒刑、缓刑或者拘役。这些案件都有可能通过和解后对犯罪嫌疑人不批捕、不起诉。但是，由于适用刑事和解在程序上尚未有法律规定，而且在时间上容易延误办案期限，再加上担心"错案追究"的压力，因此有关部门过于谨慎，轻易不敢适用刑事和解方式，未能将刑事和解广泛适用于未成年人案件中。

第二，刑事和解过程无法定程序，出现了犯罪嫌疑人家属"越俎代庖"直接与被害人进行和解的现象。在相当一部分刑事案件和解过程中，和解要求的提出、和解过程的参与、和解协议的签订等，都是犯罪嫌疑人家属"代劳"，甚至在和解协议上签名的也不是犯罪嫌疑人，犯罪嫌疑人的悔罪及和解愿望没有完全体现。同时，因告知程序不规范，有的犯罪嫌疑人或者被害人以及他们的家属，不知道可以通过刑事和解途径救济，不知道如何启动刑事和解程序。

第三，当事人对刑事和解结果的认识存在误区，特别是加害人，认为和解后就得放人，不能再被起诉、判刑。

根据我市检察机关实践刑事和解的经验，我们对做好刑事和解工作总结几点建议：

第一，应当转变执法观念。首先，适用刑事和解符合构建和谐社会的要求。在目前的法律框架下，刑事案件被害人只能通过刑事附带民事诉讼来进行救济，但实践中，刑事附带民事诉讼不仅适用范围窄，而且执行非常困难，被害人权益得不到较好的保障。刑事和解是被害人与加害人在充分对话、倾诉的基础上，共同来修复受到破坏的社会关系。一方面，被害人获得物质上的补偿和精神上的抚慰，有利于消除其因自身权益得不到有效保护而产生的反社会情绪。另一方面，加害人赢得了被害人的谅解，获得了从轻处理的机会，有利于其以积极的心态回归社会。因此，刑事和解有利于减少不和谐的因素。其次，刑事和解不是“以钱买刑”。刑事和解是在公权力掌控之下进行的，事实上，双方当事人寻求和解也是刑罚的威慑力作用的结果，而且我国的刑事和解并非以经济赔偿（补偿）为必要的内容，也不是以付出金钱的多少来决定处理结果。影响对加害人的处理结果的是被害人及社会对犯罪人的接纳程度。因此说，刑事和解后对加害人从轻处理其实只是司法机关贯彻宽严相济刑事政策的一种表现，并非“以钱买刑”。

第二，应当拓宽适用刑事和解的案件范围。目前，各地主要是对轻刑案件适用刑事和解。我们认为，刑事和解的目的在于解决矛盾，随着刑事和解工作的进一步规范，也可以对一些重大刑事案件适用刑事和解。在双方当事人达成和解协议，被告人取得被害人谅解后，可对被告人从轻量刑。

第三，应当规范刑事和解的模式和程序。当前，各地适用刑事和解的模式不一，司法机关主持和解、人民调解组织主持和解、当事人私下和解等等模式都有。实践中，不少当事人对撇开司法机关的和解缺乏信心，加害人担心没有司法机关的保证“赔了钱又不得自由”，但被害人则认为司法机关参与会更有利于促使加害方切实履行协议。我们认为，刑事和解过程中，司法机关的参与会更加彰显刑罚的威慑力，也可给刑事和解提供专业保障。但是，无论采取任何模式，一个具有法律效力的刑事和解应当具备以下程序内容：(1) 加害人已作有罪供述。(2) 和解的主体要适格。除当事人系未成年人或丧失诉讼行为能力等特殊情况外，和解的主体只能是被害人和加害人，特别是和解对话过程必须有被害人和加害人参加。(3) 当事人对刑事和解的后果是明确知晓的。对此，主持机关有告知的义务。(4) 当事人自愿提出和解，自愿达成和解协议，自愿如期履行和解协议。

第四，应当建立刑事和解的配套机制。刑事和解不仅仅是检察机关的事情，也是公安、法院、司法行政等机关的事情，因此，作为检察机关应该建立起与公安、法院、监狱、少管所、社区、街道、家庭等的外部协调对接机制，加强诉（或不诉）前的考察和诉（或不诉）后的跟踪矫治。刑事和解的适用与当前检察机关不批捕率、不起诉率、撤回起诉率指标存在矛盾，应当对此进行调整。

此外,还应当把握好以下问题:检察机关不能过分插手和解过程,也不能放任自流;适用刑事和解要充分考虑社会的接纳度,不能以双方当事人的和谐牺牲社会的长久和谐;对双方当事人和解不成,特别是因加害方的原因和解不成的,不能因此作出对加害人不利的处理决定;检察机关应当对刑事和解案件的处理结果进行监督。

刑事和解在检察环节适用中的制约因素及对策

杨 波 金 石*

刑事和解,又称被害人与犯罪嫌疑人和解、被害人与犯罪嫌疑人会议、当事人调停或者恢复正义会商。其基本含义是指在犯罪发生后经由司法人员帮助,使被害人与犯罪嫌疑人直接商谈、解决刑事纠纷;对于和解协议,由司法机关予以认可并作为对犯罪嫌疑人刑事处分的依据。[①]刑事和解制度具有缓和性、自主性、互利性的特点。[②] 它是恢复性司法理念下的一种产物,兼顾了被害人与犯罪嫌疑人合法权益的双重保护,其目的在于恢复被犯罪嫌疑人所破坏的社会关系、弥补被害人所受到的损害以及恢复犯罪嫌疑人与被害人之间的社会关系,并使犯罪嫌疑人改过自新、复归社会。[③] 刑事和解制度体现了刑事诉讼追求社会整体和谐和延续的最终价值目标,回应了非刑罚化的当代刑法改革主题,体现了诉讼经济的价值取向,有利于及时对犯罪嫌疑人进行教育和改造,避免了公开审判或定罪给犯罪嫌疑人带来的"犯罪标签"的不利影响,其价值取向与我们正在进行的构建社会主义和谐社会的目标是一致的。因此,在刑事司法中确立刑事和解制度必将对我国社会主义和谐社会的构建产生积极而深远的影响。本文通过分析制约检察司法环节刑事和解制度适用的因素,研究如何在检察环节建立完善、可行的刑事和解制度。

---

* 杨波,甘肃省人民检察院研究室副主任;金石,甘肃省人民检察院研究室检察官。

① 向朝阳、马静华:《刑事和解的价值构造及中国模式的构建》,载《中国法学》2003 年第 6 期。

② 陈光中、葛琳:《刑事和解初探》,载《中国法学》2006 年第 5 期。

③ 刘凌梅:《西方国家刑事和解理论与实践介评》,载《现代法学》2001 年第 1 期。

一、刑事和解制度在检察环节适用中的制约因素

在我国构建刑事和解制度固然有其必要性和迫切性，但与其他新制度的创设一样，在具体司法实践中缺少理论上的支持，加之法律规定的不完善，在具体适用过程中存在一些制约因素：

第一，传统刑事司法理念的制约。我国传统刑事司法理念是一种国家本位的价值观。在这种刑事司法理念下，犯罪是个人与国家的冲突，犯罪所侵犯的不是个人利益，而是国家利益；刑罚作为公权的组成部分，要求对犯罪嫌疑人的追诉只能由国家进行，而不允许和解。而刑事和解模式将国家—个人（犯罪嫌疑人）这种线型犯罪分析视角调整为以社会为顶点，以被害人和犯罪嫌疑人为两端的三角分析视角，被害人的地位得到承认。在三方构造中，犯罪被看做是犯罪嫌疑人与被害人的个人关系冲突，被害人的地位得到了承认，国家将纠纷解决权力交由犯罪嫌疑人与被害人自己，并委托一定的社会中介机构协调冲突的解决，对解决方案国家予以直接认可。[①] 这种以个人为本位的价值观在我国现有的刑事司法理念中找不到相应的理论支撑，由传统文化所决定的一元化刑罚价值观注定了刑事和解制度的引入必然会引起个人本位与国家本位价值观的对立与冲突。[②] 并且，长期以来我国社会公众出于对社会安全的期望，对犯罪人一般深恶痛绝，希望国家机关严厉处罚犯罪，维持社会安全，保障自身的合法权益。对犯罪嫌疑人适用刑事和解制度，在报应主义理念尚占统治地位的当今中国，社会公众能否接受是适用该制度时不容忽视的一个重要问题。这种带有一定普遍性的公众心理追求，不可能不影响我国的刑事政策，这是我国当前司法实践中引入刑事和解制度的观念障碍。

第二，在实践中适用刑事和解制度缺乏刑事立法的充分支持。刑事和解制度要在实践中推行，首先必须在刑事立法上得到充分肯定，为其提供法律依据。而目前我国刑事法律未规定严格意义上的刑事和解制度，虽然一些地方积极加以探索，但不免导致出现以下问题：

刑事和解法律效力不明确。现行刑事立法对刑事和解规定的缺失，使刑事和解的法律效力并不明确。刑事和解作为犯罪嫌疑人与被害人合

---

① 马静华：《刑事和解的理论基础及其在我国的制度构想》，载《法律科学》2003 年第 4 期。

② 汤火箭：《我国未成年人犯罪刑事和解制度的构建与论证》，载《人民检察》2004 年第 10 期。

意的契约，不能像其他刑事裁判一样具有国家强制力的保证，一旦犯罪嫌疑人不自觉履行，该契约也不能被强制履行。这就需要有针对性的救济途径，一般是终止刑事和解协议，重新进行司法程序。这就产生了三个问题：一是犯罪嫌疑人不自觉履行，引起刑事和解协议效力如何变化，犯罪嫌疑人要不要承担违约责任或者其他责任；二是犯罪嫌疑人参与到刑事和解程序中供述的犯罪事实，能否成为后面司法程序中的有罪证据；三是已经履行的部分和解内容，特别是非赔偿部分的道歉、社区服务、生活帮助等如何处理，能否成为从轻或减轻处罚的依据，现行刑事立法并没有规定。[①] 此外，真实自愿的和解协议因时间、情况的变化，在履行中可能会出现无力履行、消极履行、恶意不履行等情况。现行法律对履行刑事和解协议的保障不足，很大程度上制约着刑事和解的适用。

刑事和解的条件、方式、程序等缺乏明确统一的法律规定。如关于刑事和解的调停人员如何产生、需要什么样的资质、刑事和解可以针对哪些类型的案件、诉讼前的和解是否要在法律上予以承认、刑事和解调停的步骤和方式、没有启动诉讼程序的刑事和解是否需要由司法机关加以监督、诉讼过程中产生的刑事和解是否需要司法机关监督、如何监督以及进行多大程度的监督、刑事和解达成之后执行过程中出现问题如何解决等事项，在当前刑事立法中都缺乏规定。[②]

法律对侦查阶段的刑事和解如何进行监督未作规定。从理论上讲，在侦查、审查起诉、审判阶段当事人之间都可以进行刑事和解。如果大量的案件在侦查阶段就被公安机关以和解为由撤案处理，那么这些案件是否符合刑事和解的范围和条件，当事人是否是自愿达成的和解，这些问题检察机关都无从得知，也就无法进行有效的监督。

非监禁刑的有限适用为刑事和解制度的实行带来困扰。目前，我国审前阶段犯罪嫌疑人大多是被羁押的，非监禁刑无论是在立法规定上、刑罚种类上还是在实际适用上都非常有限。如果刑事立法对此没有突破，必然会致犯罪嫌疑人与被害人双方进行面对面的协商十分困难，这使得建立在非监禁刑适用基础上的刑事和解制度在实施上缺乏操作性。

第三，刑事诉讼制度中的一些机制和规定制约了刑事和解在实践中

① 郑建军等：《我国刑事和解实践存在的问题及完善思路》，载《法制与社会》2006 年第 12 期。

② 窦玉梅：《刑事和解，是耶非耶？》，载《人民法院报》2006 年 8 月 15 日。

的适用。作为检察工作考核指标之一的不起诉率制约了刑事和解的适用。为了防止违法、违规滥用不起诉权,上级检察机关长年坚持将不起诉率作为考核整体工作标准之一。实践中,犯罪嫌疑人即使愿意与被害人达成刑事和解协议,这些案件仍会因为考核机制的限制而不得不进入公诉、审判程序。并且,《刑事诉讼法》明文规定,公诉案件不适用和解程序,这也是刑事和解制度引入实践操作的一大制约因素。刑事和解还缺乏相应的评价标准和监督机制。例如,如何对犯罪嫌疑人再犯罪的可能性作出科学的评估,尤其是难以评估目前我国犯罪嫌疑人无法控制的社会因素影响。对心理指标、行为指标和日常表现的评定,只能考察一个人在一定时期内和情境中的行为反映,无法对他们将面临的生活环境作出预测。[①]

第四,刑事和解程序不规范制约了刑事和解的适用。从当前刑事和解的实践来看,在和解程序上出现以下一些问题:

由检察人员主持刑事和解,往往会使犯罪嫌疑人有压迫感,产生不按照检察人员的提议去做会加重处罚的错觉。而且,当和解协议不能得到有效执行的情况下恢复到司法程序,根据现今的办案制度,一般又是原充当和解主持人的检察人员来继续办理该案,检察人员在和解过程中得出的先入为主的判断会使司法结果的公正性受到置疑。

犯罪嫌疑人与被害人缺乏参与刑事和解的自愿性。实践中,只要是符合刑事和解原则要求的案件,一般都是先进行调解。在这种缺乏自愿性前提开始的刑事和解中,犯罪嫌疑人与被害人都缺少和解的诚意,很难从内心深处反省自己、理解对方。和解往往变成通过主持者讨价还价的过程,被害人一方不是真心宽恕犯罪嫌疑人,而是变成赤裸裸的赔偿要求,一旦赔偿数额达不到其要求,和解便宣告失败。[②] 而犯罪嫌疑人一方也不会认真反思、真诚悔罪。

达成并履行和解协议后案件的处理上随意性大。实践中,犯罪嫌疑人与被害人达成并履行和解协议后,或者由检察机关向侦查机关发出"建议撤回函",使侦查机关根据检察机关的建议作出撤案处理;或者检察机

---

① 李波:《确立我国未成年人刑事案件恢复性司法程序之构想》,载《山东省团校学报》2006 年第 5 期。

② 郑建军等:《我国刑事和解实践存在的问题及完善思路》,载《法制与社会》,2006 年第 12 期。

关决定不起诉;或者由检察机关以量刑建议的方式,向法院提出酌情从轻或减轻处罚。这给了案件承办人较大的自由裁量权,即可以自主决定什么案件应撤诉,什么案件不应起诉,什么案件应进入审判程序。对此,在没有法律或司法解释约束下仅依靠领导的层层把关,仍不足以消除办人情案、关系案、金钱案的可能。[①] 对刑事和解案件不同机关处理模式的不同,必然会导致对当事人尤其是犯罪嫌疑人实际处理的不公正:在某个地区可能和解,在另一个地区和解的可能性就非常小;在这个地区和解后最终处理结果是撤案,在另一个地区则相对不诉。也许撤案、不起诉、判处刑罚都符合法律的要求,但对犯罪嫌疑人来说,量刑的种类、长短以及最后的处理影响着司法在其心目中的公正性。检察机关享有的裁量权限也为司法腐败的滋生提供了可能。

第五,犯罪嫌疑人的经济状况可能导致刑罚适用不平等的问题亦制约刑事和解制度的适用。刑事和解制度从实施情况来看,有无赔偿已成为是否适用和解制度的重要决定因素。但能够通过刑事和解达成协议的往往是那些家庭经济条件优越的犯罪嫌疑人,他们在履行了经济赔偿责任后,容易得到被害人的谅解,从而获得从轻或者减轻处罚的处理结果;而那些家庭经济条件差的,因为没有条件赔偿,无法达成和解协议,会受到较重的处理,就可能出现有钱人故意犯罪被免予起诉,没钱人过失犯罪却被告上法庭的情况。刑事和解对于“富人”来说,很容易成为用金钱免予刑罚的“制度依据”,而那些“穷人”在刑事和解面前有一道无法跨越的门槛,可能导致刑事和解只对有钱的犯罪嫌疑人适用而将贫穷的犯罪嫌疑人排除在外的情形。大批穷人,也会因此对司法公正产生怀疑,使人们对于不同社会阶层在违反法律时是否会出现同罪异罚的争论更加表面化,作为现代法治基础的“法律面前人人平等”的基本原则也将受到置疑。一旦社会公众对法律的公平正义产生怀疑,我们建设社会主义法治社会的努力也将会最终成为泡影。同时,刑事和解可能会加剧司法实践中的腐败现象。刑事和解主要是以犯罪嫌疑人对被害人的物质赔偿为内容,经济上有优势的人就可以通过金钱使司法官作出有利于和解的判断(如将案件认定为轻微刑事案件,或者对犯罪嫌疑人作出较轻的处理等),从某种意义上说,刑事和解可能会成为有钱人逃避罪责的“安全通道”。

---

① 徐清、陈刚:《检察环节刑事和解的实践探索》,载 www.sls.org.cn(上海法学网),访问日期:2007 年 5 月 10 日。

第六，刑事和解实际运作程序繁琐，需要协调的环节过多。在刑事和解中，检察机关处于案件处理的中间阶段，要实现刑事和解，检察机关不仅要协调双方当事人的利益，还要与法院、公安部门、各级调解中心沟通。如对一些达成并履行刑事和解协议的案件，检察机关向法院提出从轻、减轻的量刑意见，但如果与法院的协调不到位，判决便会不尽如人意。同时，检察机关办理一个刑事和解案件，往往比按现有司法模式办理一个案件所花的时间及精力更多。检察机关办案都有一定的期限，延长需要经过严格的审批程序。在现有的程序中多了一个和解程序，在没有明确的司法解释出台之前，这段时间必须计算在检察机关自己的办案期限中。在这个案件上耗费的时间多了，只能压缩其他案件的办案时间，使其他一些符合刑事和解条件的案件不能进入刑事和解程序。

二、解决对策

刑事和解作为对刑罚制度的重要探索，在节约诉讼资源、有效化解被害人与犯罪嫌疑人之间的敌对情绪，促进社会和谐稳定方面发挥了重要作用。对于制约检察环节中适用刑事和解制度的因素，应在严格依法的前提下，采取针对性措施予以解决。

第一，转变传统刑事司法理念，树立现代刑事司法理念。在现代法治社会，我们应对传统刑事司法理念进行反思。传统刑事司法理念认为对犯罪嫌疑人处以刑罚是基于报应和赎罪，它关注的是："谁违反了刑法？""违法者应处以何种刑罚？"其后果是，犯罪嫌疑人被监禁在监狱里。而现代刑事司法理念认为，刑罚是为了改造罪犯、保护被害人并保卫社会，它关注的是："谁受到了犯罪侵害"、"他们所受侵害如何才能弥补恢复？"其结果是，被害人得到补偿、犯罪嫌疑人悔罪认错、社会关系得到恢复。由于刑事和解的核心价值理念是被害人保护思想，体现了对被害人和犯罪嫌疑人进行司法保护的理念，有利于兼顾被害人和犯罪嫌疑人的利益，反映并体现了新的刑事观念如刑事诉讼的经济性、刑罚的开放性、谦抑性、行刑的社会化等，符合当今世界刑罚由监禁刑和罚金占主导地位到监禁替代措施占主导地位的演进规律。[①] 因此，要切实转变检察人员崇尚

---

① 储槐植：《试论刑罚机制》，载《改革开放与刑法发展》，中国检察出版社 1993 年版，第 148 页。

重刑的思想观念，引导他们树立正确的刑罚观，消除刑事和解制度在司法环节适用中的观念性制约因素。

第二，完善刑事立法，加快刑事和解的立法进程。一是以立法方式扩大刑罚种类和非监禁刑的适用。我国刑法典对于刑罚种类和非监禁刑的有关规定与目前国际上刑罚轻缓化的趋势严重脱节。我们应积极总结北京等地在社区矫正上的试点经验，修改现行刑法典，增加非监禁刑的种类和扩大非监禁刑的适用。二是把刑事和解纳入简易程序中。为了加强检察机关在刑事和解中的监督作用，在引入刑事和解制度时不应脱离诉讼过程形成独立程序，而应将其纳入我国刑事诉讼程序中。应首先在简易程序中增加刑事和解环节，在积累一定经验后再扩展到其他诉讼程序中。三是明确刑事和解的适用条件。刑事和解的适用应具备以下两个条件：(1) 犯罪嫌疑人的有罪答辩。犯罪嫌疑人认罪是刑事和解的先决条件，有罪答辩意味着犯罪嫌疑人承认犯罪行为是自己所为。如果没有犯罪嫌疑人有罪答辩的先决条件，则无法实现刑事和解为被害人提供疏通情感阻滞渠道的预期目的。(2) 和解必须出于双方自愿。自愿是刑事和解程序的启动必要条件之一，包括被害人和犯罪嫌疑人双方自愿，即无论是犯罪嫌疑人的悔罪、道歉和赔偿还是被害人放弃对犯罪嫌疑人刑事责任的追究，都必须出自双方的真实意愿。四是明确适用刑事和解的案件范围。限定适用刑事和解的案件范围是一个十分重要的问题：范围过宽，难以有效实现国家的刑罚权；范围过窄，则不利于提高刑事诉讼效率。因此，根据我国实际情况，适用刑事和解的案件范围应限于：轻微刑事案件，包括轻伤害、普通交通肇事、财产犯罪如盗窃、数额不大的诈骗、抢夺、敲诈勒索等；未成年人犯罪的各类案件；可能被判处 3 年以下有期徒刑的、社会危害性较小的偶犯、初犯、老年犯或过失犯罪；预期法定刑为 3 年以下有期徒刑、拘役、管制、罚金等罪行较轻的刑事犯罪；预备犯、中止犯、团伙犯罪中的胁从犯等等。当然，考虑到刑事案件的复杂性，即使是属于可以和解范围的刑事案件，也不是必然要进行刑事和解，对于不适合进行刑事和解的，仍然适用公诉程序。犯罪情节恶劣、严重侵犯国家和公共利益的重大犯罪、毒品犯罪、贪污贿赂犯罪、危害国家安全的犯罪和单位犯罪等无被害人的犯罪不能适用刑事和解，累犯及应当数罪并罚的案件，也不适用刑事和解。五是明确规定刑事和解协议的法律效果和检察机关刑事和解的结案方式。立法应明确规定刑事和解协议对双方当事人和对司法机关的约束力。如果在刑事和解过程中，双方在规定期限内不能达成和解协议，那么案件马上重新转入司法程序，按照正常的司法程序去处理。如果双方能够达成和解协议，在司法机关对刑事和解的自愿性、合法性确认的前提下，司法机关对其予以认可，并且在履行后，和解协议可以作为案件终结的依据；如果达成和解协议后犯罪嫌疑人没有自觉履行，那么也不会如其他判决一样被强制履行，犯罪嫌疑人也无需承担违约责任，唯一的法律后果是刑事和解程序终止，进入司法程序，而且在随后的司法程序中不能以此作为加重对犯罪嫌疑人处罚的理由，犯罪嫌疑人参加刑事和解的协议内容也不得作为司法程序的证据使用。为了能保证和解协议得到履行，并以和解协议的履行情况作为法律效果的依据，可以推广暂缓起诉制度。在犯罪嫌疑人与被害人达成和解的情况下，以暂缓起诉为手段，在暂缓起诉的期限内，根据犯罪嫌疑人是否自觉履行和解协议的情况决定是否起诉。① 立法应对检察机关刑事和解的结案方式作出规定，检察机关刑事和解的结案方式应包括：(1) 建议撤案。这一方式适用于“可不作为犯罪处理”的案件。如一些案件在刑事和解后，犯罪嫌疑人的行为依据法律可不作为犯罪处理，即可建议侦查机关撤案。(2) 作出不起诉决定。包括绝对不起诉和相对不起诉。在检察人员主持下进行和解，双方达成协议后，可进一步对犯罪嫌疑人予以训诫，再经法定程序由检察机关作出不起诉决定。(3) 提起公诉并提出从轻、减轻处罚的量刑建议。六是建立被害人人身利益和社会利益保护制度。对此，立法应明确规定：出于影响司法效果的目的而对被害人的人身、财产、名誉、劳动就业等实施的威胁、暴力、贿赂等行为为法律所禁止，违法人员和有此类行为倾向的人员应分别承担刑事责任和限制人身自由的保安处分措施。②

第三，对刑事和解制度进行合理设计，增强对被害人的保护，杜绝司法不公和司法腐败现象的发生。一是合理进行制度设计，防止不同犯罪嫌疑人因赔偿能力不同而导致的司法不公。比较刑事和解可能产生的消极作用，其积极价值是不言而喻的。因此，可以通过科学的制度设计来防止不同犯罪嫌疑人因赔偿能力不同而导致的司法不公。在制度设计时应规定，经济赔偿是通常的和解内容而不是必需的内容。在涉及经济赔偿时，检察人员应根据案件实际情况和犯罪嫌疑人的具体经济条件，向被害

---

① 郑建军等：《我国刑事和解实践存在的问题及完善思路》，载《法制与社会》2006 年第 12 期。

② 马静华：《刑事和解的理论基础及其在我国的制度构想》，载《法律科学》2003 年第 4 期。

人提出多种选择方案；如果被害人执意要求赔偿超过犯罪嫌疑人支付能力的金钱数额，应向其阐明利害关系，反复劝说；如果被害人仍固执己见，则不适用刑事和解，但对未成年犯量刑时，应着重贯彻保护原则。① 并且，对和解协议中的赔偿期限应适度放宽，不必一律规定在达成和解协议时全部付清赔偿款，应允许当事人设定一定的赔偿期限，这样可以给经济上一时有困难的犯罪嫌疑人和解的机会。二是防止犯罪嫌疑人引诱或胁迫被害人进行刑事和解。检察人员在调解前应向被害人和犯罪嫌疑人宣布，如果加害方采取不正当甚至违法的措施影响被害人，迫使其"自愿"进行刑事和解，一经发现或者由被害人提出，将撤销和解，进入刑事诉讼程序并在量刑时作为酌定从重处罚的情节，以此加大加害方的违法成本。同时，检察机关应审查被害人的和解申请是否出于自愿。在接到被害人交来的和解申请和和解协议后，应单独约见被害人，向被害人询问申请是否出于自愿，有没有被强迫，是否要改变主意等；如果协议的内容不合法，应向其指出，并退回被害人重新协商。询问内容应当记录在卷，让被害人审核后签字，以作为作出处理决定的依据。三是加强刑事和解过程的公正性、公开性，防止和解过程中司法腐败现象的发生。实践中，由于检察机关掌握一定的公权力，他们的建议往往会直接促成和解协议的达成，而和解的结果又往往被看成是纯粹私人的处理结果，几乎没有人去关心这种结果是否渗透了检察人员的主观意志，这就给他们权力的发挥带来了很大的空间。为避免出现一方力量过于强大，迫使当事人丧失自由意志或调解机构丧失公正性的情形，应确立相关制度，如刑事和解采取类似于听证的方式，由检察人员主持，犯罪嫌疑人及其代理人、监护人和亲属，被害人及其代理人或监护人、亲属，犯罪嫌疑人生活社区或就读学校人员以及承办案件的侦查机关（部门）人员参与，通过听取被害人陈述和犯罪嫌疑人认错与道歉以及侦查部门的相关意见，然后进行协商，并制作和解协议书；引入回避制度等，实现和解程序的公正；引入人民监督员等社会监督制度，对和解过程的公正、公开、透明进行监督；建立健全告知制度，使诉讼当事人能了解自己的权利；加强对和解协议的监督，对不符合当事人意愿的和解及时纠正；建立和解人员评价体系，促使其认真、合法地履行

---

① 金雅蓉、厉倩雯：《和谐社会语境下的刑事和解制度构建》，载《犯罪研究》2006年第6期。

职责[①]；对检察人员在和解过程中有徇私枉法行为的，要依法追究相关人员的刑事责任。

第四，建立刑事和解适用所需的配套制度。一是扩大检察机关的不起诉裁量权。检察实践中，不起诉裁量权受到人为限制，上级检察机关明确规定刑事案件的不起诉率，事实上将我国检察机关的不起诉裁量权限定在了极小的范围内。这种人为控制不起诉率的做法，不仅不利于刑事和解的推行，同时也是违反客观规律的。为了维护犯罪嫌疑人的合法权益，保证诉讼的公正与效率，应当扩大检察机关的起诉裁量权，使检察人员可以根据案件的不同情况酌情作出不起诉决定。二是进一步落实量刑建议权。量刑建议权是公诉权的一部分，但如何使量刑建议权落到实处，仍是困扰司法实践的一个难题。如果在审查起诉阶段犯罪嫌疑人与被害人达成和解协议，并已实际履行，检察机关在公诉时提出从轻、减轻处罚的量刑建议，但审判机关未予充分考虑，也会使这一制度的实际效果落空。检、法两院应联合出台相关司法解释，将犯罪嫌疑人履行刑事和解协议作为法定从轻、减轻或者免除处罚的情节，在量刑时给予充分考虑。[②]三是建立公益机构，设立援助基金，提供国家补偿。在一些符合刑事和解条件的案件中，由于犯罪嫌疑人家庭条件差，即使他有和解的真诚意愿，但很可能因无力承担金钱给付责任而得不到被害人的谅解，导致失去和解机会。因此，为了保证刑事和解的平等性，可由国家提供补偿。补偿基金来源可由三部分组成：可以从刑事和解节约的司法成本中获得；从其他犯罪嫌疑人向公益机构支付的赔偿金中获得；可以由社会各界人士自愿捐款募得。[③] 四是完善刑事和解程序，提高和解效率。现行刑事和解程序中存在诸多的不合理之处，在许多环节上造成了司法资源的浪费，一定程度上阻碍了刑事诉讼效益的提高和刑事诉讼目的的实现。提高刑事和解的诉讼效益，除了提高司法人员的素质外，最根本的还是要尽量减少诉讼环节，使刑事和解在最短的时间内完结。对当事人在诉讼过程中自行达成和解协议的，检察机关应根据当事人的申请依法确认和解协议，以提高刑事和解程序的效率。

---

① 徐清、陈刚：《检察环节刑事和解的实践探索》，载 www.sls.org.cn（上海法学网），访问日期：2007 年 5 月 10 日。

② 何书生：《刑事和解利于当事人权益双向保护》，载《检察日报》2007 年 1 月 12 日。

③ 同上。

刑事和解制度的实践运行虽然面临着一些问题，但刑事和解体现的以人为本、尊重诉讼当事人尊严的司法理念，使其具有更加深刻的社会意义，也可以为广大人民所接受。当前，我们要看到刑事和解制度存在的合理性和必要性，在实践中对其进行进一步的探索与完善，取得一定经验后再逐步推广，使刑事和解制度在构建社会主义和谐社会中发挥应有的作用。

刑事和解在司法实践中亟待解决的几个问题

钱　诚*

刑事和解作为一种新型的刑事问题的解决方式，在构建社会主义和谐社会的大背景下已经得到我国学界和实务界的广泛认同，很多地方政法机关、尤其是检察机关都进行了一些有意义的尝试，取得了明显的效果。但是在司法实践中，由于客观上缺乏一个权威的规范性文件或司法解释对刑事和解进行界定，加上刑事和解制度的理论基础和指导思想多元化，以及个别地方、个别部门受利益驱动、脱离工作实践刻意为追求创新而创新的片面政绩观作祟等原因，造成各地、各部门在执行刑事和解中存在着适用范围、处理方式、启动模式和条件、调解（停）人和调解程序等诸多方面的不统一，制约着刑事和解制度的发展。这些问题如不及时解决，势必影响社会的和谐稳定，冲击社会主义法制的统一和权威。

一、司法实践中刑事和解的基本情况

刑事和解，是指在刑事诉讼过程中基于当事人自愿，通过调停人使受害人和加害人共同协商，就民事部分达成和解协议后，国家专门机关依法不再追究加害人刑事责任或者给予其减轻、免除刑事处罚的一种案件处理方式。

目前，很多地方政法机关、尤其是检察机关都在尝试刑事和解。特别是2006年12月28日最高人民检察院《关于检察工作中贯彻宽严相济刑事司法政策的若干意见》等三个文件下发后，各地检察机关对刑事和解机

---

* 钱诚，河南省沈丘县人民检察院检察官，国家检察官学院法律硕士研究生。

制的探索实践更是如火如荼,也引起了学者、理论界及司法实务工作者对刑事和解的广泛关注、讨论和研究。有的检察院还作了专门的规定,如:北京市朝阳区人民检察院制定了《轻伤案件处理程序实施规则》,北京市委政法委印发了《关于北京市政法机关办理轻伤害案件工作研讨会纪要》、湖南省人民检察院制定了《关于检察机关适用刑事和解办理刑事案件的规定(试行)》、江苏省无锡市公检法司四机关联合出台了《关于刑事和解工作的若干意见(试行)》、河南省郑州市人民检察院出台了《关于贯彻宽严相济刑事司法政策的若干规定》、山西省太原市人民检察院出台了《办理轻微刑事案件适用刑事和解的规定(试行)》等,在一定程度上推动了刑事和解的探索和实践。但是,由于没有统一的刑事和解规范性文件,各地在司法实践中的做法各不相同,存在若干亟待解决的现实问题。

二、刑事和解在司法实践中存在的问题及原因

一是适用范围不统一。大多数检察院规定,刑事和解仅限于轻微刑事案件和未成年人案件。如河南省周口市人民检察院规定,在处理轻伤害案件、交通肇事案件、赃物案件和未成年人案件中,当事人自愿达成和解协议的,可以依法对犯罪嫌疑人作出从宽处理;北京市朝阳区人民检察院规定刑事和解适用于因民间纠纷引起的轻伤害案件,并尝试将这项制度有条件地适用于轻伤害意外的一些轻微刑事案件;昆明市检察机关将其限制在一些可能判处 3 年以下有期徒刑、拘役、管制以及或者单处罚金的轻微刑事案件以及被害人可以提起自诉但公安机关立案侦查并移送检察机关审查起诉的案件;太原市人民检察院规定:刑事和解适用于犯罪嫌疑人具有法定从轻、减轻、免除处罚情节的,犯罪嫌疑人系过失、初犯、偶犯的,犯罪嫌疑人系未成年人、老年人或在校学生的,被害人有明显过错的,案件由亲友、邻里、同事或同学间等纠纷引起的等五种情形。由此看出,各地在实践中对刑事和解的适用范围是不统一的。这将导致犯同样的罪的犯罪嫌疑人因管辖地域不一样,而承担不同的刑事处理结果。

二是对案件的处理方式不统一。如北京市检察机关在适用刑事和解结案的 667 个案件中,移送公安机关撤案的 534 件,占 80.1%,相对不起诉的 129 件,占 19.3%,起诉的仅占 4 件。上海市检察机关规定,可以根据案件不同情况建议侦查机关撤回案件,也可以作出相对不起诉决定。湖南省检察机关则规定,可以依法对犯罪嫌疑人、被告人不批准逮捕、或者不起诉、或者起诉后建议法院从轻、减轻处理。无锡市检察机关则是将

处理方式划分为非刑罚化和处刑轻缓化两类，并向前延伸到侦查机关，向后延伸到审判机关，横向扩展到社区矫正。也有一些地方检察机关视具体案件情况而定，不作具体规定，灵活性较大。

三是启动模式和条件不统一。实践中，启动刑事和解的模式有两类：一种是积极启动模式。即办案人员认为符合刑事和解的案件，先填写启动刑事和解程序审批表，经部门负责人审核后报请主管领导批准后，向相关人员送达适用刑事和解程序通知书，确定和解的具体时间、地点、和解内容、参加人员等。山东烟台市人民检察院、河北省石家庄市裕华区人民检察院、上海市杨浦区公、检、法机关、江苏省南京市人民检察院、江苏省无锡市公检法机关等均是国家专门机关及其工作人员依职权积极启动刑事和解模式。另一种是消极启动模式。即国家专门机关及其工作人员不主动提出哪些案件适用刑事和解程序，而是基于案件当事人双方自愿达成民事部分的和解协议后，向国家专门机关书面申请减免对犯罪嫌疑人的刑事处罚或不要求追究其刑事责任，国家专门机关依法作出相应的“从宽”处理的一种模式。如：北京市委政法委《关于北京市政法机关办理轻伤害案件工作研讨会纪要》明确规定，对确因民间纠纷造成的轻伤害案件，犯罪嫌疑人、被告人的犯罪情节轻微，有悔罪表现，已全部或部分承担被害人医疗、误工等合理赔偿费用，被害人不要求追究其刑事责任、双方自愿协商解决的，可由双方自行协商解决并达成书面赔偿协议。此类案件，在被害人向政法机关出具书面申请后，可以按照规定作出撤销案件、不起诉、免予刑事处分或判处非监禁刑等决定。河南省周口市检察机关虽未作出书面规定，实践中也是这样操作的。其他地方的一些检察机关也有采取基于当事人书面申请的消极启动刑事和解模式的。

关于刑事和解的适用条件，各地掌握不尽一致。有的地方须符合两个条件：一要加害人的有罪答辩，二要双方同意、自愿，即可启动刑事和解程序。有的地方除符合上述条件外，又附加了若干条件：如案件必须有明确的受害人；案件事实清楚、证据确实充分；加害人必须履行完和解协议内容；受害人必须提出书面申请；以及有社区矫正条件等等。

四是调解（停）人和调解程序不统一。有的地方委托人民调解委员会进行调解，如南京市检察院、司法局、“大调解中心”会签的《南京市轻罪案件委托人民调解的实施意见》规定，检察人员将符合条件的案件交给基层的人民调解委员会进行民事部分的协商解决。上海市杨浦区的做法是：对于公检法符合委托调解的案件，由司法机关告知当事人可以调解，当事人同意调解的，由双方填写申请书，由司法机关委托人民调解委员会调解。而山东烟台市检察院由社区综合治理办公室负责人主持和解座谈会。更多的地方则是基于当事人自愿同意由第三人进行从中斡旋，进行调解。至于调解程序，凡委托人民调解委员会进行调解的，都有一套相对比较规范固定的调解模式、调解程序、调解文书。山东烟台检察院委托社区综治办主持调解的，也规范了一套相对比较固定的调解内容、程序、调解文书。凡是由当事人自愿寻找调解（停）人的，调解程序没有统一模式，调解方式、调解文书也不固定，最简单的就是事先拟好一份调解协议书，征求双方意见进行修改，直到双方达成一致，签字生效为止。

五是不同地方公检法三机关在刑事诉讼不同阶段，对刑事和解的认识和适用不统一，执法思想不够统一。有的地方，如北京市由政法委牵头召开研讨会，形成会议纪要，对政法机关适用形势和解政策进行统一规范，公检法三机关步调一致，互相配合，执法思想较为统一。江苏省无锡市和上海杨浦区采取公检法司会签文件的办法，统一执法思想，认识也较为协调一致。但多数地方是检察机关一头热，公安机关只做不说，或者不说也不做；法院采取诉就判、不诉就算的态度，对如何适用刑事和解基本上是不沟通、不协调，表现在行动上是冷热不均。导致社会各界对检察机关搞刑事和解信心不足，前景不明，权威性不高。

六是监督制约机制和案件考核评查机制不统一。石家庄市裕华区检察院邀请纪检部门参加刑事和解会议，每年实行案件回访，进行现场监督和事后监督，要求所有案件必须在案管中心登记，加强内部监督。烟台市检察院邀请律师参加调解会议，加强外部监督。河南省周口市检察机关要求适用宽严相济刑事政策“从宽处理”的案件实行双报批、双备案制度。即事前分别报本院检察长、检委会研究和上级院业务部门批准，事后分别备案，加强上下监督。有些地方则缺乏必要的监督制约机制。至于适用刑事和解案件考核评查机制，在司法实践中尚不多见。

造成上述问题的原因是多方面的，客观上，缺乏一个权威的规范性文件或司法解释对刑事和解进行界定；各地都是在探索中摸着石头过河。主观上，大致有两方面原因：一是理论基础和指导思想多元化，导致司法实践行为的多元化。有的以中国传统的和合文化作指导、有的以和谐社会理论做指导，有的以西方恢复性司法理论作指导，有的以犯罪学非正式控制理论做指导，还有的以平衡理论、叙说理论、恢复正义理论指导等等，不一而是。思想决定行动，理论指导实践。这种理论基础和指导思想上的多元化，必然会导致司法实践行为的多元化，这是其一。其二是“刑事和解乃至整个司法改革的利益驱动和狭隘动机”，以及严重脱离工作实践、刻意为追求创新而创新的片面政绩观，也是导致刑事和解实践多元化不可忽视的一个重要原因。

三、规范刑事和解机制的若干建议

一是必须有统一的理论基础和指导思想。对任何一种制度或者机制，都要首先从理论上说清楚，从指导思想上弄明白，刑事和解也不例外。我们认为，目前中国的刑事和解制度作为司法实践中的一项探索，应该以中国特色社会主义理论为统一的理论基础，以社会主义法治理念为指导，充分吸纳借鉴西方司法文明的合理内涵，继承中华民族传统文化的优秀成果，紧紧结合当代中国的司法实践，形成有中国特色的刑事和解制度。对西方司法文明和传统优秀文化成果任何时候都不能照搬照抄，应当辩证地吸收，批判地继承。

二是必须统一公检法三机关在刑事诉讼不同阶段适用刑事和解的认识和操作规范。我个人认为，公检法三机关在刑事诉讼的不同阶段都可以适用刑事和解。具体思路是：对于公安机关在立案后，审查批准逮捕前，当事人双方自愿就民事部分达成书面和解后，基于受害人书面申请，公安机关可先行变更强制措施，报检察机关侦查监督部门备案审查后，再作出撤销案件决定；对于在批准逮捕后，侦查终结前符合刑事和解条件的，公安机关应先变更强制措施，向检察机关公诉部门提出不诉意见书，由检察机关作出不起诉决定；对于检察机关在审查逮捕阶段符合刑事和解条件的，由检察机关作出不捕决定，建议公安机关撤销案件；对于检察机关在审查起诉阶段符合刑事和解条件的，由检察机关作出不起诉决定或建议法院减免量刑；公诉案件在法院审判阶段符合刑事和解适用条件的，法院可以依法作出减轻或免除刑罚的判决；自诉案件在法院审判阶段符合适用刑事和解条件的，法院可以撤销案件或依法作出减轻或免予刑罚的判决。

三是必须对刑事和解的案件范围作出统一的限制性规定。我们认为，对于熟人之间因纠纷引起的轻微刑事案件、未成年人实施的轻微犯罪案件、陌生人之间发生的过失案件可以适用刑事和解。但对于累犯，黑恶势力伤害他人的，作案手段恶劣、动机卑鄙，严重违背公序良俗、社会影响极度恶劣的，持凶器或雇凶伤害他人的，被害人受胁迫、控制达成和解协议的不适用刑事和解。重大刑事案件和陌生人之间的故意犯罪不宜适用刑事和解。

四是在刑事和解启动模式和调解人的选择上,我们认为,应引入当事人意思自治原则和基于当事人书面申请的消极启动模式。这样既有利于保持国家专门机关及其工作人员保持中立,亦可节约司法资源、节省司法成本。同时还可防止当事人越级上访、恶意缠诉问题的发生。

五是必须加强对刑事和解的监督制约和考核评查。要加强内部的监督,实行严格的审批机制。对适用刑事和解程序的案件,必须报经单位领导批准或提请局长办公会、检委会、审委会集体讨论决定后,方可进入刑事和解程序。上级机关还要加强对下级机关的监督和考核评查。凡适用刑事和解的案件,要向上级机关备案审查。上级机关每年要对下级机关刑事和解工作开展情况进行考核、评查,及时发现问题,掌握情况,纠正偏差,引导实践。

要健全外部监督制约机制。首先要加强公检法三机关的监督与制约。(1) 建立备案审查制度。公安机关对刑事案件适用刑事和解程序,应将案件材料报送检察机关,接受审查监督。(2) 建立复议复核制度。公安机关对检察阶段适用刑事和解后不诉或要求公安机关作撤案处理的案件存有异议的,可以申请复议复核。(3) 建立抗诉制度。检察机关对于审判机关适用刑事和解案件有异议的,可以采取发检察建议或抗诉等方式予以监督。其次,建立长效的社会监督制约机制。公安机关的刑事和解应将人民调解员纳入其中,检察机关的刑事和解应将人民监督员纳入其中,审判机关的刑事和解应将人民陪审员纳入其中。最后,接受人大的监督。公检法三机关应定期向人大及其常委会报告开展刑事和解工作,或定期邀请人大代表视察刑事和解工作。

刑事和解试点工作的现状、问题及对策

王国忠　刘　慧*

刑事和解作为一种新兴的刑事案件处理机制，对于化解社会矛盾、促进社会和谐具有一定的理论意义和现实意义。自2006年11月3日，湖南省人民检察院出台《关于检察机关适用刑事和解办理刑事案件的规定(试行)》(以下简称《规定》)之后，湖南省检察机关办理了一批刑事和解案件，取得了较好的办案效果和社会效果。这些刑事和解案件的办理，淡化了刑事犯罪所带来的负面影响，使被害人的损失得到了及时、充分、有效的补偿，修复了犯罪行为所破坏的社会关系；提高了诉讼效率，节约了诉讼成本，为犯罪者回归社会、平抑社会冲突创造了良好条件，促进了和谐社会的构建。最近，对湖南省长沙市检察机关刑事和解试点工作情况进行了一次专题调查，现拟对湖南省最具代表性的长沙市检察机关刑事和解试点工作的现状、问题与对策作一剖析和探讨。

一、当前刑事和解试点工作的现状

根据《规定》的规定，刑事和解是指犯罪嫌疑人、被告人以具结悔过、赔礼道歉、赔偿损失等方式得到被害人的谅解，被害人要求或者同意司法机关对犯罪嫌疑人、被告人依法从宽处理而达成的协议。检察机关经过审查，认为刑事和解合法、真实、有效，依法对犯罪嫌疑人、被告人不批准逮捕，或者不起诉，或者起诉后建议法院从轻、减轻判处刑罚。

---

* 王国忠，湖南省人民检察院法律政策研究室副主任、法学博士；刘慧，湖南省长沙市人民检察院法律政策研究室主任。

据调查,至2007年5月止,长沙市检察机关共办理刑事和解案件141件180人,其中适用刑事和解政策不捕101人,不起诉51人,向法院提出从轻处罚的量刑建议25件28人。在这些刑事和解案件中,民间纠纷引起的故意伤害案件几乎占了案件总数的一半,交通肇事案件、盗窃案件以及未成年人犯罪案件均占了相当大的比例。

为切实做好刑事和解工作,长沙市检察机关各单位都按照上级的要求,结合本地工作实际自行摸索制定了既体现轻缓政策又注重检察职能、具有较强操作性的实施细则,形成了自己的办理模式。

(一) 明确了刑事和解的适用范围

为了防止刑事和解的随意性,明确了可以适用刑事和解政策的案件范围及具体标准。有的单位规定:在审查批准逮捕环节,只要属于初次犯罪,过失犯罪,主观恶性不大的;处于从属地位的;系被诱骗、胁迫参加的;平时一贯表现较好,确有悔罪表现的;有犯罪预备、中止、未遂情节的;有自首、立功情节的;被害人有过错的;系未成年人或在校学生的;老年人、严重疾病患者、盲聋哑人或者怀孕、哺乳自己婴儿的妇女;因亲友、邻里等之间的纠纷引发的刑事案件等10类情况,且符合刑事和解范畴,并已达成刑事和解的,一般不予批准逮捕、起诉。但是,对于构成犯罪的犯罪嫌疑人,虽然可以达成刑事和解或已达成刑事和解,如果不予批准逮捕,有可能影响诉讼的,一律批准逮捕。如犯罪嫌疑人无固定住址及无帮教、管教条件,不主动交代犯罪事实、没有悔罪表现的,只要构成犯罪,一律批准逮捕。在审查起诉环节,重点对犯罪嫌疑人与被害人有特殊关系的轻微刑事案件、犯罪嫌疑人系未成年人的轻微刑事案件以及涉访涉诉的轻微刑事案件等三类案件实行刑事和解政策。

(二) 完善了刑事和解的程序

一是明确了办案程序。有的单位在刑事和解实施细则中规定:适用《规定》必须具备以下条件:必须由被告人、犯罪嫌疑人、被害人及其家属、辩护人、诉讼代理人申请检察机关适用《规定》办理刑事案件,必须提交刑事和解调解书,必须严格审查刑事和解调解书的真实性、合法性,要经承办人提出意见、部门集体讨论同意、主管检察长或检察委员会决定,召开刑事和解会议,不诉的要公开宣布处理决定。

二是有的单位将办案人员分组,根据案情的繁简程度和办案干警的专业特长、水平高低,对刑事案件繁简分流、分工办理。如将侦查监督部门的办案干警分为专门办理轻微刑事案件、未成年人犯罪案件和专门办理重大、疑难、复杂案件两个办案小组;将公诉部门的办案干警分为三个办案小组,分别办理轻微刑事案件、未成年人刑事案件和疑难重大案件。

三是建立了轻微刑事案件快速办理机制。有的单位规定对案情简单、事实清楚、证据确实充分、可能判处3年有期徒刑以下刑罚、犯罪嫌疑人认罪的案件,适用快速办理机制。如对不需要在审查逮捕环节进行刑事和解犯罪嫌疑人已被拘留的,在3日内作出是否批准逮捕的决定;未被拘留的,在5日内作出是否批准逮捕的决定;对需要在审查逮捕环节进行刑事和解的,则在法定时间内作出是否批准逮捕的决定。规定快速办理轻微刑事公诉案件的审查期限为20天,且不得适用退回补充侦查、延长审查期限的程序。这些案件移送法院时,建议法院快审快结。从而确保了轻微刑事案件从快批捕、起诉,缩短办案期限,提高诉讼效率,节约诉讼资源。

四是有的单位为加强外部监督,还将刑事和解案件纳入了人民监督员监督的范围,听取人民监督员的评议和意见,在检察院主持调解时请人民监督员到场监督,以杜绝暗箱操作。

(三)摸索了刑事和解案件的办理模式

一是对情节轻微,初犯、偶犯或未成年人涉嫌犯罪的轻微刑事案件,依法作出不予批准逮捕的决定。如在办理一起中学生聚众斗殴案时,主动协调,在做了大量的刑事和解工作之后,对高考前夕涉嫌聚众斗殴的15名在校高中生依法全部不捕,并联合家长、学校进行帮教,7名高一、高二学生得以继续完成学业;8名高三学生有机会参加高考,其中除1人外出打工外,7人考上了大学,社会反响很好。

二是对已达成刑事和解协议、采取取保候审措施不妨碍诉讼进行的案件,依法改变强制措施。如在办理王某故意伤害案过程中,检察机关办案干警二次提审犯罪嫌疑人、三次找被害人谈心,促成双方达成和解协议,弥补了被害人所遭受的经济损失。鉴于犯罪嫌疑人王某有悔改表现,积极赔偿,其家庭生活困难,遂依法对其改变强制措施。作为家庭经济支柱的犯罪嫌疑人王某被取保候审后,对办案干警连连道谢,被害人拿到赔偿款时,更是激动得热泪盈眶,非常感谢检察院帮他及时拿到了治伤的钱。

三是对情节轻微、赔偿全部到位、被害方要求从轻处理的案件,依法作不起诉处理。如郭某某因丢失了100元钱想挽回“损失”,到某工地将价值人民币一千四百余元的工地综合楼主电缆线剪断盗走,其中一部分卖后得赃款45元，另一部分藏匿在工地。次日晚，郭某某再次到工地转移赃物时被当场抓获。鉴于郭某某系未成年人，其犯罪情节较轻，且经协调其家属已向被害单位赔偿了损失，被害方表示原谅并请求对其免予刑罚，双方就此达成刑事和解协议，遂决定对郭某某不起诉。

四是对犯罪情节较重的刑事和解案件，依法向法院提出从轻处理量刑建议。如在办理李某某故意伤害案时，该案犯罪嫌疑人李某某因鞋子质量问题与卖方发生纠纷，将对方打成1人重伤1人轻伤，李某某负案潜逃达11年之久，被害人因被打伤，造成生活困难，对李某某积怨甚深，并多次上访。2006年10月李某某被抓捕归案后，检察机关积极做双方当事人的工作，促使双方和解，李某某受到了深刻的法制教育之后，深感愧疚和后悔，表示要对受害人给予经济和精神上的赔偿。随后检察机关召开刑事和解会议，李某某赔偿受害人3.6万元，被害人谅解了李某某，并要求司法机关对李某某从轻处理。据此，检察机关在依法向法院提起公诉的同时，提出对李某某从轻量刑的建议，后法院判处李某某有期徒刑3年，缓刑4年。

二、刑事和解试点工作存在的问题

根据《规定》的规定，刑事和解赋予了被害人选择程序的自由，有利于发挥被害人的主观能动性，理性地选择最及时、最有效地保护自己合法权益的程序，有利于被害人的权益的保护和犯罪人行为的有效矫正，有利于恢复平衡被破坏的社会关系，减少不必要的诉讼环节，提高刑事诉讼的效率。据调查，检察机关在办理刑事和解案件中主要存在如下一些困难和问题：

第一，适用刑事和解的案件整体上来说数量不多。从办案数量来看，适用刑事和解的不捕、不起诉的案件所占比例不高，其原因是公安机关由于有办案指标要求，重打击，往往不愿意撤案，尤其是对嫌疑人采取过刑事拘留措施的案件，上级公安机关规定不得撤案。检察机关侦查监督部门由于受执法质量考评的影响，对已批捕的案件，也不同意公安机关撤案，致使一些符合撤案条件的案件进入审查起诉阶段。而公诉部门也由于各种原因，不敢放手行使不起诉权，因此刑事和解案件的办理在一定程度上受到局限。

第二，适用刑事和解的案件范围不明确。最高人民检察院至今没有出台关于办理刑事和解案件的规定，湖南省人民检察院出台的《规定》第

4 条规定:依照规定处理的案件主要是轻微刑事案件和未成年人刑事案件。但对于哪些是轻微刑事案件并没有明确予以界定,因而在办案实践中难以把握。如犯罪嫌疑人、被告人的行为构成犯罪按《刑法》条文可能判处 3 年以上有期徒刑,但其具有自首、立功等法定从轻、减轻处罚情节的案件,是否适用刑事和解,各地理解不一。又如寻衅滋事案件能否适用刑事和解,寻衅滋事罪法定刑虽为 5 年以下有期徒刑、拘役或者管制,但要判处 3 年以上的有期徒刑除非是有 2 到 3 次寻衅滋事,对于只有 1 次寻衅滋事,致人轻伤,可能判处 3 年以下有期徒刑,双方达成调解协议的案件能否适用刑事和解的也理解不一。从《规定》来看,这两类情形应该可以适用,但从寻衅滋事侵犯的客体来看,其侵犯的主要客体是公共秩序,人身权利是侵犯的次要客体,如达成刑事和解,虽对人身伤害给予了赔偿,但对社会公共秩序破坏似乎并没有得到修复,就会出现个人处分"公权力"的疑虑。

第三,刑事和解的宣布形式不明确。当事人双方达成刑事和解协议,被告人被作相对不起诉处理后,没有明确规定如何公开宣布。检察机关有时采取听证会、有时采取座谈会的形式宣布,有时通知双方当事人、村组或街道及所在单位负责人简单宣布。但对于未成年人尤其是在校学生涉嫌犯罪案件,在学校或当地开听证会公开宣布又可能给加害人造成新的心灵创伤,伤害其尊严,但不将有关人员召集开会进行帮教又怕达不到刑事和解效果。如有一个单位办理了两件刑事和解的案件,一件在当地开会公开宣布效果很好;另一件未成年人罗某盗窃案不起诉决定作出后,办案单位想到当地和学校宣布,就需要考虑对罗某带来的负面影响。

第四,被害人是否包括被害单位不明确。盗窃价值 1 万元以下案件应属于轻微刑事案件,盗窃案中有时盗窃的是被害单位的财物。而根据《刑事诉讼法》第 82 条第 2 项中的被害人按通说理解应是狭义的被害人即自然人。但在办案实践中,刑事和解中所指的被害人是否包括被害单位理解上有分歧,致使操作不一。

第五,刑事和解的程序不规范。目前刑事和解的方式比较单一,办理刑事和解案件的程序缺乏统一的规范性操作规程。刑事和解的前提要进行经济赔偿,但赔偿却缺乏标准。有的被害人因某种原因不能亲自到场,由诉讼代理人和犯罪嫌疑人、被告人达成刑事和解协议,事后被害人又因某种原因和诉讼代理人在赔偿金的问题上产生新的纠纷。有的被害人漫天要价,犯罪人一方则迫于无奈只好同意,由此容易导致反悔等新的矛盾产生。如唐某某盗窃陈某一台价值1300余元的窗式空调，案发后赃物追回，陈某并没受到经济损失，但唐某某的父母考虑到其还很年轻，希望其能够得到从轻处理，便主动找被害人协商，赔礼道歉，陈某却提出要其买一台价值3000元的新分体式空调，再赔偿几百元损失，唐某某的父母明知对方要价过高，但仍然答应了其要求。有的被害人则在达成协议后反悔，导致不能适用刑事和解相关规定。如罗某某故意伤害案，在达成赔偿协议后，被害人反悔，检察机关核实时，被害人仍然要求追究其刑事责任。还有的案件在公安机关已经达成调解协议，但没有被害人要求对被告人从轻处理的文字材料，案件移送审查起诉后，由于时过境迁，找不到被害人或被害人拒绝出具请求从轻处理文字材料的案件，造成案件难以操作。

第六，刑事和解的实际运作过于繁琐。办理刑事和解案件尤其是要检察机关促成和解的案件，需要花费大量的时间、精力和人力。有时刑事和解需要三番五次地做工作，尤其对一些案件，双方有比较好的刑事和解基础，只是由于赔偿金额有较小差异而需要多次磋商。有的只需1至2天即可起诉，法院也只需以简易程序开庭，包括送达文书，司法机关最多需2至3天时间可以全部结案的轻微刑事案件，而进行刑事和解可能花费10天左右的时间。因为通知人，开会研究，等人进行和解，宣布处理决定等都要时间。据调查，有一个单位办理刑事和解案件从收案到宣布完毕，耗时最少的案件是一件故意伤害案，该案是2007年3月19日收案，2007年4月17日宣布处理决定，共花了28天。耗时最长的也是一件故意伤害案，该案是2007年3月21日收案，2007年4月29日宣布处理决定，共花了38天。这还不包括邮寄给被害人或者其所在单位、社区、村组的时间。众所周知，检察机关办案都有一定的期限，延长期限需要经过严格的审批程序。根据《规定》的第12条的规定，检察机关审查刑事和解的时间计入检察机关办案期限。在这个案件上耗费的时间多了，只能压缩其他案件的办案时间，使得办案干警工作量加大，也可能使得其他一些符合刑事和解条件的案件不能进入刑事和解程序。

第七，刑事和解的透明度不够高。刑事和解是一项新兴的刑事案件纠纷解决机制，是原则性和客观性都很强的政策，但由于目前尚处于探索试点阶段，缺乏统一的具体实施细则，无法保障刑事和解的透明度，是否适用刑事和解在很大程度上依赖于检察机关办案人员的主观裁量，这样容易产生暗箱操作、腐败滋生的问题。

三、加强刑事和解试点工作的对策

根据当前刑事和解试点工作的现状和问题,结合实际,主要应该从如下方面加强刑事和解试点工作:

第一,明确刑事和解的适用范围和操作程序。建议由最高人民检察院制定统一的、切实可行的办理刑事和解案件的规定及其实施细则,明确刑事和解案件的范围、赔偿的具体标准、明确办案的程序,包括刑事和解后宣布不起诉决定时的参加人和形式等等,以增强刑事和解规定的科学性、规范性、操作性,防止办案实践中可能出现的随意性。

第二,明确刑事和解案件被害人包括被害单位。我国刑法规定单位可以构成犯罪主体,单位既然能成为被追究刑事责任的犯罪主体,就能在遭受犯罪行为侵害后成为受害人参加诉讼。我国《刑事诉讼法》已明确单位享有提起附带民事诉讼的权利,从实体权利和诉讼权利同等重要的角度来讲,单位作为被害人的诉讼权利应当与自然人平等。而且被害人为自然人的案件与被害人为单位的案件适用刑事和解并没有本质的区别,不应因犯罪对象所有权属不同而区别对待。赋予单位进行刑事和解的权利,有利于切实保护被害单位的合法权益,增强受害单位的诉讼意识,协助司法机关追究和惩罚犯罪。

第三,公开刑事和解案件的办案经过。凡刑事和解不捕或不起诉的案件都必须经过侦查监督部门或公诉部门集体讨论,分管检察长审批,重大、复杂案件必须提交检察委员会讨论决定,以保证案件质量,杜绝人情案、关系案的发生。对刑事和解不捕案件,应制作“不捕案件说明书”,用书面的形式向侦查机关详细阐述不捕的理由及原因,取得侦查机关的理解和认同。对刑事和解不起诉案件,公开办案经过、公开宣布处理结果等。刑事和解向法院提出从轻处罚量刑建议的案件,集体研究。通过办案公开,加强监督,避免由于适用刑事和解带来不捕、不起诉案件、从轻处罚案件大幅上升过程中的不公正行为,防止权力的滥用和腐败的产生。

第四,切实加强检察队伍的自身建设。要在检察机关内部挖潜上下工夫,采取多渠道、多途径加强对办案干警的培训,提高办案干警的政治素质、道德水平、业务水平和办案能力,提高工作效率,以缓解办理刑事和解案件后而不可避免地出现的人员紧缺、任务加重的矛盾。同时,制订更加科学的考核考评机制,确保案件的处理更加符合司法规律。

轻缓刑事政策的贯彻与刑事和解的探索

易为志*

宁乡县是湖南的一个农业大县，全县人口136万，其中农业人口占90%以上。近几年来，宁乡县刑事发案率居高不下，故意伤害案件占刑事案件的10%以上，轻伤案件又占到故意伤害案件的75%以上。这些轻伤害案件多发生在农村，在一定程度上成为农村的主要不稳定因素。2004年我院办理了这样一个案件：儿子因赡养问题与老父发生纠纷，推搡中致老人轻伤，老人报案后，司法机关按刑事司法程序处理，儿子被判处一年有期徒刑。但正义伸张的背后，却暴露出更尖锐的矛盾：儿子不仅没有从刑罚制裁中真心悔改，反而对老人更加不满；老人虽然将不孝儿绳之以法，但却并没有得到期待的幸福家庭生活，赡养问题依然没有解决。这起案件深刻反映出传统刑事司法制度在某些领域的"无奈"：它不仅没有从根本上保护受害人权益，恢复被损害的家庭关系和社会秩序，反而对原本不和谐的社会关系带来了更为严重的损害。作为基层检察院，在建立和谐社会的大局中，应该成为社会矛盾的调节者，应从单纯地依靠打击犯罪维护稳定层面上升到化解社会矛盾维护和谐的高度。对这些多发于民间的轻伤害案件，在考虑诸多情况下，可不可以引入恢复性司法理念，即以追求恢复犯罪前和谐相处的社会关系为目的，实现被害人、犯罪嫌疑人、社会"三赢"的局面呢？从这一思想出发，我院在司法实践中认真总结探索了贯彻轻缓刑事政策，建立刑事和解机制的新路径。

---

* 易为志，湖南省宁乡县人民检察院副检察长。

一、反思和谐法治的途径

我院对比最近三年来的轻伤案后，对此类案件总结出如下特点：一是发案原因多为民事纠纷。轻伤案件多发生在亲属、邻里、同事之间，90%以上的发案原因为生活琐事、农业生产、经营矛盾、相邻关系等民事纠纷。二是犯罪嫌疑人审前羁押率偏高。2004年、2005年的刑拘率分别为95%、93%，逮捕率分别为83%、71%，起诉阶段取保候审率为0%、6%。三是案件起诉率高而监禁刑判决率低。2004年、2005年的起诉率分别为95%、89%，判处监禁刑的比率仅为15%、19%。此类案件由于检察机关不能放手行使不诉权，使得可不判处刑罚的案件也提交审判，一方面浪费了诉讼资源（逮捕后一般要经过3个月左右的法定程序）；另一方面也使被告人终生背上了刑罚的烙印，不利于其回归社会，被害人也可能得不到经济赔偿。

可见，由于长期以来在执法理念上重视严厉打击刑事犯罪，忽视了对轻微刑事犯罪适用轻缓刑事政策的落实，以及在执法行动上，对严重犯罪从快、从重、从严已成为惯性思维，为了避免承担打击不力的责任，对轻缓刑事政策的适用理解不足，害怕放纵犯罪，对刑事案件只要构成犯罪的就要捕，捕了就要诉，诉了就要判，忽视了区别对待和宽严相济的刑事政策，忽视了办案的法律效果和社会效果的统一，因而在处理这类案件时，呈现出审前羁押率高，起诉率高，判决率高的“三高”特点。

二、规范轻伤案件的处理

这就要求我们正确理解和把握法律的基本精神，主要包括三个方面：现代刑法新理念；和解符合我国文化传统；轻伤案件刑罚轻缓化符合刑法法理。

从我国刑法的发展来看，一般将刑法的任务概括为“惩罚犯罪，保护人民”这八个字，在健全社会主义法制的过程中，司法界对刑法的作用有了全新的认识和提高，1997年我国《刑法》全面修改以来，以尊重人权、保护人权作为刑法价值理念的现代司法制度逐步明确。随着刑罚功能的变迁和被害人人权保护的兴起，恢复性司法应运而生：一方面，人们对刑罚的认识开始由单纯的制裁犯罪转变为矫正犯罪；另一方面，被传统刑事司法所忽略的被害人权益开始受到关注。联合国2002年第11次会议文件《关于在刑事事项中采用恢复性司法方案的基本原则》中提到：恢复性司法通过使被害人、罪犯和社区复原而尊重每个人的尊严与平等，建立理解并促进社会和谐（注：联合国在2002年已提出社会和谐的观点）。这对检察工作适应国际潮流、转变执法观念具有很好的指导意义。

从我国社会现状来看，中国是一个乡土社会，历来倡导“和为贵”，具有“化干戈为玉帛”的文化底蕴，司法上也形成了调解的历史传统。现实生活中，普通百姓比较厌诉，不到迫不得已不上“公堂”，对于纠纷的解决，和解比打官司更有吸引力。像邻里纠纷引发的一些轻微伤害案件，大多是在公安机关或村治保人员的调解下握手言和。这从一个侧面表明：中国不仅具有刑事和解的文化底蕴，而且存在广泛的刑事和解实践。司法正义是一种矫正正义，犯罪损害了他人、社会和人与人之间的关系，国家司法程序就应当修复这种损害。刑事和解在维护成文法权威的前提下，融入了更多的人文关怀，体现了刑事司法从“有害的正义”到“无害的正义”的进步，是法律与道德情感的最佳结合，符合中国传统的文化背景和当下社会的和谐理念。

轻伤案件是多发性轻微刑事案件，属于《刑事诉讼法》第170条第（2）项规定的自诉为主，公诉为辅的轻微刑事案件。说明国家对这类案件行使公诉权主要是考虑对自诉权的补充，主要目的是保护被害人。而这类发生在亲属、邻里、同事之间的轻微刑事案件，如果被害人的报复情感通过和解得到了宣泄，国家便没有再行使公诉权的必要。检察机关在刑事诉讼中处于中间环节，前承侦查，后启审判，同时，检察机关又是法律监督机关，担负着监督法律正确实施的职责，就应该在推行宽缓刑事政策办理轻伤害案件过程中起主导作用。

基于这种理念，2006年我院组织侦监、公诉两个部门开始起草有关文件，七易其稿，三次组织公检法司专家和领导讨论修改，由我院牵头制定了《关于办理轻伤案件适用法律若干问题的意见（试行）》（以下称《意见》），作为我县司法系统办理此类案件的规范性文件，下发给全县各基层司法单位执行，逐步探索出一条“检察主导，公检法司联动，全程序推进轻伤害案件刑事和解”的办案机制。

三、轻伤案件的非监禁化与非刑罚化

首先，以检察院为主导，加强各部门协作，全程序推进轻伤害案件的非监禁化处理。

第一，侦查阶段准确把握立案标准，慎用国家追诉权。对于在公安机关立案侦查前，当事双方已达成和解协议，且情节轻微，社会影响不大，符合《意见》规定条件的案件，公安机关可以不立案，对于已立案的，公安机关可以撤案，检察机关不要求其立案。

第二，正确执行"少捕、慎捕"的刑事政策。逮捕是限制公民人身自由的一种最为严厉的强制措施，对于保证诉讼活动的顺利进行起了重要作用。同时，逮捕这种强制措施对每个案件来说并不是必须的，它加大了国家的诉讼成本，不利于保障被羁押人的人权。在审查批捕中，我们坚持双方已调解，已达成谅解的，不予批准逮捕。另外为防止滥用轻缓刑事政策，保证诉讼的顺利进行，明确规定了九种应当逮捕的情形，体现了具体情况具体分析，区别对待不同的犯罪情形，不搞"一刀切"的模式，在实践中取得了很好的效果，2004 年、2005 年我们办理的轻伤害刑事案件的逮捕率高达 83% 和 71%，而《意见》实施的 2006 年逮捕率下降为 50%，而且公安机关没有一件案件因为不予批准逮捕而要求复议和复核，也无被害人因不服不予批准逮捕而上访的情况。

第三，积极推行羁押复查制度。被羁押的犯罪嫌疑人享有救济的权利：一是申请取保候审的权利，二是对羁押提出异议的权利。犯罪嫌疑人被逮捕后，在侦查阶段、审查起诉阶段应随时进行羁押复查，审查"有逮捕必要"条件是否改变，如有自首、立功、未成年人等法定情节，或者犯罪嫌疑人有悔罪表现，已赔偿被害人损失，或者已表示愿意赔偿并有适当担保，那么逮捕的必要性已丧失，应当改变强制措施。通过羁押复查制度能进一步的降低审前羁押率，更能体现以人为本的精神。2005 年我们办理的伤害刑事案件在审查起诉阶段取保候审的只有 4 人，而 2006 年通过羁押复查在审查起诉阶段取保候审达到了 7 人，均是双方达成赔偿协议，被害人要求从轻处罚的情形，这样既保障了犯罪嫌疑人的合法权益，又有利于促成双方达成和解。

第四，建立健全案件办理"提速"机制。轻伤案件大多事实清楚，证据充分。案件实际上已具备了起诉和审判的条件。侦查、审查起诉主要是程序性审查，因此对于逮捕了的犯罪嫌疑人、被告人的案件应加快案件的办理速度。一是对于事实清楚、证据确实充分的轻伤害案件，及时与侦查机关进行沟通，督促其及早提交公诉。二是对事实清楚、证据确实充分的案件快审快结，一般要求在 7 天内结案，如无特殊情况，最多不超过 20 天，同时严格控制延长审查起诉期限和退回补充侦查，2006 年我们办理的 23 件审前羁押轻伤害案件在 7 天内结案的 8 件，20 天内结案的 17 件，

23 天内结案 22 件,没有一件延期或退补。三是积极建议人民法院适用简易程序审理轻伤害案件,简化审判程序,尽量缩短审判时间。2006 年我们移送起诉的 50 件轻伤害案件全部建议法院适用简易程序进行审理。

其次,以和解为前提,建立公开审查制度,努力推进轻伤害刑事案件的非刑罚化处理。刑事和解,是指通过司法机关的引导,被害人与犯罪人面对面地直接商谈,促进双方的沟通与交流,从而确定犯罪发生后的解决方案。目的是为了恢复被犯罪人破坏的社会关系,弥补被害人受到的损害,为犯罪者回归社会、平抑社会冲突创造良好条件。

第一,双方在诉前主动达成赔偿协议的案件,建议公安机关作撤案处理。前提条件是事实清楚、证据确实充分,且犯罪嫌疑人愿意赔偿。2006 年此类案件的撤案率为 43.5%(27 人),而 2004 年、2005 年分别只有 4%(4 人)、6%(4 人)。2006 年 6 月份,我县玉潭镇村民刘某因故意伤害致人轻伤而被逮捕,起因只是一起简单的交通纠纷,后公安机关将刑事和解的办法向当事人双方宣讲后,双方愉快地达成了赔偿协议,被害人朱某也积极地向公安机关提出书面请求,请求对刘某从轻处罚。最后此案以撤案告终。

第二,对于已移送起诉但符合刑事和解条件的案件,依法作出相对不起诉。在审查起诉过程中,一是准确把握案件事实;二是认真听取被害人及基层组织的意见;三是认真审查和解协议的内容;四是没有达成和解的积极促成和适度参与刑事和解;五是巩固刑事和解成果,能不起诉的坚决不起诉;六是起诉到法院的案件积极建议法院对被告人从宽从轻处理。2006 年的不诉率达到了 14%(8 人),而 2004 年、2005 年的不诉率分别只有 1%(1 人)、5%(3 人)。2006 年 4 月,我县黄材镇居民邹某,与邻居何某因两家自留山界址问题发生矛盾,邹某一怒之下将何某推下山坳致其轻伤。在审查起诉阶段,公诉人员深入细致地做好当事人的思想工作,双方达成协议,邹某主动赔偿 2200 元,并划清了自留山界址,我院依法作出不起诉。

第三,对于影响较大的案件建立公开审查制度。为了避免轻缓刑事政策的滥用,充分保障当事人权利,认真听取各方的意见,自觉接受监督,对于影响较大的案件推行公开审查制度,以召开会议的形式,通知双方当事人和邀请当事人单位、政府、公安及人大代表参加,在充分听取当事各方意见的基础上,接受各部门及人大代表监督。例如,2007 年 1 月我院办理的蔡某故意伤害案中,家住我县流沙河镇的蔡某因生活琐事将自己的叔叔打成轻伤,后经村干部调解,双方达成和解协议,蔡某主动承认错误并赔偿被害人的损失。我院为了充分保障当事人权利,认真听取各方面的意见,并特别邀请县委政法委、人大法工委等相关部门负责人和人民监督员以及县公安局法制科负责人、流沙河镇综治办负责人、村干部和双方当事人一起召开公开审查会,认真听取和征求各方意见。与会人员均表示蔡某的行为虽已触犯法律,但情节轻微,犯罪后认罪态度好,且当事双方为亲叔侄关系,双方已达成和解协议,因此对蔡某作相对不起诉没有异议。经过达成和解、检察委员会讨论、公开审查、公开宣布处理决定等程序,我院对这起故意伤害案的犯罪嫌疑人蔡某作出相对不起诉决定。蔡某得到了叔叔的谅解,叔侄两人握手言和,化干戈为玉帛。

第四,对于必须提交法院审判的案件,建议法院适用简易程序,并积极提出量刑建议。对于已达成赔偿协议但不符合不起诉条件的,建议法院适用简易程序,并提出从轻处罚的量刑建议,从而确保依法律规定轻罪获得轻判。2006 年我院起诉的 50 件轻伤案件中,法院当庭宣判率达 95%,免予刑罚的为 4%(2 人);判处管制的为 16%(8 人);判处拘役的为 12%(6 人),拘役缓刑的为 4%(2 人);判处有期徒刑缓刑的为 58%(29 人);全年对轻伤案件判处有期徒刑实刑的只有 6%(3 人),而 2004 年、2005 年分别为 15%(13 人)、19%(11 人)。2006 年 5 月份,我县某高中就读学生邹某,因座位问题与同学发生争执,邹某在教室内用喝水的瓷碗将同学砸成轻伤。案发后,邹某在校领导的带领下投案自首。我院本着教育和挽救的方针,促成双方家长达成和解赔偿协议,在起诉阶段为其办理了取保候审,在审判阶段,针对邹某系未成年人、主观犯罪恶意不大等情况,向法院提出从轻量刑的建议。后邹某被判处拘役 6 个月、缓期 1 年执行。邹某得以重返校园学习,并顺利考上大学。

最后,以挽救为方针,采取有效措施,积极推行非刑罚矫正和回访机制。刑法的根本目的是预防犯罪,对于轻伤案件应本着教育为主、惩罚为辅的原则,而非刑罚矫正与刑罚矫正相比较,更能体现人文关怀,可以避免监禁后的"交叉感染",促使其悔过自新,消除犯罪嫌疑人的反社会情绪,有利于化躁动为安定,化消极因素为积极因素,有利于国家的长治久安。我院在办理轻伤害案件的过程中采取各种非刑罚化的措施,积极推行非刑罚矫正和回访机制以达到教育和挽救的目的。一是在审查案件的过程中,加强教育。在讯问犯罪嫌疑人时,不仅讯问犯罪事实,还要宣讲法律,使犯罪嫌疑人充分认识自己的错误,达到诚心悔过的目的。二是对相对不起诉的对象进行训诫、要求其具结悔过,提出行政处理意见以及依托基层组织进行社会帮教等手段,达到教育和挽救犯罪嫌疑人的目的。例如,上面提到的蔡某故意伤害案,我们在作出相对不起诉决定的同时,责令其具结悔过,并由案件承办人、流沙河镇综治办负责人、村干部制定了切实可行的帮教措施对蔡某进行帮教,取得了很好的效果。三是积极开展回访工作,对作出适用《意见》的对象跟踪回访,掌握其思想状况及现实表现,及时进行相关教育,确保其不再重新犯罪。例如,我县某中学学生石某因同学之间的矛盾而将被害人胡某打成轻伤,鉴于石某有悔罪表现,加之犯罪时未满 18 周岁,双方达成了民事和解,我院在对其作出相对不起诉决定的同时,对其进行了训诫,后又对其进行了回访,听取了基层组织的意见,通过和对象谈心,深入了解和掌握了对象的思想状况,取得了很好的效果。

四、社会效果及进一步的完善设想

《意见》实施后取得了明显的效果,得到了社会各界的好评(具体数据见下表)。

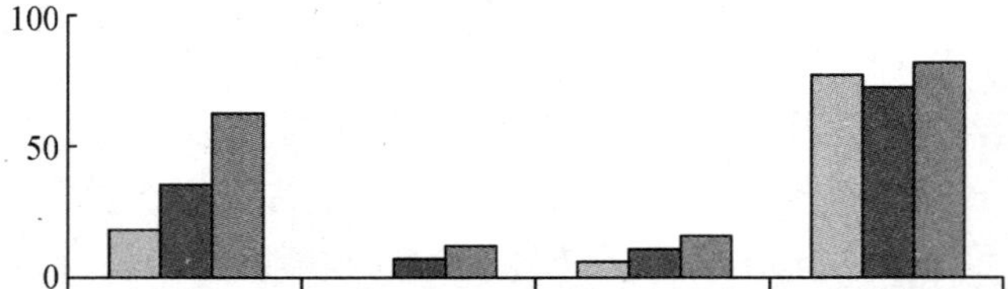

	审前非羁押率	起诉阶段取保率	撤案和相对不起诉率	非监禁刑判决率
2004年	17.2	0	5	76
2005年	35.4	6.2	11	72
2006年	61.7	11.7	15	81.4

2004—2006 年各项指标比较

刑事和解的社会效果主要表现在以下几个方面:

一是进一步淡化了刑事犯罪所带来的负面影响。犯罪嫌疑人普遍通过和解实现了自我转变,体验到了社会的宽容和温暖,重新走向社会后一般都能遵纪守法。和解机制保持了犯罪嫌疑人家庭的稳定与和谐,避免了给犯罪家庭带来的情感缺失和经济负担,避免了家庭破裂或其他负面效应。

二是进一步促进了社会和谐。刑事和解以化解犯罪嫌疑人和被害人的冲突为主要目的，一般在解决刑事问题的同时也使双方当事人矛盾纠纷一并得以解决，被害人的损失得到及时、充分、有效的补偿，进而修整和平复了犯罪行为所破坏的社会关系。

三是进一步节约了诉讼成本。适用刑事和解机制，减少了诉讼环节，降低了诉讼成本，节约了诉讼资源。在当前刑事犯罪问题日益严重与司法资源明显不足的情形下，公检法司部门可以进一步集中人力、物力查办严重刑事犯罪，突出打击重点和效果。

四是进一步更新了检察机关的执法理念。作为一个基层检察院，刑事和解机制让我们的刑事检察工作有了新的突破和提高。通过实施刑事和解，我院在此基础上提出了在构建和谐社会、推进新农村建设的进程中，检察工作要从维护稳定的层面上升到维护和谐的高度，从打击犯罪的层面上升到挽救恢复的高度，从维护安全的层面上升到让人民群众感受到幸福的高度，提升了社会和谐指数、幸福感指数、罪犯改造成功率指数和矛盾根治息访指数。

如何将刑事和解机制真正落实贯彻好，实现保护诉讼参与人合法权益，化解社会矛盾，提高诉讼效率，促成社会和谐的目的，我院在探索中也发现了一些需要完善的地方。包括：一是设立刑事和解机制的专门处理机构。轻伤案件在农村普遍存在，数量多，远离城区，取证和询问的时间较长。司法部门应将此类案件分列开来，设立专门机构负责受理。二是引入刑事和解的公开审查听证制度。从尊重人权，保护当事人的合法权益出发，在不批准逮捕和不予起诉环节引入听证制度，更加全面和细致的将当事人的参与权固定到我们的司法程序中。三是建立刑事和解的联动机制。公检法司对轻伤案件要畅通处理渠道，统一执法尺度，并充分发挥基层司法机构的作用，将刑事和解扩充到司法调解领域。四是完善刑事和解的配套应对措施。对刑事和解中的不捕和相对不起诉后的处理，可建立训诫、警告、责令具结悔过、建议行政处罚等不诉后的配套措施，对于不起诉人员的后续配套工作，检察机关应当制作明确的检察建议，立法上可以考虑赋予检察建议一定的强制力，确保建议内容的落实。

第三部分

刑事和解典型案例选评

上　海(14)

向某某因家庭矛盾故意伤害案

一、案情

2006年6月,犯罪嫌疑人向某某因怀疑妻子与同事李某有不正当男女关系,遂携带铁钳等候在石门一路附近,当看到妻子和李某共撑一把伞后顿时怒起,用随身携带的工具朝李某左肩打去,造成其左锁骨骨折,经司法鉴定构成轻伤。

二、处理过程

该案移送本院审查起诉后,经阅卷和提审发现,向某某系外来务工人员,对自己实施的伤害行为后悔不已,并愿意向被告人进行赔偿。鉴于本案属于因琐事纠纷引发的轻伤害刑事案件,向某某系初犯、偶犯,平时表现良好,经区联合人民调解委员会的调解,促成被害人李某和向某某达成调解协议,被害人也表示放弃追究向某某的刑事责任。据此,我院将该案退回公安机关,由公安机关作撤销案件处理。

三、评析

上述案件是检察机关公诉部门在审查公安机关移送审查起诉的故意伤害案件中发现该起案件符合刑事和解的条件,故依照《中华人民共和国刑事诉讼法》第140条第2款之规定,将该案退回公安机关建议另处。公安机关采纳了这一意见,并作撤案处理。

2006年以来,我院通过刑事和解机制成功处理了两起案件。除了前述的这件,另一件是检察机关侦查监督部门在受理公安机关报捕案件中发现该案符合刑事和解的条件,经委托区联合人民调解委员会调解,促使双方达成了调解协议,根据《中华人民共和国刑事诉讼法》第68条规定对犯罪嫌疑人作出了不予批准逮捕的决定，由公安机关依法撤案并将其释放。案情如下：2007 年 1 月，犯罪嫌疑人田某在乌鲁木齐中路 5 号工地安装厨房设备时，因深夜施工影响了其他工程队工人的休息，受到被害人杜某等人的指责后发生争吵，犯罪嫌疑人田某用一根三角铁朝被害人杜某头部猛砸两下，致其受轻伤。同月，我院在审查逮捕中发现，本案是一起因民间纠纷引发的故意伤害致人轻伤且社会影响不大的案件，案件事实清楚，犯罪嫌疑人田某到案后认罪态度较好，通过调解有可能达成赔偿协议。当日我院即分别联系被害人杜某和犯罪嫌疑人田某的单位。经协调，双方均表示愿意调解。后我院委托区联合人民调解委员会进行调解。当日，双方达成调解协议：犯罪嫌疑人田某一次性赔偿被害人杜某人民币 3 万元，即时履行完毕；被害人杜某自愿放弃追究犯罪嫌疑人田某的刑事责任。当日，我院对犯罪嫌疑人田某作出了不予批准逮捕决定，公安机关将其释放。

通过这种司法上非犯罪化处理刑事案件的措施，被害人的权益得到最大限度的保障；加害人也受到教育，双方矛盾得到化解，取得较好的法律效果与社会效果，对于构建和谐社会具有重大现实意义。

目前我院在办案中运用刑事和解制度处理轻伤害案件的做法是：办案部门在受理轻伤害案件后通过委托区联合人民调解委员会进行调解，经调解成功后分别对犯罪嫌疑人作出不予批捕的决定或将案件退回公安机关作撤案处理。具体程序为：

在批捕阶段。侦查监督部门在受理公安机关提请批准逮捕的轻伤害案件后，经审查符合条件的，即分别联系被害人和犯罪嫌疑人的单位等，在办案部门承办人的主持下进行协调，只要双方表示愿意调解，即委托区联合人民调解委员会进行调解，一旦达成调解协议，承诺的经济赔偿履行完毕，且被害人自愿放弃追究犯罪嫌疑人的刑事责任，即对犯罪嫌疑人做出不予批准逮捕决定，公安机关依法撤销案件。

在审查起诉阶段。公诉部门在受理公安机关移送审查起诉的轻伤害案件后，经审查发现符合条件的，即由公诉部门委托区联合人民调解委员会进行调解，双方一旦达成调解协议，经济赔偿履行完毕，且被害人自愿放弃追究犯罪嫌疑人刑事责任的权利的，公诉部门即将案件退回公安机关，由公安机关作撤案处理。

刑事和解机制在各诉讼阶段的适用，区别不同情况进行如下处理：

第一，在侦查阶段控制适用。在侦查阶段，一般要控制适用刑事和解。因为侦查阶段的任务就是收集证据,查明犯罪事实,抓获犯罪分子,使其未暴露的犯罪事实予以“显形”。如果在侦查阶段过早地考虑刑事和解,就会放松对案件的侦破工作,丧失保护国家、社会和公民合法利益的动力。在具体程序上,当案件立案后发现案件符合刑事和解条件的,侦查机关可以提出刑事和解的方案与意见,报检察机关侦查监督部门审查同意后委托人民调解机构进行调解,达成调解协议后作撤案处理。未经检察机关审查不得擅自适用。另外,侦查机关向检察机关提请批准逮捕后,如果在批捕阶段检察机关发现案件符合刑事和解条件并达成调解协议的,检察机关可对犯罪嫌疑人作出不予逮捕决定,侦查机关接到检察机关不予逮捕决定后应撤销案件。如侦查机关认为不批准逮捕决定有错误或案件不符合刑事和解条件的,可向该检察机关提出复议或向上级检察机关申请复核。

第二,在审查起诉阶段积极适用。我国《刑事诉讼法》第 142 条第 2 款明确规定:“对于犯罪情节轻微,依照刑法规定不需要判处刑罚或者免除刑罚的,人民检察院可以作出不起诉决定。”最高人民检察院 2006 年 12 月 28 日通过的《关于在检察工作中贯彻宽严相济刑事司法政策的若干意见》中也明确规定:“对于轻微刑事案件中犯罪嫌疑人认罪悔过、赔礼道歉、积极赔偿损失并得到被害人谅解或者双方达成和解并切实履行,社会危害性不大的,可以依法不予逮捕或者不起诉”。《刑事诉讼法》还规定了检察机关公诉部门在办案中应当“听取被害人的意见,了解被害人遭受的物质损失,及案件处理意见和要求的必经程序”,还要“听取犯罪嫌疑人、被害人、委托人的意见,为辩护人的活动提供方便”。也就是说在这个阶段,诉讼中的各方(包括检察机关)能够直接、充分、平等地听取对方的意见,为刑事和解创造了协商对话的平台。最后通过刑事和解的方法解决刑事案件,不但减轻了公诉人和审判人员的工作压力,同时也节约了司法成本,这完全符合我国刑事诉讼提高效率的改革方向。所以,检察机关公诉部门在审查案件中发现案件符合刑事和解条件的要积极适用。在具体程序上,检察机关公诉部门在受理公安机关移送审查起诉的轻伤害案件后,经审查发现符合条件的,即由公诉部门委托人民调解机构进行调解,双方一旦达成调解协议,经济赔偿履行完毕,且被害人自愿放弃追究犯罪嫌疑人刑事责任的,公诉部门对犯罪嫌疑人就应当作出不起诉决定。

第三,审判阶段适用仅限于自诉案件。我国《刑事诉讼法》第 172 条规定:人民法院对自诉案件,可以进行调解;自诉人在宣告判决前,可以同被告人自行和解或者撤回自诉。在2006年5月,上海市高级人民法院、市人民检察院、市公安局和市司法局共同签发了《关于轻伤害案件委托人民调解的若干意见》,在该意见中规定了人民法院对自诉的轻伤害案件在受案后三日内告知有申请人民调解等权利,并对委托人民调解机构进行调解的程序作了具体的规定,一旦双方当事人达成调解协议的,可自行和解或撤回自诉。

那么,对检察机关提起公诉的案件是否可在人民法院的主持下达成调解协议并适用刑事和解撤销案件?应该不能。如果适用,那就把公诉案件等同于自诉案件处理,而两者是有本质区别的。前者是以国家公诉人的名义进行控诉,其代表了国家和全社会的利益,而后者仅代表被害人个人利益;从权力的属性看,检察机关的公诉权是法律规定承担公诉职能的国家专门机关,维护公共利益,依法决定是否将特定的犯罪嫌疑人交付审判、支持提起的公诉以及提请法院改变错误刑事判决的一种权力,这一权力是任何机关都不可侵犯的。如果人民法院对公诉案件直接适用刑事和解撤销案件,即变相将公诉案件转为自诉案件处理,其结果是直接剥夺和侵害了检察机关的公诉权。因此,人民法院在审判阶段双方当事人达成调解协议的,人民法院只能对犯罪嫌疑人作出酌情从宽判决或免予刑事处罚处理。

适用刑事和解中存在的不足,主要包括以下方面:

一是刑事和解的适用易造成适用刑罚不一。一方面,刑事和解可能成为某些人逃避法律追究的避风港。因为刑事和解的前提是加害人赔偿被害人的损失,从而得到被害人的谅解,其中能否赔偿被害人的损失,很大程度上将成为被害人是否同意和解的关键。因此,当有钱人把人打伤了,可能因其有足够的财力赔偿被害人,从而得到被害人"相当"程度的谅解,最后能顺利和解而避免刑罚处罚。另一方面,当加害人是穷人的话,由于没钱,无法赔偿被害人的损失,也就没有办法和解,因而难于享受到和解的好处,只能依法接受应得的刑事制裁。

二是刑事和解的适用可能会产生执法不公。由于刑事和解是加害人与被害人双方以非诉讼方式解决刑事案件,其结果是免除或者减轻了加害人的处罚。因此,有的当事人为了达到免除、减轻刑事处罚或获取更多利益的目的,可能千方百计钻空子、拉关系,或采取非法手段向有关人员行贿。而司法机关的办案人员以及人民调解机构的有关调解员一旦在利益面前动摇，就会丧失其公正立场，不能秉公处理案件，最后侵害到对方当事人的合法权益。

三是法律赋予检察机关的和解不起诉职能还没有充分发挥。我国《刑事诉讼法》规定了对于犯罪情节轻微，依照《刑法》规定不需要判处刑罚或免除刑罚的，人民检察院可以对犯罪嫌疑人作出不起诉决定。实践中，一些轻伤害案件经过检察机关办案部门委托人民调解委员会进行调解并达成调解协议后，被直接退回公安机关作撤案处理。检察机关没有直接运用和解不起诉制度进行处理。其原因之一就是案件作不起诉处理程序繁琐，工作量大，另外也与上级部门把提高案件起诉率作为业务考核的一个指标有一定的关系。

完善刑事和解机制的建议如下：

一要严格适用刑事和解的范围和条件。在适用刑事和解过程中，司法机关应严格掌握其适用的范围和条件。适用的范围，必须是因民间纠纷引发的故意伤害致人轻伤且社会影响不大的案件，犯罪嫌疑人必须是初犯，偶犯，绝对排除再犯、累犯，惯犯以及其他雇凶伤人、涉黑涉恶、寻衅滋事、聚众斗殴、携凶器伤人等恶性犯罪。适用的条件，必须是在被害人和加害人自愿平等的基础上才能适用，如果有一方不同意采用刑事和解方案则不能启动该刑事和解程序。其中加害人的悔罪和赔偿都必须是自愿的，被害人接受和解协议、放弃对加害人追究刑事责任的权利也是出于其真实意愿，而非外力所迫。另外，加害人与被害人必须是位于一个平等对话的平台上，加害人不能采用威胁或权势的压制而使被害人违心的放弃自己的合法权益，被害人也不能为了报复加害人而提出不合理或非法的要求，否则就不能适用刑事和解方案。

二要加强对刑事和解过程的控制与监督。刑事和解是加害人与被害人双方以非诉讼方式解决刑事案件，但这种特定的社会关系仍然是刑法保护的特定社会关系，加害人行为的性质仍然是刑事犯罪，故司法机关必须对这种活动进行事中及事后的监控，以防止双方在调解过程中存在威胁、利诱以及弄虚作假等非法交易情况。所以，司法机关的控制与监督作用主要是体现在：一是审查案件决定是否交付作刑事和解处理；二是选择和委托专门的人民调解机构进行调解；三是亲临现场或派人在场监督调解过程，对和解协议内容的真实性、合法性以及可行性进行审查和监督；四是对加害人的履约情况进行跟踪检查和监督。检察机关作刑事和解不起诉决定的必须及时报上一级检察机关备案。

三要建立必要的刑事被害人补偿制度。为了解决在刑事和解中存在的因贫富差距所导致的适用刑罚不平等问题,应建立必要的刑事被害人国家补偿制度。从20世纪60年代开始,许多国家就已相继建立了刑事被害人国家补偿制度。通过这一立法,使那些因犯罪而受损的刑事被害人得到应有的补偿。我们要立足本国国情,借鉴其他国家的有益经验,建立我国的刑事被害人补偿制度,通过对刑事被害人的国家补偿,使刑事被害人的合法权益得到应有的保障,这不但体现了对刑事被害人的人权保护,同时对贫困的加害人来说也解决了其财产赔偿问题。因此,建立刑事被害人补偿制度对于构建和谐社会也具有现实意义。

四要充分发挥检察机关不起诉职能和有条件适用和解暂缓起诉制度。我国《刑事诉讼法》既然已明确规定:"对于犯罪情节轻微,依照刑法规定不需要判处刑罚或免除刑罚的,人民检察院可以作出不起诉决定。"那么,在审查起诉阶段发现案件符合刑事和解条件,双方当事人达成调解协议并已履行赔偿义务的,应当作出不起诉决定。但在实践中,有的办案部门在案件经过调解达成协议后即以《刑事诉讼法》第140条第2款的规定把案件退回公安机关,由公安机关作撤案处理。我们认为此做法不妥:一是因为法律已经明确规定了检察机关对于符合条件的案件可作出不起诉决定,那么,检察机关应严格按照规定办理,不能轻易放弃法律赋予检察机关的不起诉职权;二是《刑事诉讼法》第140条第2款规定是针对案件证据不足退回公安机关补充侦查的而设立的,因此,使用该条款将案件退回公安机关作撤案处理明显不妥。

另外,在审查起诉阶段针对案件中被害人和加害人已经同意调解或已经签订调解协议但尚未履行协议义务的,可有条件的适用和解暂缓起诉决定,并根据协议履行情形作出不予起诉或起诉决定。所谓和解暂缓起诉,是指对一些轻微的刑事案件,被害人与加害人在检察官的支持下,双方达成和解协议,由检察机关作出暂缓起诉决定,并规定在一定期限内,视加害人履行和解协议的情况分别作出不予起诉或予以起诉的决定。在实践中,虽然有的被害人和加害人达成了和解协议,但协议并不一定能立即履行。如果检察机关在协议没有履行的情况下,作出不起诉的决定,那么在加害人有能力履行协议而反悔不履行协议的情况下,就无法启动追究加害人刑事责任的程序。这样,被害人的利益无法得到保护,违背了刑事和解的初衷。因此,解决这一矛盾的办法就是和解暂缓起诉。如果加害人无正当理由不履行和解协议,就表明加害人并没有真正悔罪，其人身危险性没有消失，检察机关则应当继续启动追究其刑事责任的程序。

［编写人：黄汉勇，上海市静安区人民检察院研究室］

张某因劳务纠纷故意伤害案

一、案情

犯罪嫌疑人张某于 2005 年 9 月 28 日晚 12:30 分许至本区某派出所，见同事因工作与被害人朱某发生纠纷正在调解，张即与朱发生口角，朱先动手，然后张即动手殴打朱左面部。经上海市人身伤害司法鉴定专家委员会鉴定：被鉴定人朱某左耳鼓膜外伤性穿孔，构成轻伤。

二、处理过程

犯罪嫌疑人张某因涉嫌故意伤害罪被上海市公安局虹口分局取保候审在其居住地。上海市公安局虹口分局于 2005 年 10 月 25 日将本案移送本院审查起诉。在审查中，我们得知虹口区人民法院民庭已受理了张某诉朱某劳务（雇佣）合同纠纷一案，我们还从虹口区人民法院了解到朱某在劳务（雇佣）合同纠纷中的确存在过错。

我们经研究后认为：本案与其他类型的故意伤害案件有所不同，系劳务纠纷引起的伤害，且造成轻伤，社会危害性相对较小，在有利于“三个效果”的前提下，可以考虑刑事和解，于是积极配合法院来做好双方的和解工作。现经和解，当事人双方已达成了协议，并履行了协议的内容。我们也对犯罪嫌疑人张某作出了不起诉决定。

三、评析

这是一起典型的由民事纠纷转化为刑事的案件。与一般案件不同的是，在本案中被害人在民事纠纷中的确存在比较大的过错，致使犯罪嫌疑人对其怀恨在心，且在具体的犯罪过程中，被害人也是先动手，存在一定的过错。针对这种情况，我们要学会区别对待，一味追究犯罪嫌疑人的刑事责任，而不顾整个案情是不符合法律追求实质公平的本质的。通过刑事和解后，刑事部分不予以追究，而且民事纠纷上也是在一个比较心平气和的环境下进行，有利于纠纷的解决。

如果这类的案件进入普通刑事诉讼程序，将耗费大量的司法资源。如果我们将投入在传统刑罚模式上的资源运用到诸如刑事和解模式上，可以说是事半功倍,不但节约了成本,还能取得良好的社会效果。在中国这样一个还不富裕的国度,刑事和解制度可以说有其适合中国国情的顽强生命力。

[编写人:丁琪、方丹,上海市虹口区人民检察院]

陈某因赡养纠纷故意伤害亲属案

一、案情

犯罪嫌疑人陈某与李某为妯娌关系,陈某因在母亲的赡养等问题上与被害人李某一直存在矛盾。2006年2月某天下午,李某驾驶汽车至陈某家,两人再次因赡养费等问题发生口角并导致纠纷,陈某便从家中拿出一把剪刀掷向李某,正巧打中李某的左脸,经法医诊断为轻伤。

二、处理过程

犯罪嫌疑人陈某因涉嫌故意伤害罪被上海市公安局虹口分局取保候审在其居住地。2006年6月10日公安机关以犯罪嫌疑人陈某涉嫌故意伤害罪移送我院审查起诉。我们在收到案件后审查发现双方系亲属关系,且该案件事实清楚、情节简单,犯罪嫌疑人认罪态度较好,并后悔不已反省了自己的行为。于是,检察机关找到双方的家庭成员,与他们反复谈心,两家在检察机关的主持下,并在家族兄弟成员的参与下,达成调解协议,内容包括担负李某的医药费、误工费等;后公诉机关在听取被害人李某的意见时,李某表示手足情深,陈某也是一时激动,没有必要因为这件事就让她付出如此沉重的代价。

因此,我院决定对陈某免除刑事起诉。在听取街道干部、派出所的意见后,人民检察院决定解除对陈某的各种强制措施。现在两家关系相当融洽,赡养等问题也均已解决。

三、评析

相信在中国老百姓的眼中,本案的处理过程与处理结果应该是符合中国人的文化传统的。中国自古就有重视和合、无讼息讼的传统,儒家的“和为贵”的文化可以说是中国传统文化之精髓。民间向来有“老娘舅断家务做好人”就真实反映了我国基层社会那种希望大事化小、小事化了的和合思想,反对“过犹不及”。

在转型期社会,学会合理、巧妙运用传统文化与现代西方优秀司法制度十分的重要。正如有的学者说的:“中国传统文化的和合思想不仅是建设和谐社会的民族心理渊源,也是建设法治社会的重要文化基础,更是实行刑事和解的传统文化基因。”

本案有其特殊性,犯罪嫌疑人与被害人系亲属关系,对这样的轻微刑事犯罪,如果真将犯罪嫌疑人判了刑,不但不会化解双方当事人的矛盾,还会引起两家亲戚关系更大的裂痕。本案中最终两家和好如初,相信也是最好的结果,这对和谐社会的创建无疑是一剂良药。

［编写人:丁琪、方丹,上海市虹口区人民检察院］

未成年人夏某故意伤害同学案

一、案情

犯罪嫌疑人夏某(1988 年 12 月 11 日生)因琐事与被害人张某发生了纠纷,为报复张某,夏某与许某、秦某预谋殴打被害人。三人于 2006 年 6 月 6 日下午结伙至本市某学校门口,由秦某殴打被害人张某头脸部,经鉴定被害人张某左耳鼓膜穿孔,构成轻伤。被害人报警后,公安机关将作案人秦某抓获。2006 年 7 月 26 日犯罪嫌疑人夏某、许某至公安机关投案自首。

二、处理经过

2006 年 7 月 26 日,未成年犯罪嫌疑人夏某因涉嫌故意伤害罪被上海市公安局虹口分局在其居住地取保候审。2006 年 9 月 30 日公安机关以未成年犯罪嫌疑人夏某涉嫌故意伤害罪移送我院审查起诉。

我们科在受理案件后审查发现该案是因为一些琐事而引起的同学间的不愉快而转化为刑事案件的,符合未成年人犯罪的特点。犯罪嫌疑人夏某在作案时系未成年人,犯罪虽是由其引起的,但其在具体实施犯罪时不是实行犯,且本案犯罪嫌疑人在殴打被害人时,也未利用工具或器械,夏某又系自首。因此,综合本案案情,犯罪情节相对轻微,危害性相对较小,完全符合刑事和解的条件。因此在受案的三日内,我们分别告知被害人、犯罪嫌疑人及其代理人、辩护人或者法定代理人有申请人民调解等权利,耐心细致向当事人解释相关政策,仔细地、实事求是地告知委托人民调解的原则、后果,同时交给当事人《人民调节申请书》。特别注意做好被害人的解释工作,为双方当事人进行和解穿针引线,与各方建立起良好信任关系,在合法与合理的尺度范围内积极创造和解的条件。当事双方经过一段时间的思考,均表示愿意接受人民调解并向我院提交了《人民调解申请书》。

在接到双方提交的《人民调节申请书》后，我们在 3 日内及时联系区人民调解委员会，并移送以下材料：《案件委托人民调解联系函》、《人民调节申请书》、公安机关移送的起诉意见书和相关证据材料复印件。同时与人民调解委员会进行具体的联系，将案件的基本情况，尤其是我们在前阶段的接触中摸索到的双方当事人的态度、可能存在的不利于调解的问题及时与调解员沟通，让其了解本案的具体情况，这样也能使调解员在工作的一开始就处于一个较为有利、主动的局面来有针对性地开展工作，增强调解成功的可能性。充分发挥区人民调解委员会作用，在规定的时间内促成了被害人与加害人的对话，并使他们能够谈论犯罪行为对各自生活的影响，就犯罪事件本身交换看法，加害人通过承认过错、表达歉意等方式与被害人沟通，被害人因此也表示宽恕、谅解，最终在调解员的主持下双方达成书面赔偿协议，签订《人民调解协议书》并履行协议书内容。在刑事和解达成书面协议后，调解员在结案的 5 日内通知我院并将《案件委托人民调解反馈函》移送我院。在当事人达成调解协议并履行后，区人民调解委员会将《人民调解协议书(副本)》和《人民调解协议履行情况记录》等材料移送我院，由我院进行审查并核实相关情况。

在双方已达成协议并履行的情况下，我院适用《中华人民共和国刑事诉讼法》第 141 条第 2 款于 2006 年 11 月 6 日对犯罪嫌疑人夏某做出相对不起诉的决定，并在作出决定的第二日成立了不诉帮教小组对其进行 3 个月的帮教(在此期间要参加社区公益劳动、参加一些爱心活动、定时汇报思想动态等)。近日。我们院已经对夏某解除帮教，夏某也将于今年 6 月顺利从学校毕业，现在某单位实习。

三、评析

本案的案情并不复杂，但检察机关引进刑事和解程序来处理该案件可以说是本案的最大特色。我们的党和国家都明确地提出了要建设一个和谐社会的目标，可以说“和谐社会”成为整个中国社会上上下下的共同追求。一个真正的和谐社会是体现在社会的各个方面的，这其中当然也包括了刑事司法领域。在和谐社会背景下的宽严相济的刑事政策，强调在坚持对严重的刑事犯罪进行必要的严厉的惩处的同时，对一些轻微的人身危险性不大的犯罪进行宽和的司法处理，符合构建和谐社会的本质要求。

刑事和解制度将宽容理念纳入刑事司法领域，反映了未成年人轻刑化的趋势。本案是一起典型的未成年人由于生活、学习上的琐事转化的刑事案件，这类案件往往起因小、突发性强，犯罪嫌疑人主观恶性比较小、受环境等影响大，因此其虽具有一定的社会危害性，但这种社会危害性是否需要运用刑事手段来进行制裁，还是值得我们思考的。谦抑性是刑法的特点之一，马克思说过：利用刑罚来恫吓世界从来就没有成功过。特别是对未成年人犯罪，对未成年人的教育感化对防止其再犯的效果远远大于惩戒。

检察机关在本案中利用人民调解力量来处理该案件的做法也是值得推广的。刑事和解制度的一大优势就在于其能提高诉讼效率，但调解需要中立人，而检察机关的工作人员由于其工作的局限性和专业性，其在调解上的工作经验可能是比较欠缺的，甚至是空白，那么由其再介入调解工作，达到的效果可能并不会很理想。而所谓"术业有专攻"，人民调解机构本来就是我们国家处理民事纠纷案件的一大特色，且人民调解员在调解上的优势与经验也毋庸置疑，因此由他们来主持调解，可以说是最合适、最有效、最便宜的方法，能达到事半功倍的效果。当然这其中的工作衔接问题还需要进一步地完善。

［编写人：丁琪、方舟，上海市虹口区人民检察院］

未成年人王某盗窃电线案

一、案情

2005 年 12 月 19 日 24 时许，未成年犯罪嫌疑人王某伙同他人潜至本市闵行区七宝镇九星村建材市场，拉开环东钢结构房 41 号的玻璃门，钻门缝入室，窃得被害单位新华集团上海电缆有限公司人民电器经营部的新缆牌单芯电线 38 卷、熊猫牌单芯电线 12 卷，共计价值人民币 6490 元。犯罪嫌疑人王某后在转移赃物过程中被人赃俱获。

二、处理过程

经审查，发现王某案发前系浙江绍兴某职业学校学生，此次实施盗窃是因为不爱上学，逃学至上海后花光所带钱款，在同案人的撺掇下共同实施了盗窃犯罪。在公安机关对其采取取保候审措施后，王某曾一度不告而别回到了原籍。2006 年 10 月，公安机关将案件移送我院审查起诉，未检科承办人及时会同上海市阳光社区青少年事务中心闵行区工作站的专业社工、王某的监护人等共同签订了帮教协议，并将其安排到闵行区未成年人社会观护点考察帮教。帮教期间，王某回到绍兴原所在学校继续完成学业。在与学校的联系中,我们得知王某在校期间表现尚可,学校希望司法机关能对王某从轻处理。

在征得王某及其父母、被害单位负责人同意后,2007 年 3 月 12 日下午,我们安排犯罪嫌疑人、被害人双方进行了面对面会谈,曾经帮教过王某的社工也一同参加了会面。王某及其父母不仅呈上书面致歉信,还当面道歉表示愿意赔偿被害人损失。被害单位负责人接受了道歉,原谅了王某,表示赃物已发还不需要赔偿损失,并希望司法机关能够从轻处理。

考虑到案件数额较大,且王某在帮教期间表现有反复,我院于 2007 年 3 月将案件移送闵行区法院提起公诉,同时建议法院对王某从轻判决,单处罚金。4 月 9 日,法院以圆桌审判的方式开庭审理了本案,并采纳了我们的意见,当庭对王某判处盗窃罪单处罚金。

三、评析

从本案的最终处理看,在检察机关审查起诉阶段,我们虽然安排犯罪嫌疑人、被害人进行了面对面的沟通,双方也达成了和解,但案件还是被提起公诉,由法院作出了判决。也就是说,案件当事人和解后检察机关并没有终止诉讼程序,而是移送法院建议从轻判决。由此引发两个问题:

问题一:刑事和解是指和解后终止诉讼程序还是和解后可以终止也可以继续诉讼程序?

我们的观点是:刑事和解应当根据案件的具体情况,可以终止诉讼程序,也可以继续诉讼程序。理由是:

第一,这种做法符合恢复性司法的核心理念。刑事和解源于 20 世纪 70 年代起源于欧洲的恢复性司法,少年恢复性司法模式在世界少年司法制度的改革浪潮中尚处在尝试阶段,具体到我国,更可以说是一项具有探索性和挑战性的制度。目前我国刑事诉讼中还不具备恢复性司法所必需的制度条件和观念条件。要想使制度形态的恢复性司法自然适用于我国的现实国情,最大程度地实现该制度的本土化,除了相应的在制度上进行一系列的调整之外,更重要的是在观念上与恢复性司法的核心理念相契合。恢复性司法的核心理念在联合国 2002 年 4 月第 11 次会议《关于在刑事事项中采用恢复性司法方案的基本原则》中表述得十分清楚:恢复性司法强调恢复已被破坏的社会关系,主张恢复加害人与被害人的关系,它为被害人提供了获得补偿、增强安全感和寻求将事情了结的机会;使加害人能够深刻认识其行为的原因和影响并切实承担责任,促进加害人从认知到情感的社会化,促进其与社会的内在融合;同时使社区理解犯罪的根本原因,促进社区福利并预防犯罪;它通过使被害人、罪犯和社区复原而尊重每个人的尊严和平等,建立理解并促进社会和谐。恢复性司法的刑事和解理念恰恰与我国全社会实现公平正义和以人为本的和谐社会目标相一致。而我们在办案中也始终注重体现这一精神。

第二,与国际通行的做法相吻合。联合国《关于在刑事事项中采用恢复性司法方案的基本原则》第 6 条规定:"在不违反本国法律的情况下,恢复性司法方案可在刑事司法制度的任何阶段使用。"根据该条规定的精神,我们认为,刑事和解可以适用于每一诉讼阶段,即从立案阶段到执行阶段,都可以体现刑事和解的精神。具体而言,在侦查阶段,刑事和解的处理结果可以是侦查机关撤销案件或不移送起诉。在起诉阶段,刑事和解的成功可以使检察机关作出不起诉决定。在审判阶段,刑事和解可以作为适用缓刑或从轻量刑的条件。在执行阶段,刑事和解甚至还可以作为对罪犯给予减刑或假释的依据。西方各国的刑事和解制度,一般没有纳入到正式的诉讼程序之中,而是作为由警察、检察官、法官、社区自愿人员、教会成员所主持的非诉讼程序而存在。但是,刑事和解的结果——刑事和解协议,各国刑事立法普遍予以认可且作为刑事裁量的重要依据被广泛运用于侦查、起诉、审判、刑罚执行等诉讼阶段,同时也成为轻微犯罪发生之后、刑事程序启动前的由社区负责的纠纷解决机制。

对犯罪的打击和恢复性司法并不是截然对立的,恢复性司法既不是万灵药,也不是监狱的必然替代物。正如霍华德·泽尔所说,法律体系着力于公共纬度;换言之,着力于国家所代表的社会利益和义务。然而,强调这一点会降低或忽视犯罪的个体性和人际性方面。恢复性司法将注意力投射于犯罪的个人纬度并提升其重要性,使我们对犯罪的认识具有了新的视角。所以,只有将两者结合起来,才能更有效地保护国家利益和个人利益,求得二者间的平衡。因此联合国《关于在刑事事项中采用恢复性司法方案的基本原则》规定:恢复性司法并不妨碍国家起诉被指控被告人的权力行使。也就是说,恢复性司法并不完全排斥传统的刑事司法,也并非完全否认公共权力在该模式中的作用。在双方当事人自愿性的恢复性行动失败或是必须对犯罪进行司法干预时,国家权力仍然应当实施司法强制。在恢复性司法处理案件过程中,公共权力有责任规定适用恢复性司法处理案件的条件,监督和保证恢复性司法程序的正确运行和对个人合法权利的尊重。虽然恢复性司法模式可以很大程度上修复受损的社会关系,但由于这种社会关系归根结底是刑法所保护的特定的社会关系,因此加害人的行为仍然是刑事犯罪，故司法机关有责任对这种活动进行必要的事中及事后防控，对于社会关系未能得到修复的，还可以启动诉讼程序，以防止不法现象的产生。

对于较重的刑案，虽然双方当事人达成和解，犯罪人得到被害人的原谅，社区的安全得到维护，但是犯罪不仅涉及上述两者，它还侵害了国家的利益，破坏了社会关系。这种情况下，仅有双方当事人的和解是不够的，从实现正义、实现一般预防的角度出发，国家的追诉权应得以实行。而另一方面，此时犯罪人的主观恶性和人身危害性都大大降低了，所以检察机关又应建议法院从轻、减轻处理。

问题二：检察官在刑事和解过程中是否可以主持民事调解？

在刚才介绍的案件中，被窃的电线在案发后已经由公安机关全部发还被害人，被害人没有因此遭到物损，也没有再提出其他赔偿要求。而在试点的案件特别是故意伤害案件中，关于人身损害的赔偿往往需要双方当事人经过多次协商、调解才能达成和解协议，双方当事人为省却委托人民调解的费时、繁琐，也基于对检察官公正执法的信任，一般会要求承办案件的检察官调解民事赔偿事宜。这种做法是否妥当？换言之，检察官在刑事和解过程中是否可以主持当事人的民事调解？我们的观点是否定的。理由如下：

一是检察机关不是一个代表社会的中介调停机构，检察官参与调解可能会造成执法不公。目前，国际通行的恢复性司法模式有三种：调解模式、和解会商模式和圆桌审判模式，起到调解作用大多是中立的调解人。这种调解人的来源有很多种：第一种由大学的院系担任：比如比利时、英国等地，由大学受害者系或犯罪学、心理学系、大学教授担任调解人；第二种由义务社会机构、人员担任，比如新西兰、我国香港地区、加拿大，由社区工作者、社区义工或帮教、义务心理学家担任调解人；第三种是设立一些专业机构，比如美国、加拿大，设立法律援助署、受害者部门承担调解角色。调解人必须确实具备较强的组织能力，熟悉社区文化，擅长人际间的交往和沟通，并要经过一段时间的培训。司法机关只是案源的提供者及和解程序的监督者。

在我国，检察权是唯一贯穿刑事诉讼始终的国家公权力。《刑事诉讼法》赋予了被害人当事人的诉讼地位，被害人与检察院分别作为“私原告”和“公原告”，是控诉权的“共同共有”者，共同组成控方当事人参加刑事诉讼，以维护各自独立的特殊利益。而且，与保障被告人人权不同，保障被害人人权与检察院惩罚和控制犯罪的职能不谋而合。两者的角度可能不同，但他们实现权利的途径却是一致的，即共同承担控诉职能，在准确认定事实的基础上确定被告人的刑事责任，以便通过刑罚或非刑罚手段最终实现国家和个人对犯罪的追诉权。从这个意义上说，检察院与被害人是密切配合的共同体。同样，在调解民事赔偿的过程中，检察官也会不自觉地站在被害人一方，使犯罪嫌疑人与被害人的自愿和解带有强制性色彩。同时，检察机关还要监督刑事和解产生的协议结果并将其纳入司法裁决中。检察机关既主持调解又监督调解，实质是既当运动员又当裁判员，司法公正很难保证。

二是检察官参与民事调解超越公诉权限。公诉权是检察机关依法代表国家主动追究犯罪，并将犯罪诉至审判机关，请求予以定罪处罚的一种诉讼权能。主要活动包括审查起诉、提起公诉、不起诉、出庭支持公诉等。其目的是为了作出起诉和不起诉的决定而查明有无犯罪嫌疑以及有关情节，具有行政性和司法性。关于公诉权的行使，《人民检察院刑事诉讼规则》第 274 条、第 277 条规定，检察机关在审查起诉过程中，从犯罪嫌疑人处追缴的财物属于被害人的应当及时返还被害人。《刑事诉讼法》的第 77 条、第 78 条规定，对因被告人的犯罪行为造成的物质损失，被害人在刑事诉讼过程中有权提起附带民事诉讼，由法院裁决。也就是说，法律并没有赋予检察机关参与民事调解的权利，因此在刑事和解的过程中，检察官主持调解有超越公诉权的嫌疑，于法无据。

在现有法律框架下，在借鉴恢复性司法模式探索构建未成年人刑事和解制度的过程中，我们致力于通过本土化的实践最大限度地体现恢复性司法的精神内涵和先进理念。因为恢复性司法模式毕竟代表了少年司法制度的一种发展趋向，而这种模式与我国现有的少年司法模式和传统司法制度、观念又有不同程度的契合。在当前，关键是要转变传统的报应性的少年司法观，而代之以“对被害人、少年及社会进行创伤修复”的复合性正义的少年司法观，同时还要继续推进社区矫正工作的探索，并积极开展少年司法调解工作的尝试，相信恢复性司法模式的巨大生命力在我国青少年犯罪预防工作当中会日加凸现，发挥越来越重要的作用。

［编写人：吴燕，上海市闵行区人民检察院］

在校生褚某等寻衅滋事案

一、案情

2005年1月25日，褚某（男，17岁，上海市某技校学生）在康某（男，17岁，上海市某技校学生）家中，见到初中同学芮某（男，17岁，上海市某高中高三学生）的照片，提及二年前曾与芮发生矛盾，康也表示看芮不顺眼。褚、康二人与蔚某（男，17岁，无业）、张某（男，17岁，上海市某高中高三学生）、周某（男，19岁，无业）和郑某（男，16岁，上海市某职业技术学校学生）商量，决定以此为借口对芮进行殴打。当天下午5时许，六人设法将芮某约到某中学门口后，由蔚上前用手夹住芮的头部，强行将芮带至附近弄堂内。随后，褚、康、蔚、张、周一同对芮拳打脚踢，郑则在一旁保管芮的眼镜和褚、康等人的衣服。事后经鉴定，被害人芮的鼻骨多处骨折，属轻伤。案发后，褚、康、蔚、周、郑投案自首。

二、处理过程

该案案发后，公安机关对犯罪嫌疑人褚某、康某、蔚某、张某和周某等五人以涉嫌寻衅滋事罪刑事拘留，并提请我院审查逮捕。犯罪嫌疑人郑某被取保候审。

承办人经审查发现，报捕的五名犯罪嫌疑人均已涉嫌寻衅滋事罪，其中四人为未成年人，且有三人为在校学生，一人当年要参加高考。五人均为初犯，系本市常住人口，其中四人有自首情节。承办人分别与被害人、犯罪嫌疑人及其法定代理人进行了沟通，五名犯罪嫌疑人均认罪悔罪，其法定代理人也表示愿意向被害人赔偿损失，希望能从轻处罚。被害人及其法定代理人表示，若犯罪嫌疑人能够赔礼道歉，赔偿损失，且不再对其进行人身威胁及伤害，对司法机关从轻处理没有意见。综合案件上述情况，我院依法对五名犯罪嫌疑人作出相对不捕决定，并开展不捕帮教工作。

本案移送审查起诉后，承办人对六名犯罪嫌疑人进行了社会调查、心理测试，再次认真听取了被害人及其法定代理人的意见。犯罪嫌疑人、被害人及其法定代理人均表示愿意和解，双方协商了赔偿金额并达成一致。随后在我院，六名犯罪嫌疑人及其法定代理人当面向被害人赔礼道歉，并共同赔偿5万元人民币，取得了被害人及其法定代理人的谅解。

我院检委会综合考虑了整个案情和犯罪嫌疑人的个人情况，决定对六人进行诉前考察。考察期间，六人均表现良好，检委会遂决定对六人作相对不诉处理，并开展不诉帮教。帮教后，张某通过高考，就读于某高职学校旅游英语专业，其他人也相继走上了工作岗位。

三、评析

对未成年人案件适用刑事和解制度，是贯彻“教育为主，惩罚为辅”原则，落实宽严相济刑事司法政策的重要方式。目前在刑事和解的理论探讨上，对聚众斗殴和寻衅滋事等妨害社会管理秩序犯罪，能否适用刑事和解，存在较大争议。不能适用的理由是：一是聚众斗殴和寻衅滋事犯罪侵犯的客体主要是社会管理秩序，属于公共法益，而不仅仅是被害人的人身、财产等个人法益。如适用刑事和解，可能会造成为保护犯罪嫌疑人、被害人利益而忽略公共利益的局面。二是《刑法》规定，寻衅滋事罪的法定刑最高为 5 年；聚众斗殴罪法定刑为 3 年以下，具备法定四种情况的为 3 至 10 年。其法定刑均较高，不属于法定刑罚 3 年有期徒刑以下的轻罪案件。

我院认为，对未成年人犯罪的案件，可以将聚众斗殴和寻衅滋事等侵害社会公共秩序的犯罪纳入刑事和解的范畴，理由包括：

一是法律依据。我国刑事政策历来强调对未成年人犯罪适用轻缓处置原则，刑事法律及相关司法解释都贯彻了这一原则。2006 年 1 月最高法出台的《关于办理未成年人刑事案件适用法律的若干问题的解释》第 17 条规定：未成年罪犯根据其所犯罪行，可能被判处拘役、3 年以下有期徒刑，如果悔罪表现好，并具有六种情形之一的，应当免予刑事处罚。这一规定并未对“所犯罪行”的范围进行限定，可以理解为侵害社会公共秩序的犯罪也可纳入到轻微犯罪范畴中，因而具备了刑事和解的前提条件。

二是理论支持。刑事和解是以多方会谈的方式达成协议作为处理刑事案件的一种方式，其意义是促进加害人与被害人之间的和解，以修补被犯罪所破坏的社会关系，减少刑罚的负面效应。刑事和解本身虽然不是对传统刑事司法的替代，但必然要求传统刑事司法作出一定的让步，即国家和社会对刑罚权作出一定的让渡。因此，对于一些虽然侵犯了公共法益，但更主要是侵犯了被害人个人法益的犯罪，应当允许双方刑事和解。聚众斗殴、寻衅滋事等危害社会秩序类犯罪的社会危害性，一般是通过被害人的人身、财产权利的具体损害结果加以体现，这也是司法机关评价此类犯罪行为的主要依据。未成年人犯上述罪行，其犯罪行为主要是以侵犯被害人的个人利益为目的，对公共利益的损害相对较小，对其适用刑事和解不会造成严重忽视保护公共利益的局面。而且，对于受到侵害的公共法益，刑事和解并非毫无作为，可通过开展诉前考察和不诉帮教等教育活动，要求涉案未成年人到社区进行公益劳动，提供服务，对恢复受损的公共秩序有一定作用。

三是实践经验。我院统计了2005年至2006年受理的聚众斗殴、寻衅滋事案件，两类案件约占总受理案件的11%。聚众斗殴共10件58人，其中未成年人42人，判处3年以下有期徒刑、拘役（包括缓刑）41人，免予刑事处罚1人。寻衅滋事案件共11件46人，其中未成年人29人，判处3年以下有期徒刑、拘役（包括缓刑）22人，免予刑事处罚1人，相对不诉6人。从上述数据可看出，审判实践中对犯聚众斗殴、寻衅滋事犯罪的未成年人，均判处有期徒刑3年以下的刑罚。这不仅契合轻微刑事案件的"对被告人可能判处3年有期徒刑以下刑罚"的显著特点，也符合如前所述最高法《解释》第17条相关条件。

此外，由于未成年人的身心特点决定了其更容易涉嫌此类聚众型犯罪，如将此类犯罪排除出刑事和解的范围，将导致刑事和解适用范围极其狭窄，不利于充分发挥刑事和解对从宽处理未成年人犯罪的作用，降低了实际意义。而且从实际效果看，对此类犯罪适用刑事和解，并没有因未能保护社会公共利益而引起公众不满，反而是教育挽救了一些未成年人，也较好地保护了被害人的合法权益，在一定程度上恢复了和谐的社会秩序。

当然，将聚众斗殴、寻衅滋事等侵犯社会公共秩序的犯罪纳入刑事和解的范畴，并不代表所有此类案件都可以适用刑事和解。在具体案件上，还要符合相关规定，如具有《解释》第17条的六种情形之一等。杨浦区人民检察院对本案适用刑事和解后作相对不起诉的处理，就是对上述理由的最好诠释，达到了法律效果和社会效果的统一。

审查逮捕阶段是否可以采取刑事和解的做法？如何采取较为适宜？有部分学者认为，刑事和解在侦查阶段则不宜进行。理由是，侦查阶段的主要任务是调取、收集证据，以查清案件事实。在该阶段进行刑事和解，一方面，不利于侦查机关收集证据，可能会耽误时机，造成犯罪事实无法查清。有的侦查人员为避免艰苦复杂的取证工作，在事实尚未查清、证据尚不充足的情况下勉强促使双方和解，可能产生"以钱买刑"的情况。另一方面，由于在侦查阶段犯罪嫌疑人及被害人聘请的律师参与诉讼的权利有限，也不利于对双方权益的保护。

我院认为，在审查逮捕阶段也可以采取刑事和解的做法。理由：

一是虽然审查逮捕是隶属于侦查阶段的一个非必经法律程序，但《刑事诉讼法》规定逮捕条件是“对有证据证明有犯罪事实，可能判处徒刑以上刑罚的犯罪嫌疑人、被告人，有逮捕必要的”。因通常情形下，未成年人犯罪案情较简单，多为初犯、偶犯，缺乏反侦查能力，公安机关提请批捕的未成年人案件，犯罪事实通常已查清，取证工作也基本完成。因此在审查逮捕阶段开展刑事和解，一般不会影响案件的侦查，妨碍案件事实的查清。

二是2002年4月最高检《人民检察院办理未成年人刑事案件的规定》第13条有关规定：严格掌握审查批准逮捕未成年犯罪嫌疑人的条件，对于罪行较轻，具备有效监护条件或者社会帮教措施，能够保证诉讼正常进行，并具有尽力减少和赔偿损失情形的，可以作出不批准逮捕决定。根据该规定，“减少和赔偿损失”也是把握逮捕条件的衡量标准之一。因此，在审查逮捕阶段开展刑事和解是有依据的，有利于严格掌握对未成年犯罪嫌疑人的逮捕条件，体现宽严相济。

三是到审查逮捕阶段，一般距离案发已经过一定时间。此时，未成年犯罪嫌疑人往往已经认识到行为的违法性，产生悔罪心理，其家属一般积极要求刑事和解；而被害人也基本能摆脱最初遭受违法侵害的愤怒情绪，理性地看待整个事件，接受刑事和解。一旦和解成功，既有利于减少审前羁押，防止未成年人因羁押受到二次污染，也为其提供了一个较宽松的反省和弥补犯罪所造成损害的机会，被害人的经济、精神损伤也能尽早得到修复。

因刑事拘留的审查逮捕期限只有7天，取保候审的审查逮捕期限最长为20天，所以要在审查逮捕阶段完成整个刑事和解过程，时间不够充裕，故应有限制地适用刑事和解。在具体程序上可以设置为：在该阶段，未检科发现案件符合刑事和解条件或犯罪嫌疑人、被害人一方提出刑事和解申请的，承办检察官可以提出刑事和解建议，报分管检察长审查同意后委托人民调解机构专门进行调解。待双方达成调解协议后，作出不捕决定。

本案就是杨浦区院根据上述有关法律规定，结合案件的实际情况，在法定的审查逮捕期间内，在双方有和解意向，可能最终达成协议的情况下，对刑事拘留的五名犯罪嫌疑人依法作出相对不捕决定，从而为后来顺利开展刑事和解工作创造了良好条件。

［编写人：朱立红、夏芳，上海市杨浦区人民检察院］

未成年人徐某盗窃助动车案

一、案情

犯罪嫌疑人徐某(1988年8月1日生)伙同于于某、夏某经事先商量,于2005年10月11日凌晨1时许,至本市广灵四路某号门口,由徐某望风,于某、夏某采用用钢锯锯锁的方法,窃得失主胡某停在该处的一辆价值人民币4700元的永久牌TR2004P型燃气助动车。事后三人在运赃途中被公安民警抓获。案发后,缴获的赃物已由公安机关发还给被害人。

二、处理过程

未成年犯罪嫌疑人徐某因涉嫌盗窃罪于2005年10月11日被上海市公安局虹口分局刑事拘留,同年11月5日被上海市公安局虹口分局取保候审,2006年1月16日被本院决定取保候审在其居住地。2006年1月16日公安机关以未成年犯罪嫌疑人徐某涉嫌盗窃罪移送我院审查起诉。

我科在收到案件后审查发现犯罪嫌疑人徐某系山东省烟台市一刚初中毕业的学生,暂时未找到工作,因在网络上结识了一群在上海谋生的同龄人,于是隐瞒父母,揣着不多的路费来到上海与这群朋友见面,在起初见面的几天,几位朋友带其游览上海,但没几天后,由于身边钱都花完了,生存都成了问题,于是有人提出去偷窃,徐某也就同意了,在具体实施犯罪的过程中,其主要负责望风,系从犯。且由于赃物在运赃途中被缴获,因此也未造成被害人的损失。我们及时联系了当地相关部门,了解到这个孩子还是比较老实的,话语不多,但还算懂事,这也和我们承办人接触这个孩子后的感觉是一致的。后经承办人与徐某及其法定代理人取得联系后,了解到徐某自取保候审在原籍后,变化很大,已在一边学习冰箱冷冻压缩技术一边已开始做工作了。考虑到在这种情况下,让徐某放弃自己现在刚感兴趣的专业技术和较稳定的工作,来上海开庭、服刑(缓刑),似乎效果不是很好,对孩子的将来也是有很大的影响,且本案中犯罪嫌疑人的主观恶性比较小,又系从犯、初犯、偶犯,认罪态度很好,对被害人也未造成损失。

考虑到这种情况,我们认为刑事和解后不起诉可能是最好的方法,对孩子的影响是最小的。因此我们联系了被害人胡某,与其讲明了情况,被害人胡某也深明大义,认为自己作为一名父亲,十分理解犯罪嫌疑人父母的心情和我们检察机关的良苦用心，表示支持我们的工作。由于相隔两地，我们检察机关作为调解中立人，为双方提供了电话交流的平台，在多次与被害人的通话中，徐某都表示对自己的行为后悔不已，深刻认识到自己的错误，并表示自己将来一定好好学习工作，来回报社会、特别是被害人对他的宽容。

2006年3月20日我院对徐某作出了不起诉的决定。为不影响孩子的正常工作与学习，3月24日我科派员赴山东省烟台市宣布不起诉书，并联合当地的公安、居委会、检察院共同建立了我市第一个异地不诉帮教小组，来具体帮助指导孩子的成长。现在徐某已经是当地一家工厂的工人了。

三、评析

刑事和解后不诉程序来处理该类案件可以说是集中体现了对未成年人宽严相济的刑事政策，使整个案子在处理上处处体现了人性化。

犯罪嫌疑人虽已经构成犯罪，但综合全案案情，不难发现，犯罪嫌疑人主观恶性比较小，又系从犯、初犯、偶犯，认罪态度很好，赃物也及时收缴并发还，对被害人也未造成经济损失。更关键的是其在取保候审期间在当地已经找到了一份比较稳定而且他十分感兴趣的工作，并钻研学习该技术，人生态度发生了很大的变化，在这种情况下，如何平衡法律的公正威严和法律的人性化成为了一个难题，那么解决的指导思想是什么呢？我们认为就是对未成年人犯罪要贯彻宽严相济的刑事政策，坚持实行"教育、感化、挽救"的方针和以"教育为主要、惩罚为辅"的办案原则。

结合本案，因徐某取保候审在外，即使法院判决，缓刑的可能性也较大。或许我们认为缓刑很轻，但对孩子的将来那可一点也不轻，他刚找到的工作、刚感兴趣的技术都可能因为他是个罪犯而化为乌有，如果孩子在这上面遭受到更大的挫折，那么我们不得不认为是我们在毁灭一个孩子的未来。承办未成年人案件的检察官是国家的公诉人，但更是未成年人权益的保护者，孩子的领路人，在可能的条件下，应当以更有利于未成年人成长和发展的方式解决其犯罪问题。

通过刑事和解后不诉程序，今天的徐某已经不再是过去的那个贪玩不懂事的孩子了，而是一个能用自己的双手去创造财富的社会有用之才。14岁到18岁的未成年人，其已经有了基本的道德观、价值观，之所以走上歧途，往往是因为没有正确的引导，一旦有了正确的引导，他们大多能立即意识到自己所犯下的错误，如果这种错误虽然严重到需要动用刑法去评价，但还不需要用刑罚来惩治时，在征得被害人的谅解后，在孩子已经意识到自己的问题时，我们适用刑事和解的方式来解决犯罪问题可能会达到用刑罚所达不到的良好效果。

［编写人：丁琪、方舟，上海市虹口区人民检察院］

未成年人曹某等抢劫手机案

一、案情

2006年2月24日17时许，犯罪嫌疑人曹某伙同陈某、顾某（均另处）等经事先预谋，至本市东江湾路上，将途经该处的被害人张某拖至东体育会支路某号门前，陈某、顾某先后用砖头打击张某头部，抢得张某诺基亚7260型手机（价值人民币1460元）一部，将手机交于曹某，后曹某、陈某、顾某在逃逸时被群众报警抓获。

2006年2月5日14时许，犯罪嫌疑人张某、李某伙同陈某（另处）经事先预谋，至本市虹口体育场轻轨旁，见被害人瞿某途经该处，由陈某上前挟住瞿某，将瞿某拖至东江湾路某弄内，陈某、张某、李某三人将瞿某围住，并抢得瞿某熊猫牌手机（价值人民币620元）一部，后逃逸。

二、处理过程

未成年犯罪嫌疑人曹某、张某、李某因涉嫌抢劫罪分别被上海市公安局虹口分局取保候审在其居住地。2006年8月30日公安机关以未成年犯罪嫌疑人曹某、张某、李某涉嫌抢劫罪移送我院审查起诉。

我们科在收到案件后审查发现三名犯罪嫌疑人犯罪时均已满16周岁未满18周岁，均为未成年人，应从轻或者减轻处罚；且三人在抢劫过程中主要是望风、协助陈某、顾某等实施抢劫，起次要作用，属从犯，而且均为初犯、偶犯；张某、李某且系自首。综上，可以说三人均属犯罪情节轻微。三名犯罪嫌疑人均是在校学生，尚在读书，都是正常家庭，有良好的帮教条件，犯罪嫌疑人父母也表示愿意对被害人进行赔偿，因此，完全符合刑事和解的前提条件。我们及时与被害人及其家长取得联系，被害人及家长在得知这样的情况后表示他们愿意进行和解。

在我们检察院的协调下，犯罪嫌疑人父母对被害人进行了经济上的补偿，犯罪嫌疑人、被害人及各自的父母均到和解现场，犯罪嫌疑人与被害人之间进行了交流，犯罪嫌疑人流下了悔恨的眼泪，被害人也表示原谅,双方父母也相互交流并再次嘱咐教育了孩子,整个调解会可以说气氛是十分融洽的,大家都在心平气和心态下进行协商。承办人更是对犯罪嫌疑人进行了有针对性的教育,并对被害人进行了一定的心理疏导。

2006年10月25日我院对三名犯罪嫌疑人决定不起诉,并建立了帮教小组。现三名对象均在校学习。

三、评析

刑事和解程序的一大优势就是能充分保护被害人的合法权益,使被害人与犯罪嫌疑人平等地获得刑事诉讼的保护。

我们可以发现在传统的刑事司法中,个人的地位和诉求相对于强大的国家利益,是多么的微小且往往不受重视,国家总以为通过自己的强大公权力对犯罪人的刑事追诉和强制刑罚可以实现被害人的权益,其实际的结果就是被害人的权益受到了更大的漠视。这种传统的犯罪解决机制并不能满足被害人的物质和心理的补偿需要,不利于刑事诉讼中被害人利益的保障。

本案中的调解过程使被害人有机会面对面近距离与犯罪嫌疑人畅谈关于犯罪行为的想法、自己因为犯罪所受到的伤害及伤害后的要求,而犯罪嫌疑人也有机会使被害人认识自己并能够真切地感受到被害人的想法。这样的结果往往是犯罪嫌疑人能从被害人的角度理解被害人的要求,而被害人也能从嫌疑人的情景出发理解其犯罪原因、赔偿能力等情况。在这样一个互动交流的过程中,可以使得犯罪嫌疑人更清楚认识到自己的错误,被害人不但能从心理上得到安慰,而且也更可能得到实际的赔偿。

未成年人犯罪更是如此,当年轻的罪犯面对曾被自己伤害过的人而试着寻求弥补对方的同时,其实他们在自己向着负责任的成人道路上迈出了重要的一步。同时,对被害人这方来说,当被害人是成年人的情形,被害人考虑到未成年人未来的发展,往往和解的成功率相当高;如果被害人也同样是未成年人,在和解的过程中,由于双方年龄的相仿,在适当的引导下,可能更会拉近彼此的距离,和解所要达到的效果也可能更为明显。在和解中的沟通、交流以及和解达成的双方共识,使被害人和加害人对程序的满意程度增强,这是传统的刑事诉讼程序难以达到的,在未成年人犯罪案件中尤其如此。

[编写人:丁琪、方舟,上海市虹口区人民检察院]

徐某周某打架斗殴故意伤害案

一、案情

2005年1月17日22时30分，杨浦公安分局五角场派出所接“110”报案，称该派出所辖区内一娱乐城有人打架斗殴。接到报警后，民警立即赶往上述地点。经查，当晚21时许，加害人徐某与朋友张某等正在该娱乐城内消费娱乐，这时看见被害人周某、傅某酒后在娱乐城内的走廊上与女服务员发生纠葛，徐某等人随上前指责周某等，继而双方发生纠纷。其间，徐某至该娱乐城厨房内取出一把菜刀先后将周某、傅某的手臂等处砍伤。经司法鉴定，一人构成轻伤，一人构成轻微伤。

二、处理过程

加害人徐某于2005年7月14日被区检察院批准逮捕，在羁押期间，徐某对自己的行为追悔莫及。案件移送审查起诉后，承办检察官认为，在本案中，被害人有明显过错在先，加害人徐某的主观恶意较小，社会危害性明显不大，且事后认罪、悔罪态度比较诚恳，对其处理应当有别于其他伤害案件。为此，承办检察官在请示领导后，告知双方当事人可以申请调解。其后，双方当事人分别向检察机关递交了愿意调解的申请书。经检察委员会讨论决定后，该案移送至五角场街道人民调解委员会进行调解，并于9月7日向五角场街道调委会出具了《委托人民调解案件移送函》。9月7日，各方当事人也正式向五角场调委会递交了愿意调解的申请书。

案件移至五角场调委会后，调解员分别找三位当事人谈话，听取当事人对案件事实的陈述，并开庭主持了调解，受害方、加害方以及加害方的父母都参与了调解。最后，各方当事人本着互谅互让，友好协商的原则，依照我国有关法律、法规的规定，自愿达成了如下协议：加害人徐某一次性自愿赔偿受害人周某、傅某人民币共计6万元，并在签署调解协议时付清；受害人周某、傅某对加害人的上述赔偿数额予以认可，并自愿放弃追究加害人徐某的刑事责任和其他任何民事责任。

调解协议履行完毕后，区检察院依据《中华人民共和国刑事诉讼法》第142条的规定，对徐某作出了不起诉处理。

三、评析

关于轻伤害案件委托调解中加害人赔偿数额的问题。如果按照刑事附带民事诉讼，本案的加害人赔偿两受害人的数额约在3万元左右（医疗费、误工费、护理费、交通费等)。但在本案的解决过程中,加害人赔偿两受害人一共6万元。在实践过程中,司法行政机关一方面要求调解员按照受害人提供的有关票据确定赔偿数额,对于超出的部分,引导当事人按照自愿原则协商确定,但一般不能超过刑事附带民事诉讼的两倍。在本案件中,加害人赔偿两受害人医疗费、误工费、护理费、交通费等共计3万元,另外3万元则归入精神赔偿(这一请求在刑事附带民事诉讼中是不被支持的)。在轻伤害案件委托人民调解工作过程中,受害人愿意放弃追究加害人的刑事责任的部分原因就在于其所能得到的赔偿金额在双方协商一致的基础上可能多于刑事附带民事诉讼。

本案的加害人在公共场所致两人受伤,一般情况下不主张通过委托调解解决。但在该案中,公诉机关基于如下两点考虑,还是启动了委托调解的程序:一是被害人有明显过错在先,加害人徐某是在阻止被害人的过错行为的过程中造成一人轻伤,一人轻微伤的,主观恶意较小,社会危害性明显不大,且事后认罪、悔罪态度比较诚恳,对其处理应当有别于其他伤害案件;二是加害人20出头,刚刚结婚,如果通过刑事诉讼解决,尽管法律上没有问题,但从社会效果来看不是最佳选择。

[编写人:孙辉,上海市杨浦区司法局]

吴某因口角纠纷故意伤害案

一、案情

2006年10月23日晚9时许,在某商务楼做保安的陆某在自家小区内的一家棋牌室打牌时与同在打牌的吴某发生言语冲突,进而互相扭打。陆某在扭打过程中胫骨骨折,鉴定为轻伤。陆某要求吴某赔偿2.7万元,否则就追究其刑事责任。

二、处理过程

派出所在征得双方当事人同意的基础上,把案件委托区联调委驻法院人民调解工作室调解。工作室调解员经多次分别与双方电话交谈、面谈并走访当事人单位,陆某的情绪才算稳定下来。同年11月12日,调解员主持召开了调解会,双方艰难地就赔偿数额达成一致,但在签订协议时,由于吴某提出自己目前无法一次性给付2万元,协议书约定:吴某分期支付2万元,协议签订当天支付2千元,其余的在15日内付清。双方在协议书上签名后，吴某当场付给陆某2千元。15天很快过去了，但任由陆某反复催讨，吴某一直以手头紧为由予以拖延。后来陆某上访至区司法局，投诉调解员，称：(1) 调解员和加害人吴某相熟，不仅在调解过程中欺骗自己，而且还劝说自己接受加害人分期支付赔偿金，故意给加害人耍赖的机会；(2) 由于调解的场所在法院，调解员也没有表明自己的身份，从而使自己产生误解，认为人民调解员就是在代表法院工作，出具的调解协议都可以直接向法院申请强制执行。

协议书履行的最后期限已经过去三个多月了，加害人非但没有履行协议的意思，而且人也不见了踪影，受害人陆某隔三岔五的到司法局信访。

三、评析

对于轻伤害案件委托调解工作来说，这是一起不成功的案例，从中可以得到如下三点启示：

第一，在调处轻微刑事案件委托人民调解工作过程中，尽量避免作出加害人可以分期支付赔偿金的协议约定。在一般的民事纠纷中，经人民调解员调解达成协议的，可以按照协议书的约定，分期履行。但在轻伤害案件委托人民调解工作过程中，尽量不要约定分期履行协议，对于赔偿款，最好做到当场一次性付清。如果协议达成以后，加害一方反悔不履行协议，按照文件规定，当事人只能选择自诉。而在实践中，受害方往往不会选择自诉，而是不断地到有关部门信访，这样就很容易使政法各家以及受委托的人民调解委员会陷入被动，好事反而变成了坏事。

第二，委托调解过程中也要坚持回避原则。《刑事诉讼法》第三章“回避”以及《公安机关办理刑事案件程序规定》、《人民检察院刑事诉讼规则》、《最高人民法院关于审判人员严格执行回避制度的若干规定》等法律、法规、文件的规定也应当适用于委托调解的轻微刑事案件，并且关于回避的规定不仅适用于侦查人员、检察人员、审判人员，而且适用于人民调解员。这既有助于保证调解的公平性，也可以有效地避免后遗症的产生。

第三，委托调解要自始至终坚持当事人自愿原则，尽量让当事人自己提方案。本案中，调解员应该在一开始即向双方声明，自己既不是法官，也不是仲裁员，而是一个社会自治组织的调解员，经自己主持达成的调解协议具有合同效力，但并不是法院的民事调解书。另外，在调解过程中，调解员的作用主要是控制局面，并通过自己的调解技巧，为当事人之间架设一座沟通的桥梁，使双方尽量消除疑虑和对立，甚至敌意，找出其利益所在，在此基础上引导当事人自己拿方案。做到以上几点，不仅有利于当事人自觉履行协议，也可适当规避调解员的风险。否则，一旦一方反悔，调解员就很容易陷入矛盾的漩涡。

[编写人：孙辉，上海市杨浦区司法局]

赵某故意伤害妻子案

一、案情

赵某和钱某是居住在殷行社区的一对年轻夫妻，平日里夫妻感情还算不错，但丈夫的疑心病比较重，再加上妻子经常以学习交谊舞为由外出，导致赵某怀疑妻子有外遇，但自己并没有真凭实据。2004 年 10 月的一天下午，丈夫赵某正坐在路边的茶室里喝茶，碰巧看见妻子在外面路边正要坐上一名陌生男子的摩托车离去，顿时醋意大生。赵某一个箭步蹿上去欲将妻子拉下车，妻子解释说要去办事，但赵某怎么也听不进去。钱某见丈夫大吵大闹，又羞又气之下犟着不肯下车，双方为此事在大街上扭打起来。赵某挥起拳头向妻子的左耳打去，钱某“哎哟”一声倒在地上。周围有人打电话报了“110”。后经法医鉴定，妻子被丈夫打成左耳耳膜穿孔，属轻伤。

二、处理过程

刚到派出所，赵某还一幅满不在乎的样子。值班民警首先对赵某的鲁莽行为进行了批评，并告诉赵某的行为已经涉嫌伤害罪时，赵某才认识到自己的错误，低下了头。而钱某起初不愿意原谅丈夫的过错，声称要离婚且要赵某“吃官司”。眼看二人僵持不下，民警给殷行街道人民调解委员会打了电话，希望能派一个调解员过去做做钱某的工作。在调解员和民警的反复劝说下，钱某才勉强答应通过调解解决。

在有关材料移送到街道人民调解委员会以后，调解员首先对赵某和钱某家的左邻右舍进行了走访，了解到二人平时还算和睦，就是性格截然相反：妻子生性活泼好动，而丈夫则木讷少言。回来后，调解员心中有了底。其后，调解员分别约夫妻二人面谈。赵某称自己已经认识到自己闯了祸，想征得妻子的谅解，但自己的妻子死活还是不肯原谅自己。于是调解员把主要精力用在了做妻子钱某的工作上。先后经过 5 次的谈话，钱某才渐渐地意识到，丈夫的误解和错误一定程度上与自己平时与丈夫沟通太少有关,自己也有一定的责任。再加上二人是恋爱结婚,有一定的感情基础,最终表示愿意放弃追究丈夫的刑事责任,但要求赵某一定要赔偿自己的损失(二人各自掌管自己的收入,生活费用也平摊)。

10天后,调解员主持召开了调解会,在调解会上,赵某真诚地向妻子进行了道歉,表示今后再也不会对钱某动手,并当场一次性付给妻子医药费5000元。鉴于赵某的认错态度,钱某决定不再追究丈夫的刑事责任,并表示今后也要与丈夫多加强沟通。

三、评析

这是一起比较特殊的案件。加害人和被害人的关系比较特殊,系生活在同一屋檐下的夫妻。俗话说:"家庭是社会的细胞",家庭的和谐是社会和谐的基础。对于发生在夫妻和家人之间的轻伤害案件,调解解决应该作为普遍原则,进入诉讼则应作为例外。

警民联合,很好地把握了这起案件的处理过程。在杨浦区的实践中,公安机关出警、固定证据、确定案件的性质后,一般会向当事人出示一张印有:"a. 公诉;b. 自诉;c. 人民调解委员会调解"三个选项的告知单,并且将每种选择可能产生的结果告知当事人。如果当事人不愿意选择人民调解,公安机关会在侦查结束后移送检察机关审查起诉。但对于该起伤害案件,承办民警在受害人不愿意选择调解后,并没有简单按照常规那样走程序,而是请来了调解员帮忙做劝说工作,力争当事人能选择调解。

加害人和被害人之间的感情基础为调解提供了客观条件。加害人和被害人是经过3年的恋爱才结婚的,并且结婚不久,平日里夫妻感情还算不错,只是因为二人性格反差较大,再加上平时沟通不够才由误解而引发伤害。

该案的处理实现了法律效果和社会效果的有机统一。依据加害人的犯罪情节以及实施加害行为后的态度,即便进入诉讼程序,按照《刑法》第37条和《人民检察院刑事诉讼规则》第289条的规定,也符合不需要判处刑罚或者免除刑罚的情形(相对不起诉或微罪不起诉)。据此,此案的处理方式并不与法律的精神相背;反之,如果给予加害人刑事处罚很可能毁去一个家庭,而本案件的处理,挽救了这个家庭,社会少了一个对立面。调解员还在日后的回访中发现,夫妻双方更注意沟通了,出双入对的时候比以前多了,赵某在单位的表现也比以前更出色了。

[编写人:孙辉,上海市杨浦区司法局]

在校生顾某等伤害同学案

一、案情

2005年9月21日,上海某技术学校学生科徐老师向区公安分局延吉新村派出所报案,称本校发生一起故意伤害案。经查,9月21日12时,该校04(1)班学生顾某、肖某等人听说05(4)班学生要打本班学生,就去学校食堂找该班班长赵某。肖某上前质问赵某,见赵某否认此事,就向赵某的头部打了一拳,继而双方互殴。顾某见状,即上前击打赵某的头部和身体,并用双手夹住赵某的颈部往下压,用膝盖顶其面部,致使赵某鼻部肿大并伴流血,经损伤鉴定:被害人赵某因外伤致鼻骨骨折伴断端明显移位,构成轻伤。

二、处理过程

加害人顾某因涉嫌故意伤害罪,于2005年11月1日被区公安分局取保候审。案件随后被移送区检察院未成年人刑事案件检察科(以下简称未检科)后,未检科立即对顾某进行了社会调查,学校反映:顾某是班级的文体委员,平时工作比较认真,学习努力,成绩较好,是一名表现不错的学生。此外,未检科还对顾某进行了心理测试,结果显示:平时顾某不主动与人交往,缺乏交往技巧,但做事认真,待人较和善,情绪较稳定,偶有冲动行为,平时有一定的自控能力,且目前存在后悔心理,无重犯越轨行为的可能性。根据社会调查和心理测试,承办检察官认为,加害人顾某系未成年人因一时冲动致人轻伤,属于初犯、偶犯,并有自首情节,且事后悔罪态度比较积极,与一般的故意伤害案有明显区别,对其应采取"教育、感化、挽救"的方针。为此,承办检察官适时征询了双方当事人及其法定代理人是否同意将案件委托人民调解,双方当事人及法定代理人也都同意。于是,区检察院根据杨浦区人民法院、杨浦区人民检察院、杨浦区公安局、杨浦区司法局《关于轻伤害案件委托人民调解的规定(试行)》的有关规定,经检察委员会讨论决定,将案件移送至延吉街道人民调解委员会进行调解,并于2005年12月16日向延吉街道人民调解委员会出具了《委托调解移送函》。同日,双方当事人及其法定代理人也向延吉街道人民调解委员会递交了愿意调解的申请书。

案件移至延吉街道人民调解委员会后,延吉街道人民调解委员会依法组成了人民调解庭,分别找两位当事人及法定代理人谈话,听取了他们对纠纷事实和调解要求的陈述，并作了笔录。调解庭于12月16日开庭进行了调解，双方当事人及法定代理人均到庭参加了调解。最后，本着互谅互让，友好协商的原则，双方当事人及法定代理人依照有关法律、法规的规定，自愿达成协议如下：加害人顾某一次性自愿赔偿受害人赵某人民币共计3万元整，并在签署本协议时付清（由其法定代理人支付）；受害人赵某及法定代理人对加害人的上述赔偿数额予以认可，并自愿放弃追究加害人顾某的刑事责任和其他任何民事责任。这样，一起刑事案件通过人民调解得到了彻底消解。调解协议履行完毕后，杨浦区人民检察院依据《中华人民共和国刑事诉讼法》第142条第2款的规定，对顾某作出了不起诉处理，公安机关作出了撤销案件处理。

三、评析

承办民警、检察官、法官和人民调解员不是机械地死扣法律条文，而是适当地发挥了一定的自由裁量权。本案虽然已经超出了文件规定的因民间纠纷引发的轻伤害案件的范畴，但这里有两个原因决定了该案存在委托调解的必要性和可能性：一是犯罪主体是未成年人；二是检察官事前进行了详尽的社会调查和心理测试。由于犯罪嫌疑人是未成年人，且是在校学生，承办检察官才考虑委托调解的必要和可能。在有了将该案委托人民调解的想法以后，检察官又做了详尽的社会调查和心理测试，把委托调解所能引起的风险降到最低。

在调解员的主持下，召开了包括双方当事人及其代理人、学校、未检科承办检察官参加的调解会，调解过程体现了恢复性司法的理念。按照恢复性司法理论，犯罪所侵害的最主要的是当事人和社区（这里是学校）的利益，在确定如何解决犯罪嫌疑人的刑事责任时，首先要听取受害人的意见，其次要听取社区（学校）的意见。在这里，当被害人及其法定代理人同意放弃追求加害人的刑事责任，而学校也认为没有必要追究该学生的责任时，公诉机关作出了对犯罪嫌疑人不诉的处理，其后，公安机关作出了撤销案件处理。而受害人的利益也得到补偿，受损的人际关系得以修复。

再进一步分析，由于顾某的行为也损害了学校的利益，按照恢复性司法的本质，在该案件的处理中，还可以要求顾某承担如下责任：在赔偿受害人损失的同时，在学校参加一定时间的公益劳动，在劳动中接受再教育。

处理未成年人轻微刑事案件，在不追究加害人的刑事责任的同时，可尝试让其法定代理人缴纳一定的保证金。在学校，有老师和同学的监督，像顾某这样的未成年人一般不会重新违法犯罪。在学校之外，如果顾某在一定时期内没有再次违法犯罪的，说明其父母切实承担了监管的责任，司法机关把保证金退还；相反，如果顾某在规定的期限内又重新违法犯罪，说明监护人疏于监管，可以把担保金上缴国库。

［编写人：孙辉，上海市杨浦区司法局］

大学生周某故意伤害案

一、案情

周某为杨浦区某高校的学生。2005 年 11 月 9 日，上完课的他骑助动车出校门时，因不服门卫吴某的管理，与其发生争执，进而对其实施殴打，并将吴摔倒在地。经鉴定，吴某因外伤致右额面部软组织裂伤，缝伤累计达 9 厘米，构成了轻伤。期间，吴的假牙也受损，眼镜被摔坏，佩带的金项链被拉断，手表被摔坏，上衣也被撕破。在公诉过程中，被害人吴某遂向法院提起了刑事附带民事的诉讼，要求其赔偿共计人民币 68,923 元。在之后的一年多时间里，双方都曾信访上级有关部门，但由于被告周某的智力鉴定一直未有结果，从而使得案件推迟至今，这也使得双方的矛盾越来越大，情绪也异常地激动。

二、处理过程

2007 年 2 月 28 日，区人民法院刑事审判庭将该案委托区联调委驻法院人民调解工作室调解。

3 月 1 日，工作室进行了第一次调解。在调解过程中，原告吴某的情绪非常激动，脾气十分暴躁，听不进任何劝解，坚持要被告赔偿人民币 68,923 元，无任何商量余地，而被告周某的代理人经过核算只肯给付人民币 33,000 元的赔偿，从而使得调解未果。其后，调解员多次通过电话和面谈，做双方的工作，力求能达到平衡。经过反复沟通，双方终于达成了一致。

工作室于 2007 年 3 月 15 日，在委托调解期限的最后一天，召开了第二次调解会，顺利达成协议：被告周某一次性赔偿被害人吴某共计人民币 56,000 元，并当面向吴某赔礼道歉，吴某对周某的行为予以谅解，并表示愿意放弃追究加害人周某的刑事责任。这样，一起拖了一年多的刑事附带民事诉讼案件经委托人民调解委员会调解，得以圆满解决，取得了积极的社会效果和法律效果。

三、评析

关于轻伤害案件委托调解中加害人赔偿受害人数额的问题。如果按照刑事附带民事诉讼，本案的加害人赔偿受害人的数额约在三万元左右（医疗费、误工费、护理费、交通费等）。但在本案的解决过程中，加害人赔偿两受害人的损失达到了5.6万元。在调解实践中，司法行政机关一方面要求调解员按照受害人提供的有关票据确定赔偿数额，对于超出的部分，引导当事人按照自愿原则协商确定，但一般不能超过刑事附带民事诉讼的两倍。在本案中，加害人赔偿受害人医疗费、误工费、护理费、交通费等共计3万元，另外2.6万元归入精神赔偿的部分虽然在刑事附带民事诉讼中不被支持，但在调解过程中，只要双方当事人协商一致，受害人是可以获得赔付的，因此，调解的赔偿金额可以在3万至5.6万元间浮动。

对于委托调解的过程要做好艰苦的思想准备。对于轻伤害案件，受害人一般对加害人比较痛恨，如果通过调解能做到受害人接受赔偿，同意放弃追究加害人的刑事责任已属不易，更不要说让受害人在内心深处原谅加害人了。但如果做不到后者，调解工作仅能算成功了一半。从本案的调处过程看，受害人对加害人情绪很大，并且因为鉴定问题对案件一拖再拖很有意见，反复上访。在调解员起初征求意见时，吴某明确说不愿意调解。后来经过反复做工作，再加上可以获得更多的赔偿，吴某才总算答应放弃追究周某的刑事责任，但无论如何都不肯原谅周某。调解员又经过多次劝说，并先后两次带周某上门，吴某才在第二次调解会召开前一天对周某的行为表示原谅，使调解达到了既定纷争，又和谐人际关系的目的。

［编写人：孙辉，上海市杨浦区司法局］

王某等因停车位纠纷故意毁坏他人汽车案

一、案情

2006年8月12日晨6时许，犯罪嫌疑人王某、李某酒后驾车回家，在地下车库见自己的车位被被害人朱某的一辆凯迪拉克车占用，便通过保安寻找被害人而未果。于是，犯罪嫌疑人王某拿了一支口红，攀爬到该车的前引擎盖及后备箱盖上，在车辆的前、后挡风玻璃及右侧窗玻璃上用口红涂写了侮辱性的文字。同时，犯罪嫌疑人李某用其手表带上的金属搭扣先后顶住该车两只前轮的气门芯，将轮胎气放掉，随后，又脚踢车辆的左前门。两犯罪嫌疑人的行为致使该车的左后尾灯、发动机护板、车门、引擎盖、保险杠等部位遭到不同程度的损坏。

二、处理过程

公安机关确认，两犯罪嫌疑的行为已触犯《中华人民共和国刑法》第275条之规定，涉嫌故意毁坏财物罪。侦查终结后，依法移送检察机关起诉。杨浦区人民检察院经审查，对王某和李某故意毁坏公私财物并已涉嫌犯罪的事实无异议，但认为案发后，两犯罪嫌疑人能自首，并表示愿意赔偿被害人的损失，有调解基础，如果一定要追究两犯罪嫌疑人的刑事责任，两位嫌疑人就可能终生带上“犯罪标签”，且不利于社会关系的和谐。

鉴于此，杨浦区人民检察院在与区司法局会商后，将该案委托区联调委驻法院工作室调解。接受委托后，工作室派出两名资深调解员进行调解。在事实调查阶段，调解员查明：被害人朱某事后花费人民币33383元用于修复该车，而被损汽车经上海市价格认证中心杨浦分中心鉴定，物损总值约为人民币24170元。其中被损的左前大灯价值人民币13008元，因无证据证明是两犯罪嫌疑人所为，故公安、检察机关均未作认定，只认定了剩余部分人民币11162元。在案件定性阶段，调解员注意到：两犯罪嫌疑人损坏汽车的行为属于酒后情绪失控，具有一定的偶然性，主观恶性不大，且有自首、悔罪表现。同时，两犯罪嫌疑人王某、李某也表示愿意在公安、检察机关认定赔偿数额的基础上，适当增加赔偿额，以取得被害人的谅解；而被害人因其先前占用了加害人的车位也具有一定的过错，且其也表示愿意在达成合理赔偿的基础上，放弃追究两犯罪嫌疑人的刑事责任。

综合犯罪嫌疑人的主观态度、客观犯罪行为造成的损失以及被害人的合理请求，在与双方当事人反复协调、阐释理由的基础上，调解员组织召开了调解会，在调解员的主持下，双方自愿达成如下协议：被申请人（犯罪嫌疑人）王某、李某自愿赔偿申请人（被害人）朱某车辆修理费人民币33383元；被申请人（犯罪嫌疑人）王某、李某完全履行约定赔偿义务后，申请人（被害人）朱某自愿放弃追究被申请人的刑事责任的权利；被申请人（犯罪嫌疑人）王某、李某愿意向申请人（被害人）朱某赔礼道歉。根据协议约定,被申请人当场将33383元的赔偿金履行完毕,双方当事人对这一处理结果均表示满意。

三、评析

该案的成功调处,标志着杨浦区在刑事案件委托人民调解的范围上有了新拓展,超出了文件规定的轻伤害案件的范围。根据我国《刑法》规定,判处3年以下有期徒刑、拘役、管制的轻微刑事案件涉及60个罪名,从理论上考量,从自诉权设定的角度出发,这些轻微刑事案件有相当一部分都可以委托人民调解组织进行调解,从而使轻微刑事案件的处理走出一条新的途径。

两犯罪嫌疑人和受害人系同一小区的居民,由于受害人自身有过错在先(占用了犯罪嫌疑人的车位),他同意放弃追究犯罪嫌疑人的刑事责任并不难。但犯罪嫌疑人的行为发生在社区,给社区也造成了一定的损害,按照恢复性司法的理念,在调解过程中,最好能有社区代表(比如说居委会干部)参加。同时,两犯罪嫌疑人在向受害人赔礼道歉、赔偿损失的同时,还可以通过社区服务的方式,弥补对社区造成的伤害。

[编写人:孙辉,上海市杨浦区司法局]

江　苏(38)

马某一时冲动故意伤害案

一、案情

马某(男,1972年5月10日生,南京市人,南京某船厂工人,1992年因盗窃罪被判处有期徒刑六年)因怀疑其女友孙某和其他男子有不正当关系,经常殴打逼问孙某,孙某无法忍受马某的殴打,委屈承认马某的朋友刘某和自己有两性关系。2006年10月6日凌晨,马某打电话约刘某到南京市广州路儿童医院对面的路上谈谈,刘如约前来,见面后马某用随身携带的砍刀将刘某嘴部和背部多处砍伤。经鉴定,被害人刘某身上六处构成轻伤。

二、处理过程

南京市鼓楼公安分局于10月6日对马某涉嫌故意伤害案立案侦查,于10月13日以涉嫌故意伤害罪提请逮捕犯罪嫌疑人马某。被害人在侦查阶段坚决要求追究犯罪嫌疑人马某的刑事责任,拒绝和犯罪嫌疑人达成和解。

本院侦查监督科受理该案后,承办人按照《南京市检察机关侦查监督部门关于办理轻微刑事案件的暂行规定(试行)》的规定精神,受理后3日内书面告知嫌疑人和被害人有自行和解和提请承办人主持和解的权利,并向双方阐明了刑事和解的法律后果,双方于16日自行和解,并达成和解协议,约定由嫌疑人向被害人赔偿10万元,被害人放弃追究嫌疑人的刑事责任。17日嫌疑人家人赔付被害人10万元人民币。

当日本院以不作为犯罪处理不批准逮捕犯罪嫌疑人马某,同时向公安机关送达撤销案件建议书,附不批准逮捕说明理由书。

三、评析

首先,通过“五看”确定本案是否属于可以纳入刑事和解范围的案件。一看案件是否属于轻伤害案件。主要结合鉴定结论和上级检察机关的文证进行确定。二看案件的性质。主要看案件是否有:累犯、团伙、黑恶势力伤害他人的,作案手段恶劣,造成严重社会影响等情形。三看嫌疑人是否真诚悔罪。四看被害人是否愿意谅解犯罪嫌疑人。五看嫌疑人所在单位及所在社区对其进行的书面评价。

本案被害人被鉴定为六处轻伤,经由上级部门文证审查,确认被害人仍构成轻伤,仍属于轻微刑事案件范畴。本案经过讯问犯罪嫌疑人马某,其作有罪答辩,并真诚悔罪,希望通过积极赔偿得到被害人谅解;被害人刘某一开始坚决(不同意)与嫌疑人和解,本案承办人书面告知和解的法律后果后,其愿意和嫌疑人和解;嫌疑人辩解其因相信女友的话,一时激愤而行凶,系事出有因。且嫌疑人称其 1997 年因犯盗窃罪刑满释放后遵纪守法,非常珍惜其在船厂的工作。经向犯罪嫌疑人所在工作单位及居委会核实,犯罪嫌疑人的说法属实。综上,本案承办人确认该案可以按照刑事和解程序处理。

其次,通过“五查”严格掌握刑事和解的条件。一查犯罪嫌疑人和被害人达成的和解协议是否具有合法性;二查当事人双方达成的协议是否具有自愿性;三查和解协议是否符合社会良俗和民意;四查和解协议是否符合法律维护公平正义的要求;五查和解协议是否能得到实际履行。

本案双方达成的和解协议,形式上由犯罪嫌疑人和被害人及其参加人签字按手印,由承办人向双方阐明协议的法律效力及其法律后果,并将此过程形成笔录附卷。

最后,通过“五规范”确保刑事和解程序的制度化。一是规范刑事和解程序的告知程序。纳入刑事和解的案件,受理案件 3 日向双方送达和解告知书,告知双方和解的权利与和解的法律后果。二是规范刑事和解的提请程序。本院刑事和解主要有两种方式,一种方式是双方自行和解,一种方式为提请和解,即提请承办人和解,需要双方在收到和解告知书时书面提起。三是规范刑事和解的参与程序。双方当事人提请承办人主持和解程序,应有嫌疑人所在单位或者社区人员参加,嫌疑人和被害人双方有权对参与人提出回避。四是规范和解达成程序。双方达成的和解协议,内容必须包括:(1) 向被害人道歉;(2) 立悔过书;(3) 向被害人支付相当数额的财产或非财产上的损害赔偿;(4) 保护被害人安全的义务;

(5)预防再犯所应承担的义务等。五是规范刑事和解后的协调程序。双方达成刑事和解后,对嫌疑人作出不作为犯罪处理的不捕决定,应同时向公安机关送达撤销刑事案件建议书附不批准逮捕理由说明书,要求公安机关将执行情况在法定期限内抄送本院备案。

刑事和解制度的价值在于有助于“交易契约”的达成。刑事和解既然是被害人和犯罪人之间的一种交易、一种契约,那么,和解的主动权就应当掌握在被害人和嫌疑人手中,只要被害人和嫌疑人不同意进行和解的,承办人不得强行进行刑事和解。在实际运作中,由于检察机关掌握着一定的公权力,处于强势地位,他们的一个建议往往会直接促成和解协议的达成;而和解的结果又被看成是纯粹私人协议的结果,几乎没有人去关心和解协议的达成是否渗透了检察人员的主观意志,这给检察权力的滥用带来了很大的空间。

为避免出现一方力量过于强大而迫使当事人违背自己意愿参与和解的现象,本院办案人员首先树立程序中立、客观义务观念并违背自己意愿参与和解,以程序引导为己任,通过当事双方的自愿行为,达成犯罪嫌疑人和被害人的平等保护。与此同时本院通过确立相关制度,强化对刑事和解的监督和评价:如引入回避制度等,实现和解程序的公正;引入和解参与人社会监督制度,对和解过程的公正、公开、透明进行监督;建立健全告知制度,使双方当事人能了解自己的权利;加强对和解协议的监督,对不符合当事人意愿的调解及时纠正。

本案被害人刘某在侦查阶段拒绝和嫌疑人达成和解,本案承办人在向其告知和解权利和法律后果时,注意从中立立场释明和解的意义,避免自己意志对被害人产生不当影响,被害人最终愿意和嫌疑人达成和解;本案经当事双方要求由承办人主持和解,参与方包括被害人,嫌疑人及其近亲属,嫌疑人所在的居委会。和解过程中,案件承办人注意进行程序引导,提醒双方尽到注意义务,引导双方按照规范和解协议的要求达成协议,而不涉及双方和解的具体内容。

从该案例看刑事和解的实践困惑:

一是刑事和解程序繁琐,不能真正节约司法资源。按照快速办理轻微刑事案件的要求,刑事和解起着诉讼程序繁简分流的作用,它通过快速、合法、有效地解决大量轻微刑事案件的责任归属,使案件免于进入正规的司法程序而大大节约了司法资源。但刑事和解实际运作程序繁琐,检察官需要反复与双方当事人沟通,常常需要耗费大量的时间和精力,并不能真正节约司法资源。

二是自愿原则难以真正贯彻,被害人可能滥用权利。自愿原则是刑事和解适用的基本前提,但在许多案件中,加害人其实是别无选择地参加和解程序,因为取而代之的可能是更严厉的程序或量刑。“在刑事和解过程中,刑法的明确性是被害人在和解过程中占据有利地位的砝码,刑法的威慑力是犯罪人必须做出让步的前提。”实践中,刑事和解的主要途径是由加害人对被害人进行物质(主要是金钱)赔偿,由于缺乏明确的赔偿标准和赔偿范围,被害人可能利用这一有利地位获得超出其损失的赔偿。

三是和解确定的解决方式单一。从检察实践看,经济赔偿成为轻伤害和解的唯一解决方式。经济赔偿虽能在一定程度上补偿被害人的物质、精神损失,但被害人的精神抚慰并不全能由经济赔偿代替,有时被害人并不要求任何实际的赔偿。这种单一的“以偿代刑”方式,易使一部分有钱人凭借刑事和解逃避刑事责任,使无赔偿能力的人无法选择刑事和解程序,影响法律的公平正义。这种以金钱为媒介的正义出让,并非人人都能承受,有能力以金钱“消化”罪行的人只能是少数人。更何况,以金钱疏通关节进而曲解法律、颠覆正义,已成为司法腐败的常见轨迹,大批缺乏金钱能力的人们,也因此对司法公正充满怀疑,甚至演变为对司法机关的仇恨。

四是赔偿范围不清楚,金额差别非常大。与法院自诉案件赔偿范围非常清楚不同,轻伤害和解赔偿额的提请要被害人同意,于是,同样是轻伤,一个被害人可能获得七万余元的赔偿金额,另一个被害人却可能只有五千元。虽然每个案件的加害方、被害方的具体情况不一样,应该允许个案之间存在差异。但是不能排除利用公权机关达到个人目的情况存在,因此需要对刑事和解中公权力的运作进行规范和监督。

五是缺乏社区的参与。现行轻伤害和解机制中没有社区代表的参与,司法机关对于轻伤害案件处理上更注重加害人是否履行了和解协议,即是否赔付被害人经济损失,而对受损社会关系的修复、加害人的矫正和回归则不甚重视,往往出现一“放”了之的现象。这无疑背离了刑事和解的另一价值追求——实现犯罪者的重返社会。

六是刑罚的平等性受到置疑。我国宪法的一项重要原则是公民在法律面前一律平等。但能够通过刑事和解达成协议的往往是那些家庭经济条件优越的加害人,他们在履行了经济赔偿责任后,容易得到被害人的谅解,从而获得从轻或者减轻的处理结果;而那些家庭条件差的,因为没有条件赔偿,无法达成和解协议,则受到的处理要重,这是不平等的。

完善刑事和解的构想:

一是建立专门调解委员会为主体,检察机关为主导的刑事和解调停制度。当前可以考虑建立以调解委员会为主导,检察机关为主体的和解主持人制度。由检察机关与司法局签订委托调解协议,将刑事和解转处制度化。就程序而言,检察机关对轻伤害案件进行初步形式审查后,符合刑事和解条件的即作出刑事和解决定,并将案件移送调解委员会,由调解委员会主持双方调解并达成和解协议后交由检察机关复审。这样可以有效地保证调解者的中立性和和解协议的自愿性,可以节省检察机关有限的资源,改变检察机关满负荷工作的情况。

二是建立刑事损害补偿制度。从目前刑事和解的司法实践看,加害人金钱给付几乎成为达成刑事和解的唯一方式,这使得刑事和解的公正性大打折扣,一方面如果承担经济责任能力不强的人伤害了他人,即使他有和解的真诚意愿,但是因无力承担金钱给付等责任而得不到被害人的谅解,导致失去和解机会。另一方面,金钱赔付由于缺乏数额标准,实践中出现的相似的伤害情节,赔偿结果却相差悬殊。要解决这一问题,一方面需要政府部门建立刑事和解补偿制度,加害人无力赔付的由相关政府部门酌情给予被害人补偿。

三是确立非经济和解方式。我国现有的非监禁化处置手段如训诫、具结悔过、赔偿损失、社会帮教、工读教育等,也可以在刑事和解中广泛适用;此外应该从立法上增加非监禁化处置措施,以供刑事和解适用:(1)劳动赔偿令。加害人无赔偿能力的,可以选择直接为被害人劳动或是参加一些有偿劳动获得的报酬全部支付给被害人。(2)社区服务令。在社区工作人员的监督下,美化公共环境、开展公益事业及服务社会福利机构等。

[编写人:江舜治,江苏省南京市鼓楼区人民检察院]

彭某某因口角纠纷故意伤害亲属案

一、案情

2004年9月2日18时许,彭某某的哥哥彭金某在开车回家的路上,途经其村前一道路时,和正在路边修三轮车的被害人杜某相遇。由于乡村道路的狭窄，杜某感觉到彭金某故意用车挤了他，随后杜某和其父母便先后来到彭金某家门口理论，并发生了口角。这时彭某某正好到彭金某家串门，看到双方在争吵，准备劝架，不想劝架不成反而加入到了纠纷中，包括彭金某和其妻子在内双方六七个人厮打在一起。彭某某和杜某在扭打的过程中，杜某被摔倒在地，其腰部正好撞在了水泥台阶上，导致杜某腰部两根骨头骨折，经依法鉴定构成轻伤。

二、处理过程

经对案件的全面审查，我们发现被害人杜某和被告人彭某某系堂兄弟关系，且在案发后犯罪嫌疑人积极主动看望被害人，并表示了诚挚的歉意，使被害人情感上得到了安慰，以此同时为被害人支付各种医药费用，为此我们认为该案具备适用轻微刑事案件和解机制的条件，随即启动和解程序。

在听取当事人对该事件的意见时，我们注意到犯罪嫌疑人十分懊悔自己的行为，提到和被害人之间并没有矛盾，只是一时不小心造成了伤害，对此深感内疚，并表示愿意赔偿杜某各种医药费、护理费及误工费等，在和被害人沟通时，杜某也表示和嫌疑人之间系堂兄弟关系，平时没有矛盾，自己的伤害也不是他刻意造成的，愿意接受他的歉意，并表达了不追究彭某某刑事责任的愿望。基于双方当事人的积极态度，我们告知双方适用和解机制的规则及双方当事人在和解中的权利和义务，当事人在听取了我们对案件的处理意见后，均表示愿意接受和解。

在取得双方当事人一致意见后，我们将双方当事人带到本区雨花新村街道人民调解委员会的调解桌上，由我院聘请的人民调解员对双方赔偿问题进行调解。由于身体健康不是商品，伤害和金钱无从等价，因此对赔偿的数额，我们始终坚持中立，以当事人双方共同认可为标准。经双方友好协商，很快达成一致意见，签订了具有法律效力的调解协议书，彭某某也当场支付了所有的赔偿金。协议签订后，双方对处理结果都表示满意，并握手言和。

经双方和解后，我们基于当事人双方对伤害事件的处理态度和被害人对嫌疑人的谅解，我院将该案作为轻微刑事案件以和解方式结案，并建议公安机关将该案作撤案处理，公安机关根据和解协议撤销了该案。

三、评析

在审查整个案件材料后，我们发现该案存在符合适用和解机制的基础。首先，犯罪嫌疑人彭某某的主观恶性较小。本案的起因系邻里间为了行车中的一点误会发生纠纷，而且犯罪嫌疑人不是纠纷的直接关系人，和被害人并没有矛盾，刚开始还是劝架，不想最后卷入其中，因此其主观上只是和被害人普通的邻里吵架，伤害被害人的恶性极小。其次，犯罪行为造成的后果含有偶然因素。犯罪嫌疑人和被害人厮打过程中将被害人摔倒在地，本是一般的扭打，不想被害人撞在了台阶上，造成了轻伤。虽然我们不能否认双方在扭打中各自存在的伤害故意，但我们认为嫌疑人并没有积极追求对被害人的伤害结果，轻伤的结果不是其完全希望的。最后，看该案的社会感性因素。在审查中我们进一步了解到当事人双方住在同村相隔不远，且双方还是同一家族，堂兄弟关系，本身并没有大的矛盾。双方毕竟存在着传统的家族感情，事情发生后彭某某认识到了自己行为对杜某造成了严重的后果，内心也十分痛苦和内疚，为此多次到杜某家看望，并及时支付了相关医药费用。被害人也考虑到嫌疑人并不是存心要将自己伤成这样，况且双方还是堂兄弟关系，也不愿看到彭某某因此判刑，影响其家庭稳定。有了这些和解的基础，才使我们的和解工作得到落实。

在本案中，我们不是简单的处理一起轻微刑事案件，而是在讯问嫌疑人了解案情的同时，深入调查了当事人双方的各种情况，发现了个案的情节，亲情是人们最值得珍惜的财富，因此我们抓住当事人双方的远亲关系，深入了解双方的感受，及时使双方沟通。我们认为，如果单纯的判刑，根据嫌疑人的家庭经济状况，被害人的各项损失并不能得到充分的补偿，这样会导致嫌疑人因犯罪而受到刑罚处罚，失去工作，没有了经济收入，影响家庭生活，而被害人受到伤害得不到适当的补偿，国家也要付出相应的司法成本，三方均不得利。而和解机制可以很好的弥补简单司法无法带来的社会价值，一方面，嫌疑人认罪、悔罪，态度积极，希望对自己能从轻处理，不影响自己的工作和家庭生活，因此愿意全力赔偿被害人的损失，另一方面，被害人也不愿看到嫌疑人被判刑，影响其家庭，希望自己的损失能得到补偿。和解的应用正好使各方利益得到满足，而司法的价值也得以体现。

该案嫌疑人具有较小的主观恶性，社会危害性较小，最终被害人表示了谅解，使和解工作得以顺利进行，当事人双方也通过沟通消除了起初的不平情绪，表现出温暖的亲情。此时和解的预防、教育和挽救作用远胜于刑罚处罚，更有利于消化社会矛盾，恢复被损伤的社会关系，有利于当事人双方今后的生活。如果对彭某某判刑，必然导致两家同在一个村庄却

"老死不相往来"，碰面如见仇人的结果，极易引发更大的矛盾和事件，成为社会的一个不安定因素。案件的和解使我们欣慰地看到彭某某和杜某之间恢复如初的兄弟关系，在进行和解工作时，被害人虽然身体没有康复，仍然坚持到调解现场，而彭某某始终像大哥一样搀扶着杜某上下楼梯，照顾其行动。

数月后我院对双方当事人进行了回访，彭某某在自己的岗位上勤恳工作，其工作态度和热情得到单位领导和同事的称赞，而杜某身体也康复并正常上班，双方同住在一个村，在日常生活中仍保持着较好的亲情关系，遇到繁重的农活，彭某某还主动帮忙解决。

［编写人：杨敏叶，江苏省南京市雨花台区人民检察院］

张某因民事纠纷故意伤害案

一、案情

犯罪嫌疑人张某无前科劣迹，一贯表现尚好，在案发前与被害人虞某素不相识。案发当天被害人虞某和同学顾某、胡某到张某父母所开的小吃店用餐，当日张某正在该店帮忙。因虞某及其同学要求在面条里放辣油，而店方态度不好，骂骂咧咧，于是被害人一方决定不吃了，要求店家退回餐费。由于店方只退回一碗面条的钱，被害人一方很生气，后顾某走时将店里桌子推斜。于是张某上前和顾某对打了起来，被旁人拉开后，张某发现自己父亲眼角出血，随即拿起一张折叠凳冲过去，在准备砸顾某时砸到被害人虞某的前额，致使虞某当场昏倒，经治疗后虞某额部遗留3.3厘米的疤痕，法医鉴定被害人虞某的损伤程度属轻伤。

二、处理过程

承办人受理该案后认为，本案系一般群众之间因普通民事纠纷而引发的轻伤害案件，社会危害性较小，主观恶性不深，属于我市公诉部门进行刑事和解的案件范围，如果能通过教育感化犯罪嫌疑人，使其通过积极的后续补救行为取得被害人的谅解，更能发挥法律缓解社会矛盾，维护社会稳定的作用，体现对轻微刑事案件从宽处理的刑事政策。但通过进一步审查案件承办人发现，由于伤害案件本身所具有的特点，本案中双方当事人也因曾经的直接肢体冲突而同时存在一定的不满情绪，一方面犯罪嫌疑人虽然对自己打人的犯罪事实供认不讳，认罪态度较好，但主观上对被害人一方打伤自己父亲一事仍然耿耿于怀，悔罪态度一般，故而并未主动和被害人联系，就民事赔偿问题进行协商，主动求得被害人谅解；另一方面被害人作为受害者，显然更不愿意主动联系犯罪嫌疑人，而是要求侦查机关追究犯罪嫌疑人的刑事责任，所以本案民事赔偿及和解工作在起诉前一直没有开展。

在此情况下为有效开展刑事和解工作，承办人经过分析思考，决定首先从教育犯罪嫌疑人出发，通过认真细致的法律教育，让犯罪嫌疑人充分认识到使用暴力方法处理问题本身就是错误方式，自己有错在先，客观上造成被害人虞某轻伤的结果，给被害人的生活和工作都带来了一定的影响。犯罪嫌疑人在承办人的启发下，通过设身处地的换位思考，进一步对自己犯罪行为的社会危害性有了充分的认识，产生了对被害人的愧疚心态，主观上有了较为深刻的悔罪表现，对承办人也产生了相应的信任感。在此基础上，承办人进一步向犯罪嫌疑人阐述了案件一旦起诉后判刑可能对其造成的不利后果，指明通过向被害人赔礼认错，赔偿被害人民事损失等方式，取得被害人谅解，争取刑事和解的途径。犯罪嫌疑人当即表明愿意向被害人赔偿损失，道歉认错，并请求承办人出面促成和解工作。随后承办人联系被害人，向其表达了犯罪嫌疑人的诚意，同时说明了刑事和解制度的特点，从有利于被害人身心健康，避免矛盾激化，取得社会和谐的处理结果等方面明晰事理，得到了被害人的认可，从而也取得了被害人的信任，接受了和犯罪嫌疑人面对面尝试刑事和解的建议。

后在承办人的主持下，双方当事人在我院进行了刑事和解工作。在双方的对话中，他们充分谈论了犯罪行为对各自生活的影响，并就犯罪事件本身交换看法，对各自的想法有了充分的了解，愤怒、委屈的心态得到了缓解和抒发。张某主动向虞某承认过错、表达歉意，并提出协商民事赔偿的建议，虞某也随即表示了对张某犯罪行为的宽恕和谅解。在双方就民事赔偿问题进行协商时，承办人又充分阐明了民事赔偿方面的法律知识，将双方当事人的协商过程纳入理性轨道，后张某与虞某当场达成书面赔偿协议，由张某一次性赔偿虞某各项损失合计人民币 1.8 万元并当即交付，在此基础上虞某书面表示对张某犯罪行为的谅解，并建议司法机关不再追究张某的刑事责任。

成功刑事和解完毕后，我院向公安机关说明理由，建议公安机关将案件撤回，公安机关依法将该案作撤案处理。

三、评析

徒法不足以自行,正是司法实践才让法律鲜活起来。而法律实践的主体就是人,但人的精力毕竟是有限的,在有限的法律时间内去追求毋宁是法律真实还是客观真实,都近乎一种理想化的目标。因此,在资源有限的情况下,必须考虑其合理配置问题以保障司法制度的正常运行。我们知道,刑事和解本质就是抛弃犯罪嫌疑人与国家对决的模式,强调受犯罪影响的主体的广泛参与,强调处理案件程序的人性化和公正性,强调在根本上解决和化解矛盾,以达到社会的和谐和均衡为归宿。公诉人员为了应对被告人及其辩护人的辩解和反驳,必须使案件事实清楚、证据确实充分,为此必然投入大量的精力、物力等进行证据的梳理,以提高诉讼质量,确保指控成功。实行刑事和解制度不仅可以缓解司法压力,而且还可以整合社会资源。

刑罚的直接目的是预防犯罪,包括一般预防和特殊预防两个方面。通常认为,一般预防就是预防社会上可能的犯罪人实施犯罪,亦即通过适用刑罚,防止社会上的不稳定分子走上犯罪道路。特殊预防就是预防犯罪人本人重新犯罪,亦即对犯罪分子适用和执行刑罚,使犯罪人本人不再实施犯罪行为。

刑罚作为事后的应对,无法对犯罪原因施加有效的影响,因而缺少对犯罪前的控制作用。刑事和解为我们提供了另一思路。刑事和解的适用可以一定程度上帮助社区建立和谐的人际关系,排除犯罪发生的诱因,控制犯罪发生的环境条件,推进犯罪控制社会组织体系的建立。

刑事和解正是认识到了刑罚作用的局限性以及负面作用才应景而生。一方面使加害人有了向被害人忏悔和主动承担责任的机会;另一方面也使其避免了犯罪的烙印,有利于其重新生活和工作。摆脱了犯罪标签的不利影响,加害人可以更加自然地实现再社会化过程。

在办理该案的过程中承办人意识到刑事和解政策体现了对被害人利益及加害人利益的充分保护。在传统刑事司法程序中,被害人常常被忽略、遗忘甚至被侮辱了。实际上,关注被害人的伤害,满足被害人的需求正是刑事和解理论与实践形成的一个重要原因。在刑事和解中,被害人可以了解到犯罪何以发生,犯罪对双方产生了何种影响,被害人通过与加害人的接触,可以了解到这些信息,有助于增加被害人对自身命运的自信,而不至于因侵害而丧失对环境的安全感和避免因被忽略而深感无助。在与加害人的面对面交流中,被害人通过叙说,可以摆脱因受害而造成的心理阴影，使自己的愤怒情绪得以发泄，痛苦得以释放，以减轻内心深处的压力和紧张而回复到正常的生活轨道上。刑事和解关注对被害人的补偿，一是物质损失的赔偿，二是对精神伤害的抚慰。通过当事人双方的协商，可以约定赔偿的方案，如加害人亲属代为赔偿，加害人分期赔偿或者是为被害人提供劳务等等。同时通过加害人的道歉和主动承担责任可以缓和受害人的愤怒情绪，恢复其尊严和自信。更重要的是，刑事和解充分尊重了当事人的需求，而不是越俎代庖，可以针对被害人的不同需求提供合适的补偿方案。

同时刑事和解制度对加害人利益也给予了保护。在我国监狱改造罪犯工作中，短期自由刑的弊端越来越明显。虽然监禁期较短，但毕竟是被判有罪，给其打上了罪犯的烙印，使其失去了原有的职业、地位和名誉，致使其自尊心受到伤害，极容易产生自暴自弃的心理，不利于其重新社会化。并且刑罚在本质上是对犯罪人的消极的否定性的反应，犯罪人尤其是青少年有可能将这种消极的否定性反应内化为“自我观念”，按一种他人所描绘的坏人的自我观念行事，继续其犯罪生涯。刑事和解为当事人在相互协调、相互理解和尊重的前提下完成犯罪人的自尊重建和正常人格的自我实现提供了一种可行的途径。

现代法律制度除了要实现公平、正义的价值目标外，还有一个重要的原则就是诉讼经济。西方经济分析法学派的代表人物波斯纳认为，法律程序在运作过程中会耗费大量的经济资源，为了提高司法活动的经济效益，应当将最大限度地减少这种经济资源的耗费作为对法律程序进行评价的一项基本价值标准，并在具体的司法活动中实现这一目标。这就是说，法律程序应尽力减少诉讼成本，而达到最大化收益。刑事诉讼制度自然也不例外。诉讼经济原则贯穿于整个刑事诉讼中，其中一个重要体现便为不起诉制度。同样，刑事和解制度在吸收不起诉制度内核的基础也体现出诉讼的经济原则。刑事和解使特定的案件在不交付审判的情况而终结，缩短了诉讼时间，节省了大量的人力、物力和财力。

社会主义和谐社会，是民主法治、公平正义、诚信友爱、充满活力、安定有序、人与自然和谐相处的社会。“和谐”，其相对含义是“不配合、不适当和不匀称”，也即“冲突”。从这个意义上讲，冲突可以被视为和谐社会所遭遇的挑战，那么防范和协调冲突则成为了建设社会主义和谐社会的题中之意。而刑事和解制度作为解决刑事冲突即犯罪的有效方式之一，可以为建设社会主义和谐社会提供一条新的实践思路。我们知道，犯罪往往对正常、平静、和谐的社会关系造成不同程度的威胁与破坏。这时,和谐社会的核心需求就是要将被犯罪行为破坏的社会关系予以恢复。而刑事和解制度则顺应了这一需求,并且刑事和解对社会关系的修复有别于以往那种"打击求和谐"的表象恢复。后者是在被害人、加害人与社会利益同等减损情况下的一种简单恢复,而前者则是一种积极、全面的恢复:对被害人而言,修复物质的损害、治疗受伤的心理,使财产利益和精神利益恢复旧有的平衡;对加害人而言,向被害人、社会承认过错并承担责任,在确保社会安全价值的前提下交出不当利益从而恢复过去的平衡;对社会而言,受到破坏的社会关系得到了被害人与加害人的共同修复,从而恢复了社会关系的稳定与平衡。

[编写人:汪睿、陈菲,江苏省南京市白下区人民检察院]

王某等因民事纠纷故意伤害案

一、案情

2004年6月9日,公安机关向我科移送审查起诉犯罪嫌疑人王某、张某涉嫌故意伤害一案。该案是一起因怀疑买到的是假烟而引起的买烟者与店主之间的纠纷。2004年4月的一天,王某在家附近小店买了一包香烟,打开后他总觉得烟是假的,希望对方能赔包烟,但店主就是不同意,二人发生了激烈的争吵。最后,店主没办法只得答应赔烟。他将烟用力扔给王某,还气呼呼地丢下一句话:"不就是想骗包烟吗?"王某正想拿着烟走人,听了这句话后火冒三丈,当即打电话给朋友张某,张某赶来后二人对前来帮腔的店主之子马某某一顿拳打脚踢,将其打成轻伤。

二、处理过程

从表面看,这是一起普通的由民事纠纷而引起的刑事案件,但通过对全案材料的审查以及和双方当事人的谈话,我们发现了该案的特点:一是犯罪嫌疑人系自首,认罪态度很好,能真诚悔过。二人的每次供述均能如实反映当天的事发原因和纠纷经过,且均表示了对自己鲁莽行为的后悔。在审查起诉阶段的谈话中,二人还流下了悔恨的泪水。二是被害人对犯罪嫌疑人的行为完全谅解。与大多数案件被害人对犯罪嫌疑人的行为深恶痛绝所不同的是,本案被害人在如实陈述当天纠纷经过的同时,一再要求我们对犯罪嫌疑人从轻处理,并表示矛盾激化引发打斗与自己的冲动也有一定的关系。三是双方当事人之间无私仇宿怨,矛盾是当即形成并顷刻激化,并且事发后双方才知道一犯罪嫌疑人与被害人还有远亲关系。

在发现这些特点后,我们感觉到该案有适用刑事和解的基础,并且这第三个特点也使我们感觉到该案的处理牵制着两个大家庭之间的关系,处理不好会使亲戚反目。带着这种维护社会稳定的使命感,我们对案件进行了初调。

我们分别找双方当事人谈话,了解他们的和解意愿。被害人表示虽然不想追究对方的刑事责任,却希望对方赔偿自己因看病花去的钱,但因为“亲戚关系”的约束,觉得不好意思开口,希望检察机关能出面帮其挽回损失。犯罪嫌疑人表示因为自己的行为使两个大家庭之间的关系发生摩擦,自己想要改变这种状况,却心有余而力不足,希望检察机关能帮忙改变现状。双方都愿意和解,于是我们组织了双方会面。按照我们的要求,被害人带来了医药费单据,合计要求对方赔偿 3000 元,二犯罪嫌疑人表示信赖对方的为人,相信所要求赔偿的费用就是所产生的费用,不用看单据愿意赔偿 3000 元。

初调达成一致,于是由我们牵头,6 月 23 日,双方当事人在雨花新村街道人民调解委员会签订了具有法律效力的调解协议书。协议签订后,双方握手言和,原本分别乘车过来的双方同乘一辆车离开。

6 月 24 日,经研究决定,我们建议公安机关撤案,公安机关作出了撤案的决定。一个月后,我们对双方当事人进行了回访,在被害人马仁海的家中,我们碰巧遇到了正在他家玩的犯罪嫌疑人王某、张某。原来,原本对立的双方当事人——三个年龄相仿的年轻人现在成了好朋友。王某由衷地对我们说:“感谢检察院的工作,改变了我们尴尬的亲戚关系,现在我们成了朋友,两个大家庭之间的关系反而比事发前更融洽了。”

三、评析

刑事和解这一做法秉承了宽严相济刑事政策“当宽则宽,当严则严”的理念,自古我国法律就有“轻轻重重”的刑事政策,在倡导构建和谐社会的今天,宽严相济的刑事政策亦成为主流。刑事和解以犯罪者认错表示悔意并赔偿损失为条件,换取受害方的谅解和宽容,达到了恢复和谐秩序的目的,体现了检察工作的社会效益。

刑事和解使被害人的合法权益得到了切实的保障。这种方式给予被害人发言权,为他们提供了向犯罪人倾诉自己受到的伤害并接受来自犯罪人的道歉和赔偿的机会,使其得到更多的关注、抚慰和补偿。

刑事和解还有效化解了社会矛盾，促进了社会的稳定。在司法实践中，大部分轻微刑事犯罪的行为人，都是由于一时冲动侵害了他人，犯罪后确实能真诚悔过，其人身危险性已大为降低或消除，如果司法机关将其纳入正常的普通诉讼程序，使其受到刑罚处罚，不仅贴上的犯罪标签不利于其复归社会，犯罪人还可能因此对被害人甚至社会产生敌对情绪，将自己置于社会的对立面，不利于社会的稳定。通过刑事和解的方式，加害人和被害人之间愿意通过调解协议解决民事赔偿问题，说明双方已不存在仇视心理，矛盾已经化解。此时，检察机关对其作出不捕、不诉甚至是建议侦查机关撤案的处理结果，使当事人得到了双赢的结果，实现了双方当事人利益的最大化，有助于全社会形成和谐宽容的氛围，进一步促进了社会稳定。

[编写人：叶君，江苏省南京市雨花台区人民检察院]

王某执法工作中故意伤害案

一、案情

2004 年 3 月 9 日上午，本市雨花台区某街道城建队员王某和队员在清理街道两边占道经营过程中，与在路边人行道上摆摊卖纸钱的司某发生争执，后在司某一再拉扯下，王某一时冲动，一拳打伤了司某的鼻子，经鉴定为轻伤。

二、处理过程

公安机关于 2004 年 10 月 8 日以故意伤害罪将此案移送我院审查起诉。我院承办人接到此案，经审查后发现案件事实清楚，证据也确实充分，对这种轻伤害案件，图省事的话只要按程序将案件诉至法院，但这样能否化解双方由此而产生的矛盾？尤其是如何化解被害人对城建执法工作的敌意？承办人抱着对双方当事人负责、对法律负责的态度，按照轻微刑事案件和解程序，将双方当事人找来，首先告知他们可以和解的权利，同时跟他们交谈，了解他们的想法与要求，让他们换位思考，多替对方着想。经过我们多次耐心细致的工作，双方当事人都由起初的不愿见面，发展为能坐下来交谈，到最后双方当事人都能主动承认错误。犯罪嫌疑人主动向对方道歉，并提出愿意赔偿被害人的医药费等费用，被害人表示接受对方建议同时，也道出了自己对城建执法工作者的理解，尽管自己靠摆摊谋生不容易，但也应配合有关执法部门工作，今后不再占道经营。

基于以上情况，我院承办人于2004年10月15日促成双方当事人到本区某街道人民调解委员会达成调解协议，由犯罪嫌疑人王某一次性赔偿被害人司某医药费、误工费、营养费等总计人民币3250元，被害人司某也表示不再追究王某的刑事责任。

此后我院建议公安机关对该案作撤案处理。双方当事人对我们不厌其烦的调解工作表示了感谢。

三、评析

对本案(轻伤害)一类的轻微刑事案件，如果简单地按普通程序诉至法院，而回避双方当事人对纠纷产生的原因和处理方式的沟通，必然会再次激化双方矛盾。从判决结果看，双方如达成赔偿协议的，法院多作缓刑处理，被害人很可能感到不满意，执法效果不甚理想。同时，这也不利于从根本上化解矛盾，维护社会稳定。本案这样处理，尽管花费了承办人不少精力，但这些案外时间的投入，换来的是双方当事人的真心相对、握手言和，不再相互仇视，从一定程度上化解了社会矛盾，有利于社会稳定。

处理本案采用的刑事和解方式，与我国诸多传统司法制度、观念有着不同程度的契合：

一是文化观念之契合。追求和谐是中国文化传统的特质之一，儒家思想历来把诉讼看成是消极的社会现象，而和谐则是至上的理想。所以综观中国几千年的法制史，“劝讼”、“息讼”一直占主流，其最终目的是使当事人相互和解，平息冲突，达致个人间的和睦以及社会秩序的稳定。这恰恰与刑事和解这种恢复性司法之“关系恢复理念”相契合。这种现实文化观念的和谐是法律制度顺畅运行的重要条件。

二是存在相关制度基础。虽然我国立法与实践中存在的调解与和解、社区服务与社区矫治等并不同于轻微刑事案件和解机制，但它们与轻微刑事案件和解所共有的关怀被害人、犯罪人以及社区安全秩序等的制度性因素，使得恢复性司法并非是一种突发奇想的创造，而是在一定的制度环境基础上的建构。

三是具备一定的组织基础和人员基础。我国已有的人民调解委员会制度拥有国家的各种资源支持，各地基层普遍设立人民调解组织，众多的人民调解员对于调解工作有着丰富的经验，这是我国构建轻微刑案和解机制的重要组织基础和人员基础。

对轻伤害等一类的轻微刑事案件，实行刑事和解至少应包括自愿与明知两个条件。自愿特指被害人与犯罪嫌疑人选择和解模式没有受到强迫。明知是指被害人与犯罪嫌疑人对于参加到刑事和解程序中的后果是明确知晓的。即只有在有充分证据指控罪犯及受害人和罪犯自由和自愿同意的情况下，才可使用和解程序。在和解程序中，承办人应抱着对双方当事人负责、对法律负责的态度，跟他们交谈，了解他们的想法与要求，让他们换位思考，多替对方着想，利于双方当事人。

从单个案件来看，避免了和解之后仍起诉的尴尬，减少了诉讼环节，缩短了诉讼时间，使当事人得到了双赢的结果，增进了社会和解，有助于在全社会培养和谐协调的社会关系，进一步促进了社会稳定。从刑事司法整体工作来看，灵活把握刑事政策，树立法律适用多元平衡的观念，最大限度地发挥各方主观能动性，努力降低实现正义的成本，以最符合各方利益的方式处理犯罪案件，而不是墨守成规，死扣法律条文规定，机械执法，节省了人力、物力等司法资源，使执法者将主要精力投入到更为严重的刑事犯罪案件中，提高了诉讼的整体质量和效率。

[编写人：张倩，江苏省南京市雨花台区人民检察院]

袁某某熟人间故意伤害案

一、案情

袁某某，男，31 岁，江苏涟水县人，2006 年 12 月 19 日被南京市公安局建邺分局刑事拘留；董某某，男，40 岁，安徽芜湖人。二人均为南京市建邺区某菜场个体户。

2006 年 12 月 18 日下午，袁某某在菜场内与董某某之妻因使用灌香肠的管子而发生争执，董认为妻子吃了亏，于次日上午七时许，到袁某某摊位上打了袁一拳，并将袁按在切肉的案板上，继而双方厮打起来，被他人拉开后，袁用其摊位上的切肉刀向董后背上砍了一刀，当日上午九时许，袁到公安机关投案自首。经鉴定董某某的损伤程度为轻伤。

二、处理过程

2006 年 12 月 26 日，南京市公安局建邺分局对犯罪嫌疑人袁某某涉嫌故意伤害一案，向建邺区人民检察院提请批准逮捕。建邺区人民检察院在案件审查过程中，袁某某对自己的犯罪事实供认不讳，表示真诚悔过，并书面委托一起在南京打工的亲属负责赔偿董某某的一切损失，还写信向董某某道歉，请求检察机关进行调解，给自己一条出路。承办人根据案情分别询问了董某某和袁某某委托的亲属，转交了袁的道歉信和委托书，制作了询问笔录材料。在谈话中董某某对自己不该先动手打人，也有过错的行为表示内疚，对其住院期间袁某某亲属的悉心照顾表示满意，对袁的诚恳道歉表示接受，也请求检察机关作调解处理，不要追究其刑事责任，袁某某的亲属也表示愿意接受袁的委托，代袁某某履行赔偿事宜。

在双方共同要求调解的基础上，建邺区人民检察院于 2006 年 12 月 29 日上午，邀请某晚报的一名记者作为见证人，由案件承办人主持了袁某某的亲属和董某某双方的调解。主持人首先宣读了先前制作的有关人员的笔录材料，袁某某的委托书和道歉信，双方均表示无异议，之后董某某向袁某某的代理人提出再补偿 1.8 万元要求，袁的亲属认为数额偏高，主持人从中进行沟通、协调，双方当事人考虑到平时大家也无积怨，将来双方还要在同一菜场相邻摊位做生意等因素，均表现出了积极的态度。

最后双方达成书面和解协议：(1) 袁某某的亲属除先前支付董某某的 5000 元外，一次性当场赔付医疗、误工、精神损失等各项费用 1.6 万元，之后互不相欠；(2) 由袁某某夫妇到董某某家中赔礼道歉；(3) 董某某自愿与袁某某达成和解。

据此，建邺区人民检察院对犯罪嫌疑人袁某某作出了不作为犯罪处理的决定，将袁某某释放。

三、评析

袁某某涉嫌故意伤害罪一案，最终能成功调解，不作为犯罪处理，主要有以下几方面因素：

一是案情具有刑事和解的可行性。该案本身属于轻微刑事案件范围。轻微刑事案件主要是指案情简单、证据确实充分、依法可能判处 3 年以下有期徒刑的案件，袁某某故意伤害一案是因民事纠纷引起的轻伤害案件。无逮捕必要。该案系在同一菜场相邻摊位经营的嫌疑人与被害人之间，因琐事而引发，被害人有一定过错，嫌疑人认罪悔罪，有自首情节，采取取保候审、监视居住不致发生社会危害性。

二是双方对赔偿的共识使和解成为可能。在案件侦查过程中，嫌疑人表示愿意赔偿，被害人也要求得到赔偿，这为双方的和解提供了条件。

三是履行标的具有合法性、可操作性。经济赔偿、赔礼道歉这两项内容均符合《民法通则》规定有关承担民事责任的情形。

四是办案人员有一定的责任心和调解能力。调解过程中，办案人员坚持从有利于当事人合法利益出发，一方面指出董某某不该先动手打人，对伤害后果的造成自身有一定过错，并对其如果放弃调解可能出现的几种情形进行宣传讲解，使董某某认识到即使袁某某被判刑，对自己也没有什么好处，能在合法合理的范围内提出要求；另一方面，又向袁某某委托的亲属指出袁的行为已经构成犯罪，如果得不到被害人的谅解，就要被追究刑事责任，促使袁某某的亲属积极配合做好调解工作。

建邺区人民检察院在检察环节积极做好刑事案件和解工作，成功主持调解因民事纠纷引起的轻伤害案件，对嫌疑人袁某某作出不作为犯罪处理的决定，当事人双方均表示满意，社会效果也很好。同时，针对公安机关对有条件做非刑罚化处理的轻微刑事案件，不积极调解的问题，以检察建议的方式予以监督，得到公安机关的认同，收到了“监督个案、规范类案”的良好效果。

建邺区人民检察院认为，在案件侦查过程中，嫌疑人表示愿意赔偿，被害人也要求得到赔偿，双方存在着和解的可能，但公安机关既未告之双方可以申请调解，也未组织双方进行调解，放弃了调解工作，并将嫌疑人刑事拘留并提请批准逮捕。公安机关有义务对轻伤害案件进行调解，却没有依法开展轻微刑事案件非刑罚化处理工作，导致社会矛盾未得到及时化解，司法资源未得到有效利用，当事人合法权益未得到有效保护。

为此，建邺区人民检察院向建邺公安分局发出了检察建议：第一，公安机关经过调查，对案情简单、因果关系明确的轻伤害案件，视情况按以下规定办理：双方当事人自行和解的，或者经双方当事人申请、公安机关予以调解并达成调解协议的，公安机关可以不予立案；告知被害人直接向人民法院自诉，被害人同意自诉的，公安机关应当将其具体意见制作笔录加以固定，并依法向被害人提供伤情鉴定结论；被害人不愿自诉，且不同意调解或者调解不成的，公安机关应当说服被害人向人民法院自诉，被害人坚持要求公安机关处理的，公安机关应当立案侦查。第二，切实、有效地开展轻伤害案件调解工作。第三，对确有必要提请批准逮捕的轻伤害案件，需将调解工作的相关材料一并移送，做到执法的规范与公正。

建邺公安分局回函，采纳了检察院的建议，并在刑侦工作会议上要求：凡是未进行调解的轻伤害案件，不得提请批准逮捕；凡是调解不成功需要提请批准逮捕的，必须在卷宗内附有调解过程的相关材料；凡是检察机关要求配合调解的，都应配合到位。

［编写人：钟锦明，江苏省南京建邺区人民检察院］

甄某因儿子探视权引发的故意伤害案

一、案情

2006年3月7日8时许,甄某送其子甄小某到幼儿园上学,在门口遇见其前妻周某,就其儿子甄小某的抚养、教育及探视问题双方发生争执,进而演化为肢体冲突,甄某对周某的右耳和鼻梁打了两拳,致使周某右耳鼓膜穿孔、鼻梁根部骨折。后经鉴定周某的损伤程度已构成轻伤。

二、处理过程

本案受理后,承办人经审查发现,犯罪嫌疑人甄某和被害人周某有特殊关系——曾是夫妻,争端的起因也是因为他们儿子甄小某的探视和教育问题。如果因为此事而使犯罪嫌疑人甄某受到刑事处罚,不但会导致两人的矛盾更加激化,也不利于未成年人甄小某的成长。考虑到本案的特殊性,承办人进行了深入调查了解,细心听取了双方的意见,发现被害人周某也颇为矛盾,其本意并不想追究犯罪嫌疑人甄某的刑事责任,因为那样对她儿子的将来会有影响;但因甄某经常阻挠她探视儿子,也想使他得到教训,一揽子解决自己的探视权以及儿子将来的教育问题。

鉴于这种情况,承办人汇报后决定主持进行刑事和解。经过耐心的说服教育,为了儿子的健康成长,双方终于自愿达成和解:犯罪嫌疑人甄某一次性赔偿周某修补耳膜费用人民币6700元;被害人周某有权在不影响甄小某学习的情况下进行探视,每月不少于四天;其儿子甄小某今后择校,由犯罪嫌疑人甄某安排就读北京东路分校,费用由犯罪嫌疑人甄某承担或由被害人周某指定学校,学习费用(包括赞助费)被害人周某承担一半。

鉴于双方已达成和解,犯罪嫌疑人甄某已得到被害人周某的谅解,在对甄某进行批评教育后,根据江苏省高院、江苏省检察院、江苏省公安厅《关于办理轻伤害案件的暂行规定》第7条之规定,本院建议公安机关撤案,不再追究甄某的刑事责任。

三、评析

本案的办理,体现了人性化办案,充分考虑到双方的诉求,有效化解了社会矛盾,维护了未成年人利益。

刑事和解是一种以协商合作形式恢复原有秩序的解决纠纷方式,它是指在刑事诉讼中,犯罪嫌疑人、被告人以具结悔过、赔礼道歉、赔偿损失等方式得到被害人的谅解，被害人要求或者同意司法机关对犯罪嫌疑人、被告人依法从宽处理而达成的协议。实现刑事和解的，检察机关可以依法对犯罪嫌疑人、被告人不批准逮捕，或者不起诉，或者起诉后建议人民法院从轻、减轻判处。其目的是弥补被害人受到的伤害、恢复被加害人所破坏的社会关系并使加害人改过自新，重返社会。刑事和解不仅是西方法学的一个重要理念，也是我国刑事司法的优良传统，在中国古代、近代、解放区时期都有着深厚的渊源。

作为一种融通西方"恢复性司法"理念与中国传统"和为贵"精神的非诉讼方式，"刑事和解"有助于缓解日益增长的案件数量与审判资源有限性之间的矛盾，其在维护成文法权威的前提下，融入了更多的人文关怀，体现了刑事司法从"有害的正义"到"无害的正义"的进步，对于中国刑事司法尤其是未成年刑事司法的改革完善与创新发展意义重大。

刑事和解主要有四大益处：一是能提高诉讼效率，降低诉讼成本。对那些轻微刑事案件，通过刑事和解在检察环节结案，无疑能提高诉讼效率，降低诉讼成本。二是能有效地防止未成年人再犯罪。实践中，未成年人实施犯罪往往只是一时冲动。对其作和解处理，保障其正常的学习和生活，加上监护人或其法定代理人加强管理，能有效地防止未成年人受其他被监管人员的"污染"再犯罪。三是能较好地保护被害人的合法权益。刑事和解的一个重要条件是赔偿到位，获得被害人谅解，从而切实、有效地保障被害人的权益。四是有利于促进社会和谐。犯罪是犯罪人与被害人及国家、社会秩序的冲突。但倘若实施犯罪行为的人被判处刑罚，罪犯本人和其家人可能会因此对社会、被害人产生仇恨心理，这是一种更深的潜在的冲突。实行刑事和解能缓和冲突，促进构建和谐社会。

我们认为，刑事和解的适用对象和范围，应当主要是未成年人刑事案件和轻微刑事案件，包括各类过失犯罪，以及亲属邻里关系中的盗窃，数额不大的诈骗、抢夺、敲诈勒索等。上述轻微刑事案件中的犯罪行为主要侵犯了被害人的个人利益，对公共利益的损害较小，适用刑事和解不至于造成对被害人、犯罪人利益保护和公共利益保护的失衡。

适用刑事和解还应当具备以下条件：犯罪嫌疑人、被告人系自然人；基本事实清楚，基本证据确实、充分；犯罪嫌疑人的行为触犯刑法；犯罪嫌疑人悔罪，并且对主要事实没有异议。

刑事和解应当坚持当事人自愿和公平公正的原则。同时，刑事和解不得损害国家、集体和其他公民的合法权利，不得损害社会公共利益，不得违反法律和社会公德。经济赔偿数额和其他补救办法应当与被害人受犯罪损害而造成的实际损失及犯罪嫌疑人、被告人应当承担的责任相适应,并且应当考虑犯罪嫌疑人、被告人及其法定代理人的赔偿、补救能力。

和解的提出主体,应是被害人、犯罪嫌疑人及其各自的诉讼代理人或检察机关。刑事和解结果直接关系犯罪嫌疑人与被害人的切身利益,作为刑事和解的双方当事人,应当享有提请和解的权利。检察机关在查明案情并充分考虑双方当事人需要的基础之上,也可主动提出刑事和解。符合刑事和解条件的案件,检察机关应当在告知权利义务时进行刑事和解的告知和宣传。在双方进行和解时,检察机关可以给予法律指引。

人民检察院在审查案件中应当对已经达成的刑事和解是否合法、真实、有效进行审查。具备以下情形,可认定双方已达成刑事和解:犯罪嫌疑人、被告人真诚悔过,并向被害人赔礼道歉;犯罪嫌疑人、被告人与被害人及其法定代理人就赔偿、补偿等事项协商一致,并且已经按照刑事和解协议书、刑事和解调解书实际履行,或者提供有效的履行担保。被害人明确表示对犯罪嫌疑人、被告人给予谅解,要求或者同意司法机关对犯罪嫌疑人、被告人从宽处理或者不追究刑事责任。人民检察院认为符合刑事和解规定(即适用案件)的情形且在案件受理前没有达成刑事和解的,可以告知犯罪嫌疑人、被害人及其代理人、辩护人依照和解规定的方式达成刑事和解。

刑事和解必须增强社区的参与。恢复性司法的一个重要价值取向就是实现犯罪者的重返社会。故实施恢复性司法程序后,必须关注犯罪者的矫治和回归工作,社区、学校、单位、家庭等各方要积极参与,必须注重恢复环境的建设,不能出现一“放”了之的倾向。

[编写人:祝通,江苏省南京市下关区人民检察院]

在校学生吴某故意伤害案

一、案情

2006 年 2 月 24 日晚 9 时许,吴某(在校学生)陪同女朋友周某在本市鼓楼医院就诊。期间,周某的前男友郑某及其表弟秦某也赶到医院看望,吴某与秦某因郑某和周某的恋爱关系发生口角纠纷,后双方在医院停车场内互相打斗,吴某掏出随身携带的水果刀捅伤秦某胸部、腹部多处。

打斗结束后，吴某跑到医院的警务室要求报警，在接受公安机关调查过程中，吴某如实供述了用刀捅伤秦某的经过。

二、处理过程

公安机关移送审查起诉时认定：秦某被人持刀捅伤多处，造成肺破裂，胸腔积血达 800 ML，其损伤程度已达重伤。在审查起诉的过程中，承办人发现对照《人体重伤鉴定标准》第 37 条、第 58 条、第 87 条之规定，其损伤程度未达重伤。但对照苏高法[2000]123 号《关于适用〈人体轻伤鉴定标准（试行）〉和〈人体重伤鉴定标准〉部分条款的座谈会纪要》第 8 条第 3 款之规定，其胸部损伤已构成重伤。针对此矛盾点，我院要求公安机关对被害人秦某的伤情进行重新鉴定。2006 年 6 月 20 日，经南京医科大学司法鉴定所鉴定：秦某的损伤程度为轻伤。

根据本案的实际情况，承办人在主证复核时，主动征询双方当事人的意见，由双方当事人决定是否和解，如何和解的问题。加害人吴某和被害人秦某均愿意通过和解的方式解决这次纠纷。吴某对自己的冲动行为深感自责，通过承办人向被害人秦某转达了道歉信，同时一次性赔偿被害人秦某人民币 7.5 万元，吴某的真诚行动取得了被害人秦某及其亲属的谅解，同意与吴某化干戈为玉帛。2006 年 7 月 25 日，双方在自愿的基础上达成了谅解协议。

基于故意伤害（轻伤）案件自身的特点，我院建议公安机关撤销案件。

三、评析

刑事和解，以受害人得到补偿为基点，以加害人回归社会为终点，旨在修复犯罪给社会、给受害者以及给犯罪者本人和家庭造成的创伤，降低司法运作的成本，使正义得到及时实现。因此，刑事案件的司法和解不失为一种高效有益的处理案件的方式方法。

刑事和解是一种体现刑法宽容性的刑事司法制度。传统刑法观和司法习惯思维都强调犯罪是危害社会秩序最严重的行为，认为犯罪是与法律意志根本冲突的产物，因此，对于犯罪一定要严格遵照刑法规定加以惩罚，以恢复社会生活的平静，至于刑罚执行的代价和效果如何，并不特别关注。此种占主流的刑法导致在刑事领域里绝对排斥其他刑事处理模式，过度强调国家公权力的统治地位，相应忽视了案件当事人权益的保护。但自 20 世纪 70 年代以来，在英、美等国司法实践中开始适用的刑事和解制度，对我国司法理论界和司法实务界产生了较大的冲击，掀起了对刑事和解制度是否可以借鉴以及如何进行借鉴的大讨论。一些地方的实务部门从保障被害人和加害人双方利益的平衡、节约诉讼成本、提高诉讼效率、构建和谐社会的角度出发，开始制定区域性的文件，在司法实践中以刑事和解精神处理一些轻微刑事案件。

刑事和解，也称为被害人与加害人的和解、被害人与加害人会议、当事人调停或者恢复正义会商。它是从注重人权、强调人性化办案的思维出发，旨在通过和解矫治犯罪人，维护受害人的合法权益，使被破坏的社会关系恢复原状、化解矛盾、减少对抗、促进社会稳定和社会和谐。为达到案件当事人双方利益的平衡，在执行刑事和解的过程中应强调双方当事人的参与性和办案机关的中立性。通过沟通，消除被害人和犯罪人之间的对抗状态，增强了人们对刑法的认同感，有利于树立自觉守法的意识。

传统刑法观强调有罪必罚，不赞成对于犯罪的变通处理。而刑事和解却是在传统刑法一味地强调惩罚之外增加了一种更为经济、更有效率的纠纷解决机制，无疑拓宽了我们的执法理念和执法模式：一是在执法思路上从追求对犯罪人的惩罚、剥夺其人身自由为重点，转变到从受害人的角度出发，充分尊重受害人的意愿，保护被害人的物质和精神利益。二是从注重人权、强调人性化办案的理念出发，促进加害人的复归社会和双方关系的恢复。重在对犯罪人的教育挽救改过自新，回归社会。通过加害人认罪伏法，向受害人当面悔过，求得谅解，使受害人从精神上得到慰藉。在此条件下定纷止争，重塑和谐。三是注重法律效果和社会效果的统一。

刑事和解既是一种制度构建和司法模式，更是一种司法理念，司法机关要注重我国普通民众对该制度和理念的接受程度。因此，对其引进要与我国本土的法律文化和社会法律意识相接轨，在目前，社会民众普遍地更崇尚司法机关的权威，对犯罪的处理仍是以国家为主导，因此，我们建立的刑事和解制度仍应以司法机关的正式决定，即撤销案件、不起诉、或者从轻减轻的判决作为最终的法律宣告。

因此，我们应建立的刑事和解是指在较轻的或性质不恶劣的犯罪发生后，在司法机关的帮助下，加害人和被害人直接接触和交流，正视犯罪给被害人带来的伤害，确定犯罪后的解决方案，加害人通过向被害人道歉、赔偿被害人的损失等行为，使被害人因犯罪造成的物质、精神损失得到有效补偿，并取得被害人及其家属的谅解，最终和平解决刑事案件的刑事司法制度。对于什么样的犯罪可以进入刑事和解程序？虽然理论界已基本上达成一致性的意见，认为轻微刑事案件可以进入刑事和解程序，但什么是轻微刑事案件，其范围怎样确定，并不是一个简单的问题；况且刑事和解尚处于逐渐摸索的阶段，因此，对可以进入刑事和解程序的案件的范围不宜过于扩大，原则上掌握在法定刑在3年以下、不涉及公共利益的案件，且需得到司法机关的最终准许。

[编写人：马志忠，江苏省南京市鼓楼区人民检察院]

孙某某因邻里纠纷故意伤害案

一、案情

2005年11月24日上午10时，犯罪嫌疑人孙某某从农民工市场雇了6名民工，带着铁锹、铁锤等工具，来到本市紫竹林22号平房，对房屋进行拆除，这时正在房屋中休息的仇某某冲出了房间，上前进行阻拦，抱住了孙某某，抢夺其手中的铁锤，并高叫不允许其拆除房屋，要与其拼命。孙某某一面与仇某某厮扯，一面叫民工赶紧拆房，这时房屋的大门和窗户已经被砸烂。仇某某高叫出其家人阻拦民工，同时与孙某某纠缠，揪打孙某某，孙某某恼羞成怒将仇某某压在房子外面的水池上，重重地推搡，造成仇某某腰部受伤，这时场面比较混乱，群众报警，110到了现场，将双方劝停下来后，带到派出所处理，仇某某到医院就诊，诊断结果为左肾包膜下血肿，全身多处软组织挫伤，住院治疗近2个月。仇某某的伤情经法医鉴定为轻伤。

二、处理过程

公安机关对孙某某采取取保候审的强制措施，并将此案移交我院审查起诉。我院受理后，认为根据南京市检察机关关于对故意伤害（轻伤）、在校学生的轻微刑事案件、交通肇事等案件可以先行调解的规定，经向分管领导汇报后，决定对此案先行调解。我们到案发地的房管所、街道办事处等部门了解到紫竹林22号平房在20世纪80年初代本来是房管所分配由仇某某居住的公房，后来孙某某下放回城后，没有房子居住，由居委会出面，暂借给孙某某一间房间居住，后来孙某某一家也将户口办到了紫竹林22号平房，并一直由孙某某承租。到了2005年初，紫竹林地区拆迁，孙某某一家搬出后，仇某某认为房子是她家的，因此搬了进去。而拆迁办没有依据拆除该房，也就无法发放拆迁补贴费。到了2005年11

月，孙某某找到拆迁办，拆迁办要求孙某某将自家的房屋拆除，就可以发放拆迁补贴款，于是才发生上述案件。

了解到这样的情况后，我们首先做被害人的思想工作，三次与被害人谈心，详细地向她宣传、解释我国的法律，明确解说告知她房屋居住权纠纷、拆迁补贴款的归属应通过法律途径解决；同时晓之以情，两家相邻多年，关系一直相处不错；其次，充分发挥双方律师的作用，律师是维护当事人利益的，律师的说理更能被当事人所接受。在双方都同意调解的情况下，组织双方见面，同时将双方的律师也邀请到场，重点让双方自己商谈，对争议比较大的问题，如精神赔偿费等问题我们从中调和，力争达到一个让双方都满意的结果。通过调解，最终孙某某赔偿仇某某3.5万元，同时仇某某当场书面请求检察机关不予追究孙某某的刑事责任。

经向分管领导汇报后，此案已要求公安机关撤回提请起诉的要求，公安机关将案件撤回，作出撤案处理。双方当事人对此案处理结果非常满意，公安机关和房管部门对检察机关讲求实效的办案方法和工作作风给予了高度的赞誉，达到了社会效果和法律效果的有机统一。

三、评析

通过对本案以及其他刑事案件的和解处理，对刑事和解有以下一些认识：

在我国，虽然现行的刑事司法制度中还没有形成制度意义上的刑事和解，但全国各地的许多司法机关都开始一些可贵的探索，实践中也取得了非常好的效果。刑事和解制度的创立和推行，就是在传统刑法一味地强调惩罚之外增加了一种更为经济、更为有效率的纷争解决机制。

刑事和解的价值在于：一是刑事和解有利于更好地维护被害人的利益。近年来刑事司法改革的重点问题基本上是围绕如何保护犯罪嫌疑人、被告人权益而展开的。传统的刑事司法制度对被害人权益的保护不够重视，被害人在受到伤害后，尽管犯罪人受到了法律的处罚，但往往被害人得不到相应经济赔偿，尽管法律规定了被害人在刑事诉讼过程中享有民事赔偿请求权，但多数情况下法院的判决不能实现，这造成被害人民事赔偿请求权的失落。而“对于被害人因犯罪行为遭受精神损失而提起附带民事诉讼的，人民法院不予受理”的规定，是对被害人精神抚慰权的忽视，不利于安抚被害人内心的创伤。与此相反，刑事和解制度更关注被害人的意愿，注重被害人参与诉讼程序，强调纠纷的解决，使被害人的权益及时得以实现。

二是刑事和解有利于矫正犯罪，实现犯罪人的再社会化。刑事和解除了体现对被害人进行司法保护的思想，其价值也兼容犯罪人的复归以及受损社会利益的全面恢复。刑事和解用一种人文精神来看待犯罪人，被害人、犯罪人的亲属以及被害人的亲属等，从涉及的家庭成员以及相关的社会关系成员多方面，来教育和矫治犯罪人，促使犯罪人悔过自新，从而达到维护社会稳定、减少再犯罪的目的。

三是刑事和解改善犯罪人与被害人之间的对抗关系，促进了社会和谐。刑事和解制度可以消除被害人和犯罪人之间的对抗状态，在沟通过程中，犯罪人的行为在一定程度上得到被害人的谅解，从而国家和犯罪人之间的对抗状态也得到消除或者缓解。

四是刑事和解降低诉讼成本，提高诉讼效率。刑事和解作为一种全新的刑事司法模式，对大量的轻微刑事案件通过化解人际矛盾关系的方法，减少了诉讼环节，节约了诉讼成本。

刑事和解制度的可行性体现在：我国现行刑事立法的规定为刑事和解的施行提供了相关的制度基础。首先，我国现行法律有关于刑事诉讼适用调解的具体规定。例如，《中华人民共和国刑事诉讼法》第172条规定，人民法院对于告诉才处理的案件以及被害人有证据证明的轻微刑事案件，可以进行调解。同时，该条款也规定被害人有证据证明对被告人侵犯自己人身、财产权利的行为应当依法追究刑事责任，而公安机关或者人民检察院不予追究被告人刑事责任的案件不适用调解。由此可见，在我国刑事诉讼中，对于轻微刑事自诉案件，可以适用调解方式。《中华人民共和国刑事诉讼法》第142条第2款规定，对于犯罪情节轻微，依照刑法规定不需要判处刑罚或者免除刑罚的，人民检察院可以作出不起诉决定。犯罪嫌疑人如果认罪或真诚悔过，检察机关才能对其作出相对不起诉决定。目前，我国也对刑事和解进行了一些有益的探索；如《最高人民法院关于刑事附带民事诉讼范围问题的规定》的第4条规定：被告人已经赔偿被害人物质损失的，人民法院可以作为量刑情节予以考虑。第5条规定，……被追缴；退赔的情况，人民法院可以作为量刑情节予以考虑。以上这些在一定意义上带有刑事和解倾向的规定，在司法实践中得到很好地运用。

另外，我国“宽严相济”刑事政策也为刑事和解的施行提供了一定的政策依据。

刑事和解制度的构建，应该包括如下方面：

一是刑事和解的条件和范围：(1) 普通轻微的刑事案件，适用范围限定在轻罪案件，即可能判处3年以下有期徒刑、拘役、管制刑的案件。在我国没有确立相应的刑事和解的制度前，将案件的受理范围限定在《刑事诉讼法》第170条第2项规定的范围内较为合适；(2) 有具体的特定受害自然人；(3) 案件事实清楚；(4) 犯罪嫌疑人或被告人认罪、悔罪；(5) 双方当事人自愿和解或有和解的意思表示。

二是适用对象。适用对象包括未成年犯罪嫌疑人以及成年犯罪嫌疑人中的过失犯、偶犯、初犯。

三是处理结果。表现为相对不起诉或建议公安机关撤回案件。

关于"由谁来主持和解"的问题，理论界和实务界存在不同的观点。在公诉阶段，应由检察机关主持调解。实践中任由当事人双方自行和解，成功的案例不多，检察机关除了承担告知和确认工作外，在调解中对双方争议较大的问题，及时提供法律上的帮助，促进和解的实现。

刑事和解制度构建中需要重视的问题：

一是可能产生刑罚适用不平等的问题，违背法律面前人人平等的原则。适用刑事案件和解制度的一个重要条件就是犯罪嫌疑人与被害人及其法定代理人就赔偿、补偿等事项协商一致，有无赔偿已经成为是否适用和解制度的重要决定因素。那么就有可能出现有钱人故意犯罪却不被追究刑事责任，没钱人过失犯罪却被提起公诉的情况。因此在制度设计时，应在经济赔偿外，拓宽其他刑事和解的方式，例如，劳务补偿、分期付款等，以减轻贫富差距引起的法律适用的不平等。否则，使人们产生因社会阶层差异在触犯法律时会出现同罪异罚的认识，产生对现代法治基础的"法律面前人人平等"的基本原则的不信任。

二是刑事和解的效力问题。刑事和解最终对双方当事人产生什么样的法律效力，在制度设计时应重点考虑。目前，刑事和解在检察公诉阶段结案方式主要有两种：一是相对不起诉；二是建议公安机关撤销案件。对已经和解处理的轻微刑事案件，被害人能否反悔？如果被害人以当时没有经过充分考虑或后续治疗费增加等原因而反悔，从充分保障公民的诉权的角度考虑，只要在法定诉讼时效，被害人仍然可以另行提起刑事自诉或民事赔偿诉讼，这样，刑事和解的就失去了法律效力。因此在今后的制度设计时，对刑事和解的效力应以法律或司法解释的形式加以明确。

［编写人：顾小晖，江苏省南京市鼓楼区人民检察院］

马某某亲兄妹间故意伤害案

一、案情

犯罪嫌疑人马某某，男，53岁，籍贯浙江省，系个体工商户。被害人马小某，女，46岁，系犯罪嫌疑人马某某的亲妹妹，从事个体工商经营。2001年10月19日下午1时许，犯罪嫌疑人马某某之妻王某某与同在“金榜大市场”从事个体经销袜子的被害人马小某为争抢客源发生争吵，后犯罪嫌疑人马某某见状，冲至被害人马小某的柜台内，揪住被害人马小某的头发，对其头部进行殴打，被害人马小某双手护头，后犯罪嫌疑人马某某被他人拉开。被害人马小某被打致左环指屈深肌腱断裂，经法医鉴定：马小某的损伤程度为轻伤。

二、处理过程

2006年6月，秦淮公安分局以故意伤害罪向秦淮区人民检察院提请批准逮捕。承办人经审查发现：该案的诉讼过程异常曲折，事发后，派出所曾多次对双方当事人进行调解，由于犯罪嫌疑人马某某一直拒不认罪均未果，兄妹之间的矛盾越来越深。2002年1月，被害人马小某向人民法院提起民事诉讼，但由于马某某还是拒不承认殴打行为，法院因证据不足驳回了马小某的民事诉讼请求。2006年1月，被害人马小某又再次提起刑事自诉，还是由于犯罪嫌疑人马某某拒不认罪，法院最后以证据不足、不宜自诉为由将案件移交给公安机关立案侦查。

该案发生已近五年，兄妹之间形同仇人。在此期间，被害人因一直没有得到处理结果多次向有关部门上访。该案进入审查批捕程序后，承办人考虑到该案是一起轻伤害案件，犯罪嫌疑人与被害人又是亲兄妹，如果简单地将犯罪嫌疑人一捕了之，虽然对犯罪嫌疑人的故意伤害行为实施了刑事制裁，能暂时平息被害人的情绪，但不仅不利于家庭内部的矛盾化解，反而会使亲兄妹之间的积怨更深。为了缓解社会和家庭矛盾，促成双方当事人和解，一方面，承办人先后两次提审马某某，对其进行耐心地说服教育，使其认识到自己行为的危害性以及对妹妹身体健康和感情带来的伤害，终于使犯罪嫌疑人马某某的态度发生转变，从以往的一直拒不认罪到表示愿意承认错误、认罪伏法，并主动要求当面向妹妹马小某赔礼道歉、赔偿损失；另一方面，承办人又不厌其烦地多次听取被害人的意见，并将哥哥马某某思想的变化情况及时告知妹妹马小某，还从维护和谐的兄妹关系和血浓于水的亲情角度，消除被害人长期以来压抑在心头的怨恨。同时，案件承办人还多次与兄妹俩的大哥取得联系，依靠家庭力量，做好家庭其他成员的说服工作，为最终双方达成和解创造条件。

我院侦监科在积极调查走访、取证的基础上，根据案件事实，对犯罪嫌疑人马某某作出了定罪不捕决定，并在承办人的主持下，犯罪嫌疑人与被害人达成了和解协议，由哥哥赔偿妹妹1.5万元，并当面向妹妹承认错误，赔礼道歉，得到了妹妹的谅解，使长达五年不相往来的亲兄妹重新握手言和。此案和解终结后，被害人马小某及其亲属特地到秦淮区人民检察院送了一幅“执法为民典范，构建和谐精英”的挂匾，表示感谢。

三、评析

减少社会对抗，促进社会和谐是检察机关办案的目标追求。对该案进行刑事和解，我们感到具有一定的可行性和可操作性。

此案系亲兄妹之间发生的轻伤害案件。根据《刑事诉讼法》规定，轻伤害案件可以向人民法院提起自诉，对于当事人向人民法院提起自诉的，检察机关不宜介入。正是基于自诉案件，给当事人更多的选择权，既可以选择自诉，还可以要求公安机关立案，也可以放弃追诉的权利。考虑到本案的特殊性，系兄妹之间引起的轻伤害案，存在一定的情感纽带，办案人员综合考虑办案效果，从有利于本案的解决出发，积极创造有利条件促使兄妹和解。

家庭不希望发生因兄妹纠纷导致一方被判刑入狱的现象。分析该案，兄妹俩所在家庭中上有八十多岁的老母亲，兄弟姊妹多，他们背井离乡来到南京从事小商品批发零售，多靠家庭成员之间的亲情相互关照谋生。受“家丑不外扬”的传统思想影响，不愿因为家庭内部的一些事因，传至家乡被人嘲笑。

小商品市场中因顾客、生意相互间引发的纠纷导致轻伤害常有发生，不仅影响市场的经营和管理，又由于是非难以明辨，赔偿标准难以掌握，最终使得一些商家不满市场秩序纷纷离场，流落他处。该案如能圆满和解，在商品经营市场这样的平台上，可以教育经营户守法经营，和气生财。

在此案的和解中也面临着大量的错综复杂的关系，主要矛盾一方面集中在作为犯罪嫌疑人的马某某拒不承认殴打事实和其行为导致的结果，同时由于当时小商品市场中人员嘈杂，证据无法取得和固定。另一方面，作为受害方的妹妹在被哥哥打成轻伤后，不仅未得到哥哥的道歉、赔偿和安抚，也没有得到司法机关的及时支持，怨恨在心头压抑，不致哥哥于死地誓不罢休。同时，家庭成员对犯罪嫌疑人马某某的怨恨也不断增加，在该案发生前，同样因为商品经营中的问题，犯罪嫌疑人马某某与另一妹夫发生打斗，造成双方互为轻伤，在旧伤未愈又添新伤的情况下，家庭成员将仇恨的目标一起指向犯罪嫌疑人马某某，在一定程度上给犯罪嫌疑人马某某拒不认罪伏法、拒不道歉赔偿提供了理由。

为了解开这团乱麻，案件承办人投入了大量精力，先是找到其大哥，告诉他虽然弟弟打人造成轻伤害，应该受到法律的制裁，但作为家庭成员中的老大，要多做兄妹的工作，毕竟血浓于水，亲情是割舍不了的，不应该此时群情激奋，再施加压力。然后，承办人又立即前往看守所提审室提审犯罪嫌疑人马某某，向他讲法律、谈亲情、论后果，在承办人的耐心说服下，犯罪嫌疑人马某某望着铁窗，看着手上的镣铐，想到不能及时照顾的摊位，不尽潸然泪下，后悔自己的行为对妹妹造成的伤害。在一番深思熟虑后，犯罪嫌疑人马某某向承办人详细讲述了当时的情形，承认了自己的错误，愿意认罪伏法并对受到伤害的妹妹进行赔偿。看到马某某态度发自内心的转变，承办人又马不停蹄地找到妹妹，及时告知她哥哥马某某的思想变化，让她多一份谅解，少一些怨恨，多一分宽容，少一些苛责，为该案的和解迎来了曙光。

2006 年 6 月 16 日，秦淮区检察院侦监科会议室里坐满了马某某的家人，大家都焦急地等待着。一会儿从看守所回来的马某某来到家人的面前，忏悔写在脸上，承办人宣读法律文书后，犯罪嫌疑人马某某双眼充满泪花，用哽塞语言向受害妹妹和家人道歉，是自己的一时冲动影响了自己和大家五年的和气生财，也因为冲动使自己度过了一段铁窗生涯。在得到家人的谅解后，马某某将爱人带来的 1.5 万元亲手交到妹妹手中，一段家庭怨恨从此化解。如今，兄妹们仍同在一个小商品市场经营着自己的生意，奔忙在迈向富裕的道路上。

家和万事兴。虽然此案和解的工作量远远大于一般和普通的案件，但是这也让我们深深体会到什么是“血脉相连”，更加认识到人民对和谐社会关系的需要，体会到人民群众对我们工作的要求是没有止境的。

[编写人：曹丽、徐斌，江苏省南京市秦淮区人民检察院]

蒋某利用熟人关系盗窃现金案

一、案情

犯罪嫌疑人蒋某，女，1988年7月23日生，汉族，原系南京市某中等专业〈走读〉学校学生，南京市新港开发区某公司工人，住本市栖霞区。案发前在南京新港开发区某单位实习，蒋某有一个妹妹，其认为父母喜欢妹妹，不喜欢自己，而一直对父母的教育有逆反心理，其在校期间与同班同学王某恋爱并在实习期间瞒着家里住在王的家中，2006年3月19日15时许，其陪男友王某到朋友李某某家安装电脑系统，当时只有李某某一人在家，蒋某独自一人在李的父母卧室看电视，李某某开大衣橱时，蒋见里面一男式棕色西装的口袋鼓鼓的，估计是钱，待李某某离开房间后就掏了口袋，想到王某要开游戏机室钱不够。一时起意将钱装在自己口袋里，回家后数了数一共3000元人民币。当晚蒋某将2800元存入其男友王某的银行卡内，第二天下午又存200元。并告诉王某这笔钱是借的。3月29日李某某的母亲王某某发现失窃，就问儿子，最近是否有人来过家中，得知王某和蒋某来过，就去王某家中查问，蒋某矢口否认，王某的同学葛某某3月31日无意看见王某的卡内有3000多元就告诉了李某某。4月1日王某某报案。次日蒋某被公安机关传唤时供认了盗窃事实。当天扣押蒋某人民币3000元。4月5日发还被害人王某某。

二、处理过程

2006年4月2日，蒋某因涉嫌盗窃罪被南京市公安局栖霞分局取保候审。我院2006年5月8日受理南京市公安局栖霞分局移送审查起诉案件材料。经过做工作，双方2006年11月3日和解，2007年1月10日经检察委员会研究决定后对蒋某作不起诉处理。

承办人审查后发现根据本案的事实、证据等事实情况和有关法律规定，犯罪嫌疑人蒋某盗窃他人财物，数额较大，根据《中华人民共和国刑法》第264条的规定构成盗窃罪。其犯罪时未满18岁，同时适用《中华人民共和国刑法》第17条之规定，应当从轻或减轻处罚。对照最高人民法院《关于审理未成年人刑事案件具体应用法律若干问题的解释》中关于未成年人盗窃的具体规定，不能作不认为是犯罪的处理。但考虑到其是初犯和偶犯，是未成年人犯罪，盗窃发生在熟人之间，数额较小，在侦查阶段已退赔，于是承办人着重了解本案有无和解可能，考虑能否通过和解工作挽救教育未成年人。承办人首先走访犯罪嫌疑人所在学校，了解犯罪嫌疑人的一贯表现。据班主任老师、同学反映，蒋某在校学习期间能遵守校纪、校规，表现一般，询问王某的母亲和邻居，反映其尊重长辈，勤快老实，无不良嗜好，从而确定了犯罪嫌疑人蒋某并非一个有盗窃恶习的学生。蒋某面临高中毕业，如果对其提起公诉，经过法院审理后判刑，按规定学校要开除学籍，而高中毕业证对其在开发区就业非常重要，（开发区招工的基本条件就是高中毕业）。蒋某的父亲系公交司机，一家人靠父亲的收入维持生计，经济窘迫，蒋本与父母关系恶劣，又与男友同居过，如家庭关系恶化又不能顺利就业的话很可能就此堕落下去，如果好好教育再给其机会悔过自新，蒋某很有可能彻底改正，成为对家庭、社会有用的人。于是找被害人王某某谈话，征询其是否愿意和解。王某某向承办人表示，自己家与王某家系邻居，关系一向不错，失窃后本不打算报案，想找王某家把钱要回来，可王某的父母袒护孩子，还出言不逊，自己就报了案，现在钱也退还，只希望王某的父母向自己道歉，将来不找自己的麻烦，愿意不再追究蒋某的刑事责任。

最后承办人将蒋某和其母亲通知到检察院，交代了有关和解的政策，其母表示愿意向被害人道歉积极要求和解。在双方有和解的意愿情况下，承办人将双方通知到检察机关，签订和解协议。考虑到本案的特殊性，承办人将王某母子也通知到场，三方到场后，承办人就案件基本情况向三方介绍，并再次征求蒋某的母亲和被害人王大某是否愿意和解。在双方均表示同意达成一致意见后，由被害人递交不要求司法机关追究刑事责任的书面材料。并由承办人主持签订和解协议。主要内容涉及：（1）双方确认和解前已退赔盗窃所得赃款的事实；（2）确认和解事实，并写明犯罪嫌疑人和王某母亲向被害人道歉。双方当事人签字（盖手印），并由见证人签字。

检委会委员经过充分讨论，一致同意对本案以犯罪嫌疑人蒋某的行为构成犯罪，罪行轻微，与被害人达成和解不需要判处刑罚为由决定不起诉。最后向当事人送达不起诉决定书。承办人制作完不起诉决定书后，向相关人员送达。相关人员均无异议，至此，整个和解工作结束。

三、评析

对本案的和解工作基于犯罪嫌疑人未成年系初犯、偶犯和熟人之间案件的考虑，着力于帮助挽救失足青年的工作。在办案开始，就多次对蒋某从世界观、人生观方面进行教育，具体在如何对待父母教育及早恋的危害上，在理解其急于自立的心情的前提下指出以犯罪手段达到目的的恶果，要求其通过学习端正世界观。办案开始蒋某和母亲恳求检察机关不将案件通报学校，我们同意了她的要求。同时了解到蒋某的父母在案发后为割断蒋某与王某来往关系，让蒋某放弃实习工作并将其关在家里，蒋某的抵触情绪很大。我们找到王某母子对让未成年人在自家居住的行为提出批评，对蒋某父母的行为亦指出违法之处。两家父母接受了检察院的意见，蒋取得毕业证后很快找到工作，我们要求蒋某努力工作和搞好家庭关系作为争取从宽处理的条件，同时教育蒋某的父母要准确对待蒋的失足，多与孩子沟通思想，教育要有方法和策略。承办人了解到蒋某在自己任法制副校长的学校上过初中，蒋某的表姐是该校的老师，于是动员了她的表姐和原班主任做蒋某一家人的工作，效果很好，到结案时蒋某与王某结束了恋爱关系，在一开发区一外资企业做检验工人。家庭和睦，工作表现良好，蒋某已回归正常生活，基本到达教育的目的。

通过办案着力于被破坏的社会关系的恢复，给被害人倾诉自己受到的伤害并接受来自犯罪人的道歉、慰藉的机会；征求和解意见时被害人王大某认为案发后三家家长没有坐下来好好谈谈，才会心存顾虑和不满。和解会上安排三位家长发言，王某某谈了失窃后的感受，与王某母亲误会的经过，报案的原因等，王某的母亲对留蒋某在家居住之事向蒋某的母亲道歉，解释了不知道蒋某瞒了家里人，谈了儿子被人误会成盗窃犯后气愤心情，对王某某出言不逊道了歉。蒋某的母亲承认自己没有把孩子教育好危害社会给被害人带来伤害，向被害人道歉，孩子骗自己住集体宿舍，自己轻信了孩子的话，现在自己既伤心难过又后悔不已，表示今后要很好地与孩子沟通，教育好孩子。通过沟通交流，大家敞开心扉，畅所欲言，不仅消除了心中的疙瘩，解除了对立的情绪，被害人打消了王某可能报复的顾虑，蒋某的母亲也消除了对王某母子的怨气，同时对蒋某的触动也很大，最后蒋某真诚的向大家悔过道歉，表示要彻底改正，重新做人。有关当事人在和解过程中充分发表意见，被害人通过与加害人的会面与对话，转变了对加害人的陈见。双方当事人在案件处理后正常相处，加害人也无再次违法犯罪的情况，经了解所在单位、社区、街道也对蒋某现实表现表示满意。

我们认为，和解后的案件是否需要以不起诉决定的方式结案，可以商榷。既然双方和解了结，和解的文书也可作为结案的依据，而无需再认定犯罪嫌疑人是否有罪和制作不起诉决定书。同时对符合条件的案件和解结案主要基于当事人的意思表示的内容，故无需检察委员会讨论决定。

［编写人：黄月红，江苏省南京市栖霞区人民检察院］

大学生钱某某盗窃同学手机案

一、案情

钱某某，女，20岁，系本市某学院三年级学生，2004年至2005年1月间，在该校学生宿舍盗窃了同宿舍两名同学的手机，价值四千余元，案发后主动到公安机关投案自首。

二、处理过程

公诉人在接到案件后均认真审查案卷材料，审查该案是否符合刑事和解的条件。主要围绕如下几个方面进行审查：一是对事实证据进行审查。事实清楚、证据确凿是适用轻微刑事案件和解的前提，本案犯罪嫌疑人对犯罪事实供认不讳，与被害人的陈述以及银行自动取款机监控录像等证据相互印证，认定钱某某构成盗窃罪事实清楚、证据确凿。二是对是否符合刑事和解的条件进行审查，本案钱某某盗窃数额仅为四千余元，且于案发后主动向学校保卫部门自首，符合刑事和解条件。三是对双方当事人有无和解意向进行审查。初步了解钱某某有无赔偿能力、是否愿意对受害人进行赔偿；两名受害人是否愿意接受赔偿，有无谅解钱某某的意向。

承办人深入学院走访调查，专程到该校走访了钱某某的班主任、同学和校方负责人，了解该生平时在校一贯表现和学习情况，询问了同宿舍两名受害人的意见，掌握案件全貌。走访后发现该生平时在校表现尚好，还是校学生会的文娱干事，盗窃的主观动机只是因为同宿舍室友经常炫耀自己经济条件优越，一时心理失衡而产生报复的念头，盗窃了她们的手机。案发后钱某某能深刻反省自己的行为，除对两名受害人主动予以经济赔偿外，还向她们真诚道歉，并取得了两名受害人的谅解，两名受害人均向检察机关表示不再追究钱某某的刑事责任，要求对其从轻处理。

根据轻微刑事案件和解机制的规定，要适用刑事和解，必须双方当事人自愿，为了防止双方当事人因不懂权利而造成客观上运用法律的不公平。对于愿意刑事和解的当事人双方，公诉部门有义务充分告知他们相关的权利。为此我们承办人及时告知她们可以聘请律师作为诉讼代理人的权利；可以对整个调解过程认为有侵犯权利的行为提出控告、检举；可以对根据调解协议作的相对不起诉决定，提出复议等权利。经以上程序，本案当事人均表示愿意适用和解程序。

2005 年 6 月 28 日下午，在校方和两名受害人的要求下，我院公诉科专门就这起某学院大学生犯罪案件到雨花新村街道进行调解，两名受害人主动向街道人民调解委员会提出要求与钱某某和解解决纠纷的书面申请。人民调解委员会也及时出具了具有法律效力的调解文书。某学院的校方负责人及钱某某的几名同学也参加了此次调解。当天恰巧是钱某某20 岁生日，我院公诉部门承办人借此机会对钱某某及在场大学生进行了适时法制教育，钱某某激动地流下了悔改的泪水表示“检察机关给了我一次自新的机会，今天也正值我 20 岁生日，我将牢记这一特殊的日子，以此为起点，用崭新的人生来回报社会”。在场几名大学生也纷纷表示相信钱某某会引以为戒，改过自新，今后仍将把她作为好朋友相待。校方看到原本对立的双方同学重归于好，对检察院这一和解处理方式更深表赞同。

我们依据轻微刑事案件和解机制的规定，经研究决定该案由公安机关作撤案处理。

三、评析

办理轻微刑事案件不能机械执法，要从讲政治的高度体现宽严相济的刑事政策，该案的成功办理，主要是我们以体系化的视角来全面把握案情，从不同的视角挖掘案件个性，区别对待，体现效果。具体做法：

从刑事政策的视角。构建社会主义和谐社会，是当前我国经济社会发展的指导思想。检察机关作为国家的法律监督机关，是构建社会主义和谐社会的生力军，要通过履行公诉职责，最大限度地增加和谐因素，减少不和谐因素，全面贯彻落实宽严相济的刑事政策。

从法理的视角。我们办理每一件轻微刑事案件都具有一定的法理依据，主要借鉴恢复性司法、个别化、主观恶性、特殊预防等刑法理论。恢复性司法理念使得检察官在办理案件的过程中不是单纯地为办案而办案，而是把精力放在如何修复社会关系、矫治不良行为上，积极发挥司法在建设和谐社会中的作用；个别化办案理念，要求承办人关注全案信息、关注犯罪差异性、关注执法效果和社会效果，概括起来就是：全面分析案情，把握案件性质，分析个案特点，寻求最佳处理方式；主观恶性理论，着重分析主动犯罪和被动犯罪、初犯和偶犯、情感因素是否属于激情犯罪等，从这些行为分析出当事人的主观恶性程度；预防理论，强调刑法作用的落脚点在如何预防犯罪和再犯罪。公诉干警在办案中注意区分初犯、再犯、累犯,这些群体的改造难度和再犯可能性是不同的,尤其对于犯罪边缘人群要尽一切可能性挽救,尽量化解矛盾。本案钱某某属于初偶犯、激情犯、无再犯可能性,不对其追究刑事责任,更能体现恢复性司法的核心价值,被破坏的社会关系完全得到修复。

从执法规范的视角。办理轻微刑事案件和解,应坚持罪刑法定原则,在处理案件中严格遵循法律规定和法律程序,努力做到合法并且合理。严格执法是公平正义的形式要求,严格执法并不否认检察机关行使自由裁量权。对自由裁量权的合理行使,能使案件处理符合社会公众对公平正义的理解和期望。本案钱某某的行为已经构成了盗窃罪,如果严格依照法律程序办理,将其诉至法院,将使钱某某失去就学的机会,尤其是被贴上罪犯的标签,将对她的人生产生重大的不良影响。因此严格执法反而会产生负面效果,造成合法不合理。而通过刑事和解不追究钱某某的刑事责任,恢复了被其破坏的社会关系,化解了双方当事人矛盾,促进了校园和谐安宁,真正体现了合法合理的效果。

从办案效果的视角。承办人办理轻微刑事案件和解,对轻罪案件的从宽处理,要考虑犯罪嫌疑人是否能够真诚悔过弥补被害人因犯罪造成的损害,抚平其心理创伤;要考虑能否鼓励个人的良性发展,为他们重新融入社会,走上个人良性发展的道路提供条件;还要考虑社会关系是否恢复,群众的满意程度等效果是否得以体现。本案双方当事人和解后,检察机关对钱某某不再追究刑事责任,使其回归校园,被害人的利益得到了保障,校园秩序得到了恢复,当事人双方的关系更加融洽,实现了一方真正和谐。

刑事和解向我们展示了契约精神在刑事司法领域的生动实践,这种妥协的正义使司法的社会效果得到强调在刑事和解制度下,控辩双方穿越横亘于彼此间隔离墙似的司法权,在当事人选择或者放弃部分实体权利或程序权利的基础上直接进行利益交换,以谋求控、辩、审及被害人四方都乐意接受的司法结果。毫无疑问,充分吸纳刑事和解的合理内质,为刑事司法开拓新的通道,必将是构建和谐社会的有效途径之一。当然,恢复性司法制度的最终确立,还必须有待立法的进一步完善。由于没有对和解作出带有可操作性的详细规范,实际运用中就蕴含有嬗变刑法的定罪标准、抹煞罪与非罪的界限等危险。因此,应当通过《刑事诉讼法》修改,将刑事和解等恢复性司法正式纳入法定程序,并以立法的形式确认法官对恢复性司法程序的控制和监督，从而真正达致刑事司法“无害的正义”。

［编写人：韩芳，江苏省南京市雨花台区人民检察院］

大学生白某盗窃同学电脑案

一、案情

2006年3月29日，犯罪嫌疑人白某（男，1986年8月14日生，汉族，江苏南京人，南京某职业技术学院学生），乘无人之机，盗走同宿舍同学孙某放在自己床上的华硕笔记本电脑一台，价值人民币4000元。同年4月1日，白某向公安机关投案自首。

二、处理过程

公安机关向栖霞区人民检察院移送起诉后，承办人认真审查了卷宗，进一步了解到：犯罪嫌疑人白某与被害人孙某系同班同学且关系要好，白某盗窃笔记本电脑的动机是认为孙某在寝室里炫耀笔记本电脑，因此想要窃走笔记本电脑挫挫孙某的锐气。犯罪嫌疑人白某窃走电脑后，将电脑藏在学校内某工地上，后遗失。通过查阅犯罪嫌疑人自然情况，进一步了解到白某系初犯、偶犯。案件移送检察机关后，被害人孙某多次打电话询问案件进展情况，并表示愿意不再追究犯罪嫌疑人白某的刑事责任。

按照宽严相济刑事政策的精神要求，承办人认为此案具有和解的基础，主要基于以下因素考虑：白某系初犯、偶犯，主观恶性较小，盗窃数额不大，案发后全部退赔，且有自首情节。

为此，承办人积极展开了此案的和解工作。一是走访犯罪嫌疑人所在学校，深入了解犯罪嫌疑人白某的一贯表现。据白某学校的老师、同学反映，白某在校期间能遵守校纪、校规，与同学相处融洽，无不良嗜好，特别是被采取取保候审强制措施后，更能严格要求自己，希望检察机关能够给白某一个改过自新的机会。通过走访，进一步确定了犯罪嫌疑人白某并非一个一贯作恶的学生。作为一名在校生，如果对白某提起公诉，经过法院审理后判刑，则会记入档案，其也将会失去继续上学的机会，就业前景堪忧；如果再给其机会悔过自新，白某很有可能彻底改正，做一个对社会有用的人。鉴于其是初犯、偶犯，挽救的余地较大。二是找被害人孙某谈话，征询其是否愿意和解。孙某向承办人表示，自己与白某关系一贯不错，白某一时糊涂盗窃了自己的电脑，现在白某已经表示悔改之意且愿意对被盗电脑进行了赔付，自己也愿意不再追究白某的刑事责任。三是通知双方到检察机关，签订和解协议。在确定双方愿意和解的基础上，承办人积极联络犯罪嫌疑人白某与被害人孙某一同来检察机关和解。双方到场后，承办人就案件基本情况向双方介绍，并再次征求双方的和解意见。

在双方均表示同意下，由承办人主持双方和解。主要内容涉及：征求双方对和解前已达成赔付电脑一部及人民币 1500 元的协议是否存在异议；由被害人孙某递交不要求司法机关追究白某刑事责任的书面材料。双方达成一致意见后，由承办人拟定和解协议，双方当事人签字（盖手印），并邀请与本案无关的工作人员作为见证人签字。

将该案提交检委会讨论后，按照检委会议事规则，承办人汇报案件后，检委会委员经过充分讨论，一致同意对白某涉嫌盗窃一案作不起诉决定。然后向当事人送达不起诉决定书。承办人制作完不起诉决定书后，向相关人员送达。至此，整个和解工作结束。

三、评析

承办人在办理犯罪嫌疑人白某涉嫌盗窃案适用刑事和解时，严格把握尺度，充分考虑案件是否具有和解基础。参照的标准主要是以下几个因素：一是犯罪嫌疑人主观恶性不深，认罪态度好，对自己的行为有深刻认识的；二是被害人充分谅解的；三是案件当事人和解后，受损社会关系可以修复的；四是事实清楚，证据确实充分，侵害人应判处 3 年以下有期徒刑、拘役、管制或免刑处罚的。

在和解过程中，承办人以促成双方和解为目标，坚持中立的立场。一方面要切实保障被害人的合法权益，另一方面也要防止被害人漫天要价，尽力促成双方将赔偿数额控制在合情合理的范围内，并保证在和解前执行完毕。防止留尾巴，带来后遗症。

在办案过程中引入刑事和解机制，其社会效果、法律效果以及政治效果都是很明显的，具体体现在：

一是被害人的合法权益得到了切实保障。在以往的刑事司法模式中，可以讲是国家强行拿走了被害人和犯罪人的矛盾，被害人几乎处于被遗忘的地位，而和解机制对被害人给予了更多的关注、抚慰和补偿，大部分的被害人对这种处理犯罪的模式表示满意，该种程序为他们提供了向犯罪人、社区倾诉自己受到的伤害并接受来自犯罪人的道歉和赔偿以及来自社区的帮助、慰藉的机会；被害人普遍认为调解程序很公平，他们在调解过程中可以充分发表意见，并拥有最后发言权，而这些过去都是只有司法机关才能够行使的权力。大部分被害人通过与犯罪人的会面与对话，转变了将其视为“坏人”、“恶人”的看法。经我院对刑事和解案件当事人进行回访，均对我院这一和解结案方式表示满意，双方当事人在案件处理后均能正常相处，加害人也无再次违法犯罪的情况，所在单位、社区、街道也对侵害人现实表现表示满意。

二是有效钝化了社会矛盾，促进了社会稳定。在司法实践中，大部分轻微刑事犯罪的行为人，都是由于一时冲动侵害了他人，犯罪后确实能真诚悔过，其人身危险性已大为降低或基本消除。如果司法机关还将其投人诉讼，导致其受到刑罚处罚，使行为人贴上犯罪标签，其必将对被害人产生仇恨情绪，甚至可能对整个社会都有抵触情绪，使自己置于社会的对立面，极有可能再犯罪，不利于社会的稳定。而通过和解方法，加害人和被害人之间愿意通过调解协议解决民事赔偿问题，说明双方已不存在仇视心理，矛盾已经化解。此时，检察机关对其作出不捕、不诉甚至是建议侦查机关撤案的处理决定，既使当事人得到了双赢的结果，又增进了社会和解，进一步促进了社会稳定。特别是一些案件中，加害人与被害人存在同学、邻居、亲属等关系，低头不见抬头见，通过和解机制化干戈为玉帛，为今后修复邻里亲友关系奠定了基础。

三是提高了诉讼效率，司法成本得到降低。以往对轻微刑事案件的处理，司法程序一旦开始即无法中止，即使双方当事人已经达成和解协议，被害人对犯罪嫌疑人的行为已完全谅解，检察机关仍然要代表国家指控犯罪提起公诉，并且仍要严格按照刑事诉讼的程序，每个环节均不能缺乏。通过目前的这种处理方法，使我们能够对已达成调解协议的案件终止诉讼，从单个案件来看，避免了和解之后仍起诉的尴尬，减少了诉讼环节，缩短了诉讼时间。从刑事司法整体工作来看，节省了人力、物力等司法资源，使执法者将主要精力投入到更为严重的刑事犯罪案件中，提高了诉讼的整体质量和效率。

四是保障了不起诉的质量。此项举措对不起诉的质量也起到进一步保障作用，以往对犯罪情节是否属情节轻微，完全由承办人根据卷宗材料为依据，再交由检委会集体讨论研究确定，进而作出不诉处理，当事人的真实意愿无法体现，而适用和解机制办理的案件，是以当事人的意愿作为不起诉的重要依据，既客观公正，又公开透明，从程序上杜绝了承办人的主观臆断，从而规范了不起诉程序。

［编写人：陈珺珺、许敏，江苏省南京市栖霞区人民检察院］

高中生李某等聚众斗殴案

一、案情

2006年1月13日上午9时许，南京市高淳县高级中学高三学生王某、周某等几名学生因琐事在食堂发生纠纷，被李某上前拉开。不料李某的这一举动遭到对方几名同学的言语威胁。不甘示弱的李某，当日通过同学杨某召集本县另一所学校的十多名高中学生前来助阵。当晚22时许，等候在校门口的李某等人与晚自习后走出校门的对方几名同学相遇对峙，不一会双方便殴打起来。殴打过程中学生周某左手受轻伤、头部受轻微伤。当月21日，参与斗殴的其中7名学生（含一名高二学生）被公安机关以涉嫌聚众斗殴罪刑事拘留，5天后被取保候审。

二、处理过程

案发后，学校、学生家长均向司法机关提出了从轻处理的意见要求，希望在他们面临人生转折的关键时刻，能给他们一次悔过自新的机会。涉案的7名学生中，有6名学生即将面临高考。6月中旬，高考结束后，公安机关将上述7名“问题”学生移送检察机关审查起诉。

2006年6月中旬，本案进入诉讼程序后，相继传来李某等6名学生被北京某师范大学、江西某学院、淮阴某师范学校等录取的消息。与此同时，受害人周某及其监护人向高淳县人民检察院提请刑事附带民事诉讼，要求赔偿直接经济损失和间接经济损失共计人民币55000余元。

基于本案涉案人数多、涉案对象为特定人员等实际情况，高淳县人民检察院公诉部门对处理此案十分慎重，及时召集公诉干警对该案进行了讨论和研析，并将详细情况向分管检察长作了汇报。县政法委、县教育局以及涉案单位都比较关注，可以说，有关各方对此案的处理都翘首以待。为慎重处理此案，高淳县院分管检察长及案件承办人走访了涉案学校和教育主管部门，与公安机关一道进行了研讨，并向县政法委作了专题汇报。期间，分管领导和承办人多次向市院公诉处领导和督导室的负责人作了口头汇报和请示。

2006年7月28日，受害人周某主动提出和解，要求不追究对方的刑事责任，并请求检察机关给予调解，要求对方赔偿32000元至35198元。

2006年8月8日，在高淳县人民检察院的建议下，县政法委组织公安、教育部门及学校进行了协调，公安机关对其中4名学生撤回了起诉意见，作治安处罚，而对李某等3人则仍由检察机关审查起诉。

2006年8月9日上午，在案件承办人主持下，当事人双方进行了和解，达成和解协议，并赔偿到位。

2006年8月24日，高淳县院召开检委会对此案进行了研究讨论，在充分听取各方意见的基础上，根据《南京市轻罪案件公诉政策运用指导意见》的相关规定，为体现宽严相济的刑事政策，更好地教育挽救在校学生和未成年人，对李某等3人作出了不起诉决定。考虑到本案的特殊性和下一步对接帮教工作的需要，高淳县人民检察院把宣布不起诉决定书的地点放在涉案的两所学校，参加对象由涉案学生、学生家长、学校领导和学生所在班的班主任、任课老师等，采取圆桌会议的形式宣读了不起诉决定书。分管检察长代表检方对本起案件的定性处理进行了说明，他说：本案之所以从轻处理，不是对学生犯罪行为的宽容，而是基于本案是在校学生之间因矛盾产生的群体斗殴事件，又是未成年人，和社会上的群体斗殴有所区别，主要是因同学之间的义气，法律意识淡薄而参与犯罪，主观恶性不深，社会危害性较轻。与此同时，学校对本起案件的发生进行了认真而深刻的反思，认为学校在抓教育时，偏重了学生的应试教育，忽视了对学生的品德教育和法制教育。他们认为，作为学校，更应该承担积极引导的责任，引导学生树立正确的世界观、人生观和价值观，教育学生为自己的理想而奋斗，勇于承担对社会、国家和家庭的责任。表示将在下一学期开学后，从多方面加强对学生这方面的教育，使学生明白要想以后成为一个对社会有用的人，现在必须做一个遵纪守法的人。

为使不起诉决定不流于形式，实施帮教措施，真正达到教育目的，同时考虑到李某、杨某某、张某某即将赴外地求学，经检校双方商定，由所在班班主任在一定期限内与这几名学生结成帮对子，定期汇报思想认识情况、学习情况等；对其他4名受治安处罚的学生帮教措施也参照进行了落实。

三、评析

近年来，未成年人及在校学生犯罪率逐年上升，涉及面越来越广，从简单犯罪发展到复杂犯罪，从单独犯罪发展到共同犯罪、聚众犯罪，已经成为当前亟须解决的一个社会问题。聚众斗殴罪通常是指基于私仇、争霸一方或其他非法目的，纠集多人，拉帮结伙互相斗殴的行为。它是一种严重扰乱公共秩序的犯罪，是我国目前严打整治斗争的重点对象。

从本案具有构成刑事和解的条件来看，有以下几个方面：一是涉嫌聚众斗殴的对象都是在校学生，双方因琐事互不谦让而引起斗殴，从事情的本质来看，纯属为了争强好胜，心理上不能容忍受他人欺负。二是就其性质来看出，虽然涉嫌聚众斗殴，但与一般在社会上的聚众斗殴有所区别，其背景为在特定场合、特定地点、特定对象之间发生的一种斗殴行为。三是依照《刑法》规定其基准刑（即最低刑）为 3 年，但案发时，犯罪嫌疑人都未满 18 岁，系未成年人，按照法律规定，都有从轻或减轻判处的法定条件。四是案发后，受害人周某发传真件给检察机关，主动提出和解，要求不再追究对方的刑事责任，并请求检察机关给予调解。经过检察机关的依法调解，并赔偿一次性到位。

根据我国刑法的相关条款及《南京市轻罪案件公诉政策运用指导意见》的相关规定，结合案件的基本事实情况，本案具备和解的法律依据、社会基础和前提条件。

本案之所以能够达成刑事和解，虽然与来自社会各方的积极因素密不可分，但最主要的是检察机关在办案过程中，没有机械地就案办案，在准确掌握当前刑事和解的精神实质下，既能严格执法，又不机械执法，这是社会主义法治理念教育对我们所要求的，也是建设和谐社会的必然走向。

作为一名办案检察官，如何在法律范畴内牢牢把握好案情的前提下，处理好刑事和解案件，从而取得一定的社会和法律效果，我们认为，与本案中案件承办人在角色转换上全力做好“三员”是分不开的。

一是做好调查员。本案由于涉案人数多，涉及赔偿等诸多问题，案件承办人对涉案学生的家长、涉案学校的任课老师都一一进行了走访和了解，全面掌握涉案学生的自然情况、家庭情况和在校表现。经过调查，有一名涉案学生家庭比较贫困，其学费一直都是由住在县城的姑妈支付，而要其家长拿出数千元来进行赔偿显然不切实际。为此案件承办人在与其姑妈的沟通交谈中，善于运用长期以来姑妈对侄儿的关爱心理，开解疏导，使姑妈对侄儿的下一步赔偿表示出积极主动的态度。事实证明，也正是由于办案检察官的积极努力，对本案能够及时达成和解起到了积极作用。

二是做好协调员。本案涉案对象多、牵涉面广，因本案情况的特殊性,需案件承办人与有关各方协调联系的地方较多,在有关问题的处理上,检察机关既不能逾越门槛,也不能独包独揽,既要争取各方支持配合,又需依法办理。为此,在向上级业务部门汇报请示后,以检察机关的名义建议由县政法委组织检察、公安、教育部门及学校各方参加协调。经过依法协调,效果明显,尤其是公安机关同意撤回对其中4名涉案学生的起诉意见,为下一步做好刑事和解工作奠定了基础。

三是做好调解员。本案刑事和解的关键是经济赔偿,如果赔偿不能到位,和解就难以取得效果。本案进行和解前,案件承办人对受害人的赔偿要求进行审查,认为赔偿要求不尽合理。对此,案件承办人对受害人周某及其家属先后两次进行了谈话沟通,指出周某既是受害人,也是聚众斗殴的参与人,本身也存有一定过错。在析案明理的同时,案件承办人也向他们通报了各赔偿人的家庭经济情况,希望他们从积极的一面考虑赔偿请求,最终受害人周某及其家属合理地提出了赔偿要求。由于在此案中,案件承办人掌握重点,注意将个别调解与整体调解相结合,调解十分顺利,当场双方当事人在调解协议上签了字,各赔偿人按照协议标准当场支付了赔偿金。

本案实现刑事和解后,学生、家长都很动情地从不同方面表达了对检察机关人性化办案的感激之情,有位学生的父亲远在外地当天没能赶来,事后专程前来感谢;有的学生赴外地求学后,还写来感谢信。此案的成功办理及做法被《南京检察信息》转发,《扬子晚报》、《现代快报》、《南京日报》等省市多家媒体作了报道,社会反响较好,县委领导对此案的做法给予了充分肯定,在县人代会上,代表们对检察机关贯彻宽严相济的刑事政策,教育挽救"问题"青少年学生和家庭,积极构建和谐社会给予了高度评价。

[编写人:谷孝秋、丁晓头,江苏省高淳县人民检察院]

马某交通肇事案

一、案情

马某,男,1982年1月27日生,农民(2003年取得驾驶证后在当地靠开小型客车谋生),住南京市栖霞区。其妻子黄某某25岁,无业,儿子未满周岁。包某某,男,44岁,南京市栖霞区农民。其家中有妻子和上高中的儿子。

2006年5月3日21时许,犯罪嫌疑人马某驾驶着左前大灯不亮的苏A/AL790一汽佳宝小型普通客车回家,在靖安镇靖安大道天界村附近,因严重疏忽观察,撞上前方骑自行车的被害人包某某,包某某倒地颅脑受伤,事故发生后马见四周无人就急忙驾驶车逃离现场,附近居民闻声赶至现场将包送医院抢救,经抢救无效包于当日死亡。马当晚逃到江宁区汤山镇亲戚家中躲藏,五天后在亲属的规劝下到汤山派出所投案自首。投案当天被刑事拘留,2006年5月22日经南京市栖霞区检察院批准逮捕,2006年7月10日南京市公安局交通管理局交巡警七大队将此案移送本院审查起诉。

南京市公安局交通管理局交巡警七大队认定,犯罪嫌疑人马某驾驶设备不全的机动车,行驶中疏忽观察而肇事,肇事后逃逸,其行为违反《中华人民共和国交通安全法》第21条、第22条第1款和第70条之规定,是引发事故的根本原因。根据《交通事故处理程序规定》第45条第1项之规定,马某负此事故全部责任。死者不负责任。

二、处理过程

受理案件不久,栖霞区院检察长接待日分管检察长接待了靖安镇司法所的所长沙某某和马某的亲属马某某等人,其要求对马某从轻处罚。理由是马某家中经济困难,父母年老,孩子刚出生,妻子系外地人,案发后几次要离婚回原籍,现马家已赔偿死者亲属人民币12万元。为赔偿家中已举债,生活困难,要求以自首情节取保或从轻处罚。此件转公诉部门处理,承办人认为此案符合市院的和解规定,开展了和解工作。

经靖安镇司法所配合并见证,马某的父亲代马某,死者的姑夫代死者亲属进行了调解。调解中被害人方提出32万元的赔偿要求,而犯罪嫌疑人方只同意赔偿20万元,经反复协商,达成调解协议,马某赔偿死者共20万元。犯罪嫌疑人方提出自家已无赔偿能力,要求在3年内付清,被害人亲属亦同意,承办人考虑到本案就赔偿问题彻底解决,不留后遗症,要求加害方在起诉前赔偿完毕,双方签订了和解协议。为稳妥起见,公诉人又在和解后当面征求了死者的父母和妻子的意见,他们均表示不要求追究马某的刑事责任,对赔偿结果满意。

后经科室研究认为,犯罪嫌疑人马某的行为构成交通肇事罪,且肇事后逃逸,依法应判处3年以上7年以下有期徒刑,应当追究刑事责任。其有投案自首情节,经和解后双方已解决赔偿问题,被害人亲属不要求追究犯罪嫌疑人的刑事责任，可以从轻处罚，并可以适用缓刑。2006 年 7 月 24 日提起公诉，公诉人在法庭上建议对其从轻处罚并适用缓刑，法院采纳了本院的意见。2006 年 8 月 16 日，法院以交通肇事罪判处马某有期徒刑 3 年，缓刑 3 年。

2007 年 2 月 18 日南京电视台《重案检察》栏目对此案做了报道，双方当事人及亲属、当地基层干部、群众均对此案的处理满意。

三、评析

通过对此案的和解实践，承办人有两点体会：

一是积极实践，把握尺度。2006 年 3 月南京市院制定下发了《南京市轻罪案件公诉政策运用的操作规范》。6 月份又下发了《南京市轻罪案件公诉政策运用指导意见（试行）》，承办人学习领会文件精神，充分认识到做好轻罪案件的和解工作有利于建设社会主义和谐社会，修复犯罪行为破坏的社会关系；有利于强化法律监督，保证法律更为准确、合理的实施，维护社会公平正义；有利于诉讼经济，提高处理刑事案件的效率。结合所办案件，选择典型规范操作，积极实践，承办人先后对 11 件符合条件的案件开展和解工作，并对和解成功的案件 3 件案件作出不起诉决定，2 件案件建议法院判缓刑的处理。按照市院规范的要求，承办人选择适用和解的案件主要是可能判处 3 年以下有期徒刑、拘役、管制或者附加刑的在校学生犯罪案件、交通肇事案件、因民事纠纷而引发的故意伤害案件，本案在审查起诉期间当事人通过检察长接待日请求本院对案件宽大处理，当事人并不了解和解工作，当接待材料转承办人处理时，承办人按照政策认为符合和解条件，主动征求双方意见，双方表达同意和解意愿后，在乡镇司法所的配合下开展工作，获得成功。2007 年 2 月承办人陪同记者对此案处理效果进行了回访，死者的孩子因有了这笔赔偿款上了大学，妻子的生活和就医也有了着落，犯罪嫌疑人马某的家庭得以保全，妻子放弃了离婚的念头，现犯罪嫌疑人马某在江宁升斗机设备厂就业，每月收入一千余元，除维持生计还可以还债。双方在同一乡镇居住，和谐相处，并无矛盾。马某的缓刑亦由镇司法所监督执行，表现良好。记者采访双方当事人和各方面人士，对此结果均称赞不已。

在司法实践中交通肇事案件中肇事者违章情节较轻，肇事后果限于一人死亡的案件居多，在加害人全部赔偿被害人经济损失后，被害人家属一般会向司法机关提出对肇事者减轻和免除刑事处罚的要求，而肇事者积极履行赔偿义务的主要意图就是为了减轻和免除自己的刑事责任。据统计2004年1月至2006年6月我院共受理移送起诉交通肇事案件107件107人，其中对5件5人作出不起诉决定，其余均起诉，法院亦作有罪判决，但大多数处以缓刑。在试行中，对此类案件如果适用和解程序，将部分情节较轻，赔偿到位，被害人要求不追究的案件作不起诉处理，同时我们不局限于相对不起诉这一处理决定，根据案情把建议法院判缓刑和单处罚金也作为和解工作的处理方法之一。对情节较重的提起公诉并建议法院判缓刑处理。既符合现在刑事司法理念，又可使双方当事人受益，对构建和谐社会有百利而无害。当然把握的准则是在法定的惩戒范围内，不能突破法律的框架。

二是严格执法，公正办案，做好法律宣传和教育工作，真正化解双方矛盾，在和解工作中把握好几个原则：第一是实行和解的案件必须事实清楚、证据确实充分，构成犯罪无异议，且犯罪嫌疑人认罪，防止将事实不清、证据不足或是否构成犯罪有争议的案件适用和解程序。第二是查明双方当事人是否以有和解的真实意愿，以双方当事人自愿作为启动该工作的前提。操作上征求被害人意见时注意工作方法，征询真实意愿，如个别听取被害人的意见并当面形成书面的材料。第三是对犯罪嫌疑人向对方和解的悔罪悔过、赔礼道歉和经济赔偿也以法律规定为基础，公平合理为条件。防止被害人漫天要价或得不到合理赔偿，应将赔偿数额控制在合情合理的范围内，并保证在和解前执行完毕。防止留尾巴，带来后遗症。马某的亲属曾以经济困难为由提出赔偿款在结案以后分期支付的，我们未同意。后当事人借了钱支付赔偿金。第四是不仅注重物质的赔偿还注重教育挽救，要求犯罪嫌疑人在一定的场合向被害人道歉，同时公诉人对适用和解的法律精神解释清楚防止造成负面影响。第五是严格处理程序，规范执法行为，按照市院规范的要求，承办人将符合和解条件的案件向科长、分管检察长汇报，得到同意后开展和解工作。

本案办理后，承办人对刑事和解也存在一些困惑和疑虑。承办人认为，刑事案件和解的最佳阶段应设定在刑事案件的立案前，起诉阶段的和解应作为一种例外和补充，这样更能降低司法成本。在刑事和解中，应如何体现执法公平公正，做到同类案件同样对待，做到不枉不纵，前后统一。能否在和解工作中引入专门调解人员调解亦尚待探索。本案由于有了镇司法所的协助使案件得以顺利解决，而基层办案人员少，案件多，超负荷的工作使承办人无暇顾及和解工作，使一些本可以和解的案件放弃努力。同时，和解工作亦受犯罪嫌疑人的经济条件限制。这些问题应如何解决还需要进一步探索。

［编写人：隋礼华，江苏省南京市栖霞区人民检察院］

沈某酒后毁坏财物案

一、案情

2006年11月25日22时许，犯罪嫌疑人沈某（男，1982年8月20日出生）因工作压力大等原因，导致酒后情绪失控，冲砸其居住的南京某花园小区停车场管理系统和入口控制系统、电脑显示器等物业设施，造成一万余元的直接经济损失。公安机关于2006年12月28日移送检察院审查起诉。

二、处理过程

公诉部门受理后，依法讯问了正在取保候审期间的沈某，沈某对自己的罪行供认不讳，对于由于自己一时冲动造成的严重后果十分后悔，并明确表示愿意在合理的范围内赔偿物业损失。沈某所在单位江苏省某勘察院亦基于沈某一贯表现良好，出具了请求检察机关从轻处罚的书面材料。后案件承办人随即到被害单位小区物业管理处，征询对案件的处理意见。小区物业负责人表示，案发后该物管处认为沈某的行为在小区中造成了恶劣的影响，给小区居民的出入带来不便，而且沈某事后也没有明确对造成的损失进行赔偿的意思表示，因此，要求检察机关查办肇事者，追究其刑事责任，并同时要求赔偿更新物业设施的全部费用，大约金额四万元左右。通过阅卷和调查，公诉部门得知，小区物业在案发后很快就联系了维修公司，恢复该套设施总共花费了10140元，但如果全部更新该套设施，金额预计在四万元左右。

根据案件具体情况，该院从维护社会和谐、化解社会冲突的角度考虑，如果双方能达成和解，按照非刑事化方式处理本案，应当是在更高意义上实现了司法公正。为此，公诉部门召集了沈某和物业管理处的负责人，在检察机关的主持下，双方进行了面对面的沟通和交流。沈某向被害单位表明了愿意积极赔偿，请求谅解的迫切愿望。物管处负责人的态度有所缓和，初步表示可以考虑和解，但具体数额要与单位协商。双方初步接触后，公诉部门单独留下了物管处负责人，向其宣讲了相关的法律规定，特别是刑事和解对于解决本案的意义，希望其尽快给予答复。不日，公诉部门接到沈某电话，其已向被害单位赔偿了1.2万元。后案件承办人再次到被害单位小区物业管理处，这次负责人已平息了怒火，表示沈某案发后能真心悔过，积极赔偿，且沈某平时在小区表现良好，一贯支持物业的工作，作为被害人单位不要求追究其刑事责任。

该院公诉部门认为沈某主观恶性不深，在案发后能够主动赔偿损失，且沈某所在单位江苏省某勘察院亦愿意协助帮教，依照非刑罚化规定，建邺区院作出了相对不起诉的决定。

不起诉决定作出后，为体现非刑罚化的效果，实现化解社会矛盾，促进社会和谐的目的，2007年1月建邺区院还召集了沈某和其所在单位部分领导，以及被害单位物管处负责人和业主委员会主任，在沈某所在的小区，召开了不起诉决定宣布会，并责令被不起诉人沈某向被害单位当面赔礼道歉。会上沈某情绪激动，对自己行为给被害单位造成的损失表示了深刻的反省。被害单位小区物管处负责人对建邺区院既维护被害单位权益，又人性化办案执法给予了充分认可。沈某所在单位领导也郑重承诺，将配合检察机关帮助其认真改造，踏实做人。业主委员会主任旁听了整个过程，在肯定了检察院的不起诉决定的同时，还表示将协助检察机关做好小区居民的解释宣传工作，共创小区和谐。

三、评析

该案的刑事和解成功，首先，得益于该院把探索通过刑事和解非刑罚化处理轻微案件作为一项重要工作抓，将刑事和解作为处理轻微刑事案件必要前置程序，将其作为重要的工作内容贯彻执行。并且，该院要求办案人员在办理轻微刑事案件确保案件质量的同时，也要注重案件的法律效果和社会效果的最大化，确保效果优先，将做社会矛盾“减压阀”的工作理念深入到每个办案人员的心中。

其次，是从办案程序控制上，初步形成了轻微刑事案件刑事和解处理的办理流程。建立了专人办理、科室监督、分管检察长监控的规范体系，防止可能因为人为因素造成的错案。

再次，检察机关召集双方在场，给被害单位提供发表意见的机会，使其倾诉因犯罪行为所受到的损害，对加害人的犯罪行为进行谴责，并提出本方的经济赔偿及其他方面的要求。而加害方当场反省自己的罪行，认识到自己行为给对方造成的损失，并督促加害方当场履行所承诺的经济赔偿义务，有利于问题的及时解决。

最后，刑事和解的适用使加害方与被害方原本冲突的利益出现了契合一致的可能性，加害方积极主动地赔礼道歉，为被害方及时提供的经济赔偿，以期对方的谅解和宽容，从而促使被害方放弃刑事追诉要求，避免矛盾的进一步激化。检察机关尊重了被害方的意愿，不再追究加害人的刑事责任，这是一种双赢互利的结局。检察机关通过和解机制解决轻微刑事案件，不但缩短了办案周期，节约了诉讼成本，还明显地钝化了社会矛盾，取得了良好的办案效果。

当然在办理本案的过程中还发现了一些不足之处：一是从办案程序的角度来看，还没有完全形成制度性规定，在实践中造成办案人员虽主观能动性较大，但同时随意性也大；二是目前基层检察机关办案人员缺乏，办案人员超负荷工作，而操作轻微刑事案件刑事和解制度，可能要数次组织双方商谈，要征求被害方的意见，作出不起诉决定还要履行程序上的一系列审批手续，并且须公开宣布，相对于办理一般的刑事案件工作量要大；三是刑事和解制度可能导致只对富裕的加害人适用而将贫穷的加害人排除在外的情形，这将引起法律适用的不平等，目前现阶段还难于避免。

［编写人：顾霖，江苏省南京市建邺区人民检察院］

张某职务侵占案

一、案情

张某，男，1970年9月2日生，汉族，大专文化，原系江苏某药业有限公司货运主任、储运专员，住本市玄武区。2005年11月2日，因涉嫌职务侵占罪被南京市公安局玄武分局刑事拘留。2005年12月8日经本院批准逮捕，次日由南京市公安局玄武分局执行逮捕，2006年6月20日，由南京市公安局玄武分局取保候审。

2002年9月至2004年12月间，犯罪嫌疑人张某在担任江苏某药业有限公司（以下简称某公司）货运主任、储运专员期间，利用负责运输管理及运输费用审核、报销的职务便利，多次采取使用虚假运输发票报销运输费的方式，将本单位资金共计人民币207935元据为己有，用于个人消费。

犯罪嫌疑人张某在犯罪事实未被司法机关发觉前，向其所在单位投案，如实供述自己的罪行。案发后，已经全部退还所侵占赃款。

2007年2月13日，南京市玄武区人民检察院以犯罪嫌疑人张某犯罪情节轻微，且具有自首情节为由，对其作出相对不起诉决定。

二、处理过程

2005年1月，某公司法律顾问在财务检查过程中，发现犯罪嫌疑人张某有职务侵占嫌疑。随后，找到张某调查。犯罪嫌疑人张某即向法律顾问交代了全部犯罪事实。但在随后的调查过程中，张某不愿意向某公司退还赃款。2005年5月，某公司向南京市公安局玄武分局报案称张某涉嫌职务侵占并坚决要求侦查机关、检察机关查处、办理张某。南京市公安局玄武分局开展侦查工作。2005年11月2日，南京市公安局玄武分局以张某涉嫌职务侵占罪将其刑事拘留。张某到案后拒绝做任何供述，给侦查工作带来巨大难度。2005年12月8日，南京市玄武区人民检察院在"零口供"的情况下以涉嫌职务侵占罪批准逮捕犯罪嫌疑人张某，次日由南京市公安局玄武分局执行逮捕。南京市公安局玄武分局将该案侦查终结后，以犯罪嫌疑人张某涉嫌职务侵占罪，于2006年2月9日移送审查起诉。

在审查起诉期间，犯罪嫌疑人张某仍然拒绝退还赃款，拒绝做任何供述。此时，被害人某公司方面出现新情况。某公司为了企业发展决定在美国募股上市。在美国上市的前提就是要对公司的股权进行重组。本案犯罪嫌疑人张某拥有某公司0.13%的股份，如果他不配合，公司的股权重组将无法进行。在审查起诉阶段，加害方犯罪嫌疑人张某与被害方某公司陷入这样的僵局，某公司坚决要求处理张某，张某不愿做有罪答辩，给案件处理带来难度；不愿退还赃款，使公司损失无法弥补；不愿退出股份，使公司股权无法重组，上市工作陷入停顿。从企业发展的利益考虑，某公司首先向检察机关提出求助要求能否请检察机关考虑采取措施帮助企业摆脱僵局。

南京市玄武区检察院经过慎重研究，决定启动刑事和解程序，主持双方调解工作。在检察机关的主持下，某公司与张某进行了多轮谈判。最终，达成以下协议：犯罪嫌疑人张某选择有罪答辩，承认全部犯罪行为；退还全部赃款；愿意配合某公司股权重组。某公司则放弃追究张某，要求检察机关不做进一步追究。当天，犯罪嫌疑人张某向侦查机关、检察机关作有罪答辩，承认全部犯罪行为。在较短时间内其家属代其向某公司退还了全部赃款。2006年6月20日，南京市公安局玄武分局对张某取保候审，让其配合公司股权重组。随后，犯罪嫌疑人张某退出自己全部股份，帮助某公司完成了股权重组。某公司向检察机关要求不追究张某责任，请求对其适用不起诉。经一段时间考察，发现犯罪嫌疑人张某确实真诚悔罪，并以实际行动体现。

2007 年 2 月，南京市玄武区检察院经研究决定以犯罪情节轻微且有自首情节为由对张某决定不起诉。随后，被不起诉人张某在某公司全体员工大会上向公司赔礼道歉。目前，某公司已全部完成上市前期工作，即将在美国上市，某公司将成为玄武区第一家在美国上市的民营企业，公司得到了进一步的壮大、发展。

三、评析

张某职务侵占一案的和解成功，充分体现了刑事和解制度的法律价值和社会价值，使该案由简单的一种报应的追求变成了对双方权益的兼顾。特别是检察机关在处理案件的过程中没有忽视被害人的利益，而是贯彻以人为本的思想，从恢复性司法的角度出发，着眼于恢复被犯罪破坏的社会关系、强调对被害人利益的保护，使得业已破坏的社会关系得以恢复，体现了检察机关在执法理念、执法水平的进步。但是该案处理也存在一些争议：

第一，该案能否和解。刑事和解的案件范围一般应当限于轻微刑事案件。因此，在处理张某职务侵占案时有一种意见认为，张某职务侵占数额巨大，不但造成了企业的财产损失，而且破坏了企业的正常管理秩序，即使有自首情节也应当提起公诉让其被定罪判刑，不能适用刑事和解。还有一种意见认为，当张某认罪、退回赃款并配合完成股权重组时应当将该案提起公诉，让其被定罪判刑。我们认为这两种意见都不可取。诚然，第一种意见看起来是符合法律规定的，但是它忽视了被害人的权益。这种简单的处理方法只能是纯粹的追诉犯罪，而无法解决犯罪所带来的利益冲突。尽管，该案是一起职务侵占数额巨大的案件。但是职务侵占罪与其他重刑犯罪以及公职犯罪有区别，它侵害的对象特定，即所在公司的财产所有权，侵害范围特定，即公司内部。应该说被害人对于被害恢复的要求远大于要求报应的感情，而和解来换取的刑罚折扣并不损害公共利益，不会造成被害人、犯罪人权益保护和公共利益保护的失衡，社会情感普遍也能够接受。因此，我们认为对张某职务侵占案适用刑事和解，有“百利而无一害”。第二种意见更不可取。刑事和解的主观条件就是在于双方的和解自愿性，这也是刑事和解的基础。一旦和解达成，检察机关应当确保这种自愿的达成，而不是以严格执法为由去毁损这种自愿。毁损这种自愿实际上在毁损司法权威。

第二,检察官在和解中的角色。刑事和解是以犯罪人与被害人的自愿调解为基础,那么检察机关要不要介入这种调解、如何介入调解存在不同的看法。有一种意见认为检察机关不中立,不能介入调解。我们认为,在审查起诉环节,检察机关完全有必要介入刑事和解,并且要起到一定的调控作用。恢复性司法虽然缘于受害人和加害人的沟通和交流,在双方合意的基础上中止诉讼程序,以非诉讼的方式修复破损的社会关系。但这种中止必须经由检察机关介入,对双方地位和权利让渡进行许可性审查,防止加害人以钱买法或受害人被威慑不敢主张权利的现象出现。虽然双方可以以刑事和解的方式恢复受损的社会关系,但这种社会关系仍然是刑法保护的特定社会关系,加害人行为的性质仍然是刑事犯罪,故检察机关必须对这种活动进行事中及事后的监控,对社会关系的是否修复进行考察,对加害人非真诚悔罪的,可以启动诉讼程序。

第三,犯罪嫌疑人如何恢复业已破坏的社会关系。刑事和解的目的在于恢复业已被破坏的社会关系,究竟以何种手段恢复却存在争议。有一种意见认为只要犯罪嫌疑人张某赔偿了某公司的损失,就是对社会关系的恢复。我们认为这种意见过于简单化、片面化。刑事犯罪所破坏的社会关系本身就是复杂的,并非简单的财产权益或人身权益。而本案中,张某所侵害的除了公司财产权以外还有公司正常的管理秩序。要恢复业已被破坏的社会关系,除了退回赃款外,更重要的是对公司管理秩序的恢复。而这种秩序的恢复实际上就是预防此类犯罪的再次发生。因此,我们采取了诸如张某公开道歉、张某悔过书公布于公司网站等一系列预防措施,在某公司起到了极大的反响。我们认为在刑事和解中采取多种手段恢复业已被破坏的社会关系能够使犯罪人正视犯罪对社会和被害人所带来的危害,有助于其反思自己的行为并彻底悔罪,起到更好的教育作用和预防犯罪的作用。

应该说在对张某职务侵占案刑事和解过程中检察机关做了大量的工作,而这些工作保证此次和解的成功,也为以后开展刑事和解工作进行了有益探索。此次刑事和解主要取得以下经验:

第一,案件处理不能僵化。在社会生活中实际存在一些案件,被害人不愿追究犯罪人的刑事责任,而检察机关依法行使公诉职权后,其法律效果与社会效果不统一的情况。现行的这种刑法体系并没有恢复被损害的社会秩序,保护受害人权益,反而对原本的社会关系带来了更为严重的损害。这种情、理、法的脱节，呼唤我们在执法过程中，必须考虑情、理、法执法效果的统一。

第二，被害人利益不能忽视。法律的根本目的是为了服务社会，所以执法工作就不能总是以冷冰冰的僵化面孔出现。但是由于目前我国刑事诉讼的特点，由检察机关代表国家追究犯罪人的刑事责任，受害人在国家强权面前个体的发言权也几近为零，无法体现司法中的人本主义精神，也不利于恢复被破坏的社会关系。执法工作中被害人的权益必须考虑，只有这样才能做到犯罪人利益、被害人利益、公共利益三者的均衡。

第三，和解结果的保证机制不能缺失。刑事和解程序启动后不能以双方达成协议而结束程序，应当采取有效措施保证和解结果的实现。刑事和解是以自愿为基础，要防止出现犯罪人利用刑事和解程序逃避法律责任的现象。在本案的刑事和解过程中，我们就设置了考验期，直至认为被张某破坏的社会关系完全恢复后，才作出最后决定。

[编写人：席晨，江苏省南京市玄武区人民检察院]

胡某职务侵占案

一、案情

犯罪嫌疑人胡某于2000年被南京某电子设备厂聘为销售员，在职期间胡某瞒着该电子设备厂，先后成立了自己的科技发展有限公司、教学仪器有限公司，从事与某电子设备厂相同产品的销售业务，对外谎称两公司是某电子设备厂的办事处，并伪造了某电子设备厂的授权书。

2004年3月，胡某在代表某电子设备厂与某大学洽谈教学仪器购销业务时，为个人赚取更多的销售利润，谎称自己开办的教学仪器有限公司是某电子设备厂的办事处，并以自己公司的名义与某大学签订了购销合同。胡某将某电子设备厂的货发给某大学后，某大学按合同约定将8万多元货款汇到了教学仪器有限公司。随后，胡某又伪造了某电子设备厂与自己公司就上述货物的购销合同，要求某电子设备厂向教学仪器有限公司出具发票。此时，某电子设备厂发现教学仪器有限公司及科技发展有限公司系胡某开办的公司，遂以并未与上述公司发生业务为由，拒开发票给上述公司，并于2004年5月终止了与胡某的聘用关系。胡某则拒不交出上述货款，并离开南京，断绝了与某电子设备厂的联系。

此外，胡某还以相同方法非法占有某电子设备厂数十万元货款，有待进一步查证。

二、处理过程

某电子设备厂报案后，公安机关于 2006 年 9 月立案侦查，胡某得知自己被网上通缉后，于 2006 年 9 月 27 日主动到公安机关投案。犯罪嫌疑人胡某于 2006 年 9 月 27 日因涉嫌职务侵占罪被刑事拘留。同年 10 月 27 日公安机关报请检察机关批准逮捕，检察机关经审查于 11 月 2 日以胡某涉嫌职务侵占罪证据不足不予批准逮捕。公安机关对胡某变更强制措施为监视居住，经补充侦查于 12 月 6 日再次提请批准逮捕。

经审查，承办人认为本案的性质介于不正当竞争侵权行为和刑事犯罪之间，加上一些财务资料的缺失，要把案情的来龙去脉彻底查清，难度相当大。但有一点是能够肯定的，就是胡某将某电子设备厂的货发出去后，货款没有上交厂里，之后，拒绝与电子设备厂的任何联系。因此，不论如何处理，都应追回胡某非法占有的货款，也只有这样才能彻底解决问题，达到较好的办案效果。否则，不论是双方当事人还是司法机关都会陷入讼累当中。在审查中，承办人发现双方当事人都从自己的立场和既得利益考虑，而对问题的关键症结没有清楚的认识。这是解决双方问题的一个主要切入点。

于是，承办人分别约见了某电子设备厂的负责人和胡某的丈夫（基本了解胡某的业务状况），厂方表示只要对方赔偿厂里的损失，并非一定要追究对方的刑事责任；胡某的丈夫则表示该退的钱他一定想办法退。双方均表示希望在检察机关的介入下，解决经济赔偿问题，而不希望就此问题继续另打民事官司。但由于财务账目比较混乱，不是很清晰，双方提出的退款数额相差很大。厂方提出要胡某退赔 60 余万元，胡某一方只认 25 万元。承办人在明确了双方的基本态度以后，决定进一步为双方提供调和矛盾的机会和条件，将双方约在一起，各自阐明退赔数额的依据，并重点对分歧部分进行沟通。在这一过程中，承办人并不发表对具体还款数额的意见，不向任何一方施加倾向看法，只是适当提醒双方要拿出解决问题的诚意和依据，如建议厂方在提出退赔数额时，适当考虑对方的实际还款能力；对嫌疑人一方明确指出其行为的非法性等，对和解提出一些可供参考的思维方式、解决问题方式的建议。双方本着切合实际，坦诚布公地阐明各自的理由和依据，检察机关只是站在中立的立场上。

最终，双方在 42 万元的数额上达成一致意见。为使还款协议更具严密性、有效性，避免日后再引发争议，承办人一方面要求胡某的丈夫要取得合法有效的授权，从实质上具有处置的权力；另一方面建议在双方律师审阅过协议之后，并且都在场的情况下签订协议。经过以上工作，双方不仅解决了涉案欠款，还借此机会一并解决了以前的经济纠纷，可谓各种矛盾“一次解决”、“彻底了结”。协议达成的第二天，42 万元即退赔到位。

根据本案的实际情况，追究胡某的刑事责任已没有必要，公安机关作了撤案处理。

三、评析

通过办理本案，有三点启示：

第一，刑事和解是传统司法模式的必要补充，在构建和谐社会中起着不可替代的作用。传统司法模式强调对犯罪行为进行打击以起到警示、震慑的作用，这是遏制严重危害社会的犯罪，保护国家、集体和公民个人合法利益的重要的、必不可少的手段。但对于轻微刑事案件的处理，刑事和解则可以达到传统司法模式无法实现的和谐效果。就本案而言，如果按传统模式处理，对胡某定罪逮捕，会陷入旷日持久的调查取证和纠缠不清的法理论证当中；最好的结果也只能就查清账目的部分，要求嫌疑人赔偿。这样的处理方法，对被害方某电子设备厂而言无法最大限度地挽回损失，对嫌疑人而言则会被长期地限制人身自由。但如果不捕，则更不利于维护被害方的利益，引起被害方的不满，因而增加不和谐因素。

在这种两难的情况下，以快速解决争端为切入点、以修复补救社会关系为着眼点的“刑事和解”制度发挥了其不可替代的作用：一是解决了法律认识不统一的问题。本案嫌疑人的行为是构成职务侵占罪还是属于民事侵权行为，对此认识不一。持有定罪观点者也认为，如果嫌疑人一方将有关货款退出，也没有必要追究其刑事责任，从而使案件处理的法律意见趋于一致，认识上的统一为处理这一案件，达到较好的法律效果奠定了基础。二是在较短的时间内，为厂方挽回经济损失 42 万元，解决了厂方最关心的实际问题，嫌疑人由此也获得了自由。本案从双方谈判到 42 万元归还到位，只用了两天时间。在时间就是效益、时间就是生命的今天，双方对这样的工作效率和结果都非常满意，达到了和谐的社会效果。三是通过和解不仅解决了涉案货款的退赔，而且一并解决了双方以前遗留的经济纠纷，彻底化解了双方的矛盾，做到了“案件终结，矛盾终结”，这是传统办案模式所无法企及的，达到了稳定的社会效果。案件办结后，双方当事人和他们各自的律师均对承办人和检察机关表示了真诚的感谢，连连称赞检察机关办了件大好事。

第二,树立宽严相济、个性化办案的理念,是构建和谐社会对执法者的必然要求。党的十六届六中全会通过的《中共中央关于构建社会主义和谐社会若干重大问题的决定》指出:“构建社会主义和谐社会是一个不断化解社会矛盾的持续过程”。在各种不和谐的矛盾中,犯罪可以说是社会矛盾最激烈、最极端的表现形式。如何妥善解决这一矛盾,从而建立安全、有序、稳定、和谐的社会环境和秩序,是构建和谐社会的重要课题之一,也是执法者必须认真思考的重要问题。如前所述,单一的司法模式已不能适应新形势的要求,作为执法者只有树立宽严相济、个性化办案的理念,才能真正执好法、办好案。

一般而言,查明案件事实并准确定性是办案的基本要求。但对本案来说,是否可以“要把案情查个水落石出、要把法理论个清清楚楚”为由,而置双方当事人的实际利益于不顾,去追求理想的“法律公正”?在回答这个问题之前,首先要明确办案的最终目的是什么?是机械地按照法律规定给嫌疑人定罪、量刑或是将嫌疑人一放了之,还是最大限度地化解矛盾、减少对抗、促进社会和谐、稳定?答案是不言而喻的。因此,本案的特点就在于如果按一般的办案要求去做,可能将处于两难境地,而达不到最佳的办案效果,那么特殊的案件就应当按特殊的方法解决,当然这种特殊方式必须是在法律的框架之内。本案的办理进一步说明,要使办案达到较好的综合效果,执法者的执法理念应当更多地着眼于法律效果和社会效果的统一,在观念上做以下调整:一是从追求对犯罪人的惩罚,转变到从被害人的角度出发,把对被害人的损失补偿放到重要位置,充分尊重被害人的意愿。二是从个性化办案的思维出发,从社会角度和案件双方当事人角度去考虑问题。充分认识到犯罪人所应承担的责任不是被动地接受惩罚,而是积极地恢复因犯罪而造成的各种损害和被破坏的社会关系。三是在追求“法律公正”时,应当充分考虑是否给当事人带来了“实际公正”。片面地追求“法律公正”难以有效解决实际问题、化解社会矛盾、消除不和谐因素。执法者应当充分认识到最大限度地实现“法律公正”和“实际公正”统一的重要性和必要性。

第三,刑事和解的操作要注意“有限”、“有度”和“有效”。刑事和解的“有限”是指并非所有的案件都适合和解。司法实践中,刑事和解一般运用于轻伤害等自诉案件、无加重情节的交通肇事等过失犯罪案件、未成年人所犯轻微刑事案件等。本案虽然不属于上述三类案件,但具备刑事和解的基本要素：一是涉嫌刑事犯罪。胡某利用职务之便，采用欺骗的手段，占有本单位货款并拒不返还，涉嫌职务侵占罪，这是刑事和解的前提。如果胡某根本未涉嫌刑事犯罪，则不存在刑事和解的问题，应通过民事、行政等其他途径解决。二是不属于严重刑事犯罪。虽然本案涉嫌刑事犯罪，但并非典型的职务侵占，而是介于民事侵权和刑事犯罪之间，而且就查实的情况看，数额也非巨大，这是刑事和解的客观要件。严重刑事犯罪、严重危害国家和公共利益的犯罪属于严厉打击的对象，不应适用和解。三是当事人双方有和解的意愿。这种意愿必须是自愿的，而不是强迫的。本案虽然双方对还款的数额分歧很大，但双方都愿意在检察机关解决这个问题，这就为最终达成和解提供了可能，这是刑事和解的意志要件，是和解有效的必要条件。

刑事和解的"有度"是指承办人介入和解要有度。刑事和解不同于民事和解，要把握好介入和解的尺度和分寸。从法律职责来看，检察机关并没有调解民事纠纷的职能，因此原则上只能为当事人双方提供和解的平台，和解内容应当由当事人双方自主协商达成一致，如果双方有律师，双方律师也应在场参与协商、调解。只有充分体现双方意志的真实性，才能实现和解的有效性。

刑事和解的"有效"，除了以双方自愿、意思表示真实为前提外，还要注意和解形式的有效性。在嫌疑人的人身自由被限制的情况下，和解一般是通过其亲属进行，其亲属是否能代表嫌疑人的意志，直接关系到和解的有效性。如果是嫌疑人的法定代理人，则属有效代理没有问题，否则代理人就一定要取得有效授权或委托，获得实质性的代理权限。此外，还应适当提醒当事人双方将意思表达完整，不要有遗漏，以防日后产生不必要的争议。

［编写人：徐明明，江苏省南京市鼓楼区人民检察院］

倪某熟人间故意伤害案

一、案情

倪某，男，30岁，汉族，小学文化，住无锡市惠山区洛社镇。因涉嫌故意伤害罪，于2006年11月1日被无锡市公安局惠山分局刑事拘留。

2006年10月31日晚，倪某在无锡市惠山区洛社镇某桌球室与朋友打桌球，并用扑克牌记分。过了不久，被害人董某某与其老乡来到桌球室想打球，因之前董某某与倪某曾一起打过球，双方相互认识，所以董某某便对倪某表示其老乡来了，要求倪某将球桌让给其老乡玩，倪某回答说等他们再玩一会儿就让。董某某觉得倪某不给他面子，加上晚饭时与老乡喝了不少酒，冲动之下要求倪某马上让出球桌并将倪某记分用的扑克牌扔了，双方由此发生了争执和扭打，在扭打过程中，倪某在董某某腰部推了一下，致使董某某摔倒，造成右脚踝骨骨折，经法医鉴定构成轻伤。

二、处理过程

接到报警后，公安机关迅速介入调查，后以倪某涉嫌故意伤害罪，于2006年11月1日对其刑事拘留，并于同月7日将案件移送无锡市惠山区人民检察院，提请批准逮捕犯罪嫌疑人倪某。

无锡市惠山区人民检察院受理该案后，承办人认真审阅了全部案卷材料，并讯问了倪某，经审理后认为：该案事实清楚，证据确实、充分，倪某已涉嫌故意伤害罪，但该案系民事琐事纠纷而引发的轻微刑事案件，倪某事后非常后悔，有悔罪意识，并表示愿意进行赔偿。于是，承办人将倪某本人愿意积极赔偿、希望能得到从轻处理的强烈愿望及时反映给其家属，同时向其家属陈明利害关系，做通了其家属的思想工作；而后承办人又马不停蹄地赶到医院，认真听取了正在住院治疗的被害人的意见，董某某坦诚地表示当晚自己酒喝多了，在事情的起因上自己存在一定的过错，也希望对倪某从轻处理，但前提是倪某能给予伤害赔偿。

经综合考虑，承办人认为该案具备适用恢复性司法的条件及可能。鉴于此，承办人建议对该案适用恢复性司法程序，经汇报后得到了领导的批准。

随后，承办人积极安排双方进行恢复性司法和谈，和谈中倪某的家属首先代倪某就其伤害行为给被害人所造成的身心伤害表达了诚挚的歉意，同时表示愿意在经济上赔偿对方，并希望检察机关对倪某从轻处理；被害方家属则表示接受倪某的家属的道歉，在得到相关赔偿的前提下，可以请求司法机关对倪某宽大处理。

在双方达成共识后，承办人主持双方就经济赔偿进行和谈。被害方就医疗费、误工费、营养费等，提出2万元的赔偿要求；而倪某的家属则表示家庭经济确实非常困难，坦诚家里目前只能拿出3000元钱，哪怕是赔1万元也要向亲友们商借拼凑，何况亲友也都不富裕，希望对方能降低一点赔偿的数额。和谈一时陷入僵局。

根据本案的案情及结合双方的现实情况，为了能找到一个双方都能接受的方案，承办人积极斡旋，分别与双方进行恳谈，与双方分析引发本案的原因以及双方目前的现实困难，建议各自为对方设想，都退让一步，把双方的矛盾化解，这样对双方都有益。检察官的诚意打动了僵持的双方，都表示在数额上可以商量，并最终达成了一致，由倪某的家属赔偿被害方1.5万元，而被害方还特意写了恳请从轻处理倪某的请求书。和谈取得了成功，双方的矛盾得到了化解。

2006年11月10日，无锡市惠山区人民检察院在受理该案后的第四天，作出了不批准逮捕犯罪嫌疑人倪某的决定。

三、评析

这是一起在审查批捕环节适用恢复性司法程序的案例，由于法定办案期限较短，案件承办人为促成双方和解，在相对较短的期限内，做了大量的调解工作，并最终使双方达成一致，及时化解了双方的矛盾，被害人得到了一定的经济赔偿，犯罪嫌疑人得到了法律的宽大处理，双方在一定程度上均得到了一个满意的结果，双方的家庭得以维持、稳定，正常的生活、工作得以延续，也促进了社会的稳定、和谐，实现了法律效果和社会效果的双赢。

恢复性司法弥补了传统的“报复性司法”的缺陷，它不是单单着眼于对犯罪行为的惩罚，而且还着眼于对被破坏的社会关系的修复，因而不仅有利于化解被害人与加害人之间的矛盾和冲突，也能够使国家、罪犯、被害人、社区之间的利益得到合理的平衡，从而有利于实现法律效果和社会效果的统一。同时，恢复性司法节约了司法资源，彰显了法律的善，从而对构建和谐社会、节约型社会起到了积极的促进作用。

[编写人：秦晓春，江苏省无锡市惠山区人民检察院]

在校生孙某某等故意伤害案

一、案情

孙某某，男，19岁，汉族，江苏省宜兴市人，高中文化，无锡市某运动体校运动员。胡某，男，19岁，汉族，江苏省宜兴市人，高中文化，无锡市某运动体校运动员。因涉嫌故意伤害罪，孙某某、胡某于2006年3月22日被刑事拘留，同月24日被取保候审。

2006年3月21日晚7时许，孙某某、胡某在无锡市水秀新村聚友网吧上网时，因朋友李某（男，已判刑）之友王某某（男，已判刑）与同事沈某（男，25岁）有矛盾，王指使李纠集人员教训一下沈某，李某即至上述网吧，纠集孙某某、胡某。三人拦乘出租车至王某某工作的本市太湖花园大酒店门口附近等候。当晚10时30分许，王某某在酒店内见沈某离开酒店，即电话告知李某，李随即电话告知孙某某，守候在附近的孙某某、胡某即上前将沈某拉至酒店旁一条小路上，对沈殴打，致沈受伤。

经法医鉴定：沈某右颞顶部有一长为1.3厘米的伤口，阴茎包皮有一长为2.6厘米的横行伤口，属轻伤。

二、处理过程

本案由公安机关侦查终结后，以孙某某、胡某涉嫌故意伤害罪，于2006年7月19日向本院移送审查起诉。鉴于本案属故意伤害（轻伤）案件，俩人系在校学生，犯罪嫌疑人和被害人均有和解意向，本院于2006年8月18日决定适用恢复性司法程序。

我院在受理审查起诉后，通过对事实和证据的审查，孙某某、胡某涉嫌故意伤害的事实清楚，证据确实充分。同时承办人在办理此案过程中，通过调查了解到孙某某、胡某远离父母，在体校训练学习，平时表现较好，交往主要成员是同学，只是出于一时义气，受同学纠集后实施了伤害行为；两人为无锡尖子运动员，即将代表无锡参加十六届省运会，在预赛中取得了较好成绩，有很大的夺金希望。

我们也分析了孙某某和胡某的主要犯罪原因。在本案发生前，已发生过该校学生参与斗殴致人伤害的案件。该校的领导多次与我院研究如何加强对学生的法制教育，避免学生再次参与违法犯罪行为。在审查起诉过程中，我院了解到该校以培养体育人才为目标，注重对学生的体育技能的培养，对于学生的纪律和法制教育重视不够。孙某某、胡某等学生由于长期接受体育技能的培训，生活较为枯燥，所以容易在社会上结交一些不良青年为友。这些体校的学生由于涉世未深，性格上容易冲动。在朋友所谓义气的影响下，容易成为斗殴的参与者。

通过调查和走访，我们一方面了解到两人的家庭都是农民家庭，父母是农民和乡镇企业职工，他们将心血和收入都倾注在孩子身上，希望他们能在体育方面取得好成绩，能够上大学，取得好的未来。两人被取保候审后，两个家庭顿时失去了生活的希望，并蒙受精神上的打击。作为学校方面，其所管理的学生涉嫌刑事案件，暴露出其管理和教育方面存在的问题，更为重要的是其所培养的所谓“尖子”运动员将不能参加一系列比赛，而不能实现其培养运动员的价值。

针对该案，我们考虑到两人系在校学生且事后认罪、悔罪态度比较诚恳，为化解社会矛盾，促进和谐社会构建，认为该案可以适用恢复性司法程序。我们又对两人的家庭、学校进行了走访和社会调查，就其家庭情况、性格特点、社会交往、成长经历及实施犯罪前后的现实表现、家庭和学校有无帮教能力和条件等进行了解。两人父母和学校均表示全力配合，严格督促二人的训练和学习，力争取得好成绩回报社会。同时我们还了解到被害人沈某的伤势恢复状况良好，又征询了被害人沈某的意见，其表示两人作为年轻人，出于义气受朋友指使实施了伤害行为，希望给二人一次改过自新、重新做人的机会，对孙某某、胡某从轻处罚。

我们征询了被害人、犯罪嫌疑人对适用恢复性司法程序的意见，双方均表示同意，我们于 8 月 18 日决定适用恢复性司法程序。同月 28 日，告知犯罪嫌疑人和被害人适用恢复性司法程序的权利、义务和法律后果，最后，在我们的召集、主持下，双方自愿达成了合法、合理的和解协议，两人向被害人进行了真诚的道歉，赔偿被害人 2 万元，被害人对两人表示了原谅。当孙某某、胡某与被害人沈某双手紧握在一起的时候，这起轻伤案件，通过和风细雨式的调解工作而得以彻底地消解。

2006 年 9 月 20 日，我们在无锡市某体校向适用恢复性司法程序办理的案件当事人孙某某、胡某宣布了不起诉决定书，并举行了帮教仪式。

通过适用恢复性司法程序，使孙某某和胡某感受到司法机关对于他们教育和挽救的态度，两人深刻反省自身的法律意识淡薄、容易冲动的性格缺点，表示要认真改正缺点，今后要更加努力的训练和学习，以行动来回报学校和检察机关对他们的关爱。近日，在江苏省第十六届运动会上，经过顽强的拼搏，胡某获男子青年组七项全能金牌；孙某某获得男子青年组 110 米栏第四名、400 米栏第五名。日前，办案检察官在对孙某某、胡某回访考察时，两人学校领导动情地说：“多亏检察院给了他们改过自新的机会！”

三、评析

本案的处理方法在当前在未成年人和在校学生犯罪呈上升趋势的情况下，有着积极的意义。对于一些可能追究当事人刑事责任的轻微刑事案件，一旦提起诉讼，会在当事人之间产生永久的裂痕。而通过恢复性司法的方式调处这些轻伤案件，双方当事人不伤和气，能避免纠纷解决后而产生新的更深层次的矛盾和不安定因素,从而实现冲突解决法律效果与社会效果的统一。孙某某、胡某故意伤害案中,犯罪人因一时过失而触犯法律,犯罪后认罪态度都非常好,且及时地给予了民事赔偿,案件的社会危害性小,对这类案件,若此时简单地对犯罪人予以刑事处罚,社会效果却不一定好;相反,对该类案件启动恢复性司法程序,则即可以达到教育犯罪的人的目的,又可以取得良好的社会效果。

该案的成功操作,也为我院今后适用恢复性司法制度积累了经验。我们认为,刑事和解应以犯罪嫌疑人的有罪答辩与当事人双方的和解自愿为基本前提。有罪答辩意味着犯罪嫌疑人承认犯罪行为是自己所为,认识到犯罪行为对被害人的实际危害。本案中,孙某某、胡某对于自己参与殴打被害人致被害人轻伤的犯罪事实均供认不讳。这为刑事和解提供了先决条件。而本案中被害人沈某与孙、胡二人没有矛盾,在指使孙、胡二人殴打其的李某被依法追究刑事责任后,沈某也原谅了孙、胡二人。这是本案能适用刑事和解的基本前提。

刑事和解还应以案件事实已经查明、证据确实充分为客观前提。本案中,由于李某、王某某已被我院先前提起公诉,孙某某、胡某在该起共同犯罪中所起的作用、主观恶性等各方面的事实已查证清楚,这就便于我院做好被害人的思想工作,为实施刑事和解提供便利条件。如果案件事实不能完全查清,行为人对于自己的犯罪后果、犯罪中起到的作用有异议,或被害人对于加害人的行为性质、后果有异议,则无法在自愿的基础上达成刑事和解。

[编写人:丁宏伟,江苏省无锡市滨湖区人民检察院]

未成年人胡某某等故意伤害案

一、案情

胡某某,男,1988年7月5日生,汉族,某中等专业学校毕业,待业,户籍地无锡市惠山区。

滕某,男,1988年10月19日生,汉族,某中等专业学校毕业,学生,户籍地无锡市新区。

2005年6月15日中午,胡某某因琐事与其同学江某某发生矛盾,胡某某遂为报复计划于当晚纠集同学殴打江某某。15日晚20时许,胡某某在某中专宿舍楼纠集了滕某、李某、钱某等十余人，进入江某某所住的某中专宿舍。进入宿舍后，胡某某即向江某某挑衅，并对江某某拳打脚踢，江某某还击后，李某上前与胡某某一起殴打江某某，并将江某某逼打至该宿舍西南角落，滕某欲上前一起殴打江某某，因地方狭窄，未能得手。当胡某某、李某停手后，滕某即从旁边桌上取得一只热水瓶，并将热水瓶向江某某掷去，热水瓶砸中江某某身体后瓶胆炸裂，瓶中热水溢出，将江某某的左脸、左胸等部位烫伤。后胡某某、滕某等人逃离现场，江某某被送至医院救治。经法医鉴定，江某某的伤势已构成轻伤。

二、处理过程

胡某某、滕某故意伤害案由无锡市公安局新区分局于2005年6月17日立案侦查，同日将二人抓获，其中胡某某系公安民警通知后其法定代理人带其至旺庄派出所交代问题，本案侦查终结后由无锡市公安局新区分局于2006年6月5日移送我院审查起诉，我院于2006年6月17日对其作出取保候审决定，依法进入审查程序，并于2006年6月26日收到中共无锡市委政法委执法督查处转来的信访处理单及犯罪嫌疑人胡某某父亲老胡的来信。

由于犯罪嫌疑人和被害人双方均为未成年人，且案件为轻伤害案件，在审查起诉过程中，我们本着挽救失足青少年的原则严格按照《无锡市人民检察院关于开展恢复性司法工作的规定（试行）》（以下简称《规定》）进行审查，并反复听取犯罪嫌疑人及其法定代理人、被害人及其法定代理人意见，进行综合评价后认为本案完全符合《规定》所要求的适用恢复性司法程序的条件，依据是：

第一，基本犯罪事实清楚，基本证据确实充分，并应当给予犯罪嫌疑人刑罚处罚。胡某某、滕某的伤害事实清楚，证据确实充分。其行为触犯了《中华人民共和国刑法》第234条的规定，涉嫌故意伤害罪，依照《刑法》规定应受刑罚处罚。

第二，犯罪嫌疑人有悔罪表现。犯罪嫌疑人胡某某的法定代理人老胡从民警处得知案件发生后即带犯罪嫌疑人胡某某至派出所交代案件经过，认罪态度较好。犯罪嫌疑人胡某某、滕某在案发后，尤其是案件移送我院起诉后，在我院承办人讯问时，能够主动承认自己错误，并在被害人江某某住院治疗期间主动到医院探视。犯罪嫌疑人的法定代理人也分别向被害人法定代理人表达了歉意，主动提出了赔偿请求。我院认为犯罪嫌疑人胡某某、滕某的上述意见足以说明犯罪嫌疑人确实具有悔罪表现。

第三，犯罪嫌疑人处于有效控制下且具备帮教条件。犯罪嫌疑人胡某某、滕某均为未成年人，案件发生后，其法定代理人主动带犯罪嫌疑人到司法机关交代问题，积极协助司法机关办理取保候审手续，并保证配合司法机关对犯罪嫌疑人加强监管和教育，同时我院确定办案骨干配合犯罪嫌疑人家长、学校做好帮教工作，对犯罪嫌疑人胡某某、滕某的思想、行为加强监管和帮教，并要求二人定期汇报思想。

第四，有明确的被害人，被害人与犯罪嫌疑人之间达成了谅解。本案为轻伤害案件，本院在审查起诉过程中，充分征求了犯罪嫌疑人胡某某、滕某的法定代理人和被害人江某某的法定代理人的意见，被害人的法定代理人表达了愿意接受赔偿的意思，并基于犯罪嫌疑人认罪态度较好，对其行为表示原谅，同意检察机关适用恢复性司法程序。

同时，本案于 2006 年 6 月 26 日收到中共无锡市委政法委执法督查处转来的信访处理单及犯罪嫌疑人胡某某父亲老胡的来信，市政法委书记批示“请陈处长与新区检、法负责人联系，在法律许可范围内，鉴于其为青少年，能予从宽处罚”。犯罪嫌疑人胡某某父亲老胡在信中表示愿意向被害人赔偿的意向并请求对犯罪嫌疑人胡某某从宽处理。

本案承办人于 2006 年 6 月 19 日找被害人江某某询问其对此案的意见，其表示愿意不追究两犯罪嫌疑人的刑事责任，并表示已经和犯罪嫌疑人的法定代理人初步达成了赔偿协议。本案承办人于 2006 年 7 月 3 日到学校、家庭进一步了解犯罪嫌疑人悔罪和表现情况，得知犯罪嫌疑人经过此次教训后能够深刻认识自己错误，具有痛改前非的决心。承办人并于 2006 年 7 月 14 日找犯罪嫌疑人进一步教育疏导，强调违法犯罪给社会、给他人造成的危害，教育他们珍惜学习机会，并对其家庭情况、成长经历、现实表现等做了进一步的核实。在做好上述调查工作的基础上及时完成适用恢复性司法程序相关报批手续。

与此同时，我院积极召集犯罪嫌疑人胡某某、滕某的法定代理人和被害人江某某的法定代理人进入和解程序，并在中立调解、和解自愿的原则下最终达成了和解协议，犯罪嫌疑人的法定代理人同意赔付一定数额的赔偿款，被害人的法定代理人同意对犯罪嫌疑人从宽处罚或免予刑事处罚。

本案于 2006 年 7 月 13 日由承办人向分管检察长汇报后，认为本案系未成年在校生之间的纠纷矛盾而引发的犯罪，发案时两名犯罪嫌疑人均是未满 18 周岁的在校学生，且系初犯、偶犯；事后，犯罪嫌疑人及其家属与被害人已达成和解协议，并已赔偿人民币 2 万元，被害人江某某伤势恢复良好，无后遗症，被害人家属明确表示不追究犯罪嫌疑人的刑事责任。目前，滕某尚在校学习，且据学校反映平时表现尚可，事发后也确有悔改表现；胡某某虽已退学，但其父已对其加强监管与教育。为了维护社会稳定，防止矛盾激化，从构建和谐社会、挽救失足青少年的角度出发，可对本案不起诉，又考虑到对未成年人今后生活的影响等因素，检察院最终作出建议公安机关撤销案件的处理决定。

三、评析

通过检察机关的努力，现犯罪嫌疑人的法定代理人对胡某某、滕某均加强了教育管教措施，胡某某、滕某本人思想觉悟进步明显，已深刻认识到自己走上犯罪道路的错误，对自身过去犯罪行为有了彻底悔悟，能够努力做到虚心接受教育，严格遵守法律法规和校规校纪，思想、行为等各方面均有较大改观。

在本案适用恢复性司法程序过程中呈现出以下特点：

一是适用条件严格把关。在对恢复性司法的适用条件把握上，我院严格按照《无锡市人民检察院关于开展恢复性司法工作的规定（试行）》进行审查，对于符合《规定》适用恢复性司法程序条件要求的及时按照《规定》要求启动恢复性司法程序，对于不符合《规定》要求的及时按照一般审查程序办理，确保在是否适用恢复性司法程序上不致引起不必要的争议。

二是适用过程注重双方意见。恢复性司法必须注重犯罪嫌疑人的悔罪表现和被害人的真实意愿。被害人同意与否是能否适用恢复性司法程序的关键，因此，我院在适用恢复性司法过程中非常注重双方的意见，数次与双方沟通，及时促使双方在自愿的前提下进行交流，在其有达成和解协议可能时及时进入恢复性司法程序。

三是适用结果略有修正。在本案处理过程中，被害人已对犯罪嫌疑人胡某某、滕某行为表达了谅解，在诉与不诉的问题上并无太大争议，考虑到对未成年人未来发展的保护，我院根据市院《规定》和我国不起诉制度等有关规定作出了建议公安机关撤销案件的建议，既体现了恢复性司法的精神，又在合法前提下做了适当变通。

四是教育疏导贯彻始终。在本案办理过程中，承办人始终注意到犯罪嫌疑人的年龄和心理发展特征，采取各种方法对其进行教育疏导，帮助其树立正确的人生观和价值观，在法律允许的范围内对其给予从宽（轻）

处理，积极挽救失足青少年。

在对本案开展恢复性司法过程中，我院充分注意到未成年人犯罪特点，注意将恢复性司法的理念引入未成年人案件中，本着挽救失足少年，化解社会矛盾，促进社会和谐的原则，在强制措施的使用、诉与不诉的选择等方面合理斟酌、慎重处理，取得了较好的社会效果和法律效果。表现在：

一是提升了被害人的满意度。在以往的刑事司法模式中，国家“垄断”了被害人和犯罪人的矛盾，被害人几乎是刑事司法制度中被遗忘的人，而恢复性司法对被害人给予了更多的关注、抚慰乃至补偿，并对其意见给予充分重视，大大提高了被害人的诉讼程序参与度和满意度。如在本案中，承办检察官通过和解程序和案后随访了解到被害人对自身意见在诉讼过程中得到的尊重表示满意，对犯罪嫌疑人悔罪自新行为表示宽容，对检察机关做法表示理解和欢迎。

二是提高了犯罪人对诉讼过程和结果的满意度。通过开展恢复性司法工作，使犯罪嫌疑人具有了真诚悔罪的机会，其悔罪表现比较直观地得到被害人和司法机关的重视，其在诉讼过程中的主体意识得以强化，对诉讼过程的信赖度、满意度提高。如在本案中，胡某某、滕某及其法定代理人在表达悔罪并得到被害人及其法定代理人谅解后，能够积极与司法机关配合，对处理结果和司法过程的公正性都表示了满意。

三是犯罪人承担责任、改过自新的意识增强，再犯率低。开展恢复性司法工作，尤其是针对未成年人这一特殊群体，能够避免羁押给犯罪嫌疑人带来的负面影响，并通过一系列帮教措施使犯罪嫌疑人体谅到自身行为的社会危害性，在对危害进行补偿的同时，也能够尽量减少再犯类似错误。从本院随访情况来看，经过此次教训后，胡某某、滕某的思想有了很大转变，其家人、邻居和学校也反映他们经过教育，面貌有了很大的改观。

四是社会矛盾得到进一步钝化，和谐因素得到进一步增强。通过开展恢复性司法工作，避免了判处实刑给犯罪人带来的负面影响，并通过一系列程序使其认识到自身行为危害并愿意作出补偿或赔偿，使犯罪人和被害人之间相互沟通、相互谅解，将社会矛盾及时消解或弥合，增强了促进社会和谐的积极因素。

从本案适用恢复性司法的过程和效果上看，恢复性司法制度改变了传统适用刑罚带来的弊端，充分激活了犯罪人和被害人之间的互动，实现了社会、犯罪人和被害人的“共赢”局面，尤其在当前我国社会经济发展的特殊阶段，实行恢复性司法对于减少社会矛盾、维护社会稳定、促进社会和谐具有非常重要的意义和作用。建议在严格规范恢复性司法制度的适用条件、适用过程的基础上，努力争取立法的支持，进一步完善和规范恢复性司法制度。

［编写单位：江苏省无锡市开发区人民检察院］

徐某某施工现场过失致人死亡案

一、案情

徐某某，男，1977 年 1 月 18 日生，汉族，初中肄业，江苏省泰州市人，无锡市市政设施管理处路面施工公司压路机操作员。

2005 年 9 月，无锡市市政设施管理处路面施工公司（以下简称“路面公司”）在无锡市锡张公路城区段施工时，不慎挖断自来水管，导致无锡市交通工程总公司路基分公司（以下简称路基公司）受淹。双方曾就赔偿事宜多次协商，但未达成一致意见。2005 年 12 月 21 日晚，路面公司在锡张公路城区段进行沥青摊铺作业，路基公司将一辆翻斗车停在路面公司锡张公路城区段项目部门口，试图以此迫使后者相关负责人出面谈判。因担心沥青报废，路面公司技术员、沥青摊铺现场调度刘某让徐某某操作压路机将翻斗车推离路面。当徐某某按照刘某的吩咐行事后，路基公司数十名工人对其进行围攻，多人投砖块、石头掷向徐某某，砸坏了压路机车窗玻璃。因当时己方仅有自己一人，徐某某遂发动压路机欲离开现场向本公司人员求援。在此过程中，路基公司翻斗车操作员李某某爬上压路机，伸手去抓徐的衣服。由于未能留神注意观察周围情况，徐某某操作压路机驶出约二十余米后，将骑自行车途经该处的蒋某某（男，53 岁）碾压致死。经法医鉴定，蒋某某系由于身体遭碾压至严重颅脑损伤合并胸腹腔脏器损伤而死亡。

二、处理过程

2005 年 12 月 22 日，徐某某因涉嫌过失致人死亡罪被无锡市公安局崇安分局立案侦查，同日刑事拘留，同月 28 日取保候审。2006 年 6 月 26 日，无锡市公安局崇安分局侦查终结，向无锡市崇安区人民检察院移送审查起诉。2006 年 7 月 28 日，经崇安区人民检察院检察委员会讨论，以犯罪情节轻微、依照《刑法》规定不需要判处刑罚为由决定对徐某某不起诉。

案发次日上午，崇安区人民检察院即派员至案发地派出所了解案件情况，介入引导侦查。鉴于锡张公路城区段施工项目系无锡市重大工程项目，且案发当时，路基公司有数十名工人在场，路面公司也已召集数十名工人赶往现场等因素，考虑到该案可能产生的各种影响，引导侦查人员除提出具体的引导侦查意见外，还建议公安机关与路面公司积极联系，及时对被害人家属给予经济补偿。同时，崇安区人民检察院还通过有关途径与无锡市市政设施管理处取得联系，配合公安机关开展工作。

经多方共同努力，2005 年 12 月 29 日，无锡市市政设施管理处与被害人妻子余某某签订了赔偿协议，并于当日及 2006 年 1 月 9 日，两次向余某某支付赔偿款共计人民币 278073 元。余某某于 2005 年 12 月 29 日向无锡市公安局崇安分局提出书面申请，要求不再追究市政设施管理处施工人员的刑事法律责任及其他法律责任。

崇安区人民检察院受理此案后，首先指定承办人对案件事实进行认真审查。经审查案卷材料及讯问徐某某，承办人认为，徐某某涉嫌过失致人死亡一案，有无锡市公安局崇安分局提供的特种作业人员证书、现场摄影照片等书证；证人李某某、刘某、郭某某等人的证言；徐某某的供述；无锡市公安局出具的法医鉴定书等证据佐证，事实清楚，证据确实充分，足以认定。

2006 年 6 月 27 日，承办人与被害人蒋某某的妻子余某某取得联系，告知其有权委托诉讼代理人，并听取其对本案的意见。余某某明确表示，鉴于蒋某某已经身亡，且徐某某所在的公司已经作出赔偿，其对本案的意见与此前在书面申请中表达的意思一致。之后，余某某于 7 月 3 日再次以书面形式表达了对徐某某的谅解，以及不希望司法机关追究徐某某刑事责任的意见。

经与徐某某所在单位无锡市市政设施管理处及徐某某的姑姑联系，承办人得知徐某某个性比较温和，平常与人无争，在工作中完全按照上级的指令做事，而且比较勤恳，能够吃苦。无锡市市政设施管理处还向崇安区人民检察院出具了证明材料，介绍了徐某某的个人情况，并表示单位已经并愿意继续对其实施帮教。

鉴于以上情况，承办人认为虽然徐某某的行为已经触犯《中华人民共和国刑法》第 233 条之规定，应当以过失致人死亡罪追究其刑事责任，但有多项因素表明本案犯罪情节轻微：一是案发时有其他因素影响徐某某的操作行为，客观上使其注意力不能完全集中；二是本案系过失犯罪，根据犯罪情节和刑法规定，可能判处 3 年以下有期徒刑；三是徐某某一贯工作表现良好，在案发后也有悔罪表现；四是徐某某案发后仍在本市市政设施管理处路面公司上班，处于有效控制之下，具备帮教条件；五是市政设施管理处已向被害人家属赔偿 278073 元；六是被害人妻子余某某向司法机关出具书面申请，要求不再追究徐某某的刑事法律责任及其他法律责任。

2006 年 7 月 4 日，承办人根据《无锡市人民检察院关于开展恢复性司法工作的规定(试行)》，建议本案适用恢复性司法程序，并于同日得到崇安区人民检察院检察长的批准。

7 月 12 日，崇安区人民检察院分别向徐某某和被害人蒋某某的妻子余某某送达了《适用恢复性司法程序告知书》，告知恢复性司法程序的性质、条件及当事人的权利义务。因双方均已委托律师担任辩护人和诉讼代理人，为保障当事人的合法权益，使其正确理解恢复性司法程序的含义，崇安区人民检察院承办人还在徐某某、余某某聘请的律师在场的情况下，详细介绍了恢复性司法程序的意义和对当事人可能产生的法律后果。经与律师沟通，徐某某和余某某均同意适用恢复性司法程序办理本案。

7 月 17 日，崇安区人民检察院主持召开了由徐某某及其姑姑、辩护人、市政设施管理处及路面施工公司领导、被害人蒋某某妻子余某某、公安机关侦查人员参加的和解会谈。因双方此前已经就赔偿事宜协商并履行完毕，因此在会谈中，着重由徐某某及其姑姑、所在单位领导就其行为给被害人一家所造成的不可弥补的后果向余某某予以道歉。徐某某还表示今后将努力工作，以实际行动报答被害人一家给予的宽容。徐某某与余某某还在自愿的情况下签订了和解协议。此外，无锡市公安局崇安分局和崇安区人民检察院的办案人员还结合案件情况详细剖析了案发原因，对徐某某进行了了教育，对其所在单位提出了工作改进建议。

2006 年 7 月 19 日上午，经公诉科集体讨论，一致同意承办人意见，建议对徐某某作出不起诉决定。2006 年 7 月 28 日，经崇安区人民检察院检察委员会决定，徐某某被依法不起诉。

三、评析

对仅给被害人造成财产损失或者致人轻伤的犯罪案件开展恢复性司法工作，司法实践中已经形成共识。然而对于导致死亡的犯罪案件是否可以开展恢复性司法工作，仍然存在争议。究其原因，不外乎中国人固有的“欠债还钱、杀人偿命”的传统观念。大多数人都认为，财产损失了可以通过获得同等价值的补偿挽回损失，而人死却不能复生，所以盗窃者可以在符合特定条件的情况下被免予刑事追究，而一个导致他人死亡的犯罪嫌疑人，不应该受到相同的处理，不论此人是故意犯罪还是过失犯罪。

在人类有司法体制的几千年的历史中，报应刑曾长期是刑事司法的主流。基于犯罪侵犯的对象不仅是个人而且是社会的考虑，必要的惩罚报应是必须的。但刑罚本身也是一种恶，以恶制恶对有犯罪之虞者的阻却作用是有限的，因为“历史上任何最新的酷刑都从未使决心侵犯社会的人们回心转意”。而且，报应性刑罚强化了对罪犯的标签作用，并更多体现了对罪犯的侮辱。同时，报应性刑罚强调的与社会隔离的监禁行刑方式，形成了罪犯的监狱化，从而进一步强化了罪犯难以重新融入社会。

刑罚作用的局限性已经越来越被认识，有鉴于此，人们渐渐从犯罪本质寻找惩治犯罪的良方。犯罪必然是对现有社会关系的一种破坏，因此刑罚的目的也应当关注于对社会关系的修复，一是弥补被害人的损失，二是消除犯罪人的反社会心理。恢复性司法实际上即源于这种思考。

就本案而言，一方面，被害人蒋某某已经死亡，没有任何努力能够使其死而复生。然而死者已死，生者却还要继续生活。所以，此时司法关注的重点不应该是如何通过惩罚导致蒋某某死亡的人来让蒋某某安息，而应是如何让蒋某某的亲属能够在蒋某某死后的日子中更好地生活。司法工作重心的这种转移并不是对死者的漠视，而是通过对生者的关怀体现对死者的尊重。正是从这个意义上说，在实际被害人已经死亡的案件中，要弥补被害人的损失就是保障被害人家属今后的生活。也许有人会说，这实际上是在以钱换命，而生命本应是无价的。但我们认为，生命的确无价，因为生命尊严不能以金钱衡量。当生命存在时，生命的无价体现在再多的金钱都不能让尊严受到侵犯，而当生命已经消失时，再一味强调这一生命的无价已经与空谈无异。与其让生者陷于哀痛中不能自拔，不如让生者有条件去让死者的生命愿望通过生者予以实现。本案中，蒋某某原是一家企业的工人，蒋某某的妻子余某某在某清洁公司工作，两人有一子一女均未就业，生活比较艰苦。因此，赔偿款对余某某一家人来说，能够让他们的生活在蒋某某离开后，依然平稳地维持下去。由此，虽然蒋某某死亡这一后果无法挽回，余某某一家人的精神创伤无法抚慰，但犯罪行为给余某某一家造成的其他损失已经得到弥补。也就是说，犯罪行为对被害人一方所造成的损失已经最大限度地得到了补偿。

另一方面，徐某某作为行为人，其客观上给社会造成的损失是巨大的，然而其主观上责任相对较轻。本案是过失犯罪，徐某某此前与蒋某某并不相识，其并不具有希望或者放任蒋某某死亡结果发生的主观心理，而只是因为疏忽大意而未能预见，其主观恶性程度相对于故意犯罪而言并不严重。另外，本案的发生是由多种原因共同作用而成的，虽然徐某某的行为对于最终的损害后果具有直接的因果关系，但其所在公司处置不当、对方公司人员对徐某某进行人身攻击亦有一定的影响。综合这些情况，徐某某所具有的反社会心理事实上并不严重。如果追究其刑事责任，按照我国《刑法》第233条的规定，也仅是判处3年以下有期徒刑，并可能同时宣告缓刑。这样的刑罚对于徐某某本人的影响可能表现为两种结果，一是因为缓刑在许多人心目中，算不上什么刑罚，因此达不到通过刑罚对其产生一定的震慑作用的目的；二是刑罚使其从非犯罪人转变为犯罪人，而社会公众对于犯罪人不论其本身犯罪情况如何，都具有不同程度的仇恨或者反感心理，这在某种意义上反而会使一个原本不具有严重反社会心理的人在受到某些刺激的情况下变为潜在的反社会人员，给社会增加不稳定因素。而无论上述何种情况，都是有碍于社会的和谐和稳定的。因此，对徐某某而言，让其从本案中真正吸取教训，不应是通过严厉的刑罚来进行，而是通过调动其内在的罪疚感和羞耻心，使其重建自尊，进而达到正常人格的自我实现。就徐某某的个人性格来看，促使其向被害人家属当面道歉，让其真正感受到道德的力量，从而认识到自己的过错，方是一种更理性的方式，而且也是一种能够产生实效的途径。

因本案适用恢复性司法程序，徐某某最终没有被追究刑事责任。对徐某某作出不起诉决定半年后，我们对之进行了回访。现实情况表明，一方面，被害人蒋某某家属的生活获得了一定的经济保障，他们已经走出被害人死亡给他们的生活造成的阴影，按照原有的轨迹正常的生活。另一方面，徐某某没有失去正常的工作，在其所在公司有效的监督之下，他的生活也保持着一定的稳定性。同时，对于不起诉的决定，徐某某能够体会到被害人家属、司法机关以及整个社会对其的宽容，以一种感恩的心从事工作。因为有了前车之鉴，徐某某在对待工作和其他事情上能够保持谨慎态度，能够自觉以法律来衡量自己的行为。此外，因本案的发生与徐某某所在单位无锡市市政设施管理处路面施工公司及无锡市交通工程总公司路基分公司两家单位在安全管理、突发事件处置等方面的不当行为有一定关系，崇安区人民检察院还向两家单位分别发生了检察建议书，要求在相关方面予以改进。至今为止,两家单位没有再发生生产安全等方面的问题。也就是说,无论从被害人一方来看,还是就徐某某本人来说,因徐某某过失致人死亡行为而使社会关系遭受的破坏已经在最大限度被得到了修复。

刑罚是双刃剑,正因如此,我们更应根据案件和行为人的具体情况,选择最有利于社会的处理方式。我们认为,恢复性司法工作的开展,确实要考虑犯罪行为给社会造成的损失情况,但损失情况不应是唯一的考量因素。解决任何问题,都应当以人为本,在处理案件时,亦应如此。我们应当站在被害人和行为人这两个角度上,从他们各自利益需求出发,结合社会的价值观念和法律的实质精神,寻求最有利于实现社会利益最大化的方式。所以,致人死亡案件在符合一定条件的情况下,也能够适用恢复性司法程序,不予追究行为人的刑事责任。因为实践已经证明,有时这样的做法比将行为人判处刑罚更为有效。

[编写单位:江苏省无锡市崇安区人民检察院公诉科]

职高学生高某抢劫理发店案

一、案情

高某,男,1990年2月26日生,汉族,职高文化,原系无锡市惠山区某职业中心学生,住无锡市惠山区堰桥镇。高某因涉嫌抢劫罪,于2005年12月23日被无锡市公安局惠山分局刑事拘留,2006年1月26日经本院不批准逮捕,同年1月27日释放,同日被无锡市公安局惠山分局取保候审。

犯罪嫌疑人肖某某、舒某某、潘某、李某(已判决)及胡某某(在逃)等人合谋,准备去江苏省江阴市"抢理发店",犯罪嫌疑人肖某某驾驶自家的面的车事先踩点,锁定了几个目标。

2005年6月某日晚,犯罪嫌疑人肖某某、舒某某、潘某、李某、胡某某以"到江阴白相"为名邀请高某乘其面的车去江阴市,车行至江阴市云亭镇一理发店附近时,肖某某才告知高某"来抢理发店",并吩咐其守门。高某虽内心不愿,但为了与大家同步,便接受了肖某某的安排。后潘某、李某、胡某某等人冲进该理发店,并采用殴打、持刀威胁等手法,从店主被害人王某某处劫得现金二百余元及手机等物,犯罪嫌疑人高某则在该店卷帘门处守候。事后犯罪嫌疑人高某分得现金 20 元。

二、处理过程

本案由无锡市公安局惠山分局侦查终结，以犯罪嫌疑人高某涉嫌抢劫罪，于 2006 年 4 月 13 日向本院移送审查起诉。本院受理后，已告知了犯罪嫌疑人有权委托辩护人、被害人有权委托诉讼代理人，依法讯问了犯罪嫌疑人，审查了全部案件材料。2006 年 5 月 12 日延长审查起诉期限半个月，同月 27 日退回无锡市公安局惠山分局补充侦查。6 月 26 日无锡市公安局惠山分局再次将该案移送审查起诉，本院于 7 月 20 日延长审查起诉期限半个月。

本案移送我院审查逮捕后，承办人当即走访了高某就读的无锡市惠山区职业中心校阳山校区相关老师，均反映高某在该校的一个学期间，各方面表现良好，无违法违纪现象，对其参与犯罪很是惊讶，主动表示如果司法机关能够给予高某一次改过的机会，校方会对高某的在校期间制定监管及帮教措施，并与其家长紧密联系、加强沟通。承办人又与高某的家长进行了沟通，得知高某家境贫寒，但系父亲老年得子而备受宠爱。高某的母亲则认为其子并未动手抢钱，不构成犯罪，因此在知晓其他案犯陆续归案后，以为本案已经结束。对于高某行为已属犯罪，其父母均承诺愿意赔偿被害人损失，并改正不当的家教方法。

2006 年 1 月 25 日，高某的父母、校方代表及被害人齐聚我院，和谈会上，高某的父母得知被害人王某某事发后许多天连续噩梦、心悸，看着王某某讲述时的痛苦表情，多次诚恳地说："真的对不起，我没想到给你造成了这样的伤害。我保证以后好好管教孩子，决不让他再犯了"。同时承办人出示了高某的饱含悔恨及对被害人深深歉意的悔过书。被害人王某某感受着高某及其父母的诚恳，觉得长期来心中的恐惧、郁闷缓解了许多，表示只要高某父母支付适当的补偿即可。和解协议当即达成，由犯罪方向被害方再支付人民币 1200 元。

次日，我院对王某作出了不批准逮捕的决定。并及时成立了由学校德育处负责人、班主任及高某父母三方组成的帮教小组着手对高某开展帮教，针对高某家教中的不当行为，发出了检察建议书。

2006 年 4 月 13 日，无锡市公安局惠山分局将高某抢劫一案移送我院审查起诉。此时，犯罪嫌疑人高某因被公安机关抓获时被同学看见而知晓了其犯罪行为，觉得无颜在学校待下去而主动退学，并且由于父亲的起重队活又脏又累而不愿跟随父亲，气得父母怒言放弃监管。承办人语重心长地告诫高某，其目前的失学、无业、无家庭监管的状况和怕苦惧累的心态极易再次走上犯罪的道路，且不符合取保候审的条件；又与高某的父母统一思想认识，挽救孩子的前提是无论如何不放弃孩子。高某与其父母答应双方共同努力，不再食言。同时，委托无锡市惠山区社区矫正工作领导小组对高某的性格特点、成长经历、犯罪原因等进行社会调查，并评估其是否适合社区帮教或社区矫正。区社区矫正工作领导小组对高某综合评估后，认为高某适合社区帮教或社区矫正，并制定了翔实的工作计划。

三个多月的考察，高某的各方表现良好，2006 年 7 月 25 日，我院对其作出了不起诉决定。并在征得高某与其父母的同意后，将其移送区社区矫正工作领导小组进行为期 6 个月的社区帮教。

帮教期间，高某按时参加公益劳动、书写思想汇报，安心跟随父亲在起重队工作，无不良行为，还见义勇为，协助小区保安抓获盗窃犯罪嫌疑人两名，受到大家的一致认可。2007 年 1 月 31 日，我院对其解除社区帮教。

三、评析

本案运用恢复性司法程序处理在校生高某抢劫一案取得了较好的社会效果。恢复性司法，着眼于犯罪人的教育与改造，调动包括被害人在内的多方力量，敦促犯罪人积极对自己的行为承担责任，促使犯罪人悔改，能够让犯罪人特别是未成年犯罪人迷途知返，恢复守法生活。

[编写人：蒋长兰，江苏省无锡市惠山区人民检察院]

王某破坏计算机信息系统案

一、案情

王某，男，30 岁，汉族，江苏省无锡市人，大学文化，原任无锡新源流锻压机床有限公司（以下简称“新源流公司”）技术科长、副总经理。因本案于 2005 年 5 月 9 日被刑事传唤并监视居住，5 月 19 日被刑事拘留，6 月 17 日被逮捕，9 月 13 日被取保候审。

2004 年 8 月 28 日，王某忽然向公司提出辞职并离开新源流公司，不再上班，而未向公司移交配给其用于工作的惠普（HP）笔记本电脑，以及其所掌控的公司数控机床的所有软件。新源流公司一方面对其进行挽留,协商辞职事宜,一方面于9月5日要求王某先为公司即将交货的模拟折弯数控机床输入上位机CF卡程序及下位机PLC程序,王某即在家中在惠普电脑上生成了相关程序,作了写卡的准备,但因公司未及时给其退工单而赌气未与公司来人见面,公司因此未能在当日得到相关程序。迫于交货压力等考虑的新源流公司就在当日以王某职务侵占单位财物(笔记本电脑及相关软件等)为由向公安机关报案。9月5日夜23时许,公安机关经侦大队出面到王某家中讨要惠普(HP)笔记本电脑,并要求王某在次日向新源流公司交回相关软件。王某对新源流公司此举深感不满。于是在9月6日下午,王某故意将其自己的移动硬盘中保存的模拟折弯数控机床上位机程序源代码复制到惠普电脑中,该源代码系王某以前为改进程序而做了修改但未完成的代码,王某用该不能确保可生成有效程序文件的源代码,在惠普电脑中生成可执行文件(控制软件)覆盖了5日准备的可正常运用于机床的程序文件,作为用于模拟折弯数控机床上位机的应用程序,新源流公司因此失去了模拟折弯数控机床上位机的正常应用程序。9月8日下午,新源流公司利用此程序运行模拟折弯数控机床时,出现键盘不能跳出,无法输入文件名,以致无法执行后续操作的现象,模拟折弯数控机床的控制系统受到破坏。

2004年9月7日,王某在家中对普通折弯数控机床、剪折两用数控机床、剪板数控机床下位机PLC程序进行了任意性的指令删改。9月8日,王某将删改后的该三套PLC程序拷贝到新源流公司惠普电脑中,新源流公司由此也没有了正常的PLC程序。当日新源流公司将PLC程序输入机床进行调试发现不能使机床正常运行,相应的机床的控制系统受到破坏。

新源流公司发现王某交回的程序装入机床后,机床不能正常运行的现象后,多次联系王某要求检查问题所在,王某明知会出现这样后果而一直回避不见。新源流公司为不耽误生产进程,而赴广州请原软件开发商重新编写了模拟折弯数控机床控制系统软件,为此支付了相关费用十七万余元。

2004年9月24日,新源流公司再次联系王某让其为模拟折弯数控机床的问题进行处理。王某仍未肯将其掌握的原用于正常生产的程序交还公司,而只是对其交给公司的不正常的程序作了些修改,但仍未能解决机床输入程序后不能正常运行的问题。

王某离开新源流公司后与他人开办了同样生产机床的某公司,王某负责采购、生产及技术。

2004年9月份，因为控制软件不正常，导致10台计划内应出厂或生产的机床停工、订单被取消，新源流公司损失可得销售利益二十一万余元。新源流公司在不能挽回损失的情况下于2004年12月初向公安机关报案。

经公安机关组织专家鉴定后认定：新源流液压数控折弯机床数控机床控制系统，装载有控制软件后，构成计算机信息系统；数控剪板机床数控机床控制系统，装载有相关控制软件后，构成计算机信息系统。

二、处理过程

因为公安机关将该案定性为破坏计算机信息系统罪进行立案侦查，此种罪名的案件还是我区首例，全市范围内也是《刑法》规定此罪以来的第2起，故公安机关高度重视，在侦查阶段即与检察院侦查监督部门联系，提请提前介入该案。检察院承办人受指派后参与了公安机关的情况汇报会，到发案单位新源流公司进行了实地查看，与相关证人进行了会面，并参与了公安机关召集相关专家、见证人实施的侦查实验，对案件有了个初步了解。

2005年6月10日，公安机关以王某涉嫌破坏计算机信息系统罪，移送相关证据材料向我院提请批准逮捕。经审查，我院认为：

根据《中华人民共和国刑法》第286条、《中华人民共和国计算机信息系统安全保护条例》、《公安部关于对破坏未联网的微型计算机信息系统是否适用〈刑法〉第286条的请示的批复》等规定，本案中，液压数控折弯机床数控机床控制系统、数控折弯机床数控系统、数控剪板机床数控系统加载相应的控制软件后，均构成计算机信息系统。王某9月6日故意交还新源流公司不能正常运行的控制软件，9月7日又对PLC程序进行删减，其行为造成相关计算机信息系统功能被破坏，造成新源流公司损失严重，因而构成破坏计算机信息系统罪。王某对其行为在公安机关侦查阶段，都做了详细供述。但是我院批捕提审时，王某又辩解没有实施删改行为。针对其翻供情况，又鉴于该案涉及内容专业性较强，尚有不少地方需要补充证据，我院认为不逮捕不能有效防止其毁灭、伪造证据等社会危险性，而批准逮捕。

2005年8月5日王某案在补充、加强了相关证据后移送我院审查起诉。

我院在受理审查起诉后，一方面通过审查证据材料，确认王某构成犯罪的事实清楚、证据确实充分；另一方面我们还调查了解了王某与新源流公司的渊源：王某大学毕业后进入一国有企业工作，后经人介绍，跳槽进入民营的新源流公司，而新源流公司当时也刚开始起步研发数控机床。几年后王某从一名普通技术人员成长为公司的技术顶梁柱，担当公司数控机床上的所有程序的研发、改进、保管、输入等技术工作。而新源流公司，则逐步发展壮大为专业生产各类电脑数控机床，产品基本出口，销售区域广，科技含量高，效益颇为可观的企业。可以说，王某是公司的技术支柱，用自己的勤奋与智慧给公司创造了巨大财富，为公司发展壮大立下汗马功劳；新源流公司也对王某给予了优厚的待遇，予以了充分信任及大力培养。公司为其专门配备了手提电脑和公务车，出资支持他出国考察深造，将技术秘密全部委托他保管、使用，新源流公司给他提供了一个充分发挥个人价值的空间。应该说双方是有深厚的感情基础的。

我们也深入探究王某的犯罪原因：通过调查访问，我们发现，王某虽然在专业技术上有一定造诣，是一个专门技术人才，但在法律知识、法律意识方面却是一个法盲，其行为当时没有意识到行为可能触犯刑律的严重性；事情的起因也是由于王某与公司在一些琐碎的事务上，没能进行良好的沟通，导致双方的误解与矛盾逐步加深（新源流公司对此也有责任）；加之王某本人性格比较内向，不善于很好的处理人际关系，对矛盾的看待与处理采取了偏激的态度和错误的方法，而对公司产生了怨恨心理，进而产生了报复的念头，最终导致由小问题演化为犯罪行为，使自己蒙受监禁之苦。

我们还通过调查访问，了解了这个案件造成的两败俱伤的后果：王某案件给新源流公司及本人、家庭两方都造成了很大的伤害。王某本人被追究刑事责任，身陷囹圄；王某的父母承受不了这突如其来的打击，双双病倒；王某的妻子既要照顾卧病的老人，又要料理年幼的孩子，还要忙于工作，更要承受精神上的巨大打击，真是备受煎熬。作为受害方的新源流公司，巨大的直接经济损失尚在其次，间接损失也难以估量，企业的信誉、形象遭到损毁，更重要的是没有了王某这个技术核心，公司没有了可以担当生产数控机床核心控制软件的人，给企业的生存、发展前景蒙上浓厚的阴影，这也是新源流公司对王某的突然离职和故意造成公司机床无法正常调试、交货一事一直耿耿于怀的原因。在走访调查过程中，公司里的许多人都对事情发展到这一步，对公司原来的“赫赫功臣”王某走上犯罪道路表示了深切惋惜。

针对案件的前因后果，结合王某的人才价值，同时考虑王某的可改造性——起先的认罪态度较好，后来出现思想反复，但仍有转变可能。为实现刑罚的惩戒与教育、挽救相结合的根本目的，满足案件处理的法律效果与社会效果相结合的要求，用个案实践和谐社会构建的先进法治理念，我们考虑对王某能否实行我院正在倡导的恢复性司法，以使处理上更轻刑化，人性化。

我们为此主动征询双方意见，听取各方对此案处理的意见。我们特地上门听取了新源流公司的意见，新源流公司的负责人坦诚的告诉我们：他们并不是一定要追究王某的刑事责任，也不是一定要王某赔偿多少损失。他们只是不明白为什么王某要离开公司，为什么要故意在软件上做手脚。他们希望能听到王某的解释，希望听到他的道歉，并表示可以对王某从轻处理。我们也与王某的辩护律师交流了观点，阐明了我们对王某处理的态度及适用恢复性司法的意向，得到了王某的律师的积极配合与支持。王某的家属也给我们来信，反映了因为王某的处境，导致家庭遭受沉重打击，急切地表达了愿意和解的愿望。

针对王某在拘留羁押的后期及批捕阶段开始有翻供的情况，我们与辩护律师交流了看法，指出现有证据已充分证实了王某的犯罪事实，其翻供对其有百害而无一利，只会造成对他无法认定有悔罪表现，而难以适用恢复性司法的结果，也就是王某本人的认罪态度将是案件处理的关键。我们通过调查，认为只要王某能对自己行为有正确的认识，对自己的责任有正确的态度，本案是具备适用恢复性司法的条件的。为尽力促成双方和解，实现法律效果与社会效果的“双赢”，我们先后两次提审王某，与王某进行了耐心的交谈，帮助他分析思想，判断利弊。同时王某的律师也积极地做王某的思想工作。在我们的努力下，王某终于认识到了其先前翻供的不明智之处。他向我们袒露了心迹：他从一名普通技术人员成长为新源流公司的技术顶梁柱，精通专业的数控机床软件知识，一方面是通过自己的勤奋学习与钻研，另一方面离不开公司对其的信任与大力培养。王某对公司的老总是心存感恩之心的。但近年来，公司老总因身体原因，已不太关心公司发展，王某感到内心的失落，想到了自己创办实业，实现更大的自身价值与经济价值。但因为在辞职过程中与公司产生了矛盾，尤其对公司让公安机关出面处理矛盾，认为受到了很大的伤害，而将所受的委屈放大，对公司产生了怨恨心理，才实施了破坏计算机程序，进而造成相关计算机信息系统被破坏的行为。后来因此案被公安机关采取强制措施后,经教育能如实陈述犯罪事实,但当公安机关因故未对他取保候审,又得知公司向其索赔数十万元后,思想又走了偏执,认为公安机关欺骗了他,又认为既然无力承担巨额的索赔,不如干脆抵赖,哪怕吃官司也比连累家人为其还债的强。在这种错误心态支配下,才出现了翻供现象。现在通过我们及律师的教育,终于认识到了自己的错误。

在王某能够重新如实供述,主动认罪后,综合本案案情,我们认为本案可以尝试适用恢复性司法。即我院当时正开始探索在未成年人犯罪以外,对符合条件的其他犯罪嫌疑人,例如,那些有被害人且被害人同意和解,犯罪情节一般,犯罪嫌疑人有悔罪表现的轻罪案件也适用恢复性司法。我们向领导汇报后,得到了科室领导与分管检察长的大力支持,恢复性司法程序于是正式启动。我们于 9 月 7 日、9 月 13 日先后两次组织新源流公司代表与王某的律师、家属在我院进行了恢复性司法和谈。由我们提供给被害单位新源流公司与王某的律师、家属一个面对面的直接交流、对话的机会,以消除误解与隔阂,达成互谅与共识,圆满的解决双方的矛盾。

通过两次恢复性司法和谈,我们给双方详细介绍了案情,说明了王某及新源流公司各自的心态演变过程,分析了和谈的有利价值,阐释了法律规定,使双方明白了案件的来龙去脉与是非对错。

王某的家属表示愿意尽其家庭所能赔偿王某的行为给被害单位造成的损失,将用诚意感动新源流公司,取得新源流公司的谅解;新源流公司代表以一位长辈的身份表达了公司的态度:王某人比较内向,想法不轻易表露,公司对他待遇不错。但在与公司处理辞职事宜过程中,家属态度不好,造成了很多误会,公司后来报警让公安机关出面也是在多次给机会而王某一次次令他们失望下的无奈、不平之举。公司可以谅解王某,并也希望王某能获得从轻处理,最好能继续为公司工作。

王某的家属还分别致信我院及被害单位,一方面感谢我院提供机会挽救其丈夫,同时向被害单位表示深深的歉意,表示会以真诚的态度向被害单位道歉。在信中,王某家属分析了王某性格的缺点导致了他对工作上的问题没有及时与公司领导沟通,而采取消极逃避的态度;出于冲动与自私,一味考虑自身的价值能不能得到体现,而不顾公司领导的身体、心理承受状况,一走了之。王某家属还注销了开办的公司,以示诚意。

关于赔偿数额,新源流公司代表在两次和谈中,起先提出至少应当赔偿 37 万,即重新委托开发软件的开发费用 15 万元,为重新委托开发软件而支付的交通费、住宿费等相关费用2万元，停产损失20万元左右。但同时也表示，如果王某的家属能直接争取新源流公司老总的谅解，赔偿数额还是可以商量的。王某的家属则表示家里因投资办厂，已经倾家荡产了，主观上愿意赔，但能力有限，愿意表达诚意感动公司。我们也从中调解，一方面分析王某走到这一步的个人原因，一方面建议双方都让一步，有利于矛盾尽早弥合。经过我们以及王某的家属、律师和新源流公司的努力，在9月13日的第2次和谈会上，我们表明了对赔偿处理不介入、不干涉、不干扰的中立立场，同时阐明了法律一般只支持直接损失的规定。新源流公司代表主动将赔偿数额降低到22万元，后来又表示，只要王某能继续为公司服务，并承诺在3年内不做违背公司的事情，即不从事同类数控机床产品的研制、开发、生产，公司甚至可以在适当时候放弃赔偿请求，不用王某负担一分钱！王某的亲属则表示感谢检察院运用法律政策促成恢复性司法和谈，一定会尽力赔偿公司方损失，王某如能释放出来，一定登厂道歉，并切实履行达成的恢复性司法和谈的协议，最终希望双方今后客客气气，不计前嫌。

由此，我院在第二次和谈取得圆满结局的9月13日当日，即决定改变王某的强制措施为取保候审，并马不停蹄的给王某律师、家属办理了取保候审手续，当日王某得以释放，结束了四个多月的羁押生活，回到了亲人身边。随后不久，王某在家属的陪同下，与公司领导见了面，当面表达了他诚挚的歉意，双方经历了这次波折，又握手言欢，冰释前嫌，百感交集。

2005年9月16日我院就王某构成破坏计算机信息系统罪向法院提起公诉，10月10日法院开庭审理此案。在法庭上，王某对指控供认不讳，并主动放弃了辩护人为其出庭辩护，同时坦白当初的心态是认为公司老总的做法对他太绝情了。我们作为公诉机关，在法庭上既分析了王某的行为构成犯罪，又剖析了王某的犯罪原因，最后我们向法庭建议：本案王某依法应被判处5年以下有期徒刑，但鉴于本案被告人王某对起诉指控供认不讳，本案因此适用普通程序简化审；又适用恢复性司法，取得了被害单位的谅解，放弃了索赔，并欢迎王某回到公司；王某适用缓刑不致危害社会，适用缓刑更有利于继续发挥其技术专长，服务社会，实现个人价值；使企业继续发展壮大，实现效益；也可以节省司法成本，提高诉讼效率，实现司法保障社会稳定、促进发展的价值。综上，我们建议对王某适用缓刑，实现最佳的司法结果和社会效果。我们还在庭上告诫王某，希望他珍惜机会，反思自己的行为，学会调整心态，学会全面的、灵活地看待问题，处理问题。在今后的生活中，为自己，为家庭、为社会作出贡献。王某针对我们的公诉词表示：公诉人意见准确，他没有异议。在庭审的最后陈述阶段，王某动情的说到：我作为一名工程技术人员，因为不懂法，对矛盾没能采取合理有效的措施，未与公司进行良好的沟通，而触犯了《刑法》。我想这是一个沉痛的教训，今后我会做个合法公民。我感谢检察院对我进行的挽救。对于法院的任何判决，我都愿意承受。

最后，王某以破坏计算机信息系统罪被从轻判处有期徒刑 1 年，缓刑 1 年。判决后，王某已经重新回到新源流公司上班，单位给了他优厚的待遇，王某也全身心的埋头技术，发挥其技术专长。王某家属高兴的向我们反映，王某在经历了这番波折后，学会了珍惜家庭与亲人，懂得了人情世故与责任，处世为人开始有所宽容豁达，而家庭生活又走上了正轨，看到了未来生活的希望。新源流公司也认识到了自身有一定的责任，在和谈中对赔偿请求也主动作了让步，体现了珍惜、爱护人才的诚意。

在后来的适用恢复性司法效果的回访中，我们了解到公司因重得人才，生产秩序得以恢复正常，有一批机床出口美国，在数控程序上出了一点问题，信息反馈过来，公司让王某出面解决，他经过检查，很快查明并妥善解决了问题，为公司避免了几十万元的经济损失，保持了公司的声誉！公司负责人高兴的称赞：王某这小子真是个人才！恢复性司法真是治病救人的好办法！既挽救了王某，也救了我们公司，我们之间的怨结也得以化解，法律效果、社会效果俱佳，实行了多赢！

三、评析

本案适用恢复性司法，很好地实现了法律效果与社会效果的统一。对王某而言，既为他的犯罪行为受到了法律的制裁，又获得了法律的教育，更得到了法律的帮助，使其有机会在社会上继续贡献其专长，为社会创造财富；对被害单位新源流公司而言，重新获得了一名重要的技术人才，可为企业创造巨大的财富，消除了与王某之间的误解与矛盾，所受的损失，从长远来看都可以通过王某的知识予以弥补；对整个社会而言，少了一个服刑犯，多了一个贡献者；挽救了一个人，也挽救了一个家庭；维持、发展了一个企业，可以为社会创造更大的财富，为国家增加更多的外汇、财税收入；化解了一个矛盾，平添了一份和谐。正是用个案司法，体现了刑罚轻刑化、人性化、个别化的时代趋势，实践了和谐社会的构建。

［编写人：朱健，江苏省无锡市惠山区人民检察院］

薛某某故意毁坏财物案

一、案情

薛某某，男，1963 年 8 月出生，汉族，江苏江阴市某镇人，初中文化，在家务农，家住江阴市某镇。

薛某某于 2005 年 7 月 3 日与江阴市某彩珠厂因生产导致停塘村地段连续跳闸发生纠纷。后被告人纠集同村村民十余人，手持铁耙等工具到某彩珠厂，随意打砸厂内电气设备等物品，造成彩珠厂损失一万五千余元。因此，薛某某以涉嫌故意毁损财物罪于 2005 年 8 月 8 日被江阴市公安局刑事拘留。同年 9 月 6 日由江阴市公安局决定取保候审。江阴市公安局于 2006 年 12 月 26 日以故意毁损财物罪将薛某某移送审查起诉。

二、处理过程

经审查，2005 年 7 月 1 日晚，某镇停塘村彩珠厂在生产过程中引起附近农户家中电路连续跳闸，引起村民不满，此事为该案的导火线。7 月 2 日，被告人薛某某纠集四十余人到彩珠厂闹事，双方对峙许久，情况十分紧急。后警方介入，暂定 7 月 3 日上午双方到村委会进行调解。然而 3 日上午 8 时许，被告人薛某某又看到彩珠厂开工生产，认为该厂无视村民的利益和要求，顿时心生怨气，随即又纠集十余人，手持铁耙等农用工具，以彩珠厂的生产对周围村落环境“造成污染”为由，将该厂的玻璃管、电气设备等物品砸坏，价值一万五千余元。

本案事实清楚，证据确实充分，被告人薛某某故意毁坏公私财物，数额较大，其行为触犯《中华人民共和国刑法》第 275 条，应当以故意毁坏公私财物罪追究其刑事责任。但是由于本案发生在农村，有十几个村民参加，群众反响强烈，案件又涉及村民生活与工厂发展这一矛盾问题，因此承办人决定先进行调解，调解不成再起诉。

办案检察官先后两次赶往该镇，就本案与该镇政府、派出所、村委会和环保部门进行协商。考虑到闹事原因与彩珠厂的污染有关，承办人决定先实地调查，了解情况后再作论处。承办人先亲自到停塘村采取污水样本，并送到江阴市环保局进行检测。在等待检测结果的过程中，承办人又带着书记员到环保部门就以下问题进行查证：(1) 彩珠厂在开设前是否已取得环保部门的许可；(2) 环保部门对投产后的彩珠厂有无履行监督管理职能；(3) 彩珠厂的排污行为有无造成环境污染，环保部门有没有对其生产污水进行检测;(4)环保部门对村民闹事的行为有无进行处理,应如何处理;(5)如果彩珠厂的生产会造成环境污染,环保部门将会如何处理。

经过查证,江阴市某镇彩珠厂是在取得相关行政审批手续后合法经营的,之前没有和村民发生过类似事件。并且通过对污水的COD(化学需氧量)、PH(酸碱度)、SS(悬浮物)以及氟化物的检测结果表明:可能造成危害的是彩珠厂所排放的污水PH值偏高,即呈现弱酸性。但由于污水流量少,对河水的污染有限。这说明村民家中连续跳闸的原因与彩珠厂的排污行为有关,村民并不是无故闹事。至此,承办人已查清案件双方当事人的过错,并基于各自过错,制定了详细的调解计划书。

调查工作完成后,2006年4月30日,检察官又来到某镇,在镇有关部门及派出所的支持下,将村委领导、彩珠厂老板、环保技术人员、被告人薛某某,以及他们各自的支持者、部分村民集合到村委会,共同召开一个协商会议。一方面,承办人将已经掌握的多方事实告诉大家,重点讲述了江阴市环保局对彩珠厂排放的污水的化学需氧量、酸碱度、悬浮物以及氟化物的检测结果,并就彩珠厂的污染行为提出书面检察建议,要求彩珠厂提高企业的环保意识,加强对生产污水的循环利用,尽快采取行之有效的治污措施,并制定相应的水污染防治措施,还群众一个干净、舒适的生活环境。另一方面,承办人向大家分析了此次村民闹事事件的严重性和危害性,并认真讲解了相关法律知识,让大家真正明白被告人薛某某的行为性质和我国现行的法律政策。一开始,被告人薛某某认为自己没罪,到彩珠厂闹事也是被逼的,自己的初衷只想出出气,要是彩珠厂愿意给个说法,自己是不会那么做的。经过承办人的耐心讲解,被告人薛某某和闹事村民终于知道自己错了,悔过当初的鲁莽行为,他愿意认罪伏法,并向彩珠厂的厂长道歉认错。最后,在村委领导、派出所、环保部门、承办人等的共同努力下,双方当事人愿意接受调解。

某彩珠厂对检察建议十分重视,立即制定出对本厂污水、噪音、黑炭等环境污染问题的整改措施并送达至我院。该厂厂长在接受了被告人薛某某的真诚悔过和道歉后,主动向村民进行检讨。他认为自己作为一厂之长,没有合理有效地解决污水排放问题,对村民的生活造成了不便,实在是愧对大家。他主动要求放弃被告人薛某某的经济赔偿责任,希望通过和解,获得被告人、江阴市某镇村民和周围村民的谅解。并且他承诺,今后一定不会再出现类似问题,彩珠厂将进行“绿色生产”,逐渐改变之前破坏环境的经济发展模式,走循环经济发展的道路,希望村民能够一如既往地关心和支持彩珠厂的发展,而彩珠厂也将会为某镇的建设作出积极贡献。

经过法院的最终审理,被告人薛某某被江阴市人民法院判处拘役6个月,缓刑6个月。在得知自己被从宽处理时,薛某某很激动,他感谢彩珠厂不追究自己的损坏赔偿责任,从而免去一笔数目不小的赔偿费。他更感谢检察官,是他们的热心帮助才让他可以得到宽大处理。他向检察官保证,今后一定好好做人,认真学习法律,再也不冲动闹事了。

当村民得知被告人薛某某被宽大处理时,他们欢呼雀跃、奔走相告,他们都说,现在的政策好了,老百姓的日子越来越好过了。那些闹事的村民也保证再也不会那么做了,只要彩珠厂合法生产,不制造污染,他们就会支持彩珠厂的发展,即使再出现类似情况,他们也不会那么冲动,而是会积极寻求法律帮助,用法律来保护自己的权益。

三、评析

本案系一起民事纠纷引起的轻微刑事案件。被告人薛某某乃一老实、憨厚的村民,平日里过着面朝黄土、背朝天的生活。虽然上过初中,但也是个"法盲"。而被害人彩珠厂乃江阴市某镇的私营企业,不仅每年按时上缴国家税收,而且为当地村民提供了不少劳动就业机会,对某镇的经济发展有着不小的贡献。本来,两者互不侵犯,各自安好。但是,彩珠厂为了追求经济利益,以牺牲环境质量为代价盲目生产,致使生产污水扰民。而被告人薛某某认为企业无视村民利益,本想通过"示威"让彩珠厂有所"反省",没想到该厂不但不停产整改,反而继续生产,完全忽视村民的存在。这让被告人薛某某很生气,在无知和冲动下,他纠集其他村民,手持农具,跑到彩珠厂闹事。

由此可见,彩珠厂的污染行为是本案发生的起因。如果彩珠厂认真处理群众反映,采取有效治理措施,事情的发展就会告一段落。但是,不能因为彩珠厂存在过错就不追究被告人薛某某的刑事责任。被告人薛某某故意毁损他人财物,数额较大,应根据刑法定罪量刑。但鉴于被害人存在过错,可以减轻被告人的刑事责任。但如果将被告人薛某某判处徒刑并收监执行,将不利于保护受害人权益、挽救改造犯罪人以及恢复原有社会秩序。

因此,在坚持以有罪必罚为主体的刑事司法模式和以监禁刑为中心的刑罚体系的前提下,适当地运用"恢复性司法理念"来处理一些轻微刑事案件，是十分必要的。

第一，恢复性司法有利于保护被害人权益。在传统的刑事司法中，一旦发生犯罪，国家就代表被害人介入案件的侦查、起诉和审判，被害人在诉讼中往往处于被动的地位，其权利常常得不到充分的保护。在恢复性司法中被害人的地位有了根本的转变。恢复性司法给予被害人与被告人直接对话的机会，被害人可以当面告诉被告人其受到的伤害和影响，而被告人的道歉与补偿也可以使被害人的心理受到很大的慰藉，这种交流方式将有助于减轻被害人的焦虑与仇恨，从心灵上化解被害人与被告人的矛盾。

第二，恢复性司法有利于矫正犯罪。诚然，对那些危害严重的犯罪人，依法判刑和进行监禁是十分必要的。不然，就不足以使他们受到应有的惩罚，也难以体现应有的司法震慑力。但是，在司法实践中，还存在一些轻微刑事案件。特别是有些被告人因为一时糊涂或者意气用事而触犯了刑律，就像本案的被告人，其主观过错不大。犯罪行为发生后，被告人内心其实经历着激烈的冲突，严厉的惩罚可能会激起他对被害人、对社会的敌对情绪，而适当的引导和教育则会令其产生负疚与悔过，从而为将来融入社会奠定基础。恢复性司法就是着眼于犯罪人的教育和改造，调动包括被害人在内的社会各方面的力量，促使被告人在社会的感召下改恶从善。

第三，恢复性司法有利于修复被破坏的社会关系。恢复性司法强调一个基本的事实：犯罪损害了他人、社会和人与人之间的关系。如果犯罪造成了损害，司法程序就应当强调修复这种损害。在传统的刑事司法中，惩罚犯罪是国家的事情，被害人和社会被抛诸一边，被犯罪破坏的社会关系不但不能弥补，反而有可能在被告人出狱后进一步恶化，被告人与社会关系的紧张状态将加剧再次犯罪的可能性。恢复性司法鼓励被害人和社会成员都积极地最大程度地参与司法程序，一方面使被告人减轻对社会的抵抗情绪，另一方面也能在互相谅解的基础上促进被告人与社会的融合。

在本案中，彩珠厂通过向群众承认错误和采取有效的治理措施，缓和了与广大村民的矛盾和冲突，解决了环境保护、居民生活与企业发展的矛盾问题，从而为企业今后的发展铺平了道路；被告人薛某某通过向被害人赔礼道歉，赢得了被害人的谅解，缓和了与被害人的矛盾；村民通过接受彩珠厂的积极整改，缓和了与企业的矛盾，不仅赢得了放心居住的环境，还懂得伸张正义、保护权益需要经过合法途径。总之，通过恢复性司法，被害人、被告人、村民的心结都被打开，之前被破坏的社会关系重新被修复了。

第四，恢复性司法可以节约司法资源。犯罪案件原则上都要经过审判程序，只有司法权才能对犯罪行为人施加惩罚，但如果事无巨细都要由法院最后解决，司法程序将为过多的琐碎案件所累，所以司法权允许某些刑事案件的处理绕开正式法庭程序而用其他替代性方法，恢复性司法应运而生。它在审判之外以协商的方式很好地化解了纠纷。恢复性司法不主张监狱行刑，采取恢复性司法后大大减少了费用。此外，恢复性司法对犯罪的矫正减少了犯罪率，也在很大程度降低了办案的成本。

综上所述，刑事检察部门担负着打击刑事犯罪、立案监督、诉讼监督、处理突发事件等重要职能，是维护社会公平正义、构建社会主义和谐社会、保障社会主义新农村建设稳步推进的一支重要力量。基层刑事检察部门在新时期深入践行"强化法律监督，维护公平正义"的检察职能，就必须把服务新农村建设作为检察机关服务党和国家工作大局的重要切入点和落脚点，强化职能，切实增强责任感和使命感，以宽严相济刑事政策指导法律监督工作，积极开展恢复性司法工作的探索和实践，严厉打击严重的刑事犯罪，有效遏制犯罪高发势头；对轻微刑事案件则尽可能促进当事人和解，最大限度地减少社会对抗，化消极因素为积极因素，最大限度地增加和谐因素，减少不和谐因素，从而更好地化解社会矛盾、维护社会稳定、促进社会和谐，努力为建设社会主义新农村创造稳定和谐的社会环境。

[编写单位：江苏省无锡市江阴市人民检察院]

未成年人蒋某某等抢劫案

一、案情

蒋某某，绰号"小飞"，男，1991 年 11 月 25 日生，初中文化，在校生；路某某，男，1990 年 1 月 22 日生，初中文化，辍学在家；潘某，男，1991 年 9 月 29 日生，初中文化，辍学在家；三名犯罪嫌疑人经常在一起进电子游戏厅、上网、下馆子，无所事事，由于手头紧，于 2006 年 2 月 9 日晚，蒋某某提出去弄点钱花花，其余两人附和，于是三人就在街头转悠，边走边寻找作案对象，在半路上捡到一个摩托车头盔，当转至本市宜城镇阳美新村32幢附近时，发现一名单身女子俞某，手拎一只提包，三人共同商量，由路某某用头盔套头，潘某抱住对方，蒋某某抢包的方法实施抢劫，抢得拎包一只，价值120元，内有化妆品等物，逃跑时被丢弃，后在逃跑过程中被正在巡逻的联防队员当场抓获。

二、处理过程

该案移送我院以后，承办人认真审查了卷宗，觉得三名犯罪嫌疑人的犯罪动机有了，但犯罪的原因不是很清晰，于是就走访了其家庭和学校，发现蒋某某父母离异，父亲是企业老总，母亲改嫁去了广州，长期由外公外婆照看，平时未养成良好的生活习惯，上学不按时完成作业，导致成绩下降，没有心思上学，学校对蒋某某逃学、不做作业、顽皮等不好表现向外婆反映过几次，但由于没有回应，也就不了了之；路某某，父母都是下岗工人，在街上做点小生意，由于平时忙于生计，对孩子的成长进步无暇顾及，孩子辍学在家也没认真对待，任其发展，最终走上犯罪道路；潘某，父母离异，随父亲生活，父亲下岗后在一家企业上班，孩子平时的情况很少过问，再加上经济上拮据，孩子辍学也就不管不问，任其在社会上游手好闲，结果触犯了法律。通过走访，发现三名犯罪嫌疑人都没有前科劣迹，主要是社会、学校、家庭管理脱节，法制观念淡泊，明辨是非的能力较低，尤其是因其家庭疏于管教。找到了原因，承办人对三名犯罪嫌疑人的父母交换了意见，讲清了利害关系，三家父母都表示，愿意配合检察机关做好下一步的帮教补救工作。

2006年10月17日，承办人在我院讯问室里，在其父母的陪同下，分别对三名犯罪嫌疑人进行了讯问，了解了案情的前后经过，掌握了主要证据，三名犯罪嫌疑人表示自愿认罪，承办人对其进行了教育，从主观原因到客观原因，从社会历练到家庭教育，从父母的义务到孩子成长，从触犯法律的惩处到被惩罚人今后的生活，从被害人受到的伤害所带来的影响到社区安全感的降低等，涉及了各个方面。三名犯罪嫌疑人及其父母认真接受了教育，并帮助了三名犯罪嫌疑人树立了正确面对过错，改过自新，做一名合格青少年的信心。

2006年10月19日，承办人一行三人坐车来到被害人俞某的住所，诚恳的提出了来意，把审查案件有关情况向被害人作了说明，将犯罪嫌疑人触犯刑律的情况，及检察机关对犯罪嫌疑人挽救、教育的情况，向被害人交换了意见。被害人认为："按一般成年人犯罪，像这样的抢劫犯罪应该严惩不贷，说起当时的情况到现在还心有余悸，但三人均为未成年人，犯罪原因也是多方面造成的，能挽救则挽救，能教育则教育，能采取补救措施就采取补救措施吧！”听了被害人俞某的一席话，承办人觉得检察机关肩上担子更重了，责任更大了，随后承办人进一步向被害人说明了对方愿意采取经济补偿、赔礼道歉等形式，向被害人负荆请罪，最后被害人通情达理地接受了我院对该案的“刑事和解”的建议。

2006年10月26日，在检察机关的主持下，邀请了社区有关人员参加，法律援助中心派员出席，在调解会上，首先由三名犯罪嫌疑人谈谈对自己所犯罪行的危害、后果、教训以及今后的打算，接下来由被害人俞某对该案处理的看法，阐明了自己谅解的程度，同时也教育了三名犯罪嫌疑人，提出了今后的希望和努力的方向，最后三名未成年人及其法定代理人当面向被害人进行了赔礼道歉，并且当场赔偿被害人经济损失1950元，取得了被害人的谅解，化解了双方的矛盾。

我院依法对蒋某某、路某某、潘某作出不起诉决定。宣布不起诉决定以后，在检察机关的主持下，签订了三书，即由承办人和三名犯罪嫌疑人签订的跟踪帮教“责任书”，社区和犯罪嫌疑人签订的监督帮教“责任书”，父母与检察机关签订了定期向检察机关汇报教育情况“保证书”，通过“三书”。

一年过去了，通过向社区、三个家庭的电话联系，目前三名未成年人在各方面有了较大的改观：路某某在一家酒店做保安工作，并当上了负责人，手下也有3—5人，作为管理人员的他，对自己要求严格，言行举止都是从我做起；蒋某某已随母亲去了广州，换了环境的他，好像换了一个人似的，在广州番禺的一所学校上学，成绩已上升到班里的前十五名以内；潘某回归社会后，专门学了摩托车修理技术，在亲戚朋友的帮助下，开了一家摩托车修理店，月收入在2000元以上，电话里他还兴奋地对承办人说：“我现在的收入已超过了父亲，完全可以应付家里的日常开支，谢谢您，唐检察官！”

三、评析

围绕本案，存在三种争议意见：

第一种意见认为，此案不适用恢复性司法程序。理由是“两抢”是刑事犯罪案件中打击的重点，该案既然定性为抢劫罪，根据《刑法》第263条规定，犯抢劫罪，情节一般的，处3年以上10年以下有期徒刑，并处罚金。而适用恢复性司法程序，应是情节轻微，量刑在有期徒刑3年以下的刑事犯罪，故该案不适用恢复性司法程序。

第二种意见认为，此案应分主从犯，主犯给予严厉的打击，从犯适用恢复性司法程序。理由是该案中，三名犯罪嫌疑人已经构成了抢劫罪，应受到法律的严厉制裁，但该案的犯意是蒋某某提出的，应划分主从犯，区别对待，主犯给予严厉打击，从犯可以适用恢复性司法程序，这也符合检察机关贯彻落实宽严相济的刑事司法政策的原则。

第三种意见认为，此案可以适用恢复性司法程序。理由是承办人通过对卷宗材料的严审细查，调解双方当事人，有以下因素可以确定：三名犯罪嫌疑人均为未成年人，系初犯，对被害人造成的伤害不大，后果较轻，确有悔罪表现，具有帮教条件，可能判处 3 年以下有期徒刑的刑罚，被害人同意用刑事和解方式处理，故此案适用恢复性司法程序。

我们对传统的报应性司法模式与恢复性司法的不同点作一比较分析：

司法类型 / 不同点	报应性司法	恢复性司法
关注对象	犯罪	犯罪嫌疑人、受害人
关注焦点	对既往行为之谴责	对未来行为之矫正
司法措施	死刑、肉刑、监禁刑等	调解、和解、赔偿等
司法目标	惩罚犯罪	诊治犯罪嫌疑人弥补受害人的损失

从以上表格分析中不难看出，“恢复性司法”是在案件处理过程中让犯罪嫌疑人与被害人面对面接触，通过犯罪嫌疑人的道歉、赔偿、社会服务等，使被害人因犯罪所造成的物质精神损失得到补偿，使被害人因犯罪影响的生活及时恢复常态，同时也使犯罪嫌疑人通过积极负责任的行为重新融入社区，并赢得被害人和社会的谅解，但实施恢复性司法同时应具备以下几个条件：一是犯罪嫌疑人系自然人，犯罪事实基本清楚，证据确实充分；二是犯罪嫌疑人行为触犯刑法；三是犯罪情节轻微，对被害人造成伤害不大，后果较轻；四是犯罪嫌疑人对主要犯罪事实没有异议，确有悔罪表现，未成年人需有帮教条件；五是可能被判处拘役、3 年以下有期徒刑；六是被害人同意除追究刑事责任以外的方式进行处理，并承认其效力。从此案审查结果看，六个条件都已具备，根据《最高人民法院关于审理未成年人刑事案件具体应用法律若干问题的解释》第 17 条之规定：未成年人犯罪根据其所犯罪行，可能被判处拘役、3 年以下有期徒刑，如有

悔罪表现好的，应当依照《刑法》第37条的规定免予刑事处罚；另外该案也符合最高人民检察院颁发的《关于人民检察工作中贯彻宽严相济的刑事司法政策的若干意见》的规定："正确把握起诉和不起诉条件，依法适用不起诉，充分考虑起诉的必要性，可诉可不诉的不诉，对于初犯、从犯、预备犯、中止犯、防卫过当、未成年人犯罪等符合不起诉条件的可以依法适用不起诉"。

综上所述，该案可以适用恢复性司法程序，我院依法对蒋某某、路某某、潘某作出不起诉决定。该案通过恢复性司法程序的实施，主要实现了"三个恢复，四个目的"：

一是实现了三个恢复：第一是对被害人俞某所遭受的精神、经济损失的弥补、恢复；第二是犯罪嫌疑人恢复过正常生活；第三是对犯罪给社区所造成的公众安全感的丧失的恢复。

二是实现了"恢复性司法"的四个目的：第一是最大程度地关注被害人的需要，保护被害人权益；第二是使犯罪嫌疑人有机会复归社会，改过自新，降低再犯率；第三是使犯罪嫌疑人有机会对其犯罪行为积极承担责任，修复社会关系；第四是为避免现行司法制度的高昂的代价与漫长的过程提供新的替代措施，节约司法资源。

[编写人：叶朝阳、唐惠芬，江苏省无锡市宜兴市人民检察院]

未成年人查某等抢劫案

一、案情

2005年5月7日，无锡某中专学校的学生查某看中其同班同学胡某的手机和MD随身听，遂纠集夏某（本市某中专学校）、李某（无业）、庞某（无业）、浦某（本市某技术学院的学生）、顾某（无业）四人（上述六行为人作案时均不满18周岁），采用拳打脚踢的方法对胡某进行抢劫，但因胡某极力反抗而未抢得任何物品，也未对胡某造成较大伤害，仅导致胡某MD随身听损坏。后五人被接到报警赶来的民警抓获，并于5月9日因涉嫌抢劫被刑事拘留。同年5月18日，六个行为人被取保候审。2006年1月，公安机关将该案件移送北塘区院审查起诉。

二、处理过程

在审查起诉过程中，承办人经认真审查，认为六个犯罪嫌疑人的抢劫行为已涉嫌构成抢劫罪，由于既未取得财物，又未造成被害人轻伤的伤害后果，犯罪形态属未遂，六行为人作案时均不满 18 周岁，且情节轻微，危害不是很大，符合和解不起诉的条件。经向检察长汇报后，决定启动刑事和解的程序。

刑事和解必须是以加害人与被害人自愿和解为前提。因此，北塘区院在探索刑事和解工作机制过程中，坚持被害人访问制度，征求其对案件的处理意见和建议，尊重被害人的意愿，保护被害人的合法权益。北塘区院在办理夏某等五人抢劫案过程中，承办人在对加害人进行品格社会调查的基础上，分别向加害人夏某等人及其监护人发放征求办理此案的意见表，向被害人胡某调查征求办理该案的意见。由于本案的加害人与被害人系同班同学，案发前关系较好，而且，加害人的抢劫行为并未给被害人造成实质损害，案发后，被害人与加害人还经常交往，被害人也明确表示原谅加害人的抢劫行为。加害人及其监护人也明确提出与被害人和解，并请求检察机关能给加害人一次机会，从轻处理。基于此，北塘区院经研究同意双方的和解建议，启动了和解不起诉程序。

北塘区院采取了类似于听证会的方式，主持刑事和解的操作程序。2006 年 4 月，北塘区院举行了和解座谈会，由承办检察官主持，夏某等六个加害人及其代理人、监护人和亲属，被害人胡某及其代理人以及侦查机关的代表参加了座谈会。

座谈会上，在检察官的主持下，被害人首先陈述了自己受害的情况及对本案的处理意见；加害人对各自的违法犯罪行为进行了反省，并向受害人真诚道歉；侦查部门的代表也对本案的性质、危害性及处理意见发表了看法。随后，加害人、被害人及其家属就赔偿或补偿问题进行了协商，并在协商的基础上制作和解协议书，具体内容包括：(1) 六个加害人首先向被害人道歉；(2) 六个加害人写悔过书，深刻反省自己行为的性质、后果等，并对今后的行为表态；(3) 六个加害人及其监护人、代理人向被害人胡某支付相当数额的财产；(4) 六个加害人的监护人及其代理人保证预防加害人再犯等内容。

在双方自愿达成和解的基础上，检察官宣读了要求公安机关撤回案件的书面建议，侦查人员宣布解除加害人强制措施，终止了对加害人刑事追诉的程序。最后，检察官还发表了教育词。

另外，在夏某等人抢劫案中，为预防夏某等六个加害人不再走上违法犯罪的道路，承办人还在案后多次与其联系，关心他们的生活、学习状况，并特别与正在读大专的浦某签订了帮教协议，与其父母、社区等共同关注浦某的健康成长。现浦某能在寒暑假主动到北塘区院汇报其学习思想情况，并表示决不辜负检察机关的关心，认真学习，早日成才，报答社会。

三、评析

在办理未成年人案件中，北塘区院一般是建议公安机关撤回案件。尽管建议侦查机关撤案的做法受到诸多质疑，但是此种做法更切合我国当前实际的法制环境。理由：一是能够得到整个社会的理解和支持，社会的接受程度较大。二是有效减少未成年犯罪人和不良行为人由于法律的干预和监禁而带来的“污点遭遇”和“标签效应”。由于我国的法律制度中，尚未建立“污点消除”制度，而未成年人一旦进入刑事司法程序，其档案履历便会留有污点。适用建议侦查机关撤回的方式，就是终止刑事司法程序的继续，化解未成年人的污点。三是降低和弱化未成年犯罪嫌疑人的精神压力和创伤，有利于未成年犯罪嫌疑人在原有的条件和环境下得到充分的教育和改造。因此，应当允许刑事和解不诉制度以撤案的方式结案。

在司法实践中，大部分轻微刑事犯罪的行为人，都是由于一时冲动侵害了他人合法权益，犯罪后确实能真诚悔过。如果检察机关坚持将其移送至法院，最终使其受到刑罚处罚，行为人必将对被害人产生仇恨，甚至对整个社会都有抵触情绪，极有可能再犯罪，不利于社会的稳定。

“和为贵”是中华民族值得继承和发扬的历史传统，轻微刑事案件和解机制，对于保护被害人和行为人的合法权益，具有极大的现实意义。而和解机制的运行，既可以化解双方当事人的矛盾，又能促进社会的和谐稳定，实现“和为贵”的价值追求和“睦为重”的社会效果。

[编写人：关开城，江苏省无锡市北塘区人民检察院]

夏某某近亲属间故意伤害案

一、案情

2005年6月2日18时30分许，夏某某在苏州市高新区某镇居住，因地界问题与其弟夏老三发生纠纷并互殴，导致夏老三左前臂受轻伤。

二、处理过程

案件移送到我院后，承办人发现夏某某与夏老三本是亲兄弟，且夏某某又要抚养年迈的老母亲，年迈的老母亲还到检察院为夏某某求情，一旦夏某某被关进监狱，将无人赡养。鉴于该案的特殊情况，承办人多次深入田间走访双方，听取意见，在当地村委会、人民调解委员会的协助下，促使双方就赔偿问题达成协议。但因夏某某的实际经济状况，赔偿一时无法兑现，于是，承办人将该案移送起诉至法院并建议判处缓刑，法庭中公诉人对被告人进行了深刻的教育，并对被害人与被告人进行了劝解，考虑该案的特殊性，法院采纳了我院意见。

三、评析

对于此案，双方系近亲属关系，如果按照以往的司法处理方式，将犯罪人关进监狱，不但使亲人之间的关系更加紧张，还将影响到其他亲属之间的关系及交往，并给整个社会的人际关系带来不良的负面效应，从而不利于和谐社会的构建。启动恢复性司法程序，既缓和了社会矛盾，符合刑法谦抑性原则，又彰显了法律善的一面。

近年来，司法工作越来越强调民本色彩。既然法律是为了服务社会，执法工作就不能以冷冰冰的面孔出现。但是在司法活动中，国家主导了对犯罪的解决，被害人难以在刑事诉讼中有自己的声音。现代司法要求法律亲和化、民主化，法律应尊重而不是剥夺当事人的合理意愿，维护并支持当事人的合法权益，让当事人敢于讲话并提供交流的机会。在本案中，犯罪嫌疑人和受害人是亲兄弟。案件发生后，司法机关让受害人充分表达其合理诉求，很明显是让他们兄弟俩能有机会再恢复和睦、融洽的亲情，这无论对于犯罪嫌疑人的改造，或者是对社会关系的恢复都有着无可替代的积极意义。

在司法实践中，我们认为对一些情节轻微的刑事案件，简单地一判了之，社会效果往往并不好。司法不能只重刑罚，而是要富有人情味，鼓励通过多种方法解决刑事案件，从而合理、平和地解决社会矛盾。另外，检察机关一家适用恢复性司法效果并不好，这就需要公安司法机关在适用恢复性司法案件上达成共识，相互配合，社会效果才会更好。

[编写人：吴小军，江苏省苏州市虎丘区检察院]

陈某某等六人抢劫案

一、案情

犯罪嫌疑人陈某某，男，1985年8月17日生，汉族，初中文化，某企业员工,曾因犯盗窃罪于2003年3月4日、2003年8月22日分别被判处有期徒刑6个月、2年。

犯罪嫌疑人刘某某,男,1988年12月25日生,汉族,高中文化,在校学生。

犯罪嫌疑人马某某,男,1990年1月22日生,汉族,高中文化,在校学生。

犯罪嫌疑人杨某某,男,1989年10月15日生,汉族,大专文化,在校学生。

犯罪嫌疑人盛某某,男,1989年11月13日生,汉族,大专文化,在校学生。

犯罪嫌疑人吴某某,男,1990年3月4日生,汉族,大专文化,在校学生。

2007年7月11日13时许,犯罪嫌疑人陈某某、刘某某、马某某、杨某某、盛某某、吴某某至苏州文正学院广场某电子阅览室一楼男厕所内,由犯罪嫌疑人杨某某、盛某某、吴某某负责助威和望风接应,犯罪嫌疑人陈某某、刘某某、马某某采用钢管威胁、打耳光等手段,对被害人陈某、王某、卞某某实施抢劫,劫得现金人民币50元、中兴牌和诺基亚牌手机各1部,赃物价值计人民币532元。

二、处理过程

犯罪嫌疑人陈某某因涉嫌抢劫罪,于2007年7月16日被苏州市公安局国际教育园分局刑事拘留,2007年8月17日由公安局执行逮捕。其他五名犯罪嫌疑人均被苏州市公安局苏州国际教育园分局决定取保候审。

本案的六名犯罪嫌疑人归案后,公安机关及时和本院侦查监督科沟通并达成一致意见:考虑到除犯罪嫌疑人陈某某外,刘某某等五名犯罪嫌疑人都是在校学生,其中四人有自首情节,有四人在作案时系未成年人,犯罪嫌疑人杨某某等三人还是从犯等具体情况,刘某某等五名犯罪嫌疑人都具有取保候审条件,就对刘某某等五人采取了取保候审的强制措施。这样一方面可以保证案件的继续侦查、取证,另一方面也可以照顾到几名犯罪嫌疑人作为在校学生可以继续读书,不影响学业。同时由公安机关及时组织被害人一方和犯罪嫌疑人一方进行了民事调解,使被害人及时得到赔偿。

本案经公诉部门审查后认为,六名犯罪嫌疑人共同以非法占有为目的，采用暴力、胁迫手段，劫取公民私人财物，其行为均已构成抢劫罪。但是考虑到犯罪嫌疑人杨某某、盛某某、吴某某作案时系未成年人、在校学生，并且是初次犯罪，在共同犯罪中起次要和辅助作用，均为从犯，犯罪嫌疑人杨某某、吴某某犯罪后又主动自首，根据最高人民法院《关于审理未成年人刑事案件具体应用法律若干问题的解释》第17条的规定，可以免予刑事处罚。

检察机关及时和各办案单位、犯罪嫌疑人所在学校、单位及时沟通，充分考虑本案的特殊性，加强对犯罪嫌疑人的教育，让他们充分认识到自己的错误和对被害人带来的危害，进行认真的反思和悔过，向被害人表达悔意。同时和被害人进行充分沟通，认真听取被害人的意见，向他们解释相关的法律和政策，让他们对我们的处理方法给予理解和认同。根据本院开展恢复性司法工作的相关规定，苏州市虎丘区人民检察院公诉部门拟根据《中华人民共和国刑事诉讼法》第142条第2款对犯罪嫌疑人杨某某、盛某某、吴某某以抢劫罪作相对不起诉处理，经检委会研究决定对犯罪嫌疑人杨某某、盛某某、吴某某以抢劫罪作相对不起诉处理，同时以抢劫罪对主犯陈某某、刘某某、马某某依法提起公诉。其中，犯罪嫌疑人陈某某系累犯，建议法院对其判处3年以上有期徒刑。犯罪嫌疑人刘某某、马某某都是在校学生，并且都是初次犯罪，犯罪后主动自首，马某某在作案时系未成年人，建议法院对这两名犯罪嫌疑人减轻处罚并适用缓刑。

2008年2月5日，苏州市虎丘区人民法院采纳了本院的量刑建议，依法作出了判决：犯罪嫌疑人陈某某犯抢劫罪，判处有期徒刑3年8个月，并处罚金人民币4000元；犯罪嫌疑人刘某某犯抢劫罪，判处有期徒刑2年，缓刑2年，并处罚金人民币2000元；犯罪嫌疑人马某某犯抢劫罪，判处有期徒刑1年，缓刑1年，并处罚金人民币1000元。

检察机关同时对三名不起诉的犯罪嫌疑人和两名判处缓刑的犯罪嫌疑人加强教育工作，及时和犯罪嫌疑人所在的学校、社区取得联系，在送达不起诉决定书和判决书的同时，和其所在学校和居委会进行充分地沟通，达成共识，共同挽救和教育五名犯罪嫌疑人。学校采取了相对宽缓的处分措施，鼓励他们完成学业，保证他们能够掌握融入社会的生存技能，并制定具体的帮助和教育措施，做好后续工作，一方面进行监督和教育，另一方面也督促其进行反省和悔过，确保整个恢复性司法程序的效果。

三、评析

从本质上讲，刑罚目的并不单纯是为惩罚犯罪。不论对犯罪人威慑控制还是对一般社会成员进行教育预防，执行刑罚的根本目的在于化解矛盾，修复被犯罪行为破坏了的社会秩序，最终价值取向是建立一种和谐的社会关系。既然能够通过非处罚的方式使受损的社会关系得到修整和恢复，那么就没有必要进行繁缛的刑事程序和严厉的处罚。

对于本案而言，犯罪嫌疑人杨某某等三人作案时系未成年人、且在校学生，并且是初次犯罪，在共同犯罪中起次要和辅助作用，均为从犯，犯罪嫌疑人杨某某、吴某某犯罪后又主动自首，在他们三人已经对被害人作出了赔偿的前提下，对其做相对不诉处理，符合刑法的目的，体现了宽严相济刑事政策中宽的一面。这样做一方面给了他们一个改过自新的机会，让他们继续完成学业，将来能成为对社会有用的人。另一方面也是缓和了社会矛盾，彰显了法律善的一面。同时也考虑到对社会危害性较大的罪犯，坚决予以严惩，做到该严则严。

但是犯罪嫌疑人陈某某系累犯，主观恶性较大，人身危险性较强。对其如果和其他犯罪嫌疑人同样处理，无疑是放纵犯罪，亦不利于犯罪嫌疑人自身的改造。对其依法提起公诉，并建议从重处罚，符合相关法律规定，同时起到有力的震慑作用，起到了较好的一般预防的社会效果。

公、检、法、司、学校、社区等部门和单位在贯彻恢复性司法实践中多方联动，形成合力，取得了比较好的成效。在该案中，各机关注重适用方式上的衔接，在有效整合司法资源的基础上力求将恢复性司法工作落实到侦查、审查逮捕、审查起诉、审判等各个阶段。在法律框架内，上述部门和单位切实体现了案件处理的法律效果和社会效果的有机统一。

［编写人：许慧，江苏省苏州市虎丘区人民检察院］

陶某交通肇事案

一、案情

陶某，男，1972 年 9 月生，汉族，农民，小学文化。

2007 年 7 月 26 日 22 时 20 分许，陶某驾驶一辆中型普通货车行驶至有交通信号灯控制的苏州市金山路与金枫路交叉路口时，违章不让由东向西直行的车辆优先通行，未靠路口中心点即由西向北左转弯，致其车辆顶撞该案被害人曾某无证驾驶的无牌二轮摩托车，造成曾某经送医院抢救无效于 2007 年 8 月 2 日死亡。交通事故责任认定书认定，陶某负事故的主要责任。肇事后，陶某即停车报警并抢救伤员，后对被害人亲属作出了经济赔偿。

二、处理过程

2007年8月3日陶某因涉嫌交通肇事罪被苏州市公安局虎丘分局刑事拘留，同年8月17日陶某因涉嫌交通肇事罪经苏州市虎丘区人民检察院批准逮捕，同日由苏州市公安局虎丘分局执行逮捕。2007年10月16日经苏州市虎丘区人民检察院决定，由苏州市公安局虎丘分局执行取保候审。

在检察机关公诉部门审查该案时，经依法审查认为，犯罪嫌疑人陶某违反交通运输法规，发生交通事故，致一人死亡，且负该事故的主要责任，其行为已构成交通肇事罪。案发后陶某抢救伤员、积极赔偿被害人家属的经济损失，已经得到了被害人家属的谅解，被害人家属出具了《关于陶某交通肇事案量刑的意见》，写明"陶某和其家人积极与我们协商赔偿事宜并表示了真诚的歉意。考虑到陶某家庭的实际情况，现我们已和陶某达成赔偿协议，双方以后不再就此事发生任何纠葛；同时，我们也对陶某表示完全的谅解"。可见被害人曾某的家属在陶某履行赔偿协议的前提下，能够谅解犯罪嫌疑人陶某的过失。

鉴于犯罪嫌疑人陶某属于过失犯罪，且在犯罪后自动投案，系自首，可以从轻处罚，同时案发后陶某抢救伤员、积极赔偿被害人家属的经济损失，已经得到了被害人家属的谅解，可酌情从轻处罚。鉴于犯罪嫌疑人陶某不会再危害社会，检察机关从及时化解社会矛盾、尊重和保障刑事诉讼当事人诉讼权利的角度出发，决定对该案适用宽缓的刑事政策。为认真贯彻宽严相济的刑事政策，体现恢复性司法的精神，努力实现办案法律效果和社会效果的统一，经苏州市虎丘区人民检察院决定，根据苏州市虎丘区人民检察院与苏州市虎丘区人民法院、苏州市虎丘区司法局、苏州市公安局虎丘分局会签的"苏虎检会[2007]1号"《关于开展恢复性司法工作的暂行规定》（以下简称为《暂行规定》），对犯罪嫌疑人陶某交通肇事一案启动恢复性司法程序。在按照《暂行规定》的基本程序进行了启动恢复性司法程序的审批，对案件双方当事人进行了适用恢复性司法程序的告知之后，检察机关对犯罪嫌疑人陶某改变强制措施，对其决定取保候审。

2007年10月30日，苏州市虎丘区人民检察院以被告人陶某犯交通肇事罪向苏州市虎丘区人民法院提起公诉，建议判处3年以下有期徒刑并适用缓刑。2007年11月7日，苏州市虎丘区人民法院采纳了本院的量刑建议,依法作出判决:被告人陶某犯交通肇事罪,判处有期徒刑1年,缓刑1年。

三、评析

我们认为,对犯罪嫌疑人(被告人)可能被判处3年以下有期徒刑、拘役、管制或单处附加刑的案件可以启动恢复性司法程序,争取刑事和解。具体包括:未成年人犯罪案件;全日制在校初高中、大中专学生犯罪案件;过失犯罪案件;因民间纠纷、家庭矛盾引起的犯罪案件;刑事自诉案件;其他侵犯人身和财产权利的轻微刑事犯罪案件等六类案件。上述案件应当同时具备犯罪事实清楚、证据确实充分;有明确的被害人;犯罪嫌疑人(被告人)处于有效的控制、具备帮教条件、自愿认罪并有悔罪表现;被害方、犯罪嫌疑人(被告人)均自愿和解;犯罪嫌疑人(被告人)住所地、经常居住地在本辖区等条件。对累犯、再犯,带有黑恶势力性质的犯罪,国家工作人员职务犯罪,以及其他情节严重、手段残忍、影响恶劣的犯罪案件则不得适用恢复性司法程序。

刑罚目的并不单纯是为惩罚犯罪,而在于化解矛盾,修复被犯罪行为破坏了的社会秩序。对于本案而言、犯罪嫌疑人陶某违反交通运输法规,发生交通事故,致一人死亡,且负该事故的主要责任,其行为已构成交通肇事罪。鉴于犯罪嫌疑人陶某属于过失犯罪,且在犯罪后自动投案,系自首,可以从轻处罚,又鉴于其案发后抢救伤员、积极赔偿被害人家属的经济损失,可以酌情从轻处罚。鉴于被告人陶某不会再危害社会,可适用缓刑。检察机关承办人在办案过程中,了解到陶某是其家中主要劳动力,家庭负担比较重。案发后,其家属多方筹措资金,对被害人的家属作出了民事赔偿。被害人家属在得知这一情况后,对犯罪嫌疑人陶某表示谅解。对犯罪嫌疑人陶某建议适用缓刑,做这样的处理,符合刑法的目的,体现了宽严相济刑事政策中宽的一面,体现了刑法的惩治犯罪和警示社会的作用。犯罪嫌疑人陶某并没有因为一次偶然的过失犯罪而受到严厉的刑罚,被害方也得到了经济补偿,原谅了犯罪嫌疑人,由犯罪引起的社会矛盾由此得到缓和。

苏州市虎丘区检察院在以往开展恢复性司法实践的基础上,与公安机关、法院、司法局多次磋商,牵头制定了涵盖整个刑事诉讼过程,适用于侦查、审查逮捕、审查起诉、审判等各个环节的《暂行规定》,构筑起一条恢复性司法的绿色通道,实现了恢复性司法的延伸和联动。公安机关对特定轻微刑事案件适用恢复性司法程序的方式是对犯罪嫌疑人适用较轻的强制措施、建议检察院对犯罪嫌疑人变更强制措施以及从轻或减轻处理;检察院的适用方式是不批准逮捕、变更强制措施、不起诉、建议法院对被告人宣告缓刑或者依法从轻、减轻处罚;法院的适用方式是对被告人宣告缓刑,依法从轻、减轻处罚或免予刑事处罚;司法行政机关则负责对适用恢复性司法程序被判处缓刑、管制的被告人进行社区矫正,对检察院、法院依法作出的不起诉、免予刑事处罚的被告人进行帮教。

检察机关在办理陶某交通肇事案的过程中,广泛征求了公安机关、审判机关、被害方、犯罪嫌疑人所在社区等各方面的意见,在此基础上,严格按照《暂行规定》的程序来办理了该起恢复性司法案件。日前,办案检察官在回访时了解到,当事人双方在刑事和解以后,都没有因为该起案件的处理造成生产、生活上的困难,对我院贯彻宽严相济刑事政策的处理方式均表示满意。

[编写人:胡潭龙,江苏省苏州市虎丘区人民检察院]

周某因劳动合同纠纷故意伤害案

一、案情

周某,男,35岁,汉族,中专文化,农民,住江苏省金湖县某某镇某某路。被害人汪老二,32岁,昆山某科技有限公司老板汪老大的弟弟。

犯罪嫌疑人周某是昆山某科技有限公司的职工,但他工作业绩较差,屡屡出现工作失误,该公司老板汪老大对周某的工作表现不满意,作出了开除周某的决定。周某接到公司的开除决定,心里非常气愤。

2007年5月25日上午9时许,犯罪嫌疑人周某带着几个朋友来到位于昆山某科技有限公司内,向公司老板汪老大索要解除劳动合同的补偿金。汪老大不但不答应给予补偿,相反,当面指责周某给公司带来了负面效应,应当由周某向公司作出补偿。双方的争论发展成争吵,最后竟然大打出手。

汪老大见周某带来的人多,怕吃亏,连忙呼叫弟弟汪老二来帮忙,汪老二闻讯赶来助阵,双方相互扭打在一起。汪老二先向周某猛打一拳,周某挨打后用力挥拳回击,拳头正好打中汪老二的左耳,当场鲜血流出,汪老二惨叫一声,在场的人见状立即停手。汪老大立即开车将弟弟送到医院,经诊断,汪老二左耳外伤性鼓膜穿孔,法医鉴定已构成轻伤。同日,汪老大向警方报案,要求追究周某的刑事责任。

二、处理过程

公安机关很快对该案立案侦查。经调查，公安机关认定：犯罪嫌疑人周某故意伤害他人身体，致人轻伤，其行为触犯《中华人民共和国刑法》第234条的规定，构成故意伤害罪。2007年5月30日，将该案移送检察机关审查批捕。

检察机关审查后认为，该案事实清楚，证据确实充分，案情简单，犯罪嫌疑人周某的行为已经构成故意伤害罪。但是，周某的父亲来院反映，周某是家里的主要经济支柱，他上有老下有小，妻子又身染重病。周某的父亲表示愿意赔偿对方的一切损失，请求检察机关对周某从轻处罚。该案是一起由劳资纠纷引发的轻伤害案件，属于自诉的范围，考虑到周某家庭的情况，检察人员决定在现有法律框架下，贯彻宽严相济的刑事政策，尝试实行刑事和解，具体做法如下：

首先，检察人员对该案进行了刑事和解的"诚意调查"。经过走访某科技有限公司，明确涉案双方的过错责任，了解被害方对刑事和解的态度。汪氏兄弟表示，案发当时，他们不愿按照劳动合同支付补偿金存有过错，汪老二先动手打周某也不应该，汪老二治疗左耳的医药费用共一千多元，而公司尚欠周某一千多元的补偿金，被害方愿意将两项费用相抵，和犯罪嫌疑人周某和解，不再追究其刑事责任。

其次，在刑事和解的过程中，我院注意发挥检察机关法律监督的职能。检察机关不只是单纯地控诉犯罪，更承担着维护社会公序良俗、公平正义的职责，为此，我院在刑事和解中，坚持遵循以下工作原则：一是法治原则。当事人之间实现和解，不是没有法律依据的和解，而是在检察机关主持下，依照法定程序进行，达成和解的内容不能突破法律所设定的界限。二是自愿、合法原则。和解是当事人对自己权利的处分，任何人不能强迫当事人和解并达成违背其意愿的和解协议，检察机关在调解过程中也不能以从严处罚相要挟，强迫加害人达成和解。对于犯罪嫌疑人来说，和解应建立在自觉悔罪、愿意道歉和赔偿损失的基础之上。三是犯罪嫌疑人认罪的原则。即需要犯罪嫌疑人作有罪答辩。这是刑事和解的必要条件，也是双方疏通情感阻滞的渠道，如果犯罪嫌疑人不认罪，则无法进行和解。四是以事实为基础原则。和解不能脱离案件的事实，要以查明的事实为依据，由当事人协商解决各自应承担的权利和义务。进入逮捕环节的案件事实已基本清楚，这也为进行和解提供了事实基础。五是调解原则。和解包括自行和解和经第三方从中斡旋达成的和解。在审查批捕过程中，检察机关对于符合条件的案件要主动进行调解。首先要询问犯罪嫌疑人是否承认犯罪，有无进行调解并达成和解协议的意愿，然后再就实体内容进行调解。人民检察院在进行调解时，为营造一种良好的和解气氛，也可以吸收其他社会机构和人员参与，包括人民调解委员会、社区组织和双方的近亲属等。六是及时转化原则。当犯罪人和被害人无法协商达成和解协议时，应当终止和解程序，转化到正常的审查批捕进程，依法迅速作出批准逮捕或不批准逮捕的决定。

最后，我院在审查批捕阶段，进行刑事和解的程序如下：

一是启动阶段。对于提请逮捕的案件，检察机关应审查犯罪嫌疑人和被害人之间是否达成了和解协议。对于尚未达成和解协议，检察机关经审查认为符合和解条件的，应首先征求双方当事人的意见后才能启动调解程序。只要有一方坚持不同意调解就应当立即转入批捕程序。在周某故意伤害案中，检察人员针对周某家属提出的和解请求，主动征求被害方的意愿，在双方自愿和解的基础上，启动了刑事和解程序。

二是和解协议的审查。检察机关要审查经调解达成的和解协议是否是当事人的真实意思表示，是否显失公平，力求使最终达成的协议合情合理合法。既要防止被害人提出超过实际的要求，又要制止犯罪嫌疑人对被害人实施威胁，这是检察机关法律监督权的体现。周某故意伤害一案，双方在自愿的基础上，经过多次协商，达成了和解协议。被害人汪老二考虑到周某家境贫寒，接受周某以一千多元劳动补偿金抵偿医药费用，请求检察机关不再追究周某的刑事责任；犯罪嫌疑人周某及其亲属也写下保证书，愿意赔偿被害人的经济损失。

三是检察机关主持双方签订了和解协议，内容包括：(1) 向被害人道歉；(2) 立悔过书；(3) 向被害人支付相当数额的损害赔偿；(4) 保护被害人安全的义务；(5) 预防再犯所应承担的义务；(6) 请求对犯罪嫌疑人从轻处罚等。

四是和解协议的执行。和解协议所确定的内容是否能付诸执行，是检验犯罪嫌疑人是否悔过的重要标准。只有加害方切实履行了和解协议，刑事和解才算真正成立，检察机关才能进一步采取不逮捕或者不予逮捕的措施。周某故意伤害案中，双方达成的和解协议具有即时履行效力，对被害方而言，不再支付周某一千多元的劳动补偿金，用于折抵医药费用。对犯罪嫌疑人而言，放弃一千多元劳动补偿金作为对被害人的经济赔偿，协议一经签订，立即对双方产生约束力，当场执行完毕。根据双方的和解协议，我院决定，犯罪嫌疑人周某涉嫌故意伤害罪，无逮捕必要，不予批准逮捕。

五是监督公安机关的执行。对于刑事和解后不捕或者不予批准逮捕的案件，检察机关要监督公安机关及时撤案或者变更强制措施，使得刑事和解的效果得以体现。

三、评析

周某故意伤害致人轻伤的案件事实清楚，检察人员没有就案办案，而是从构建和谐社会的大局出发，积极运用刑事和解方法，放宽强制措施的适用的力度，同时加强事中及事后的监控，防止双方在调解的过程中存在威胁、利诱以及弄虚作假等非法交易的情况。结合本案的处理，引出对刑事和解不捕机制的理论基础和现实意义的积极思考。

刑事和解不捕体现了现代刑罚的价值观。在近代，最早产生的刑罚正义观是报应说，主张通过运用刑罚手段来对犯罪实行对等回应。但报应主义无法解决犯罪日益高发的问题，人们开始寻找并最终确立了一种新价值观——恢复正义理论，认为“法律的最终权威来自所保障的社会利益，因此要强调法律所要促进的社会目的，而不在于制裁”，“刑罚本身就是一种恶，用刑罚来控制犯罪是以恶制恶”，所以刑罚应当具有谦抑性，其重心在于恢复受损的社会关系，而不仅仅是确认某人的罪责和给予处罚。刑事和解不捕就是着眼于恢复，通过促进加害方和受害方的和解来修补失衡的社会关系，用被害人得以慰藉、加害人受到人道待遇的方式来减少犯罪诱因和犯罪行为的发生。

刑事和解不捕与实然法的精神相一致。刑事和解不捕制度和现行的法律原则和基本诉讼程序并不冲突。我国《刑事诉讼法》第60条规定的逮捕条件中的“社会危险性”和“有逮捕必要”都要由检察人员进行自由裁量。对于达成和解协议并开始履行赔偿义务的案件，说明犯罪嫌疑人已确有悔意，既然是自觉认罪和赔偿就不可能再出现逃跑等有社会危险性的行为，自然也符合没有“逮捕必要”这一立法精神。此外，刑事和解不捕机制又有自己的独特功能，其主要表现：一是被害人在诉讼中的地位和作用得到增强，更有利于他获得精神安抚和损害赔偿，解决了长期困扰司法机关的被害人权益保障问题；二是明确了和解后可能达到的实际效果，使犯罪嫌疑人明白只要达成和解协议并进行实际赔偿，就可能得到不被逮捕的处遇，从而促使其积极悔过赔偿。

刑事和解不捕贯彻了宽严相济的刑事政策。实行宽严相济，对轻罪适用较轻刑罚，对重罪采取更严厉的惩罚措施，是我国刑事政策的核心内容之一。根据世界刑事司法发展趋势，对轻罪案件采取非犯罪化、非监禁化、适用轻缓刑的刑事政策，已取得明显成效。近年来，因进入司法程序的案件激增，导致司法资源严重短缺，为缓解压力，一个比较现实的做法就是将轻罪和重罪案件分流。刑事和解制度可以通过对轻罪案件采用调解的方式，促使加害方和受害方达成和解协议，降低刑罚运用的几率和强度，使一部分真诚悔改的加害方尽快回归社会，体现我国刑事政策人道化和宽严相济的法治精神。

刑事和解不捕有利于刑事纠纷的全面解决。传统刑罚理论认为犯罪侵犯的是双重法益，即直接受害者的私人利益和以国家为代表的社会公益。在国家和个人的对比上，国家力量明显强大，便形成了刑事诉讼国家主导机制，忽视了犯罪方和受害方之间纠纷的解决。因此，扩大刑事诉讼被害方的参与，注重对被害人和犯罪嫌疑人两个诉讼主体的权益保护，也是现代法治对公权力进行制约，防止其滥用的必然要求。刑事和解不捕就是在侦查环节引入被害人的参与，在与被追诉方达成和解的，实行轻罪不捕重罪从宽考量的处理方式，以便更有效地促进两种权能的和谐互动，使个人权利在国家司法权的运作中得到最大限度的保护。

刑事和解不捕有利于提高司法效率。公正是司法活动永恒的价值追求，而“效率、秩序”也是刑事诉讼需要兼顾的价值。刑事和解不捕制度促进加害方和受害方达成刑事和解，迅速解决两者之间的纠纷，可以减少当事人投入诉讼的精力和物力，还能节约司法机关所花费的资源。

刑事和解不捕是构建完整刑事和解制度的前提。刑事和解制度在我国已受到广泛的重视，如果能在案件的侦查阶段就采用和解不捕的诉讼手段，将对和解协议的自愿达成和实际执行产生积极的影响，并能为起诉和审判活动中的和解提供一个良好的基础。逮捕是起诉和审判的前置程序，如果不构建完善的刑事和解不捕机制则可能会出现已逮捕的犯罪嫌疑人在起诉和审判阶段因和解而不起诉或判处非监禁刑的尴尬，所以刑事和解不捕是建立刑事和解不起诉和刑事和解从轻判刑的基础，是构建完整的刑事和解制度的突破口和切入点。同时，对刑事和解不捕进行研究，可以为刑事和解不诉和刑事和解轻判等制度构建提供理论参考。

［编写人：赵庆，江苏省苏州市昆山市人民检察院］

事实不清的梁某故意伤害案

一、案情

犯罪嫌疑人梁某,男,1982 年 12 月 18 日生,汉族,中专文化,电工,住常熟市某镇,户籍所在地为吉林省蛟河市乌林乡某村。

犯罪嫌疑人梁某于 2007 年 1 月 16 日凌晨零时许,饮酒后在元和路与西庄街路口,因琐事与常熟市公安局城市巡逻警察大队的协警产生争执,数名协警将犯罪嫌疑人梁某扭送至警车上。在此过程中,犯罪嫌疑人梁某将警车后挡风玻璃踢碎。并与协警发生肢体冲突,致 3 名协警受伤,其中 2 名轻伤,1 名轻微伤。经鉴定,该挡风玻璃价值人民币 220 元。

二、处理过程

犯罪嫌疑人梁某因涉嫌寻衅滋事罪,于 2007 年 1 月 16 日被常熟市公安局刑事拘留,同年 1 月 31 日经常熟市人民检察院以涉嫌故意伤害罪决定取保候审。

检察机关侦查监督部门对该案进行审查时,发现了一些问题。经承办人审查,集体讨论决定改变了罪名,定为故意伤害罪,并改变了强制措施,决定对梁某取保候审。主要理由是:一是本案发生有一定原因,主要是协警车速过快,影响到了正在路上步行的梁某等人,因而产生争执,与一般的无事生非、寻衅滋事有一定区别。二是犯罪嫌疑人梁某辩解造成被害人身体损伤及踢坏警车玻璃的原因,是其不服协警将其送上警车的行为,反抗挣扎所致。而被害人一方则称是协警上前劝阻梁某时无辜被打,两方各执一词,难以认定。三是该案由被害人所在单位承办,被害人一方的证明力较弱。综合上述因素,侦查监督部门认为以梁某构成故意伤害罪,没有逮捕必要不批准逮捕,决定对梁某取保候审。

该案于 2007 年 6 月 6 日移送公诉部门审查起诉。在此期间,犯罪嫌疑人梁某坚持原有说法,并称被带到派出所后曾被捆绑并殴打,有同伴将该情况用手机录了下来。承办人随即要求梁某提供该手机,该段录像反映的情况比较混乱、模糊,人声嘈杂,不能明确反映梁某被打的情况,只能听出有“打、打”的叫声。同时,本院的控申部门转至公诉部门 3 份“接待来访笔录”。其中 2 份分别是案发当时在现场的梁某妻子及朋友,主要反映了协警粗暴执法的情况,还有 1 份是与案件双方无利害关系的一位目击证人,当时这位居民和丈夫在马路上看到了事情经过,也证实到当时警方的处理有失妥当。

经过部门集体讨论，公诉部门决定启动公诉和解程序。常熟市人民检察院于2007年8月1日与常熟市司法局联合会签了《关于诉调对接的工作规范》，其中对刑事和解程序的启动、开展规定了一系列操作性较强的内容，同时设计了《刑事和解案件审批表》、《刑事和解申请书》、《刑事和解协议》等文书格式。第一，经部门讨论、分管检察长同意后，由承办人向犯罪嫌疑人提出刑事和解的建议，要求其深刻认识到自己的行为所造成的危害，向被害人赔礼道歉、赔偿损失，达成和解，从而使自己免于追究刑事责任。第二，由公诉部门负责人及承办人走访被害人所在单位——常熟市公安局城市巡逻警察大队，了解被害人的现况、医疗费用情况，并如实反映了在该案中体现出来的协警粗暴执法的情况，提出了对其进行纠正、教育的建议。同时，提出了刑事和解的方案，进行了必要的解释，晓以利害，得到了该大队领导的同意，之后，又分别征求了3名被害人的意见，3名被害人均表示接受调解。第三，由双方填写《刑事和解申请表》，提交案发地的人民调解委员会。由人民调解委员会指定工作人员，对双方主持和解。第四，和解地点定在常熟市人民检察院，公诉部门派员列席，配合主持人进行和解，提供必要的法律咨询。第五，犯罪嫌疑人梁某宣读了《悔过书》，对自己的行为进行反省，对被害人表示歉意。被害人表示接受道歉。双方就经济赔偿达成协议，犯罪嫌疑人及其家属当场赔付了被害人的医疗费用。双方在《刑事和解协议书》上签字确认。

常熟市人民检察院于2007年9月19日将该案退回公安机关，建议撤案。公安机关随即将该案撤销。

三、评析

在审查起诉阶段开展刑事和解工作有其重要性和必要性。首先，刑事和解工作是贯彻宽严相济刑事政策的极好体现，检察机关应当将其作为公诉工作的一项创新，在实践中予以探索。其次，刑事和解工作在公安阶段执行有其现实局限性。其一，公安机关内部将立案数、破案数作为考核指标，客观上造成了公安部门无论案件大小，向检察院“一送了之”的做法。其二，公安机关警力严重不足，刑事和解往往牵涉大量精力，因此，在侦查阶段的调解工作比较粗糙，调解效果不理想。最后，刑事和解需要一定时间，有些案件在侦查阶段条件还未成熟，在审查起诉阶段才逐渐具备条件。

审查起诉阶段的刑事和解工作需要立法支撑。轻伤害案件可以调解，达成和解后可以按照不同的诉讼阶段作出不同的决定，或撤案或不起诉，但法律未明文规定在审查起诉阶段由何部门主持和解，从而导致各地检察机关公诉部门在进行刑事和解工作过程中的做法不一，各行其是。有的直接由承办人员主持和解，有的由人民调解委员会主持，有的由公诉部门承办人做好工作后，退回公安机关，由公安机关走走刑事和解的形式再撤案。刑事和解在刑事诉讼的任何阶段都可能出现，刑事诉讼各阶段的办案主体都可能接触到刑事和解工作，和解工作如何有序开展亟须立法规范。

审查起诉阶段的刑事和解工作有助于案件的妥善处理。实践中，因为某些客观原因导致公诉案件的证据存在瑕疵，仓促提起公诉的效果不理想，本案就是一个例子。犯罪嫌疑人梁某酒后打伤协警，的确存在过错，但协警行为也有失妥当，造成公诉机关左右为难的状况，而和解工作使犯罪嫌疑人梁某的抵触情绪得以转化，并诚心道歉，认识到自己行为的危害性，无论对其本人还是对社会而言，都是一件好事，而协警一方也通过检察机关的工作认识到自己处理冲突存在一定问题，对其将来文明执法有帮助，同时也在经济上获得一定补偿，双方化解了各自的怨气，达到了和谐社会关系的目的。目前公安机关在承办案件时的证据意识还不强、侦查水平还不高，而同时，社会成员的法律意识、人权观念却在不断提高，在承办具体案件时，公诉机关往往为解决这样一对矛盾需要付出相当大的精力，既要保证对犯罪的打击力度，又要维护诉讼当事人的合法权益，还要弥补案件证据上存在的瑕疵，而刑事和解工作无疑是解决这些矛盾效果较好的一个方法。

[编写人：胡烨、张建阁，江苏省苏州市常熟市人民检察院]

王某某故意伤害案

一、案情

犯罪嫌疑人王某某，男，1973年9月15日生，汉族，初中文化，个体经商，户籍所在地为江苏省海安县某镇某村。

犯罪嫌疑人王某某于2008年3月3日凌晨，在常熟市招商城第一停车场内海安至常熟的长途大客车上，因不满同车乘客常某某将其吵醒，遂用巴掌对被害人常某某耳面部实施殴打，致被害人常某某左耳鼓膜穿孔。经法医学鉴定，常某某之损伤已构成人体轻伤。案发后，犯罪嫌疑人王某某家属向被害人赔偿人民币1500元，并书面要求检察机关对犯罪嫌疑人王某某从轻处理。

二、处理过程

犯罪嫌疑人王某某因涉嫌故意伤害罪，于2008年3月3日被常熟市公安局刑事拘留，2008年3月11日经常熟市公安局决定取保候审。检察机关在受理本案后，承办人查阅了卷宗材料内容，讯问了犯罪嫌疑人，复核了相关证据后认为，该案犯罪事实清楚，证据确实充分，案情简单，犯罪嫌疑人王某某的行为已构成犯罪，但该案属一般轻微刑事案件，依照相关规定该案可以调解处理。该案发生后，在犯罪嫌疑人羁押期间，犯罪嫌疑人家属进行了经济赔偿，犯罪嫌疑人家属与被害人即达成了协议，被害人在协议中表示不再追究犯罪嫌疑人刑事责任，并由被害人书面要求检察机关对犯罪嫌疑人从轻处理。承办人查明上述事实后，征询了被害人的意见，被害人同意就该案作和解处理，不再追究犯罪嫌疑人的刑事责任，在民事赔偿方面提出了合理要求，承办人向犯罪嫌疑人转达了被害人的民事赔偿要求后，犯罪嫌疑人同意再另行赔偿，且在和解协议签订后即时履行。

承办人随即联系常熟市司法局相关负责人员，就该案的和解处理方案提出了建议，后于2008年4月24日，在常熟市司法局的主持下，本案双方当事人达成和解，签订并履行和解协议，随即本院根据相关规定，将本案退回常熟市公安局建议作撤案处理。

三、评析

该案事实清楚，案情简单，但检察机关立足于构建和谐社会，依照相关规定，将检察职能与服务社会、服务百姓的任务有机结合，适应了社会的主题要求和百姓的观念期盼，修复了受损的社会关系。在本案的处理过程中，检察机关着重做了以下三方面的工作：

一是查明案件事实，准确认定案件性质。案件事实和案件性质是决定案件处理的前提。该案经承办人查明系一起轻微的伤害类刑事案件，属可以适用和解处理程序处理的案件。查明案件全部事实是处理好该案的重要基础。承办人查明该案在侦查阶段，当事人双方已达成协议，该案具备进一步调解，最终实现和解的基本条件。

二是向当事人分析案情，以情、理、法动人。该案处理过程中，承办人对犯罪嫌疑人作讯问后，也充分听取其意见，对犯罪嫌疑人作出了训诫的处理，向犯罪嫌疑人说明法律、道理，使其真正悔过；在听取被害人意见时，向被害人说明案件发生的原因以及犯罪嫌疑人可能会受到的处罚，分析案件处理不同情况的利与弊,使被害人感到对犯罪嫌疑人教育与惩戒相结合是处理该类案件最好的途径。

三是积极做好相关配套工作。对该类案件中的犯罪嫌疑人做好惩戒、教育工作,并不仅是检察机关一家就可以做成、做好的,需要得到各方的支持联动,得到相关部门的配合,在该案审查、确定处理程序后,承办人即与相关部门联系,请求配合完成程序,做好相关后续工作,相关部门积极参与,该案才得以圆满结束。

刑事和解是恢复性司法的一项重要课题,其符合社会文明进步的趋势,符合和谐社会的主题,改变了以往刑事案件处理程序、结果的单一性,是刑事司法的一项重大突破和创新。实践刑事和解要注意以下几方面的工作:

一是充分尊重双方当事人的意愿。在调解刑事案件时,当事人对案件处理的程序与结果的自愿选择是前提,只有建立在双方自觉、自愿的前提下,双方才可能坐下来和解。因此,做好双方当事人的思想工作是处理这类案件的重点。

二是检察机关须以第三者的公正形象参与和解。在处理该类案件中,必须以不偏不袒的公正形象来参与和解,不能为了和解而去促成和解,更不能为了私利而去强求和解,要以情、理、法去说服当事人,充分尊重双方当事人的意愿。

三是和解必须有配套的惩戒措施。刑事案件和解是建立在犯罪事实清楚、证据确实充分、犯罪嫌疑人构成犯罪的前提下的司法程序,因此对犯罪嫌疑人没有任何的惩戒措施必将使和解失去其应有之意,所以诸如赔礼道歉、具结悔过、义工服务等非刑罚措施必须在和解后加以确定并落实,这才能使刑事和解与打击犯罪、预防犯罪实现有机的统一。

[编写人:方宇,江苏省苏州市常熟市人民检察院]

钱某借刑事和解之名徇私枉法案

一、案情

钱某,男,1963年6月26日生,汉族,大专文化,案发前系苏州市公安局某派出所所长。

2005年12月8日,该派出所辖区内的A超市的员工至B超市门口散发A超市的开业广告而遭到B超市员工的制止。A超市的负责人遂纠集了十余名社会闲杂人员和部分该超市员工赶到B超市,与B超市的几名员工进行打斗,导致B超市的1名员工轻伤、1名员工轻微伤,A超市的1名员工轻微伤。

二、处理过程

按法律的规定,这是一起典型的聚众斗殴案件,公安机关应进行刑事立案。但在派出所处理该起案件的过程中,B超市的老板潘某找到钱所长,在送上人民币2000元和2条中华牌香烟后,希望派出所尽快追究对方的责任。A超市的老板金某也找到钱某,为了让钱所长尽量调解而不追究刑事责任也送上面值人民币1000元的购物券。收到钱物后,钱某便授意承办民警不要将案件定性为聚众斗殴而予以刑事立案,而是将案件定性为一般故意伤害,不予深入调查,并召集双方当事人进行调解。在达成A超市赔偿B超市人民币四万余元医疗费用和经济补偿的调解协议后,该案最终以调解处理的方式予以结案。

本案因钱某涉嫌受贿犯罪被检察机关于2006年11月立案侦查时发现。

三、评析

这是一起典型的借“刑事和解”之名而行“徇私枉法”之实的公安司法机关工作人员的职务犯罪案件。在这起案件中,具有以下三个比较突出的不良现象:

一是行政权随意僭越司法权。公安机关独有的二元权力结构模式使其兼具行政与某些司法职能,在行使侦查、预审等司法职能时,可能与处理一般违法案件、调解民间纠纷以及治安管理处罚等行政职能相混淆。一起案件究竟是以刑事案件立案还是以治安案件(行政案件)立案,公安机关具有较强的话语权、选择权、判断权。在这种情形下,司法权和行政权之间的冲突和碰撞容易演变为职能不明,为行政权随意僭越司法权提供了便利。本案中,一起多人参与并造成多人受伤的刑事案件被作为治安案件以调解的形式处理,其实质就是行政权僭越司法权。而且从本案可以看出这种僭越的随意性,只需要基层派出所所长的决定就能够实现。

二是出现“权力寻租”空间。经济学概念上的“租”泛指一切稀缺的生产要素所带来的超额收入。公共权力对社会生活的干预或管制所形成的超额收益即为“权力租”。公安机关兼具行政与司法职能的特点,使行政权僭越司法权成为可能,而这种僭越对国家正常司法秩序造成伤害,违背了“罪责相一致”的基本原则，这就成为部分人（如犯罪嫌疑人）追逐的利益所在，必然出现“权力寻租”的空间。本案中，钱某某收受贿赂后，人为地以模糊案件定性的手段使一起刑事案件在公权力的外壳下达成“私了”，就是一种“权力寻租”的行为。

三是严重损害司法权威。法律的公正性与司法权威主要体现之一就是“执法必严”。刑事和解的原则之一亦是“有限度地从轻”。违法及无原则的刑事和解就会损害法律的公正性和司法权威。按公安部制定的《公安机关办理伤害案件规定》和江苏省公检法三机关制定的《关于办理轻伤害案件的暂行规定》的规定，公安机关可以对双方当事人达成和解的轻伤害案件予以撤案处理，而无权以刑事和解的方式终结聚众斗殴案件的刑事诉讼程序。本案中的将“聚众斗殴”转化为“伤害”的刑事和解，虽然 B 超市及其员工获得了较充分的赔偿，A 超市及其员工因积极而充分的赔偿被免予刑事处罚，但事实上，这完全违背了“执法必严”和调解的“有限度地从轻”原则，完全就是一桩以破坏司法公正、践踏法律尊严为代价的权钱交易，严重损害了司法权威。

启示之一，应尽快规范刑事和解制度的程序。近年来，为了更好地贯彻落实“宽严相济的刑事政策”，尤其是在“构建和谐社会”的宏观语境下，我国各地司法机关对刑事和解制度进行了大胆地尝试和实践，但真正落实到司法实务层面不过三五年的时间。对刑事和解的条件是什么、按怎样的程序进行、如何救济、如何进行监督等，要么不同地方有不同的做法，要么有些地方根本不予考虑或随意进行，不仅操作很不规范，有些还突破了法律的规定。如按《刑事诉讼法》第 15 条与第 130 条的规定，公安机关只对在公安环节具有不应追究刑事责任情形之一的案件有权撤案，对于构成犯罪的案件，无权作撤案处理。但是，在实践中，有的借刑事和解突破法律规定，对达成和解后的刑事案件，即使明显不符合条件，也作撤案处理。因此，应尽快完善有关法律，以规范办案实践。

启示之二，不能将刑事和解的内容片面理解为民事赔偿。刑事和解的理想效果应分为三个层面，加害方的真诚悔改是实现和解的逻辑起点，以金钱赔偿、赔礼道歉为表现形式的和解手段是和解的外化体现，社会关系的复原是和解的终极追求。刑事和解之所以能够成为一种恢复性司法制度，关键在于加害人对自身错误的真正认识和对自身行为的真诚忏悔。因此，将刑事和解理解为以财产给付为主要或全部内容，无疑是片面的。

然而，在司法实践中，司法机关往往忽视犯罪嫌疑人的主观悔罪态度、忽视对被害人的精神安慰，片面强调对被害人损失的赔偿，将刑事和解等同于民事赔偿，致使这一制度也发生了异化和变形：部分加害人认为和解就是赔钱了事，对自身的刑事违法性并无深刻的认识，只是为逃避刑罚处罚而与被害人签订和解协议，进而骗得司法机关的从轻处罚；目前刑事和解赔偿通用的金钱给付模式使得被害人可能会为获得比其所受损害更大的利益而主动向犯罪嫌疑人提出和解；个别司法人员也机械地认为金钱赔偿履行完毕就万事大吉，放松了对个案的后续跟踪，从而助长了诉前和解的片面化倾向。如此的结果可能是被犯罪所破坏的社会关系未能彻底修复，受犯罪行为直接或间接影响的人的精神痛苦未能消除。

启示之三，应对刑事和解开展有效的法律监督。任何不加限制的权力都具有本能的膨胀趋势。缺乏监督是当前刑事和解制度最大的症结所在。就本案而言，派出所将一起本该以刑事案件立案侦查的案件作为治安案件进行调解处理，而事中、事后未得到任何单位的监督，直到钱某因其他行为而被检察机关立案侦查后，该起徇私枉法案件才得以公之于众。尽管《刑事诉讼法》已明确规定，对公安机关应当立案而未立案的监督，是检察机关履行立案监督职能的内容之一。但是，检察机关对公安机关的立案监督通常只有两个渠道：一是当事人对公安机关不立案的决定不服，而向检察院控告；二是检察院在办案过程中发现公安机关应当立案而未立案的线索。本案中，斗殴案件被定为治安案件，未能进入刑事诉讼程序，而且双方当事人均对不立案的决定满意。这样的案件正处于检察机关立案监督的盲区，无法主动获取相关案件信息。即使有被害人提出了控告与申诉，但检察机关对这些已变成行政处罚的案件进行查阅或者调取卷宗还须征得公安机关的同意。在事后的获取监督线索与调查取证如此困难的情况下，其监督实效自然值得怀疑。因此，在实践刑事和解制度的同时，加强刑事和解制度的法律监督势在必行。

[编写人：熊融，江苏省苏州市平江区人民检察院]

王某某故意伤害案、张某某伤害案、张某某交通肇事案

一、王某某故意伤害案

2006 年 10 月 22 日 17 时许，王某某与江某某、高某某驾驶摩托车由北向南行驶至张家港市锦丰镇沙钢科技大楼北侧路段，遇对方向周某某

驾驶的罐车超车，王某某等人认为对方驾驶员盲目超车差点撞上自己摩托车，遂掉转车头追到沙钢科技大楼北侧红绿灯处拦住正在等红灯的周某某，双方发生争吵，周某某提了1根铁棒从驾驶室下来，后双方在拉扯过程中周某某拿在手上的铁棒掉在地上，周某某遂用拳头对王某某鼻子击打一拳，王某某拾起地上的铁棒朝周某某左手臂打了一下，后与江某某、高某某逃离现场。周某某所受伤害已构成轻伤。

张家港市公安局于2006年10月26日向张家港市检察院提请批准逮捕犯罪嫌疑人王某某。在审查逮捕过程中，办案人员提审犯罪嫌疑人王某某时，王某某认罪态度好，并向办案人员表示愿意赔偿被害人。

后办案人员征得被害人同意后，主持调解。参加人员有双方当事人及家属，双方签署了和解协议，犯罪嫌疑人王某某向被害人表示歉意，犯罪嫌疑人赔偿被害人3万元，被害人向检察机关表示不要求追究犯罪嫌疑人王某某刑事责任。

张家港市检察院对王某某作了不以犯罪论处的不批准逮捕的决定。

二、张某某伤害案

2004年3月24日凌晨，张某某伙同丁某某等人在张家港市杨舍镇某酒吧喝酒，张某某酒后要田某某、陈某某两个女孩子跟他们去跳舞，田某某不愿意，即打电话给被害人黄某某，黄某某到后要带田某某等人走，张某某不同意，后双方发生争执，张某某等人持啤酒瓶、砖块等殴打被害人黄某某，致黄某某右颞顶部硬膜下血肿，经法医鉴定，已构成重伤。事发后，张某某逃回沈阳老家。2006年9月19日，张某某主动到公安机关投案自首。同日，被张家港市公安局取保候审，同年10月13日向张家港市人民检察院移送审查起诉。

在审查起诉过程中，犯罪嫌疑人张某某认罪态度较好，有悔改表现，表示愿意赔偿被害人。

张家港市人民检察院在征得被害人同意后，主持了调解。双方签署了和解协议，由犯罪嫌疑人张某某赔偿被害人5000元人民币，并向被害人赔礼道歉，被害人要求对犯罪嫌疑人从轻处罚。

张家港市人民检察院向张家港市人民法院提起公诉，向法院出示调解协议，并在量刑建议中建议法院对被告人张某某判处缓刑，法院采纳了检察院建议，最终对其判处2年有期徒刑缓刑3年。

三、张某某交通肇事案

2006年12月1日18时许，张某某驾驶一辆微型轿车，由西向东行驶至张家港市杨舍镇河头村九组路段,因疏忽大意,对路面交通动态观察不清,车前部与由北向南步行的陈某某(女,71岁,张家港市人)相撞,致陈某某跌倒受伤,后经医院抢救无效死亡。肇事后,张某某即打“110”报警投案并积极帮助救治,并多次到死者家中探望,达成了民事赔偿协议。

在审查批准逮捕过程中,犯罪嫌疑人认罪伏法,表示愿意赔偿被害人。办案人员征得被害人同意后,与犯罪嫌疑人家属联系,其家属从江西老家赶至张家港。

检察院进行调解,但因双方在赔偿数额上相差悬殊,调解未成。审查批捕的7天期限期满,检察院作了逮捕决定。作出决定当天,犯罪嫌疑人家属和被害人找到检察院,表示愿意再次接受调解。办案人员第二次主持调解,双方签署调解协议。

后公安机关将此案移送审查起诉后,作了不起诉决定。

四、评析

刑事和解是指在犯罪发生后,经由调停人的帮助,使被害人与加害人直接进行沟通和交流,解决刑事纠纷,对于和解协议,由司法机关予以认可并作为对加害人刑事处罚的依据,其目的是为了恢复被加害人所破坏的社会关系,弥补被加害人所受到的伤害,以恢复被害人与加害人之间和睦关系,并使加害人改进自新,复归社会。在检察环节的刑事和解是指在审查批捕、公诉环节,在查明案件事实的基础上,以检察人员为主导,依据法律规定,根据被害人与加害人双方共同意愿,由检察人员组织加害人、被害人以及社区代表参与,促进双方沟通交流,确定犯罪发生的解决方案的一项检察职能。

对在检察环节实行刑事和解,我院存在两种分歧意见:

一种意见赞成对一些轻伤害案件和轻微刑事案件实行刑事和解。因为一方面,刑事和解能很好地发挥被害人在诉讼中的主体地位作用,加强对被害人的保护,兼顾被害人的精神利益和物质利益的恢复,对被害人及时有效地赔偿。另一方面,刑事和解还能很好地保护加害人的利益,通过被害人与加害人双方的见面和交谈,可以促使加害人真诚地认错觉悟。和解协议达成和履行后不再启动或中止对加害人的诉讼,或予以从轻或减轻处罚,有利于其回归社会。另外,刑事和解耗费成本低,所需时间短,且不损害公共利益,有利于节约司法资源。

另一种意见不赞成实行刑事和解。因为刑事和解虽然在一定程度上关注了被害人与加害人的利益的全面恢复,但在一定程度上牺牲了公共利益。我国实行以公诉为主,自诉为辅的诉讼制度,现行法律规定对公诉案件不能实行和解。而且刑事和解程序缺乏相关法律规定,程序不规范,赔偿缺乏标准,会导致因贫富差距带来的法律适用不平等的现象。

我们认为,对刑事和解尤其是在检察环节的刑事和解这种新型模式应予以推广。

我院开展刑事和解的阶段主要集中在捕前阶段、捕后阶段和审查起诉阶段。逮捕是最严厉的强制措施,过去,我院逮捕率一直很高,而每年被法院判处3年以下有期徒刑及缓刑和拘役的占25%,我院依法全面、正确掌握逮捕条件,对确有逮捕必要的,才适用逮捕措施。对一些轻伤害案件、交通肇事案件适用刑事和解,和解协议达成后,作出不以犯罪论处的不捕或建议公安机关撤案。在捕后阶段主要是对一些具备和解条件但在捕前由于时间关系等原因没来得及和解的案件适用和解,为以后的起诉工作做准备。审查起诉阶段是开展和解工作的主要阶段,主要法律依据是《刑事诉讼法》第142条第2款的微罪不起诉规定。我们依据此法条,对于罪行轻微,依照刑法规定不需要判处刑罚或免除刑罚的,犯罪嫌疑人和加害人已经达成和解协议的,就相应作出不起诉决定。

关于刑事和解适用的对象和范围。刑事和解适用对象主要是未成年犯、成年犯中的过失犯、初犯和偶犯。他们主观恶性小,教育改造较容易,被害人较容易原谅他们,被犯罪破坏的社会关系比较容易恢复。适用和解的案件范围主要是法定刑在3年有期徒刑以上,存在受害人的案件。如交通肇事案件,我们规定只要同时符合下列条件的交通肇事案件,均可运用刑事和解制度,作出相对不起诉决定:(1)事故造成1人死亡;(2)犯罪嫌疑人对交通事故负主要责任;(3)犯罪嫌疑人肇事后及时报警或自首;(4)犯罪嫌疑人无酒后开车、无证无照开车及逃逸等从重或加重处罚情节;(5)事故双方就赔偿等事项达成了协议;(6)无其他负面的社会影响,2005年以来,对7件交通肇事案件作出了相对不起诉决定。对公安机关侦查的轻伤害案件(涉黑案件除外),我们认为此类案件本质上属于自诉案件,只是由于取证困难不便自诉才在被害人的要求下进入公诉程序,对此类案件的处理,我们注意做好双方的调解工作,并充分尊重被害人意见,只要双方就赔偿等事项达成了协议,犯罪嫌疑人真诚悔罪,被害人要求不再追究犯罪嫌疑人的刑事责任,在审查起诉阶段即对犯罪嫌疑人作出相对不起诉决定。

适用刑事和解的条件包括:一是加害人自愿认罪,这是刑事和解的首要条件，否则无法达到预期效果。二是自愿，包括被害人与加害人双方自愿。被害人自愿自不必说，但也要加害人自愿。三是案件事实清楚，证据确实充分。因为我国微罪不起诉案件具体要求是证据确实充分，以区别于证据不充足的存疑不起诉。

和解程序包括：一是被害人与加害人私下达成和解协议，检察人员不参与，只需将和解协议提供给检察机关即可。二是在检察人员主持下，将被害人与加害人双方组织起来，吸收社区代表参与，和解过程以加害人责任承担和被害人伤害叙说为主线，以赔偿协议的达成为最终结果。检察机关对合法和解结果予以认可，并以此作为不诉、减刑的选择要件。

开展刑事和解工作面临的障碍有：一是对要否开展刑事和解认识上不统一。有的赞成，有的否定，思想上的不统一导致行动上的混乱。二是谁来充当和解人比较合适看法不一。和解主持人一般应具备专业水准，有人主张由社区代表主持，有人主张由检察人员主持。这些问题还需要在实践探索的基础上逐步解决。

［编写人：丁建勤、张红霞，江苏省苏州市张家港市人民检察院］

窦某某因履行职务故意伤害案

一、案情

窦某某，男，1962 年 3 月生，汉族，初中文化，江苏省沭阳县人，系张家港市某物业有限公司保安。2007 年 1 月 11 日 17 时许，窦某某在张家港市杨舍镇锦绣花园居民小区工作时，因制止张某某骑三轮车进入小区，与张某某发生争执，在此过程中，窦某某用拳击打张某某右侧脸部并将其推倒，致张某某受伤。经法医鉴定，张某某因头部外伤致大脑纵裂处蛛网膜下腔出血，已构成轻伤。

二、处理过程

窦某某因涉嫌故意伤害罪，于 2007 年 2 月 5 日被张家港市公安局刑事拘留，2007 年 2 月 15 日被依法逮捕。此案经张家港市院公诉部门审查后认为，犯罪嫌疑人窦某某的行为已触犯了《刑法》第 234 条第 1 款的规定，构成故意伤害罪，事实清楚，证据确实充分。但此案系轻微刑事案件，窦某某系初犯、偶犯，且涉嫌犯罪的主观恶性小，如果将此案诉至法院，对窦某某科以刑罚，不仅会使其因此而丢掉一份稳定的工作，在人生道路上留下污点，而且被害人也无法在经济上得到及时的补偿，并影响社会矛盾的化解和社会关系的修复。

鉴于此，该院公诉部门以宽严相济刑事司法政策为基点，启用了轻微刑事案件刑事和解办案机制，适用了恢复性司法四项制度。

首先，承办人通过阅卷、提审、向相关证人取证等程序，了解到窦某某以前曾当过兵，在部队时是工作、学习积极分子，受过多次奖励，在退伍后到物业公司上班以来一直表现很好，勤勤恳恳做好本职工作，热情待人，在小区居民中有不错的口碑。且窦某某在案发后也对自己的鲁莽行为深感后悔，认识到因自己一时冲动而造成他人身体受伤行为的社会危害性，并表示愿意就民事方面对被害人进行赔偿，希望能够得到被害人的谅解。在此基础上，承办人形成了客观、真实、详细的人格调查报告，为对窦某某适用轻缓刑事政策提供了可靠的依据。

其次，承办人在对窦某某进行了充分的人格调查之后，又到被害人张某某家中了解情况，认真听取了被害人的意见，在了解中发现张某某和老伴靠政府补贴、回收废旧物品维持生计，家境原就比较困难。这次张某某被窦某某殴打致伤，对这个本不富裕的家庭而言犹如雪上加霜，不仅损害了张某某的身体健康，造成了精神伤害，而且用于治病的医疗费给老两口也造成了很大的经济困难，因此，张某某提及被殴一事即情绪有些激动，表示对窦某某的伤害行为不能谅解。承办人稳定了老人的情绪，并解释了相关法律规定，提出了处理意见，在承办人不厌其烦地解释、说服下，张某某夫妻俩终于表示如果对方可以就民事方面作出赔偿，他们就不再要求追究对方的刑事责任。于是，承办人及时与窦某某的家人取得联系，他们表示会竭尽所能对被害人作出赔偿。在当事人双方均要求调解的情况下，承办人通过向领导汇报后决定，由公诉部门主持，双方当事人通过平等协商，终于达成了由窦某某一次性赔偿张某某人民币 3.5 万元的协议，并履行完毕，同时，张某某出具了要求不追究窦某某刑事责任的书面说明。由此，缓解了张某某因治疗而带来的经济拮据，合法权益得到了维护，同时也使得张某某谅解了窦某某的鲁莽行为，给窦某某重新回归社会提供了机会。

再次，在双方和谈成功后，承办人及时提出建议，经过科室集体讨论并报检察长审批后，对窦某某变更强制措施为取保候审；后又依据《中华人民共和国刑事诉讼法》第 142 条第 2 款的规定，经该院检察委员会讨论，对窦某某作出了相对不起诉的决定。检察机关的从轻处理决定，不仅给窦某某提供了回归社会、重新做人的机会，也使一起可能激化的矛盾纠纷成功化解。

最后，在对窦某某作出相对不起诉的决定之后，该院公诉部门并没有就此结案，而是经过多次协调联系，使窦某某回到原单位工作，并成立了由承办人、窦某某所在单位负责人、窦某某所居住社区的工作人员组成的帮教小组，签订帮教协议，明确窦某某应当遵守的规定和必须做到的事项，采取书面汇报、定期谈话等多种形式，及时准确掌握窦某某的思想、生活、工作情况。目前，窦某某工作表现良好，也得到了所在单位的好评。

三、评析

宽严相济刑事司法政策是在总结以往严打经验教训的基础上提出的，是构建社会主义和谐社会的需要。适用宽严相济的刑事司法政策，要求公诉部门在受理案件后要全面考虑办案的法律效果和社会效果，不能向法院一诉了之，切实改变简单处理案件而不重视解决矛盾和问题的做法。

该院公诉部门适应该要求，并结合司法实践不断探索，针对未成年犯罪、初犯、偶犯、过失犯等轻微刑事犯罪案件，建立了恢复性司法四项制度，即人格调查制度、诉前调解制度、快速办理制度及跟踪帮教制度。在办理窦某某故意伤害案件中，该院公诉部门即适用了该四项制度，不仅促使窦某某认罪悔罪，主动承担责任，而且使张某某的合法权益得到了及时、充分的补偿，化解了社会矛盾，修复了社会关系，取得了较好的法律效果和社会效果。该四项制度具体是：

一是人格调查制度。犯罪嫌疑人的人格情况是判断其人身危害性以及再犯罪可能性的重要依据。对轻微刑事案件，该院要求办案人员首先深入调查犯罪嫌疑人的性格特点、家庭环境、成长经历、平时一贯表现及犯罪原因等方面的情况，形成翔实的人格调查报告。对犯罪情节较轻、主观恶性较小、社会危险性较小，平时表现较好的初犯、偶犯或在共同犯罪中的从犯，胁从犯，犯罪后确有悔罪表现的，通过教育、感化后，适用轻缓的刑事政策。特别是对于犯罪情节轻微的未成年人犯罪案件，有的直接建议公安机关撤销案件，不再进入刑事诉讼程序。

二是诉前调解制度。经过对犯罪嫌疑人的人格调查后，在双方当事人平等、自愿的基础上，召集双方当事人对民事赔偿方面进行调解。由于在审查起诉阶段还未调解的轻微刑事案件，大都是经过公安侦查阶段和审查批捕阶段的调解未达成和解的案件，矛盾积怨比较深，因此多以案件承办人直接参与、主持调解的模式进行，由承办人直接接触双方当事人，促成双方的合意，另外也有借助一些诉讼参与人的帮助或者是社区、基层组织的协助完成的情况。在调解中，承办人积极主动地做好释法说理、定纷止争的工作，注重维护被害人的合法正当的权益，把被害人是否得到合理的赔偿、补偿，精神是否得到慰藉作为实施宽严相济刑事政策的重要因素，并敦促犯罪嫌疑人向被害人道歉、赔偿，引导被害人谅解犯罪嫌疑人，化解矛盾纠纷，促使犯罪嫌疑人顺利回归社会，从而尽可能使遭受破坏的社会关系得到修复。

三是快速办理制度。该院建立了依法快速办理轻微刑事案件的工作机制，与公安、法院联合制定了快速办案的规范性文件，实现了对轻微刑事案件在侦查、批捕、起诉、审判各个诉讼环节的全程快速办理。在此基础上，一方面，对达成调解协议并履行的轻微刑事案件的涉案犯罪嫌疑人进行从轻从宽处理，对仍被羁押的犯罪嫌疑人变更强制措施为取保候审，尽量缩短犯罪嫌疑人被羁押的时间，不但缓解了羁押场所的压力，也降低了交叉感染的危险，为犯罪嫌疑人及时复归社会提供了充分条件；对符合法定条件的案件，经过合法程序，可以作出不起诉决定，如窦某某故意伤害案的处理，不仅体现了法律人性化的要求，节约了司法资源及诉讼成本，而且让窦某某更加信服法律、信任司法机关、严格依法办事；另一方面，对提起公诉的案件积极推行简易程序、普通程序简化审理和量刑建议制度，这样既有利于节约司法成本，提高司法效率，又有利于保障被告人合法权益，使嫌疑人尽早摆脱诉累。2007 年以来，该院建议法院适用简易程序、简化审审理的案件，判决后被告人均未提起上诉，不仅提高了诉讼效率，还有效发挥了刑罚的功能，改善了执法效果，促进了社会和谐。对提起公诉的案件，该院根据被告人的犯罪事实、性质、情节和社会危害程度，在刑种、刑期、罚金数额等方面向法院提出具体的量刑建议，对于达成调解协议并履行的案件建议法院在量刑时适用缓刑。2007 年以来，该院提出的从轻处罚的量刑建议，95% 以上得到了法院的采纳，对于达成调解协议并履行的案件适用缓刑的采纳率达到了 100%。

四是跟踪帮教制度。对于作出相对不起诉决定的犯罪嫌疑人，该院坚持做好跟踪帮教，防止他们再次走上犯罪道路，具体做到“三落实”，即落实帮教小组成员，落实帮教内容与要求，落实帮教检查督促制度。由案件承办人、村(居)委或社区、所在单位及社会组织组成帮教小组，签订帮教协议，明确被帮教对象应当遵守的规定和必须做到的事项，确定村

（居）委或社区、所在单位及社会组织所负的责任，采取书面汇报、定期谈话等多种形式，掌握帮教对象的思想动态、生活工作情况等，引导其走上正轨，使他们体验到了社会的宽容和温暖，尽早地重新融入了社会。

［编写人：申丽萍，江苏省苏州市张家港市人民检察院］

浙　江(5)

方某某姻亲间故意伤害案

一、案情

2004年2月20日，方某某因儿子被打一事找其前夫李某理论，由于李某当时不在家，遂与李某的父亲李某某发生争执，并相互扭打，在扭打过程中致李某某受轻伤。本案经公安机关侦查终结，以方某某涉嫌故意伤害罪，向检察机关移送审查起诉。

二、处理过程

检察机关受理案件后，随即对该案的事实和法律适用问题展开了认真细致的审查工作。在案件审查过程中，这一起事实清楚、情节简单的轻伤害案件却引起了承办检察官和院领导高度关注。如果对犯罪嫌疑人追究刑事责任会对这个已经破碎的家庭造成什么样的后果，对年幼的孩子又会产生怎样的影响，办理案件的法律效果如何才能真正与社会效果相统一，怎样才能既维护法律的尊严又维系家庭与社会的和谐。带着这些思考，本着认真负责的态度，院领导和承办检察官深入到案发当地，了解双方当事人的情况、案件发生起因和经过，认真听取当地村民对该案的看法，设法弄清犯罪嫌疑人和被害人一家的婚姻和家庭情况，详细了解犯罪嫌疑人平时的一贯表现以及取保候审期间的思想状况和悔改表现。在此基础上，检察机关初步认定该案不仅有和解的可能，更有和解的必要。

因此，在检察官、当地村委会、派出所、司法所的参与下，双方达成了一致意见：犯罪嫌疑人方某某向被害人当面赔礼道歉，并向检察院出具悔过书，愿意赔偿被害人的医药费及其他损失；被害人自愿表示不再追究此事，向检察机关出具了不追究加害人刑事责任的书面意见，并当场签订和解协议。后检察机关依法对方某某作出相对不起诉决定，并到当地公开宣布了该处理决定。

同时，针对该案件成立了以村主任和当地派出所干警为主的帮教小组，由二名案件承办检察官跟踪她的思想动态、生活情况，定期找她谈心，了解情况，被害人、被不起诉人和村民对检察院的不起诉决定均表示满意。事后被害人未就此事申诉或上访，被不起诉人也没有任何不良行为，两家互相帮助，共同抚养、教育孩子，相处融洽。

三、评析

众所周知，近年来轻伤害案件发案率呈上升趋势，并且在城乡结合带、农村地区尤为显著。这些案件大都由民事纠纷、邻里生活琐事、债务纠纷、宅基地纠纷、劳务纠纷等处理不善，邻里、同事、亲属甚至夫妻之间矛盾激化引起的。但是这些矛盾不论有多大，有多么复杂，大都属于人民内部的、非对抗性的矛盾。随着我国市场经济建设的深入发展，人员流动性日益增强，社会利益阶层重新分化，人们的人生观、价值观、道德观一定程度上的变化使得社会传统道德体系受到了冲击，传统道德的社会控制力大大减弱。而法治建设尤其是刑事法律体系建设，在某种程度上还没有为轻微刑事犯罪现象深层矛盾的化解提供道德规范合理应用的空间。简单采用刑罚方法应对犯罪则加剧了社会矛盾激化与积累并导致刑事案件逐年攀升、累犯再犯、受害人犯罪等社会现象。我们在轻微刑事犯罪中运用刑事和解程序，无疑会对弥补受害人心理伤害、正面激励轻微犯罪分子从内心自省并真诚悔罪、及时修复社会关系，维护社会秩序、安全与公共价值秩序都会产生广泛而深远的影响，有利于社会对传统和合文化认同感的强化，同时使得刑罚更为贴近群众的日常政治、经济和文化生活，从而获得更广大民众的信任——这种信任也是法律权威性的主要来源。

基层检察院面对大量的农村地区轻伤害案件，在这些案件的处理过程中，贯彻“和谐社会”、“宽严相济”的执法理念要求我们不仅要打击犯罪、保障人权，在国家赔偿机制还不十分健全的情况下，更要注重对被害人心理上的抚慰、经济上的补偿。既要维护法律的尊严，又要彰显法律背后人性的光辉。在办理该案的过程中，检察机关始终倾注了极大的热忱，秉持着高度的社会责任感，不就案办案，一诉了之。历时一年多时间的大量耐心细致的工作，使这起案件得到圆满解决，在决定宣布和案件回访时均得到了当地村干部和村民的一致认可。一方面，使犯罪嫌疑人认识到其行为的违法性，表示真心悔过、决不再犯，体现了法律的威严，避免了短期监禁的种种弊端，体现了刑罚预防犯罪的最终目的；另一方面，通过犯罪嫌疑人与被害人面对面的真诚交流，被害人及其家属的心理得到了抚慰，通过经济上的充分补偿，也使被害人一家所受的经济损失得到了实际恢复，避免了长期以来在刑事司法过程中被害人主体地位的缺失、合法权益得不到及时有效保护的情况发生。

检察机关在刑事司法过程中正是以这种理念来贯彻“以人为本”的思想，把被害人遭受的伤害与损失真实而具体地呈现在人们面前，充分尊重被害人的自主意志和权利，并以这种观念来推动“宽严相济”刑事政策的落实。集中精力打击严重的、社会影响恶劣的刑事犯罪，同时对轻微刑事案件能不捕的不捕、能不诉的不诉，既可以节约司法成本，又能及时化解社会矛盾。这使刑事法律不仅仅只停留在报应和惩罚的层面，而是更加关注人，更加注重其预防犯罪和抚慰被害人的机能，使刑事司法不仅体现公正，也保证了执法的高效。

刑事和解不诉制度，是在解读西方刑事和解制度、反思当前我国刑事司法实践的基础上提出的，既体现洋为中用，又具有中国特色。在办理本案的过程中，我们认为现阶段办理轻伤害案件适用和解还应当注意以下几个问题：

一是轻伤害案件和解应首先在侦查阶段适用。根据浙江省高级人民法院、浙江省人民检察院、浙江省公安厅《关于当前办理轻伤犯罪案件适用法律若干问题的意见》规定：“轻伤犯罪案件在侦查、审查起诉过程中，具备下列条件的，经审查属实，公安机关可以撤案、检察机关可以作相对不诉：(1) 当事人双方自愿就民事赔偿问题达成一致，形成书面协议；(2) 当事人双方和解，被害人书面要求或者同意不追究犯罪嫌疑人刑事责任；(3) 犯罪嫌疑人确有悔改表现，社会危险性已经消除，不需要判处刑罚。”虽然规定是明确的，但由于内部考核的原因，公安机关对能起诉的轻伤案件尽量不作和解撤案处理，而直接移送审查起诉，造成原本可以节约的司法资源的浪费，所以公安机关在侦查阶段，能够促成和解的应尽量促成和解后撤案。这也要求我们在制定工作考核办法时，要结合司法实际情况，制定出符合司法工作规律的考核办法。

二是轻伤害案件刑事和解应当区别对待。对于是否适用刑事和解，不能仅仅看犯罪嫌疑人和被害人双方是否已达成和解协议，是否真正反映了双方当事人的真实意愿，特别是犯罪嫌疑人是否真正悔罪，还要看是否真正消除了双方的恩怨，是否符合法律维护公平正义、打击违法犯罪的要求，是否符合社会良俗和民意。对以下几种类型的犯罪，虽然是轻伤害案件，但即使达成和解协议，也不应当作不起诉处理：(1) 累犯、连续犯、团伙黑恶势力犯罪；(2) 作案手段残忍、动机卑鄙、社会影响恶劣的；(3) 犯罪嫌疑人没有真正悔改的；(4) 雇凶伤人的；(5) 被害人受胁迫、控制而达成和解协议的。

三是刑事和解必须增强社区的参与力度。一方面，在被害人与犯罪嫌疑人和解的过程中，检察机关应当充分吸收当事人所在单位或基层自治组织、人民调解委员会、当地司法所以及社会志愿者广泛参与，尽可能弱化检察权介入双方和解的强度，防止出现对检察机关作为司法机关和案件处理机关本身公正性的质疑。另一方面，恢复性司法的一个重要价值取向就是实现犯罪者的重返社会。因此，实施恢复性司法程序后，必须注重恢复环境的建设，应当组织社区矫正机构、相关社会团体、民间组织以及社会志愿者，由乡镇、街道司法所具体负责，充分利用各种社会力量，对社区内的被不起诉人开展各种形式的教育，不应出现"一放了之"的倾向。

[编写人：方东晖、贾桂海，浙江省淳安县人民检察院]

王某某故意伤害同事案

一、案情

王某某与郎某某均系外来务工人员，二人同在杭州市萧山区某公司工作。2006 年 4 月 6 日，王某某与郎某某因工作上的纠纷引起争吵，后发生互殴，在此过程中，王某某用扫把柄打伤郎某某的左臂，致郎某某尺骨骨折，经法医鉴定，郎某某已构成轻伤。

二、处理过程

在案件审查起诉阶段，王某某对自己的行为给被害人造成的伤害深感悔恨，表示愿意承担责任，并愿意负担郎某某的医疗费用。同时当事人双方的亲属也在案发之后即进行了协商，认为双方均系外来务工人员，身在外地打工都很不容易，对双方由于工作上的原因一时冲动发生斗殴造成这样的后果均感后悔。此后，郎某某与王某某的亲属又进一步进行了协商，在案件承办检察官的主持下，双方达成了赔偿协议，由王某某赔偿郎某某各项费用两万七千元，郎某某也表示原谅王某某，要求不追究其刑事责任，双方签订了书面赔偿协议，并于当天履行了赔偿义务。

根据上述情况，检察机关认为，本案当事人双方已经达成和解，证明犯罪行为所侵害的社会关系已经得到修复，在这种情况下如仍然将王某某起诉到法院判处刑罚，显然不利于双方今后的和谐相处，也与被害人的意愿相悖，执法的社会效果不好。据此，根据浙江省高级人民法院、省检察院、省公安厅《关于当前办理轻伤犯罪案件适用法律若干问题的意见》的有关规定，检察机关将案件退回公安机关，建议公安机关作撤案处理，后公安机关对此案作了撤案处理。

撤案后，双方仍然均在原单位打工，王某某对检察机关没有将自己起诉到法院判刑表示感谢，郎某某也对自己及时得到赔偿和道歉表示满意，表示今后双方仍然是同事，可以和睦相处。当事人双方的亲属及周边群众对此案的妥善处理反映良好。

三、评析

王某某故意伤害案通过和解方式得以处理，是检察机关根据刑罚个别化原则，具体问题具体对待，执法时既注重法律效果又注重社会效果的一个较好案例。该案的妥善处理，既实现了社会正义，又充分考虑了执法的社会效果，在维护当事人双方合法权益的同时，将构建社会主义和谐社会的内容纳入执法活动，办案的各方面效果都比较好。事实证明，对于一些因工作、民事纠纷引发的普通刑事案件，不一定必须采用刑事处罚的单一手段恢复社会正义。从这个意义上说，开展刑事和解工作，使用刑事和解手段处理部分刑事案件，能够实现法律效果和社会效果的有机统一。因此，刑事和解方式应当作为今后处理刑事案件的一种重要方式。当然，从本案的处理看，目前检察机关开展刑事和解工作还存在一些问题需要解决。

第一，刑事和解的法律规定不完备。在刑事和解的诸多益处已为公众普遍认同之后，立法的滞后性日益凸显。李斯特说："刑法是刑事政策永远无法逾越的藩篱"。在全球呼吁"刑事政策法治化"和我国社会主义法制日益健全的今天，如果没有法律依据去开展某一项司法活动，必然招致公众合理的责难。实践证明，刑事和解是一种良好的刑事案件处理机制，但其面临的最大问题就是还没有得到立法确认。目前，我国的非监禁刑无论在立法规定上、在刑罚种类上还是在实际适用上都非常有限，这使得排除监禁刑的刑事和解制度，在实施上缺乏可操作性。罪刑法定原则是我国刑事法律体系的三大基本原则之一，它不但要求"法无明文规定不为罪,法无明文规定不处罚”,还禁止适用无法律规定的刑罚和完全不定期刑。而我国非监禁刑的有限性,导致了刑事和解最终确定的解决方式于法无依。如果直接引入刑事和解制度,则其确定的道歉、社区服务、生活帮助等处理结果,将与我国的罪刑法定原则背道而驰。

第二,刑事和解可适用的案件范围较窄。在当前的司法实践中,各地检察机关大多只对一些轻微的故意伤害案件适用刑事和解,应当说,这种做法没有使刑事和解机制发挥其应有的作用。实际上,能够适用刑事和解处理的案件应当是比较广泛的,如初犯、偶犯、犯罪情节较轻的未成年人犯罪、大部分的过失犯罪、亲属之间发生的犯罪甚至是《刑法》所规定的可以在法定刑以下判处刑罚的犯罪。而现实的法律给予检察机关的授权只有《刑事诉讼法》第 142 条第 2 款所规定的“犯罪情节轻微,不需要判处刑罚或者免除刑罚的”情形,而这些情形显然不能满足大部分可以刑事和解案件的需要,二者在实际操作中也会产生较强烈的冲突。在实际工作中,检察机关只对类似本案的故意伤害类案件开展刑事和解工作,使这一有益的刑事案件处理方式能够发挥的作用非常有限。

第三,刑事和解具体操作程序缺乏。现代意义上的法治,一个重要的标志就是程序正义。需要程序、依靠程序、遵守程序规定,是依法办案的题中应有之义。而刑事和解作为一项新生事物,国内没有现成的程序规定可供操作,只有各办案单位“自行研制”。这种做法,一方面缺乏统一性,另一方面随意性较大。如在本案中,由检察人员主持进行调解的方式,既无法律依据,也与公诉人员所处的控方地位不相适应,长期如此,一方面会降低办案人员的工作效率,另一方面也可能引起争议。对此,需要详细研究,是否有必要设置专人或由专门的机构主持刑事和解工作,和解成功后再向办案部门提交双方的和解协议。

第四,刑事和解受到考核机制的限制。在当前大部分单位开展的刑事和解工作中,刑事和解的解决途径主要是建议公安机关撤回案件。之所以采用这种方式,原因是大多数办案单位的上级机关或本单位有一个考评工作业绩的制度规定,这些制度包括公安机关的打击处理数、公诉部门的控制不起诉数等等。在这种考评机制和各办案单位只考虑部门利益的情形下,使可以在侦查环节和解的案件进入了诉讼程序,可以不起诉的案件被起诉。

第五,刑事和解局部效率的降低。大多数刑事和解支持论者论证刑事和解的一个重要益处,就是和解使大量刑事案件在刑事诉讼中途便能

"退场",因而"节约了司法资源,降低了诉讼成本"。然而,刑事和解对于开展刑事和解工作的检察机关来说真的能够提高效率吗?就具体的办案部门看,回答应当是否定的。就效率而言,一个适用刑事和解程序的公诉案件,比起不开展刑事和解的案件,可能会有双倍的耗费。以本案为例,通过正常程序办理本案,所要进行的工作包括阅卷,讯问犯罪嫌疑人、听取被害人及其委托的人、犯罪嫌疑人的辩护人的意见,撰写审查终结报告,根据主诉检察官授权范围作出起诉决定,撰写起诉书,将案件向人民法院提起公诉,出庭公诉或不出庭(如适用简易程序)。从受理案件到提起公诉,一般可以在一周之内完成,其他更多的调解与民事赔偿问题是由人民法院在审理附带民事诉讼中解决的。而如果同样的案件开展刑事和解工作,则除了向人民法院提起公诉及出庭公诉工作不再进行外,需要通过各种方式与当事人双方进行接触、主持或约请双方协商、将案件协调情况向分管检察长或检察长、检察委员会汇报、与公安机关联系协调,或者建议公安机关撤回案件,或者进行不起诉公开审查活动,撰写不起诉决定书并送达双方当事人和公安机关,对于有申诉、复议复核情形的,检察机关还要继续受理并审查。而且有时主持或约请双方进行谈判,不能一次成功,或许有更多次的反复。即使双方接受和解意见达成一致,这样的工作周期,没有两周是完成不了的。此外,刑事和解的成功与否具有很大的不确定性,如果在一番周折之后,当事人双方没有达成和解协议而重新将纠纷付诸司法程序,那么,这种重复的耗费将更大,效率更低。在检察机关"案多人少"矛盾日益突出的今天,检察机关开展刑事和解工作必然会增大工作量,这是一个不可回避的现实。刑事和解总体效率的提高与局部效率的丧失的冲突,是检察机关开展刑事和解工作中的一个重大问题。

综上所述,刑事和解作为一种化解社会矛盾的有效方式,能够在维护当事人合法权益的同时实现"无害的正义"。目前开展刑事和解工作还需要立法的确认和程序的规范,同时也需要对现有的工作考核标准进行调整,使之与构建社会主义和谐社会的目标相适应。

[编写人:桑涛,浙江省杭州市萧山区人民检察院]

周某某因邻里纠纷故意伤害案

一、案情

2002 年 8 月 30 日,居住在杭州市余杭区乔司镇某村的周某某的母亲王某某在家门口挖水沟时,不慎挖到了邻居高某某家的墙角,双方产生纠纷并互相谩骂,周某某闻讯赶来,见状后上前与高某某进行争执继而发生扭打,在扭打过程中,周某某致使高某某右手第一掌骨基底部粉碎性骨折,经评定构成轻伤;高某某致使周某某右手第一掌骨基底部粉碎性骨折,经评定亦构成轻伤。

二、处理过程

案发后,公安机关认定周某某、高某某两人均构成了故意伤害罪。在审查起诉阶段,承办该案的检察官考虑到该案具有特殊性,征求了双方当事人的意见,又听取了两人所在的镇、村组织的意见,决定对该案主持刑事和解。在做完相关工作后,承办检察官与双方当事人,会同村、镇两级组织有关部门负责人坐在一起进行了协商。在此过程中,经过检察官情、理、法的教育,双方当事人都认识到自己的错误,都表示愿意以和解方式处理,最终促成双方达成了和解协议,根据造成损失的大小相互进行了赔偿。后检察机关建议公安机关撤销了该案,双方当事人均对处理结果表示十分满意,并承诺今后会和谐相处,不再发生类似事件。

三、评析

本案以刑事和解的方式成功化解了矛盾,从实际效果看,以和解方式处理此类因邻里纠纷引发的轻微刑事犯罪案件有着积极意义:

首先,本案实现了社会效果和法律效果的有机统一。本案发生的环境是具有代表性的农村,鉴于农村社会构成的复杂性,如果不顾案件具体情况简单处理,一诉了之,很可能会引起更大的社会矛盾,造成农村家庭内部的反目、宗族势力之间的对抗等,而本案在处理时充分注意到了这一点,将办案的社会效果放在首位,成功化解了可能扩大的矛盾。

其次,本案起到了良好的法制教育作用,德国法学家拉德布鲁赫提出:“当惩罚教育能够在自由同伴社会中从精神上把迷途者改造成赎罪者和忏悔者时,它才能真正达到目的”,本案的处理方式使得司法人员在较为缓和的氛围中向双方当事人分析案件情况,使其认识问题产生的根本原因;用协商的方法解决问题,减缓双方对抗情绪,使其主观上接受法律教育愿望加强;最终和解的结果也符合双方的利益,增加了双方对于法律的认同感。

最后,采用和解方式处理该案也有助于宣传刑事政策,最终的处理结果改变了当事人及其亲属对刑事法律政策“严厉、恐怖”的印象,使其也看到了刑事政策所具有的宽容、温和的一面。

综上可以看出，刑事和解是一种有效的处理案件方式，但笔者认为目前在司法实践中开展刑事和解工作还有诸多问题需要解决：

一是刑事和解的法律依据亟待加强。刑事和解作为一种恢复性司法手段，其并不完全排斥传统的强制性的、惩罚性的刑事司法，符合国际及国内刑事司法改革方向与趋势。英国、法国、德国以及其他国家司法中存在刑事和解制度的国家，均通过立法对刑事和解的前提条件、主持者、程序和法律后果等方面进行了明确。

目前，我国对于刑事和解的立法主要体现在《刑事诉讼法》规定的法院对自诉案件可以调解结案及人民检察院可以相对不起诉的规定，以及各地对刑事和解立法的有益探索。如2002年北京市朝阳区人民检察院制定了《轻伤害案件处理程序实施规则》，规定检察人员对于轻伤害案件，应当听取被害人一方意见。同时应当告知被害人及其委托人，如果犯罪嫌疑人认罪，可以与犯罪嫌疑人就赔偿问题进行协商，达成一致意见的，可直接获得相应的赔偿，检察机关可对犯罪嫌疑人作出相对不起诉的决定。2004年浙江省高级人民法院、浙江省人民检察院、浙江省公安厅联合下发了《关于当前办理轻伤犯罪案件适用法律若干问题的意见》，认为在侦查、起诉阶段可适用和解，并可以根据和解状况作出撤销案件或不起诉处理。

但是，应当看到，我国在刑事立法方面仍过于注重传统刑事司法体系立法，在解决犯罪人与被害人问题的替代性措施及刑罚效率立法方面，还存在着相当的空白，反映在刑事和解制度上主要有以下几点：

刑事和解适用阶段过于狭窄。对于进入公诉程序的轻微刑事案件，应当允许当事人申请撤回；对进入法院审理的案件，在宣判前当事人和解的，也应允许当事人申请检察机关撤诉，这种处理方法尊重了被害人对于轻微刑事案件起诉的决定权。

主持刑事和解的主体不明，应当以立法形式明确和解主体。可以考虑由专职的专业调解员或由检察官主持，这是基于调解者处于无利害关系的地位以及调解专业化的角度考虑的。

缺乏刑事和解的监督机制，没有一个专门的机关对刑事和解案件的可和解性、犯罪嫌疑人认罪悔罪性、程序合法性等方面进行审查，今后，可以考虑由检察机关专门负责对于通过刑事和解结案的案件审查，这是由宪法所规定的检察机关代表国家行使检察权，对法律进行广泛意义上的监督职能所决定的。

对于刑事和解达成之后执行过程出现问题如何解决规定还不明确，如果双方在刑事和解达成后不能履行，司法机关是否需要再次介入是关键的问题，即是否能够再次基于同一事实进行重复性刑事评价。在立法中，为了维护刑事法律的严肃性，亦为避免其成为私人进行“勒索”的筹码，应当规定和解后如加害方不实际履行和解义务，应追究其刑事责任；如被害方在加害方已经或准备履行相关义务时，对刑事和解提出变更要求，对于其请求不再给予刑法保护，依法告知其通过其他手段寻求解决方式。

二是刑事和解的范围应当适度扩大。当今刑事法律的发展趋势，就国际社会的情况而言，学者、专家已经达成了这样一个共识，认为人类社会刑罚的发展史经历了三个阶段，正在向第四个阶段过渡。第一阶段是中世纪以前，以死刑及肉刑为主。第二阶段是 16 世纪以后，过渡到一种以监禁刑为主的刑罚体系。第三阶段是 20 世纪 70 年代以后，刑罚开始过渡到一种以非监禁刑为主的阶段。第四阶段是以调解、和解、赔偿等措施为主的惩罚体系。

西方国家在刑事案件的和解范围方面，已经有进一步扩大的趋势，如俄罗斯，对轻罪或中等严重的犯罪，如果调查、侦查中双方和解或犯罪嫌疑人悔罪就可以终止刑事追究，如果受审人认罪，案件的法庭审理程序可以取消；又如美国，已经突破了“轻罪和解”的界限，尝试对于强奸、抢劫等严重犯罪进行个案和解。

我国在法律上明确规定了轻微刑事案件的范围，并允许其通过自诉判决前的和解达到结案效果，笔者认为，除了已经明确的轻微刑事案件外，应当将可和解范围扩大到诸如轻微侵财型、过失犯罪型等社会危害性不大、具有可和解性的案件，这种扩大会产生良好的社会效果。

刑事和解案件范围的扩大，有利于司法资源的节约。我国目前正处于社会转型期，必然会在较长历史时期内引发一定程度和范围内的社会心理焦虑和个体、群体性社会失范现象。这就造成了刑事案件数量连年上升，各级司法机关出现“案多人少”的矛盾，但是在这些刑事案件中“判处 3 年以下有期徒刑、管制、拘役、单处附加刑、缓刑和免予刑事处罚的犯罪人数占 60% 左右”。这些案件的侦查、起诉、审判工作耗费了大量的办案力量和时间，使得司法机关对于重大刑事案件的打击力度受到严重制约。这些案件中绝大部分具有可和解性，倘若刑事和解案件范围有所扩大，必然能节约更多的司法资源，以更好地执行“宽严相济”的刑事政策，有力地打击那些社会影响恶劣,危害性巨大的严重刑事犯罪案件。

刑事案件范围的扩大,将促使法律与国情更好地结合。发自人内心的法律同时表达了特定的文化选择和意向,它从总体上限制着法律(进而社会)的成长,规定着法律的发展方向。法律最终的效果体现于社会发展,自古以来,我国的文化就贯穿着“以和为贵”的思想,《唐律疏议》名礼篇提到:“德礼为政教之本,刑罚为政教之用,犹昏晓阳秋相须而成者也。”这种“无讼”的思想已经在群众中具有广泛的影响。但是,目前我国没有为引发轻微刑事犯罪深层矛盾的化解提供合乎道德规范的制度空间,简单采用刑罚方法应对加剧了社会矛盾的激化与积累。刑事和解案件范围的扩大,可以较好地解决这个问题,通过和解中对加害方的非强制性刑事教育有利于激励轻微犯罪分子从内心自省并真诚悔罪、对社会关系进行及时修复。同样,通过和解的方式,可以使被害方从加害方处得到物质、精神上最大限度的补偿,较之通过公诉程序得到的可能无法弥补受损权益的判决,彰显了对被害人权益的人文关怀。

[编写单位:浙江省杭州市余杭区人民检察院]

马某某交通肇事案

一、案情

2004 年 9 月 15 日,马某某(某国有化工集团公司职工)酒后驾驶浙 AE7722 号“福田”牌小型货车途径浙江省建德市新安东路 77 号路段时,与车辆行进方向由左向右横过新安东路的行人刘某某相撞,造成刘某某受伤,经医院抢救无效于当日死亡。经建德市公安局交警大队调查,马某某负事故的主要责任。

二、处理过程

案件由公安机关移送检察院审查起诉后,案件承办检察官收到了马某某所在公司提交的《关于要求对马某某同志免予起诉的报告》,称马某某是该公司的安全协作组组长、安全环保科科长,是公司安全、环保管理方面的业务骨干,一贯表现较好,如果马某某被处以实刑,将会给公司带来非常大的损失。并提出,从维护公司生产安全和社会关系稳定出发,能否依法对马某某不起诉。公司同时承诺愿意帮助马某某实现对受害方的经济赔偿。本着执法为民和维护双方当事人合法权益的宗旨,承办检察官分别讯问了肇事者、走访了受害方,了解到马某某悔罪态度较好,愿意积极对受害方予以经济赔偿;受害方也认为双方并无事先"仇恨",事故给双方都带来了很大损失,只要能及时获得经济赔偿和一定的精神抚慰,对肇事者能予以原谅。

在这种情况下,检察机关认为此案具备和解的条件。于是在承办检察官的主持下,双方经过自愿协商,达成了和解协议,内容包括:(1) 马某某认罪并向被害方道歉;(2) 由马某某赔偿被害人刘某某亲属人民币17.5 万元;(3) 被害方承诺不要求追究马某某的刑事责任,并向检察机关提交了不起诉马某某的书面意见。检察机关根据《刑事诉讼法》和相关司法解释作出不起诉决定。并到肇事者所在单位公开宣布不起诉决定。双方当事人对处理结果均未提出异议,马某某及其所在单位对处理结果也表示满意,未出现申诉上访和再次犯罪现象。

三、评析

本案以和解不诉的方式实现了办案法律效果与社会效果的有机统一。受害方对肇事者的悔罪态度较为满意,同时也及时充分实现了其民事赔偿请求权,并获得了一定的精神抚慰金,避免因难以实现民事赔偿请求权而精神过分压抑以致可能去寻求报复,造成新的社会不稳定因素。以和解方式处理给予了肇事者改正过错的机会,也保住了其现有的工作,使其充分体会到了社会的宽容,有利于其更好地改过自新,以积极的态度回报社会,同时也使家庭和社会关系保持了和谐稳定。对肇事者所在的企业来说,由于保住了公司的专业人才和业务骨干,有利于稳定企业的安全生产,有利于社会经济的发展。对司法机关来讲,减少了不必要的诉讼环节,客观上有利于节省司法资源。

司法实践中,对较轻的交通肇事刑事案件以和解不诉的方式处理符合现实社会生活的客观要求。《道路交通安全法》实施后,弱化了交警部门对道路交通事故民事赔偿部分的调解力度,受害人得不到及时赔偿、伤者得不到及时救治的事情时有发生;而通过刑事附带民事诉讼来获取赔偿,不仅时间较长,而且不确定因素增多,因为一旦肇事者被判刑尤其是被判实刑,其赔偿的积极性便受到较大影响,要获得赔偿也就更为困难。越来越多交通肇事刑事案件被害方希望通过民事途径解决纠纷,以便及时获得现实的赔偿。也有肇事者通过积极赔偿受害方的损失,求得对方的原谅,以便达成和解不诉,从而使自己免予受到刑事追究。同时,交通肇事属多发的过失犯罪,肇事者没有故意危害社会的意图,其主观恶性较小,虽然《刑法》将交通肇事罪置于“危害公共安全罪之中”,但在具体的交通肇事案件中,多数交通肇事行为直接危害的是具体公民的财产、健康或者生命,由于受害人与肇事者之间往往不存在事先的“仇恨”,受害方关注的主要问题还是能否得到足额赔偿。如果撇开本案,还有相当一部分交通肇事案件的肇事者和受害人原本就是朋友、同事甚至亲属,受害人也不希望对方承担刑事责任,或者说,肇事者承担刑事责任并不符合受害人的利益。对这样的案件实行刑事和解不诉,更有利于减少社会对抗,维护当事人双方的利益和社会关系的和谐稳定。因此,对轻微交通肇事刑事案件实行和解不诉,完全符合宽严相济刑事政策精神。

但是,交通肇事案件适用和解不诉必须符合一定的条件。我们认为,根据我国《刑法》第 37 条以及《刑事诉讼法》第 142 条第 2 款的规定,相对不起诉的适用范围仅限于“犯罪情节轻微,依照刑法规定不需要判处刑罚或者免除刑罚的”案件,而对于犯罪情节轻微的判断,根据我国司法惯例,在法定刑这一标准上,一般不能高于 3 年有期徒刑。因此,能够适用刑事和解不诉的交通肇事案件范围,应仅限于法定刑为 3 年有期徒刑以下刑罚的案件。下列情形应排除刑事和解不诉的适用:“交通运输肇事后逃逸(致人死亡)或者有其他特别恶劣情节(死亡 2 人以上或者重伤 5 人以上,负事故全部或者主要责任的;死亡 6 人以上,负事故同等责任的;造成公共财产或者他人财产直接损失,负事故全部或者主要责任,无能力赔偿数额在 60 万元以上的。)”另外对于应当数罪并罚的交通肇事案件,也应排除刑事和解不诉的适用。

法定刑为 3 年有期徒刑以下刑罚是确定犯罪情节轻微的基础标准,但不是唯一标准,要“全面考察、综合衡量犯罪的性质、情节、对象、手段和犯罪人的主观恶性及社会情势,判断犯罪的社会危害程度,从而确定是否属于犯罪情节轻微”。对于法定刑为 3 年有期徒刑以下刑罚的交通肇事案件,如果具有醉酒驾驶机动车辆、吸食毒品后驾驶机动车辆、无驾驶资格驾驶机动车辆、明知是安全装置不全或者安全机件失灵的机动车辆而驾驶、明知是无牌证或者已报废的机动车辆而驾驶、严重超载驾驶等情节,因其主观恶性较深,不宜定为情节轻微,一般也应排除刑事和解不诉的适用。但是即使符合上述情形,如果肇事者与被害人双方具有共同生活的亲属关系或其他亲属关系并由受害人提出不诉申请的;或者具有初犯、自首、积极防止犯罪损失扩大等情节并积极赔偿,或因和解不诉有后继赔偿可能,得到受害人认可并提出不诉申请的,也可以适用刑事和解不诉。

对于上述范围内的交通肇事案件，还应同时符合下述条件，检察机关才能作出相对不起诉决定：一是肇事者认罪。这是刑事和解不诉的主观条件，肇事者认罪表明肇事者已经认识到自己的犯罪行为对受害人造成的实际危害，其主观恶性和人身危险性降低，也为案件的合理处理提供了基础。二是双方达成和解协议且赔偿义务履行完毕或者提供了有效担保并取得被害方同意。案件当事人双方达成和解协议，表明双方已经达成谅解，被害方已经在情感上原谅肇事者；赔偿义务履行完毕或者提供了有效担保并取得被害方同意，使被害方的合法权利得到实现或者有了实现的保障。在此基础上，被破坏的社会关系已得到基本修复，没有必要再对肇事者判处刑罚。三是被害方向检察机关提供不起诉肇事者的书面意见。被害方向检察机关提供不起诉肇事者的书面意见，能进一步确证双方当事人已经和解的事实，强化被害方原谅肇事者的心理，并可以预防被害方反悔，避免不必要的申诉和缠访。

［编写人：许勇、徐红春，浙江省建德市人民检察院］

大学生张某盗窃同学存折案

一、案情

女大学生王某和张某为同班同学，并住在同一宿舍内，两人相处甚好。因张某家中贫困，而王某家中富裕，张某对王某的优越生活多有羡慕。一日，张某看到王某随意放在床头的存折，遂起贪念，趁王某不在窃为己有。因王某之前无意中告知过其存折密码，张某根据密码取得现金1500元，并将存折丢弃。王某发现存折不见后，就跑到银行进行挂失，才知道已被取走1500元，立即报案。张某闻知王某报案，心中不安，经几次思想斗争后，主动向王某坦白，并将1500元钱归还王某，后在学校老师的带领下到公安机关投案自首。公安机关立案，以张某涉嫌盗窃罪移送检察机关审查起诉。

二、处理过程

在审查起诉过程中，张某对自己的盗窃行为有深切的悔改之心。此时，王某主动找检察机关，表示张某已将钱归还给她，两人已经和好，不愿意再追究张某的刑事责任，校方也到检察机关请求对张某作不起诉处理，并表示愿意承担教育张某的责任。

鉴于上述情况，案件承办检察官把学校相关领导、张某、王某召集在一起，从挽救和教育张某的角度出发，落实了和解工作。先由张某谈思想认识，作了深刻的检讨，请求王某和学校原谅，同时请求检察机关从轻处理。王某也作了表态，表示原谅张某。学校领导也当场表态，表示会教育帮助张某，并让张某继续学业。

后检察机关决定对张某作不起诉处理，并对其思想、学习等情况后续跟踪一年。一年中，张某每季度在学校保卫处领导的陪同下，到检察机关作季度思想汇报。从后续跟踪情况看，张某的思想、学习表现良好。

三、评析

本案以和解方式作不起诉处理，是诉讼当事人、司法机关和社会的最优选择，较好地体现了社会效果和法律效果的有机统一。

首先，从被告人角度分析，与被害人达成和解，促使司法机关选择非刑罚化的处理方式，必然是其最愿意接受的选择。本案中，张某请求被害人的原谅和学校的宽容，争取到被不起诉的处理结果，与被害人恢复以往的同学关系，并得以最终完成学业。

其次，从被害人角度分析，进行和解是其合乎情理的法律选择。本案中，王某的选择就是非常理性的，她与张某是同宿舍的同学，相互间有较深的友情，而这种感情会随张某被处以刑罚而摧毁，这对王某来说，也是一种感情上的损失。另外，张某已经把钱如数归还，王某在经济上没有损失。所以，王某选择赞同对张某作不起诉处理，其在经济上、情感上的损失几乎为零。

再次，从司法机关的角度分析，对轻微刑事案件作和解不起诉处理，在符合司法经济原则的同时，也更有利于实现司法目的，即维护社会的和谐稳定。本案中，对张某以和解不起诉方式处理，不但节省了提起公诉、法院审理等环节所需的司法成本，而且，张某能够继续受教育，使得国家的教育成本不因此而有所减损。另外，从张某的悔罪表现、学校的积极反映以及后续跟踪情况看，张某是可以被矫正的对象。而一旦将张某送上法庭，除了需进一步支出司法成本，张某也因此必须离开学校，使其更难以回到正常的社会生活轨道，这样的社会效果并不理想。

最后，从社会的角度分析，这一类案件以“和解不诉”的方式处理，更有利于社会秩序的恢复与稳定，社会群体之间的和谐。本案中，校方的积极态度在一个侧面反映了社会或者社区（学校尤其是大学，在某种程度上也是一个社会)的态度。本案的发生可以看成是对学校秩序的破坏,也是一种对社会秩序的破坏,而一旦对张某处以刑罚,对学校的管理无疑是一种否认,遭破坏的秩序也不可能恢复,学校必须付出更大的成本来重塑其管理的威信和有效性。而和解不起诉后,学校可以通过对张某的教育管理恢复被破坏的秩序,其成本的付出显然要少于管理威信的重塑。

通过这类案件的办理,尽快从立法上建立完善的刑事和解制度非常必要。我国改革开放以来,社会进入一个前所未有的体制转型时期,犯罪数量更是明显上升,一些严重的犯罪较为突出,在一定程度上影响了社会稳定与经济发展;轻微的犯罪虽然危害较小,但在总量上也呈明显上升趋势。一方面,刑事案件的增加与有限的司法资源之间的矛盾不断显现并日趋突出,案件积压不仅直接损害了诉讼效率价值,而且从根本上看也违背了司法公正的要求;另一方面,作为惩治与控制犯罪的单纯刑罚手段,在我国的现实背景下,对于恢复因犯罪而造成的社会关系破裂方面所发挥的作用却不甚明显,在某些情况下,甚至可能出现对社会秩序更为严重的破坏。综上,当前宜引入轻罪和解制度,对以本案为代表的轻罪案件以和解的方式进行处理。

所谓轻罪和解,是指检察机关在审查起诉公诉案件过程中,对于符合轻罪和解诸条件的案件,通过和解的程序,在加害方与被害方都具有和解意愿的情况下,由检察机关作为仲裁者和调停方,促使加害方、被害方通过谈判协商的方式,来约定加害方所承担的责任,从而使诉讼程序终结的一种刑事诉讼审前程序。其具体特征如下:第一,轻罪和解是一种刑事审前程序,或者可以说是一种广义上的刑事简易程序。该程序设置在审查起诉阶段较为合理,可以避免在侦查阶段和解的随意性和在审判阶段和解的不经济性。检察机关依法享有的不起诉裁量权是在审查起诉阶段实行轻罪和解制度的基础。第二,轻罪和解以加害人的行为构成轻罪作为前提,即通过检察机关初步对证据与事实的审查,确认加害人实施的犯罪行为在性质上属于轻罪。第三,轻罪和解是以三方参与人即检察机关、加害方与被害方三方愿意进行谈判并为相关意思表示为前提,以三方参与人参加的谈判、协商与对话作为和解的方式与平台。第四,轻罪和解的法律效果是对加害方结束刑事诉讼程序,即不再将加害方通过公诉程序提交法庭审判。第五,轻罪和解的目的与宗旨是通过加害方与被害方的谈判与对话,充分体现被害方的意愿,通过加害方的真诚悔罪以及双方对责任的约定与履行,实现加害方与被害方关系以及遭到犯罪行为破坏的社会关系的恢复。

推行轻罪和解制度具有较大的现实意义。首先,轻罪和解顺应了当今刑事诉讼追求个人、国家与社会利益相协调与共存的价值追求。轻罪和解衍生于当事人处分原则,体现了国家公权力对私人权利的尊重,其中既有公力作用,也有私力推动,也就是在“公力救济”中吸收“私力救济”合理性内容,从而充分体现了犯罪嫌疑人、被害人的意志,注重对遭破坏的社会关系的恢复处理,体现了国家、社会和个人三者利益的结合。其次,轻罪和解是当代刑法改革中非刑罚化发展趋势的具体表现。轻罪和解是以当事人之间对刑事责任问题达成的协议为基础,司法机关以非刑罚手段终结刑事诉讼的制度,是一种非刑罚化的刑事处理方法,其顺应了当代刑罚改革潮流。再者,轻罪和解体现了刑罚价值功能有限性的科学理念。在现行的刑罚体系中,死刑作为副价值显著的刑罚种类已得到了一致的批判,而短期刑所显现的诸多弊端亦引起了人们的高度重视,取消短期刑而代之以其他刑罚已经成为一种世界性的立法趋势。轻罪和解对于易被处以短期刑的轻微犯罪以非刑罚化的方式处理,无疑可以成为短期刑的替代性刑罚。另外,轻罪和解体现了刑罚经济的价值理念。一个有效益的刑罚运行,是将刑罚合理地、适当地、有效地施用于对象,避免刑罚的滥用和过于昂贵,以最小的刑罚投入——少用或不用刑罚来获取最大的社会效益——有效预防和控制犯罪,使这种必要的“恶”与刑罚的付出成本都减少到最低。

[编写人:孙燕,浙江省杭州市江干区人民检察院]

河　北(7)

丁某因邻里纠纷故意伤害案

一、案情

丁某之妻杨某与李某因买衣服发生争执，丁某闻讯后赶来，看到李某正与其妻互相谩骂，便上前推搡李某继而与其扭打起来，后丁某在与李某扭打过程中用砖块将李某的头部打伤，经鉴定属轻伤。

二、处理过程

该案是一起故意伤害案件。在该案移送我院审查起诉的过程中，我们发现该案属于由邻里纠纷转化而成的轻微刑事案件。被告人丁某同被害人李某系同村村民，都住在一条街上，平时两人关系不错，事情的起因系双方家属因琐事发生矛盾。且丁某系初犯、偶犯，丁某在承认罪行的同时也表达了内心的愧疚，表示愿意赔偿李某的损失并向李某当面道歉，被害人李某也向我院表示其实不想让刘某承担刑事责任，只是想出口气。

双方多次向我院表示要求调解，希望我院撤诉。随后，双方在我院的主持下自愿达成并当场履行了调解协议，丁某支付了双方约定的民事赔偿金，李某也以书面形式明确表示放弃追究丁某的刑事责任。

我院据此决定将该案退回公安机关，并建议公安机关作撤案处理，公安机关也采纳了我院的意见。

三、评析

首先，在该案中，被告人丁某的行为构成了故意伤害罪。故意伤害罪在司法实践中是一种多发性的犯罪，其与所有的刑事犯罪一样具有社会危害性、刑事违法性和应受刑罚处罚性的特征，根据我国《刑法》第234条第1款的规定应处3年以下有期徒刑、拘役或者管制。然而司法实践中有一部分故意伤害案件尤其是故意轻伤害案件有其特殊性，其往往是由邻里纠纷、琐事纠葛等民事纠纷引发，犯罪嫌疑人的主观恶性不强，人身危险性较小，再犯可能性不大，对社会的影响面也不大，并且加害人与被害人之间往往是邻居、同事、同学、亲属等关系，在犯罪行为发生后，加害人与被害人之间的关系纽带并未被完全打破，双方在一定程度上都有谋求和平解决纠纷的意图。例如，在该案中，加害人丁某与被害人李某是同村村民，两人是因琐事引发打斗而造成李某的伤害，丁某是初犯、偶犯，其平时的社会表现一直不错，且在事发后能主动认识到自己行为的危害性，并能赔偿李某的损失，由此可见丁某的人身危险性和社会危害性很小，其再犯的可能性也不大；此外被害人李某也能谅解丁某不理智的行为，其受到的物质和精神伤害能够通过丁某给付一定的赔偿金及认罪道歉而得到补偿和安抚，因此双方都不想将事态扩大而是希望和平解决。在这种情况下，检察机关应尊重当事人的意愿，因为当事人双方所选择的这种处理方式可以使被破坏的社会关系不需要刑法的调整而自动愈合，同样可以达到弥补被害人受到的伤害，恢复被加害人所破坏的社会关系，维护社会稳定的目的。因此，在检察机关的主持下，以加害人与被害人双方通过协商对加害人的刑事责任及加害人对受害人的赔偿问题达成合理有效协议而终止刑事追诉程序的刑事和解方式处理此类故意轻伤害案件可以取得的较好的法律效果和社会效果。

其次，对于上述故意轻伤害案件，如果不考虑其特殊性，不论被害人的意愿如何，一概通过刑事追诉程序定罪处刑，则很可能会进一步恶化被害人与加害人之间的关系，扩大双方的矛盾，从而不利于被破坏的社会关系的恢复，也难以实现刑法维护社会稳定的功能。因为一旦启动了公诉程序就无法中止，即使双方当事人中途达成和解，检察机关仍要代表国家提起公诉指控犯罪。案件起诉到法院后，符合《刑事诉讼法》第 162 条规定的，法院就应当作出有罪判决，也就是说必须追究被告人的刑事责任。就该案而言，如果将丁某以故意伤害罪提起公诉，则其结果必然是法院以故意伤害罪对丁某定罪处刑。然而，这种处理结果虽然是符合法律规定的，但其法律效果和社会效果并不好。因为丁某如果被判有罪，即使其只是被处以缓刑甚至是免予刑事处罚，其仍然会受到犯罪标签的不利影响，其对被害人李某的伤害也会被固定化，而此种结果不论是对于加害人的回归社会还是对于双方矛盾的缓和和化解都是不利的，甚至会恶化和扩大双方的矛盾和怨恨，造成邻里之间“老死不相往来”，不仅社会效果无从体现，而且也极易引发更多的社会不稳定因素。此外，对于此类故意轻伤害案件经过侦查、起诉、审判及刑罚执行过程必然会使大量司法资源被消耗在应对不严重的犯罪和犯罪人身上，从而影响重大刑事案件的办理，使司法资源得不到合理配置和有效利用。

最后，以刑事和解的方式处理上述故意轻伤害案件是检察机关贯彻宽严相济的刑事司法政策，为构建社会主义和谐社会服务的有效机制。刑事和解制度兼顾被害人与加害人合法权益的双重保护功能，最大限度地恢复被犯罪破坏的社会关系的和谐性。刑事和解制度给冲突双方解决矛盾提供了机会，能够有效地减少和化解矛盾，尽可能地减少法院判决后的消极因素，有助于在全社会增进和谐因素。对于属于轻微刑事犯罪的故意轻伤害犯罪的处罚，我国的刑事政策一直是轻缓型的，一般都适用非刑罚的处理方法和适用缓刑等方式。但是在当前的司法实践中用非刑罚化、非监禁化的方式处理故意轻伤害犯罪已不能完全适应其需要，因此，有必要运用刑事和解这种非犯罪化的方式来处理，以期起到更好的法律效果和社会效果。虽然目前我国立法上还没有严格意义上的刑事和解制度，但是刑事和解作为一项旨在恢复被犯罪行为所破坏的社会秩序，通过沟通、赔偿最终解决刑事纠纷的有效机制，是符合我国"宽严相济"刑事政策的。各地司法机关也正在对其进行研究探索，该案的刑事和解就是我院在司法实践中探索实行刑事和解的成功案例。该案通过刑事和解不仅有益于双方当事人权益的保护，也有利于邻里及社会和睦和谐关系的较快恢复与发展，从而实现了法律效果和社会效果的有机统一。

［编写人：贾晓蕾，河北省石家庄市裕华区人民检察院］

吴某交通肇事案

一、案情

2006年8月13日7时20分许，吴某驾驶水泥罐车，沿石家庄市东二环由北向南行驶至槐中路口右转弯时，将同向骑电动车的李某撞倒，致李某重伤，后经医院抢救无效死亡。案发后，吴某拨打120抢救伤者，并主动到交警部门投案自首。经交警部门责任认定，吴某负此次交通事故的全部责任。后公安机关侦查终结，以吴某涉嫌交通肇事罪移送我院审查起诉。

二、处理过程

本案进入审查起诉阶段后，我院审查认为，犯罪嫌疑人吴某违反交通运输管理法规，因而发生重大交通事故，致一人重伤并负全部责任，本案事实清楚，证据确实充分，根据我国《刑法》第133条之规定，对吴某应当以交通肇事罪追究其刑事责任。但交通肇事罪属于过失犯罪，不存在主观恶意，本案的受害人为个人，对社会的危害性较小，吴某在交通事故发生后没有逃逸行为，其法定刑应当在3年以下。案发后吴某主动投案，如实供述了自己的罪行，是自首。根据我国《刑法》相关规定，对于吴某可以从轻或减轻处罚。因此，对于这种轻微的刑事案件，从构建和谐社会、贯彻宽严相济的刑事政策角度考虑，可以对吴某交通肇事案进行刑事和解。

办案人员在讯问犯罪嫌疑人和告知被害人时，分别告知其双方均有申请刑事和解的权利，犯罪嫌疑人当即表示愿意积极赔偿被害人的损失，申请刑事和解，被害人也同意进入刑事和解程序。随后，在我院召开了由办案人员主持，本案双方当事人及其代理律师、犯罪嫌疑人单位领导参加的和解座谈会。在座谈中，被害人家属对犯罪嫌疑人面对面的控诉，使其精神上得到很好的宣泄，缓解了精神压力，而犯罪嫌疑人也真诚地向被害人家属道歉。双方经过协商，达成了和解协议，由犯罪嫌疑人一次性赔偿被害人家属经济损失16万余元，被害人家属接受犯罪嫌疑人的道歉和赔偿并向检察院提出不予追究犯罪嫌疑人刑事责任的请求，协议签订当日即履行完毕。

我院对双方当事人签订的和解协议进行了合法性审查，认为协议为双方真实意思表示，内容合法有效。我院作出了结案决定并书面通知公安机关撤销案件，终结了本案的刑事诉讼。

三、评析

本案属于一起典型的交通肇事案件，按照传统的处理方式，应当将吴某起诉至人民法院，由人民法院对其进行审判，科以刑罚。但通过对过去3年我院起诉的交通肇事案件的审判情况及判决执行情况进行分析，我们发现对于普通（没有重罪情节）交通肇事案件采取一概起诉的处理方式并不能得到很好的效果。较为冗长、机械的审判程序既浪费了司法资源也很难令当事人各方认可。

在普通交通肇事案审判程序中，有相当一部分案件能达成民事赔偿协议，被害人也提出不予追究被告人刑事责任的请求，但由于国家追诉主义的要求,法院对这种轻微的犯罪行为除了在量刑上从轻或减轻以外,不可能再作出其他的处理。就算判处缓刑或免予刑事处罚,也依然是有罪判决。被告人在付出大量的经济赔偿后,依然留下了“案底”。这对其以后的工作生活都会产生巨大的消极影响,这种“又打又罚”的做法很难让被告人心理上认罪伏法。部分案件在审判程序中不能达成民事赔偿协议,而现实中附带民事判决执行率又非常低的现状,造成的问题更为突出。作为案件的直接受害人,被害人的身体、精神上遭受了巨大的痛苦,物质上也没有得到任何补偿。这样的结果其显然不能接受,上访告状等现象时有发生。除此之外,类似的微刑诉讼增加司法成本、浪费司法资源,短期监禁刑造成的“交叉感染”等问题也不容忽视。鉴于此,我院对吴某交通肇事案没有向人民法院提起公诉,而是启动了刑事和解程序。

审查起诉阶段的刑事和解是指,对于移送检察机关审查起诉的轻微刑事案件,由检察机关促成加害人与被害人直接协商,加害人认罪悔过、赔礼道歉、积极赔偿损失并得到被害人谅解,双方达成和解并切实履行的,检察机关可以作出不予起诉或者建议侦查机关撤案的决定。刑事和解虽没有在我国《刑事诉讼法》中单独列出加以确定,但其作为贯彻宽严相济刑事政策的重要表现形式已经被各地检察机关所积极探索。

从我国内部环境来看,党和国家的一系列政策都为检察机关建立刑事和解制度提供了理论依据。党的十六届六中全会对和谐社会建设问题进行了专题研究,认为和谐社会是中国特色社会主义的本质属性,刑事和解制度能顺应和谐社会建设的需要,有利于化解矛盾,促进和谐。

我国确立的宽严相济的刑事政策也体现了建立刑事和解制度的必要性。宽严相济的刑事政策要求在实践中,对大量轻微刑事犯罪案件采取宽松的刑事司法,刑事和解制度应当成为实现宽严相济刑事政策的一个有效途径。2006 年 12 月出台的最高人民检察院《关于在检察工作中贯彻宽严相济刑事司法政策的若干意见》中第 12 条更明确提到了刑事和解不捕和刑事和解不诉。

对于轻微刑事案件,被害方始终存在如何及时获得赔偿、修复精神损害的需求;加害人也有争取积极态度、从轻责罚的主观愿望。如果能适当地进行调解,由司法机关对加害人进行非刑罚化处理,使其主动悔改,真正承担责任,取得被害人的谅解和社会的容忍,从而恢复被犯罪所损害的社会关系。从世界刑事司法趋势来看,恢复性司法作为一项新的刑事司法模式在国际上得到了普遍认可,并已经成为当今世界的一个潮流。

长期以来，以国家追诉主义为标志的刑事法模式和以监禁型为中心的刑罚结构，虽然在法律效果上实现了对犯罪的处罚，彰显了社会正义，但这种惩罚方法却忽视了直接遭受犯罪行为侵害的被害人。而且，对于像本案这样轻微的刑事案件，如果都实行国家追诉主义，不仅显得成本过高，而且对被害人损害的赔偿、对犯罪的矫正以及对社会秩序的恢复等方面所起的作用都有限。这些都使我们充分认识到刑事和解制度存在的内在合理价值。着眼于修复被犯罪行为破坏的社会关系，将促使犯罪嫌疑人重新融入社会作为主要目标之一的刑事和解，必然会对我国构建社会主义和谐社会产生巨大的推动作用。

本案以刑事和解程序结案，在切实保障被害方的合法权益同时，也让犯罪嫌疑人重新回归社会，使得被犯罪行为所破坏的社会秩序得以恢复，实现了司法过程中案件办理的法律效果和社会效果的统一。

［编写人：王永波，河北省石家庄市裕华区人民检察院］

刘某等未成年人盗窃案

一、案情

刘某（18岁）、冯某（16岁）、尹某（17岁）均为石家庄市某中学高三学生。三人经常结伴上网吧。为了多搞点钱上网，三个人便商量偷车去卖。2005年11月份，刘某、冯某、尹某三人在某居民住宅楼盗窃摩托车一辆，价值1018元。

二、处理过程

案发后，犯罪嫌疑人刘某、冯某、尹某认罪态度较好，他们的家属也表示愿意赔偿被害人的损失。我院从促进社会和谐，教育、感化、挽救失足青少年的角度出发，对该案作出了刑事和解不诉的决定。在对该案全面审查的基础之上，我院本着“化解矛盾，促进和谐”的原则，召开了刑事和解座谈会。

犯罪嫌疑人刘某、冯某、尹某及其家属同被害人进行了面对面的交流和沟通。通过座谈，三人对自己行为的性质和社会危害性有了深刻的认识，并切实感受到了自己的行为给被害人所造成的财产和心理上的伤害，向被害人真诚悔罪，最终得到了被害人的谅解。双方握手言和，并就赔偿问题达成了一致意见，至此纠纷得以化解，被破坏的社会关系也得到了修复。令人可喜的是,犯罪嫌疑人刘某、冯某在当年的高考中以优秀的成绩考上了大学。正如一篇评论文章所说:“人生的道路虽然漫长,但紧要处常常只有几步。对于一个处在十字路口的懵懂少年来说,推一把是少年犯、拉一把是大学生。”

三、评析

该案没有进入正常的公诉程序,而采用刑事和解的方式处理,主要基于以下考虑:

第一,该案已构成犯罪。犯罪嫌疑人刘某、冯某、尹某在主观上具有非法占有他人财物的目的,客观上实施了秘密窃取他人财物的行为,且数额较大,已满足盗窃罪的犯罪构成要件。依据《刑法》规定其量刑幅度为“3 年以下有期徒刑、拘役或者管制,并处或者单处罚金”,属于轻罪。

第二,与一般的盗窃案件相比,本案的犯罪主体具有一定的特殊性。犯罪嫌疑人刘某、冯某、尹某均为在校学生,特别是冯某和尹某在作案时未满 18 周岁,系未成年人。“教育、感化、挽救”的方针和“教育为主、惩罚的为辅”的原则是我国对违法犯罪的未成年人司法保护的基本指导思想。2006 年 12 月新出台的最高人民检察院《关于在检察工作中贯彻宽严相济刑事司法政策的若干意见》中也特别提到对未成年人犯罪案件要依法从宽处理。未成年人身心尚未成熟,还未形成完整的世界观、人生观和价值观,在犯罪中往往表现出动机简单、冲动而起等特点,很难说是理性选择的结果。因此,未成年人犯罪在本质上不同于成年人犯罪,且未成年人有着与成年人不同的生理、心理特点,可塑性强,在针对未成年人的司法活动中应贯彻特殊的保护观念,尽可能把对未成年犯人身自由的限制保持在最低限度。

第三,该案的犯罪情节轻微。从犯罪嫌疑人刘某、冯某、尹某的主观恶性及所实施的客观行为来看,他们只是为了满足上网玩耍的欲望,实施了秘密窃取他人财物的行为,主观恶性较小。其次,我省盗窃罪的追诉限额为 800 元,而犯罪嫌疑人刘某、冯某、尹某所盗窃摩托车评估价值为 1018 元,所造成的社会危害相对较小。再次,犯罪嫌疑人刘某、冯某、尹某均为在校学生,且为初次犯罪,案发后认罪态度好,确有悔改表现。所有这些都表明,本案的犯罪情节轻微,社会危害性不大,具备刑事和解的基础。

第四,该案作为一起未成年人犯罪案件,发生的社会背景和原因是令人深思的。犯罪嫌疑人本身的主观因素当然是第一位的,但是家庭、学校、社会的因素也是促成本案的不可忽视的原因。家庭教育方式的失败，学校填鸭式的应试教育以及社会上拜金主义、享乐主义等不良思想的影响均可以成为诱发青少年犯罪的客观因素。正是因为家长及其社会角色的不到位，许多法定的社会责任的落空，才使当前青少年犯罪成为社会的一个突出问题。公平地说，这种应由社会承担的责任转嫁到孩子们的头上，是有失法律公正的。

对于国家而言，严格执行法律的目的，不是要再一次去破坏已经遭到破坏的社会关系，而是要通过法律的调整，实现社会利益的平衡。依照传统的报复刑罚理论，杀人偿命，欠债还钱，犯了罪被判刑入狱是天经地义的事。在这里我们不妨假想一下，如果本案没有适用和解程序，而是机械的对加害人定罪量刑，刘某、冯某、尹某的家庭乃至他们的整个人生会受到什么样的影响，被害人最终又能得到什么。结果是不难预测的，三个懵懂少年因此而失去了甚至可能是永远失去了参加高考的机会，从天之骄子变成了少年犯。“有前科”这个标签将成为他们的终生枷锁，再加上监狱内部的“交叉感染”很有可能会导致他们破罐破摔，放弃自我悔改，将自己处于社会的对立面，成为潜在的犯罪人，从此走上不归路。这对他们的家庭和亲人来说也是一种巨大的痛苦。另一方面这种解决方式并没有平和地解决加害人与被害人之间的纠纷，反而有加剧两者间冲突的趋势，被破坏的社会关系没有得到修复，被害人一方的利益也未得到补偿。能否通过一种方式既使被害人的损失得到赔偿，又能在法律允许的范围，给双方提供一个沟通的平台，将纠纷解决在调解过程中，是我院一直在研究并且逐步在做的工作。

作为基层人民检察院的一名工作人员，在办案中深刻地感受到，近年来未成年人犯罪不仅数量在上升，而且出现了手段成人化、年龄低龄化的特点，已成为危害社会治安的一个严重因素。目前正处于探讨阶段的刑事和解不失为一种处理未成年人犯罪案件的新途径。这既与当前构建社会主义和谐社会的大背景相契合，又符合公正与效率的要求。以本案为例，刑事和解后的加害方得到了改过自新的机会，体现了刑罚的人道和宽容，被害方获得了相应的赔偿，体现了法律的人文关怀，办案效果达到了双赢。

[编写人：王晓薇，河北省石家庄市裕华区人民检察院]

张某为索债非法拘禁案

一、案情

石家庄市某物资贸易有限公司(以下简称"物资公司")与河北某路桥有限公司(以下简称"路桥公司")素有经济往来,2004年10月份路桥公司向物资公司购买了大量钢材,由于资金紧缺,直至2007年初尚有二十一万余元余款拖欠未还。2007年1月19日上午八时许,张某(物资公司法定代表人),带领缴某、何某、郝某(该公司员工)为索取债务找到李某(路桥公司法定代表人),先后将被害人带至燕春花园酒店、名典咖啡屋、军港洗浴、釜洋斋饭店等场所,并扬言不答应还款就不准回家,强迫签订还款协议,同时将李某手机电池取下,限制其通信自由。缴某、何某、郝某在张某的授意下一直看管李某,限制其人身自由长达70小时。

二、处理过程

本案由石家庄市公安局裕华分局于2007年1月19日立案侦查,报我院审查起诉。

犯罪嫌疑人张某、缴某、何某、郝某已涉嫌非法拘禁罪。本案犯罪嫌疑人以拘禁、扣押等方法非法剥夺被害人的人身自由,侵犯了被害人李某的人身自由权力;所有犯罪嫌疑人均为具有刑事责任能力人,而且主观方面出于故意,符合非法拘禁罪的构成要件,已涉嫌非法拘禁罪。本案犯罪嫌疑人的法定刑为3年以下有期徒刑、拘役、管制或者剥夺政治权利。

本案的犯罪嫌疑人主观恶性较小,社会危害性不大。本案犯罪嫌疑人非法扣押、拘禁被害人主观上是出于实现自己债权的目的,而非出于勒索他人财物或其他非法利益等目的,从主观方面而言,犯罪嫌疑人具有"一旦债务人或第三人按照自己的要求偿还了债务之后,双方的债权债务关系即告消灭并立即释放被拘禁人"的心理准备。双方并没有不可化解的矛盾,而且对债权债务关系的认识没有分歧。之所以矛盾激化,发展为刑事犯罪主要是因为债务人存在明显过错,而债权人又超过法定的诉讼时效,丧失胜诉权,情不得已而为之。

最后,双方自愿提出和解并在本院的主持下签订刑事和解协议。我院受理本案后,通过讯问犯罪嫌疑人和对本案的分析研究,决定因势利导,对本案进行刑事和解,犯罪嫌疑人终于认识到本案的严重性,真诚悔罪,积极向被害人赔礼道歉并得到被害人的谅解,双方在本院的主持下达成了限期还款协议。

三、评析

纵观全案，本案属于刑事和解适用范围，且符合刑事和解的适用的条件，我院以和解不起诉的方式结案。至此，一场激化的社会纠纷得到很好的化解。

党的十六届六中全会提出了构建社会主义和谐社会的重大战略任务，对法治社会的和谐构建提出了更高的要求，针对我国当前刑事案发率高、市场经济秩序比较混乱的社会矛盾特点，对于符合犯罪构成的社会纠纷，一概施以刑罚加以解决，不仅浪费了大量的司法资源，而且使原本并不复杂的社会纠纷得不到很好的解决，反而激化了社会矛盾，增加了社会的不稳定因素，因此，刑事和解应运而生。刑事和解不仅可以有效化解社会矛盾，而且能够维护法律的尊严，实现刑罚教育功能和威慑功能的有机统一，体现宽严相济的刑事司法政策。

对于为索债而采用拘禁或其他方法限制人身自由的涉嫌非法拘禁的犯罪行为，由于犯罪嫌疑人主观上没有非法占有他人财产的故意，犯罪嫌疑人采用拘禁他人这一非常规的手段以逼迫债务人偿还债务，是在以常规方式催还债务无果且通过诉讼难以实现债权的情况下实施的，属事出有因，债务人在一定程度上存在着可责难性，这就或多或少的影响犯罪嫌疑人的违法认识，尤其是犯罪嫌疑人采用非暴力性手段且无伤害被害人的意图的情况下，更是如此。因此，对于此类索债型非法拘禁的犯罪嫌疑人施以过重的刑罚，难免有放纵恶意避债或者逃债之嫌，不利于培育市场经济社会的诚信规则，也不利于社会主义市场经济秩序的良性发展。

此外，非法拘禁是宪法所明文禁止的侵害公民人身自由的危害行为，对于危害性达到应受刑罚惩罚的程度即以非法拘禁罪论处。非法拘禁罪意在保护公民的人身自由权利、使公民在工作和生活中充满安全感，遏制肆无忌惮的剥夺和限制公民人身自由的事件的发生。对于恶意欠债的被害人具有明显过错，债权人通过不当的拘禁或者其他方法限制其人身自由的，还要综合全案分析其社会危害性等，不可一概而论，都以刑罚惩处。法律在保护一方合法权益的同时，一定要兼顾相关方的权利，才能有效地维护和保障法律的公平和尊严。

针对本案债权债务明确而情不得已采取拘禁或其他方法剥夺债务人的拘禁行为，刑事和解制度取得了很好的法律效果。一方面，让犯罪嫌疑人意识到自己的行为已经涉嫌犯罪，应当为自己的行为承担相应的法律责任，司法机关对其偏激的行为予以否定性评价，对犯罪嫌疑人本人和社会进行了法制教育，并发挥刑法的威慑效力；另一方面，对于恶意避债缺乏诚信的债务人予以必要的警示，使双方仅因为索债手段不当而产生的社会纠纷得以调处，同时，对双方之间存在的明确的债权债务纠纷在刑事和解当中一并予以解决。

本案犯罪嫌疑人张某、缴某、何某、郝某的行为触犯《中华人民共和国刑法》第238条之规定，涉嫌非法拘禁罪，但又具有其特殊性。如果坚持提起公诉，追究犯罪嫌疑人（本案的主犯是物资公司的法定代表人）的刑事责任，势必会影响到本案犯罪嫌疑人所在企业的正常运营，甚至是公司倒闭、员工失业，无疑会加深社会矛盾，然而本案的始发矛盾并没有因此而得到根本解决，势必有放纵恶意避债之嫌，难以实现法律公正和权威。本案以刑事和解的方式结案，使两个结怨不深的企业都尽释前嫌，在矛盾得以很好解决的情况下，保证了双方正常的生产和生活，双方企业正常运营，并开始了新的业务往来，有力地促进了社会和谐。

通过本案的和解，使我们进一步认识到实施宽严相济的刑事司法政策，有利于实现惩治犯罪和保障人权的有机统一，法律效果和社会效果的有机统一，保护犯罪嫌疑人、被告人的合法权益和保护被害人的合法权益的有机统一，执法办案和化解社会矛盾的有机统一。检察机关作为法律监督机关，在化解社会矛盾、维护社会稳定中担负着重要职责。如何更有效地运用刑事和解制度，实现惩治犯罪、保障人权、节约诉讼成本和司法资源的目标，是检察机关应予以探索的重大任务。

[编写人：杜林研，河北省石家庄市裕华区人民检察院]

戴某熟人间故意伤害案、张某某诈骗案、曹某某交通肇事案

一、戴某熟人间故意伤害案

2006年6月，戴某在踢足球过程中与和其一起踢球的田某某发生争执，遂用拳脚将田某某打伤，经鉴定为轻伤。

该案移送我院审查起诉后，审查发现犯罪嫌疑人戴某与被害人田某某相熟识，同时经工作单位和公安机关证实犯罪嫌疑人戴某一贯表现良好，承认自自己的犯罪事实，对自己的行为真诚悔悟，积极赔偿被害人的

医疗费用。承办人综合审查案情后，认为该案有刑事和解的基础，在承办人的主持下，被害人与犯罪嫌疑人就赔偿部分达成一致，同时请求检察机关不要再追究犯罪嫌疑人的刑事责任。

根据刑事和解的情况，我院对该案做出和解不诉的决定。

二、张某某诈骗案

2005年6月至9月间，张某某对耿某某编造其调动到大清河水务局任副局长并代理局长的虚假事实，谎称给耿某某承包的工程已审批，分三次以需交报名费和领标书的押金、向有关人员活动及买标底等为由，共诈骗被害人耿某某19500元。

案发后犯罪嫌疑人张某某已积极筹措资金将诈骗的金额全部退赔，并与被害人耿某某初步达成谅解。该案移送审查起诉后，承办人综合审查后认为，有进行刑事和解的可能和必要。在调解过程中，犯罪嫌疑人张某某认识到自己的行为社会危害性，并真诚悔过，得到被害人的谅解。

综合案情以及犯罪嫌疑人社会危害已经降低的事实，承办人作出起诉的决定，但在公诉意见中建议法院从轻处罚被告人。

法院采纳公诉机关意见，判处被告人张某某有期徒刑1年，缓期执行1年。

三、曹某某交通肇事案

2005年10月，曹某某违章逆向驾驶货车与另一货车相撞，造成本车乘车人李某某死亡、两车损坏的交通事故，曹某某负此事故的全部责任。

该案移送我院审查起诉后，承办人在犯罪嫌疑人和被害人家属的要求下主持进行调解，但是在调解过程中，犯罪嫌疑人曹某某虽多方筹措资金仍无法达到被害人家属要求的赔偿金额，最终双方由于赔偿金额问题无法达成一致而和解失败。

该案即恢复正常的诉讼程序，向法院提起公诉。法院判处被告人曹某某有期徒刑1年，因被告人没有可供执行的财产，被害人家属没有得到补偿。

四、评析

综合案情来说，三个案例有以下共性：一是犯罪事实清楚、证据确实、充分，经过检察机关的审查，认为已构成犯罪。案例一中，犯罪嫌疑人戴某故意伤害他人身体，致人轻伤，已构成故意伤害罪；案例二中，犯罪嫌疑人张某某主观上以非法占有他人财物为目的，在客观方面采取虚构事实的手段，骗取被害人财物，且数额较大的，已构成诈骗罪；案例三中，犯罪嫌疑人曹某某违反交通管理法规，因而发生交通事故，致使一人死亡，负事故全部责任，已构成交通肇事罪。

二是犯罪情节轻微。就三个案件的犯罪案情分析来说，均在 3 年以下有期徒刑（包括拘役或者管制，并处或者单处罚金）的量刑幅度内，属于轻罪的范畴。

三是均为侵犯个人权益的案件，从法益侵害的角度，犯罪可分为侵害个人权益的犯罪、侵害社会权益的犯罪和侵害国家权益的犯罪，后两者统称为侵犯公共利益的犯罪。如贪污受贿、渎职等危害公权益的犯罪属于侵犯公共利益的犯罪，而故意伤害、诈骗、交通肇事等主要以侵犯个人身体、财产等权益为对象的犯罪为侵犯个人权益的犯罪。刑事和解应该主要适用于侵害个人法益的犯罪。对于侵犯个人权益的案件适用刑事和解，有其合理性，这是因为在这类案件中犯罪行为侵害的对象和犯罪后果主要承担者都是个人，应当赋予被害人参与犯罪解决过程的发言权。

三起案件均启动了刑事和解的程序，然而三起案例处理结果却不同，案例一是以刑事和解不诉的方式处理的案件，国家的刑事追诉权暂时得到抑制，当事人有更多的自主空间，他们自主协商、自行修复，这种解决方式满足了两方面的需要：通过和解，被害人进行犯罪侵害的恢复性治疗，使被害人的损害降至最低；对加害人进行监狱外的复归性治疗，避免被监禁，使其在不脱离正常社会环境的条件下进行人格的重塑，从而达到双赢的效果。案例二是刑事和解起诉的案件，该案中犯罪嫌疑人主观恶性较深，情节比较严重，所以依然提起公诉，但是鉴于当事人达成了和解协议，被告人及时赔付，社会危险性已经降低，建议法院从轻判处，这是因为犯罪并非只是加害人与施害人的事，还侵害了公共利益，破坏了正常的社会秩序，在考虑当事人私益的同时，还须兼顾公共利益。案例三是刑事和解不成功的案例，当事人之间无法达成和解协议，则应立即终结刑事和解程序，进入正常的公诉程序。在该案中，犯罪得到了惩治，社会公共利益得以保护，但是被害人家属并没有得到补偿。

不同的处理方式除了不同案例具体的犯罪情节差异之外，也是公共利益、私权益相互博弈的结果。犯罪行为侵犯的客体通常具有多重性，犯罪的本质固然是社会危害性，但往往以侵害被害人的个人利益为具体内容和表现形式，公共利益和私权益有重合部分但并不完全一致，如案例三中，被告人曹某某被依法判处刑罚，通过惩治犯罪维护了社会公共秩序，但是该案中的民事赔偿部分却无法履行，对被害人及其家属的私权益保护不充分。尤其是在我国刑事被害人国家补偿制度还没有建立的情况下，类似的案例屡屡发生。

因此，犯罪行为既不能仅仅归结为对公益的侵害，也不只是侵犯了私权益，应当以综合的、全面的观点来考量，刑事和解的适用应注意被害人保护、犯罪人复归、社会利益保障的平衡。

首先，刑事和解应当有严格的适用范围。陈光中教授认为"刑事和解是指在刑事诉讼程序运行过程中，被害人和加害人以认罪、赔偿、道歉等方式达成谅解后，国家专门机关不再追究加害人刑事责任或者对其从轻处罚的一种案件处理方式"，也就是说刑事和解是在公诉权谦抑的前提下，赋予当事人一定的决定权，尤其是允许受害人主张诉权或放弃诉权，鼓励当事人之间通过协调和解的方式进行社会关系的自我修复。这已突破了我国《刑法》的框架，尚处于试验阶段。为了维护《刑法》的稳定，保障国家司法权威，适用刑事和解的范围不宜太宽泛，应主要为未成年人犯罪案件与侵犯个人权益案件，具体适用范围还可以参照"最高人民检察院关于依法快速办理轻微刑事案件的意见"对"轻微刑事案件"的界定，应同时满足以下条件：案情简单，事实清楚，证据确实、充分；可能判处3年以下有期徒刑、拘役、管制、或者单处罚金；犯罪嫌疑人、被告人承认实施了被指控的犯罪。

其次，刑事和解应当有规范的操作程序。程序正义是实体正义的前提和保障。刑事和解的具体程序应当包括以下步骤：

1. 初审。承办人接到移送审查起诉的案件后应当审查案件是否属于可以刑事和解的范畴。

2. 告知。如属于可以刑事和解的范畴，承办人应当告知当事人及其辩护人、代理人或者法定代理人、近亲属双方可以进行和解，以及和解的步骤和法律后果等。

3. 当事人向检察机关申请刑事和解并填写刑事和解案件意向审批表。检察官可以向当事人提出适用和解程序的建议，被害人、犯罪人或者其律师可以向检察机关提出和解的请求。

4. 主持调解。在检察机关的主持下，采取座谈会、听证会等方式征求当事人各方意见并核实相关情况。

5. 决定。综合案情和调解情况作出决定，可以采取终结刑事和解程序、建议公安机关撤案、刑事和解不诉以及刑事和解起诉等形式。

最后，刑事和解的形式应力求多样化。犯罪作为既然的客观事实，其社会危险性已经固定，但实施犯罪行为人的人身危险性在实施犯罪后则可能会时刻发生变化，应当创造多样化的刑事和解处理方式并对其适用情况做详细划分，根据案情以及社会危险性是否降低和降低程度进行判断，并作出不同的决定以保证被害人利益、犯罪人利益、社会利益三者的平衡。

［编写人：孙谧璟，河北省石家庄市裕华区人民检察院］

山　东(6)

李某故意伤害案

一、案情

李某，男，50岁，汉族，初中文化程度，住山东省烟台市福山区某村。

2005年12月19日11时许，李某在其本村村西路上被王某驾驶车辆上的树枝挂了一下，即追堵王某而发生争吵。在争吵中，李某持扁担将王某右眼捅伤。经法医鉴定为轻伤范畴。2006年4月17日涉嫌故意伤害罪被烟台市公安局福山分局取保候审。后王某与李某就民事赔偿已达成协议，李某一次性付给王某医药费、误工费、伤残补助费3.5万元。

二、处理过程

经检察机关审查后认为，犯罪嫌疑人李某实施了《中华人民共和国刑法》第234条第1款规定的故意伤害行为，但鉴定结论为轻伤，为轻伤害案件。该案因邻里的民事纠纷引发，情节较轻，其量刑幅度应在"3年以下有期徒刑、拘役或者管制"。

公诉人阅卷后，分别讯问了犯罪嫌疑人李某，并询问了被害人王某，其中犯罪嫌疑人李某对自己行为表示悔改，愿意积极赔偿被害人的相关经济损失，希望能给其一个改过自新的机会。同时，被害人王某对李某持谅解态度，也希望检察机关对犯罪嫌疑人从宽处理。被害人王某与犯罪嫌疑人李某就民事赔偿达成了协议，李某一次性付给王某医药费、误工费、伤残补助费等费用3.5万元，王某提出不追究李某的刑事责任的请求。本案符合烟台市检察机关平和司法操作规则规定的平和司法适用条件，经过承办人请示，分管检察长同意按照平和司法操作规则试点案件办理。

鉴于此，烟台市福山区人民检察院从化解基层矛盾，调和农村邻里关系为出发点，决定对该案适用宽缓的刑事政策，根据《烟台市人民检察院平和司法程序操作规则（试行）》中所规定交通肇事案件适用范围，符合其中“邻里、亲友之间因民事纠纷引发的”轻伤案件范畴，在检察公诉环节，启动平和司法程序办理。

按照规则，填写《启动平和司法程序审批表》，由被害人王某发表书面声明，请求不追究犯罪嫌疑人李某的刑事责任。双方达成书面和解协议。办案人向双方当事人出具了平和司法和谈告知书，并宣布平和司法程序应遵循以下原则：一是依法和解原则。由政法机关参与，指导有关部门依法、按程序进行；应当符合法律、法规、司法解释和刑事政策的要求；当事人和解协议不得违反法律规定，不得违反社会公德，不得损害国家、集体和他人的利益。二是平等自愿原则。参与和谈程序的各方当事人应处在一个平等对话的平台上；意思表示要真实，不得虚构事实或隐瞒真相；悔罪、赔偿和谅解必须出于自愿，不得有胁迫或强迫的行为。三是公权启动原则。该程序由公安、检察、法院工作人员在办案过程中根据需要启动；对双方达成和解协议，政法机关要进行审查确认；对于已经达成和解协议，但不符合适用平和司法程序的条件或者当事人事后反悔的案件，政法机关仍应启动刑事司法程序处理。四是和谈不成不为过原则。当事人达不成协议或者达成协议后一方反悔的，不应因此加重对加害人的惩罚；加害人和受害人在和谈过程中陈述的与定罪量刑有关的犯罪事实，不得作为以后刑事诉讼程序中定罪量刑的证据。五是法律监督原则。检察机关要履行法律监督职能，强化法律监督力度；政法各部门要分工负责、互相配合、互相制约；要严格法律程序，完备法律手续。

该案于2006年10月18日召开了平和司法和谈会，和谈程序：（1）和谈程序的组织者是当地的综合治理办公室，由组织者确定和谈的时间、地点，并通知参加人员。（2）由主持人介绍与会人员的身份。（3）主持人以书面形式告知双方当事人，说明启动这一程序解决刑事案件的利害关系及法律和社会后果，双方同意的，应当在书面告知书上签字。（4）由案件承办人简要介绍案情。（5）加害人陈述对犯罪行为的认识，并真诚悔罪，向受害人当面道歉、请求受害人谅解；并表达给予经济赔偿的意向。（6）加害人的近亲属，未成年加害人的法定监护人，要真诚向受害人道歉，请求受害人原谅，并就家庭影响、个人教育方面的失误进行总结，说明下一步的家庭管教措施，承诺管教效果　（7）受害人陈述案件具体经过及遭受的身体伤害和精神痛苦，受害人接受加害人及其家属的道歉,接受经济赔偿。(8)双方签署和解协议。(9)加害人所在村(居)委会、学校、单位代表发言,表明愿意帮教加害人,并提出具体有效的帮教措施。社区代表就如何进行社区矫正、落实帮教措施发表意见。达成和解协议。

烟台市福山区人民检察院出具建议撤案决定书,并送达公安机关,烟台市公安局福山分局撤销案件。此案件结案后由烟台市福山区人民检察院出具社区帮教移送表,并出具社区帮教告知书,向犯罪嫌疑人所在福山区福新街道办事处招贤居委会移送。

三、评析

犯罪嫌疑人李某故意伤害案是个成功适用平和司法理念的案例。平和司法理念的提出,可谓中西合璧。刑事司法发展历程是一部由野蛮到文明、由恣意到理性、由严苛到轻缓、由对抗到对话的历史。20世纪中叶以来,非监禁刑和非刑罚处罚方法在刑事司法中被大量运用,逐渐取代了中世纪前死刑、肉刑占主导的刑罚体系。恢复性司法理念逐步形成并发展。2004年江苏省无锡市惠山区人民检察院开始探索恢复性司法模式,收到了很好的效果。烟台市人民检察院派出学习考察组到上海、无锡等地学习恢复性司法,而后取其精华,在总结实践的基础上提出了"平和司法"这一新命题,并率先在检察机关开始试点。"平和司法"移植于恢复性司法理念,也符合我国的法律规定之本质。

所谓"平和司法"程序,就是对符合适用条件的轻伤害、过失犯罪、未成年人犯罪案件等轻微刑事犯罪案件,在相关司法机关启动、参与和监督下,由社区综合治理机构主持,被害人、加害人就案件处理自愿达成共识后,由司法机关对加害人进行非刑罚化或者轻刑化处理,使加害人能够通过主动的行为改过自新,被害人的物质和精神损失得到及时、充分补偿,进而恢复社会关系,化解社会矛盾,维护社会稳定。平和司法的特色总结为"三点一标",即把对被害人的损害补偿放在重要位置,以补救社会关系为着眼点,以快速解决争端为切入点,以有效手段教育挽救犯罪人为落脚点,体现出切合社会主义社会实际的公平感和人文关怀的和谐目标。其前提是司法公正和社会正义,目的是化解纷争、减少对抗、促进和谐,核心是法律效果、社会效果和经济效果的三统一。

"平和司法"的程序启动具有自身的特色:一是"平和司法"程序的启动主体是侦查、检察、审判机关。具体由案件承办人在征得犯罪嫌疑人、被告人和被害人同意,经部门负责人审核,分管领导同意后,程序启动。

二是“平和司法”程序的参加人有：综合治理办公室、司法机关办案人、社区的代表、被害人或其近亲属、委托代理人、犯罪嫌疑人、被告人、负有赔偿责任的其他人、法定代理人及相关人员。三是“平和司法”程序的主要步骤有权利告知、和谈、确认和谈协议及履行。和谈以两次为限。四是“平和司法”程序可在侦查、批捕、起诉、审判四个阶段上分别启动。“平和司法”程序应当遵守法律规定的期限，如果不能启动，或者启动后不能达成协议，应当立即转入普通刑事司法程序。

［编写人：陈正，山东省烟台市福山区人民检察院］

孙某因单位住房搬迁纠纷故意伤害案

一、案情

孙某原系该烟台某单位的职工，2002 年办理了停薪留职，虽已在烟台某小区购买了住房一套，但一直仍占用单位的集体宿舍，按规定孙某这种情况应该搬走，该单位自 2005 年 9 月份开始曾多次向包括孙某在内的这部分住户下发了搬迁通知，但孙某一直带头坚决不搬。于是该单位在 2006 年 3 月 2 日派出保卫科科长王某等十余人要对孙某实施撬锁强制搬迁，在实行强制搬迁过程中，被搬迁人孙某用碎酒瓶将单位保卫科科长王某颈部捅伤，经法医鉴定为轻伤。

二、处理过程

这是一起普通的轻伤害案件，案件事实也清楚，办案人在提审犯罪嫌疑人孙某时，孙某显然对单位将其强制搬迁很不服气，他觉得只有法院才有权力对其实施强制搬迁，单位的做法侵犯了他的权利，并表示如果出来要找单位算账、要去上告。因而，这起因企业内部纠纷引起的刑事案件，处理不好会造成矛盾激化，出现隐患。侦查机关移送逮捕后，办案人感觉本案惩治犯罪嫌疑人不是目的，维护社会和企业和谐稳定才是关键，而且从执行宽严相济刑事政策的角度来看，此案无逮捕必要，但要做好双方之间的沟通。在与单位之间的沟通过程中，单位领导表示：采取强制搬迁也是无奈之举，孙某的态度极其蛮横，无论如何劝解都不肯搬走。现在大家都在看着孙某事件的发展，如果处理不好，企业以后的工作会更不好做。办案人对单位的难处表示理解的同时指出：单位采取撬门方法强制职工搬迁是不妥当的，这不但伤害了职工的感情，也破坏了企业的形象。同时办案人也把想采取和平方式解决此案的意图与单位进行了沟通。最后单位领导表示:孙某也是单位的老职工,也不希望看到他坐牢,恳请检察机关能帮助做好孙某的工作,只要他能诚心悔过,赔偿受害人医疗费,按规定搬走,单位也希望司法机关给他从轻处罚。

办案人在提审孙某时,耐心地从社会、家庭角度对其劝解,并向其转达了单位领导对其不计前嫌,要求司法机关给予从宽处理的意愿。最终孙某表示:原来我就是以为单位领导要跟我过不去,所以才跟单位治气,坚持不搬走。现在终于明白事情不是我想象的那样,自己的做法也确实不对,我愿意赔偿受害人医疗费,也愿意从单位宿舍搬走。这样办案人又与公安机关进行了沟通,向他们通报了案件进展情况、所做的工作以及检察机关的处理意见,要求他们进一步做好嫌疑人家属工作,争取家属的配合,使案件得到圆满解决。

2006年3月15日检察机关依法对孙某作出不予批准逮捕的决定。公安机关随即将孙某释放,被害人的医药费也由犯罪嫌疑人家属交到单位。这样一起有不稳定隐患的伤害案件得到圆满的解决。

三、评析

这起案件的处理使我们深深认识到,多年的司法实践证明,"严打"、"重刑"并不能解决犯罪不断上升的趋势,实行宽严相济的刑事政策已成为我们司法实践的理性选择。逮捕羁押的措施应当区分对象,最重要的不是惩罚,而是要让犯罪人真正承担责任,积极恢复犯罪所造成的各种损害,减少社会冲突,化解社会矛盾,促进社会和谐。本案运用平和司法程序处理,体现了公平、公正的司法原则和宽严相济的司法政策。通过使用司法手段,化解社会矛盾,促使犯罪人悔过自新,保证被害人得到有效救济,从而化解双方深层次矛盾,最终使被破坏的社会关系恢复了和谐。

[编写人:胡洪超,山东省烟台市芝罘区人民检察院]

高中生张某故意伤害同学案

一、案情

2006年1月19日22时许,烟台市牟平区一应届高中毕业班男生张某,与同班同学发生争执,在相互厮打中,张某致同学右一门牙和右二六门牙断裂,右三门牙松动,经法医鉴定构成轻伤。2006 年 6 月,公安机关以张某涉嫌故意伤害罪被移送牟平区人民检察院起诉。

二、处理过程

办案人员在阅卷和走访中发现,张某平时表现较好,学习成绩优异,与同学关系也不错。打架是一时冲动所致,且案发后十分后悔,主动向对方赔礼道歉,并多次在家长的陪同下去看望被害同学,积极赔偿对方损失。由此可见,张某的主观恶性很少,且系初犯和偶犯,犯罪后态度好有明显的悔罪态度。在学校办案人员发现学校就要组织学生参加当年的高考,张某是当年参加高考的学生,面对高考这一关系学生一生的大事,打架事件发生后,张某家长与校方都十分着急。

办案人员了解到这些情况后,感到这个案件适合烟台市政法委在全市司法系统推广实施的建设和谐社会的一项重要举措——要求用平和司法程序审理的条件,于是,办案人在征得张某、家长及被害同学、家长同意的前提下,启动了平和司法程序进行审理。在张某所在学校的校长办公室,在班主任及双方家长都在场的情况下,由张某当面向被害同学赔礼道歉,并达成了赔偿协议,取得了被害同学及家长的谅解。

办案人员将这一情况向公安机关做了通报,公安机关对该案做了撤案处理,张某因没有被起诉,参加了当年的高考,顺利进入大学深造。

三、评析

该案是在实行平和司法程序审理案件中取得效果突出的案件之一。如果按正常程序审理该案,必然会对张某采取强制措施,进行起诉,对其判处一定的刑罚也是不可避免的,这样张某就不能如期参加当年的高考,无法进入大学深造,结果将直接影响其一生。

这种利用平和司法程序审理案件具有的好处表现如下:

一是有助于社会和谐。刑事和解把对被害人的损害补偿放在重要位置,以补救社会关系为着眼点、以快速解决争端为切入点、以有效手段教育挽救犯罪人为落脚点、体现了社会实际的公平感和人文关怀的和谐目标。当前基层刑事案件中,偶犯、过失犯、轻微犯增多,引发了人们的同情心。特别是邻里纠纷导致的轻伤案件、酒后纠纷案件、年轻人一时冲动实施的伤害案件和交通肇事案件占据相当大的比重。这些案件的犯罪嫌疑人与被害人之间,没有很深的矛盾冲突,大都是因小事引起的摩擦。上述案件发生后,犯罪嫌疑人大都愿意积极赔偿来减轻处罚,受害的一方也愿意得到经济补偿,不愿与对方结怨。这里我国传统的"和为贵"、"冤家宜解不宜结"的传统因素影响深远，因此，对刑事案件在处理时采取较轻的刑事政策获得了赞同。

二是有助于被害人得到经济补偿。对一些重大的恶性案件，被加害人因经济困难也有在严惩加害人与得到经济补偿的选择中要求经济补偿的。在市场经济日益深入的今天，因生活所迫，在受到伤害后选择经济补偿的也大有人在。特别是在案件的加害人在当地是有权有势的人时，被加害人受到巨大的压力，不得不选择经济补偿。在实际的刑事案件中，特别是被判处实刑的犯罪嫌疑人，对犯罪中的被害人积极进行经济赔偿的很少，在判决中，虽然有明确的赔偿数额，但在实际执行中，很难得到兑现。因此，一些被害人也愿意在判决前与犯罪嫌疑人进行调解，以减轻其处罚换取相应的经济补偿。

三是对最佳刑事政策的有益探索。当前我国的人民内部矛盾逐渐凸显，刑事犯罪呈高发趋势，犯罪总量在增长，刑事积案在增加，重新犯罪率在上升，由此引发的涉法上访和群体性事件，对构建和谐社会造成了不良影响。司法实践证明，"重刑"在有效遏制犯罪趋势上升的同时，也带来了一些负面影响，有些时候甚至容易激化矛盾，为社会的安宁埋下了隐患。如邻里纠纷，引发的轻伤案件，如果非要按现行法律处理，造成对方重伤的双方都有可能被判处实刑，两家都会因此结下更深的冤仇，不利于社会的和谐。如果能恰当地进行调解，由司法机关对加害人进行非刑罚化，或者轻刑化处理，使其主动悔改，真正承担责任，取得被害人的谅解，恢复犯罪所损害的社会关系，就会取得多方，更容易接受的局面。因此，主张刑事和解，恰当的处理相关案件是社会和谐的需要。

四是有助于节省司法资源。目前主张刑事和解主要是对轻伤害案件、过失犯罪案件、未成年人犯罪案件等轻微犯罪案件，在相关司法机关启动、参与和监督下，由社区综合治理机构主持，被害人、加害人就案件处理自愿达成共识后，由司法机关对加害人进行非刑罚化或者轻刑化处理，使加害人能够通过主动的行为改过自新，被害人的物质和精神损失得到及时、充分补偿，进而恢复社会关系，终止案件审理，这种做法对司法资源的节省是明显的。

[编写人：徐茂清，山东省烟台市牟平区人民检察院]

黄某因亲属间纠纷故意伤害案

一、案情

黄某，男，1989年8月22日出生，住莱州市夏邱镇迟家村玉泽石材厂（户口所在地河南省邓州市张村镇某村），黄某与郭某系表兄妹关系。黄某一家人与郭某一家人同在莱州市夏邱镇迟家村玉泽石材厂打工，两家因琐事发生矛盾，并为此经常争执。2006年6月3日6时30分许，黄某与郭某一家人又因以前的琐事在石材厂内发生争执并厮打，黄某持菜刀将郭某头部打伤。2006年10月18日，经莱州市公安局法医鉴定，受害人郭某之伤构成轻伤。

二、处理经过

2006年8月8日，莱州市人民检察院受理审查起诉黄某故意伤害案。经办案人审查认为该案符合《烟台市人民检察院关于推行平和司法程序的实施意见》的规定中“平和司法”的适用条件，立即履行“平和司法”告知程序，给犯罪嫌疑人、被害人及其近亲属送达《轻缓刑事案件受理告知书》，书面告知双方本案可以适用平和司法程序处结。即双方可以达成和解协议，犯罪嫌疑人对受害人进行民事赔偿，犯罪嫌疑人获得从宽处理。

接到告知书后，双方均同意适用平和司法程序，并达成民事赔偿及刑事和解协议，民事赔偿部分实际履行后，由受害人一方到检察机关递交《协议书》。犯罪嫌疑人和被害人均填写《适用平和司法程序处结案件申请表》递交检察机关，申请使用平和司法程序。办案人逐级上报《启动平和司法程序审批表》，经分管检察长批准后落实平和司法措施。由双方当事人填写了《轻伤害案件和解履行确认登记表》，确认对协议及履行情况无异议。由分管检察长批准，对犯罪嫌疑人黄某变更强制措施，由逮捕变更为取保候审。

为保证犯罪嫌疑人在取保候审期间严格遵守各项有关规定，促进其思想改造，莱州市人民检察院通过《平和司法处结案件基地帮教告知书》告知犯罪嫌疑人黄某可以申请通过帮教基地接受帮教和监督。犯罪嫌疑人黄某填写了《平和司法处结案件基地帮教申请书》及《保证书》，表示其愿意到帮教基地接受帮教。办案人逐级上报《平和司法处结案件基地帮教审批表》，由检察长批准后实施。

2006年11月，犯罪嫌疑人黄某到莱州市“平和司法帮教基地”——某金属制造有限公司工作并接受帮教指导，在工厂内从事电焊工作，住集体宿舍，与厂内其他职工同工同酬。检察机关指定2名检察官担任其思想教育辅导员和生活教育辅导员，一名公司职工担任其劳动技能辅导员，经过2个月的工作学习和思想改造，黄某对其犯罪行为的社会危害性有了更加深刻的认识，能够遵纪守法，积极改造，认真悔罪，表现良好。

2007年1月8日，根据案件的处理情况和黄某在帮教期间的具体表现，检察院作出解除帮教的决定，解除取保候审的强制措施，并建议公安机关撤回案件，公安机关作出撤销案件的决定。

三、评析

为了进一步树立社会主义法治理念，促进公平公正执法，维护社会和谐稳定，烟台市人民检察院率先提出了平和司法理念，即在法律的框架内和不违反社会公德和不损害他人利益下为当事人化解矛盾，减少对抗，维护正义，促进和谐。我院依据法律、法规，通过摸索、探索，运用平和司法处结了几起案件，对加害人进行非刑罚化或者轻刑化处理，使加害人通过主动的行为改过自新，受害人的物质和精神损失得到及时、充分补偿，从而能够恢复社会关系，化解社会矛盾，减轻了司法负担，达到了较好的效果。现对黄某故意伤害案的处理情况做一剖析。

本案犯罪嫌疑人黄某犯罪时不满18周岁，是未成年人，《中华人民共和国刑法》第17条规定对未成年人犯罪应当从轻或者减轻处罚。本案的起因是由于双方家庭以前的矛盾而引发的，且受害人及其母亲有过错在先，犯罪嫌疑人黄某用菜刀打伤受害人，致人轻伤，属于初犯，犯罪情节较轻，主观恶性不大。案件发生后，在检察人员的调解下，犯罪嫌疑人黄某确有悔罪表现，当事人双方自愿就民事赔偿达成协议并全部履行。受害人郭某系加害人黄某的表妹，双方有亲缘关系，通过协商，被害人对嫌疑人给予宽恕，双方达成和解，表示不追究其刑事责任，符合《人民检察院办理未成年人刑事案件的规定》中第21条的规定，运用平和司法程序受到双方的欢迎。

我们首先告知双方当事人有选择适用平和司法程序的权利，这是适用平和司法的前提，即双方平等自愿是基础，不得虚构或隐瞒真相。其次，由双方当事人协商一致达成民事协议，双方基本意见必须一致，不得有胁迫或强迫行为。最后，由检察机关确认双方是否实际履行，并且受害人要明确表示不再追究对方的民事及刑事责任，这是最关键的一步，因为只有实际履行后我们才能具体运用平和司法处理。

犯罪嫌疑人被解除逮捕的强制措施后，为防止其思想、行为出现不利于案件顺利处理的情况，检察机关在尊重个人意愿的基础上，通过帮教基地对其进行帮教，做好后续教育改造工作，从而保证了"平和司法"的连续性，使执法办案的社会效果最大化。我们选择一个经营管理制度完善，社会信誉良好，具有良好的经济效益的单位作为帮教基地。并且公司负责人热心公益事业，愿意给失足犯罪者提供一个回归社会的机会，帮助他们重新找回正确的人生道路，将来做一个有益于社会的人。"帮教基地"为被帮教对象提供了一个相对封闭的良好生活、工作环境，减少了与社会上不良分子的接触，有利于被帮教人的改过自新。犯罪嫌疑人黄某系未成年人，身心正处于发育期，涉世不深，容易冲动，辨别能力差，容易再次犯罪，通过帮教可以使其掌握一技之长，尤其是从思想上对他进行教育，帮助其树立遵纪守法的责任心，有利于将来的人生道路。

在具体帮教过程中，由企业推选1名职工担任工作上的帮教师傅，具体负责劳动技术的指导，使其在工作中得到照顾，由检察机关安排两名检察官具体负责思想和法律知识方面的帮教，定期进行谈心和辅导，让犯罪人从内心深处认识到自己的罪过，在思想上得以反省，构筑起预防重新犯罪的防线。通过检察机关和帮教基地的通力合作，充分利用社会、社区在改造、预防犯罪中的主观能动性和积极作用，实现了法律效果、社会效果的高度统一，为创新完善社会治安综合防控体系，维护社会安定和谐作出了积极贡献。

[编写人：邵林、张英华，山东省莱州市人民检察院]

初中生姜某等盗窃自行车案

一、案情

姜某，男，1990年5月生，汉族，小学文化，在校初中生；闫某，男，1989年10月生，汉族，小学文化，在校初中生。

2006年6月9日20时许，姜某伙同闫某，在蓬莱市某购物广场门口盗窃曲某某停放的绿色捷百利牌自行车一辆，经蓬莱市价格认证中心鉴定价值人民币216元。2006年6月7日12时许，姜某伙同闫某在蓬莱市某购物广场门口盗窃王某某停放的蓝色飞鸽维诺尔电动助力自行车一辆，经蓬莱市价格认证中心鉴定价值人民币1190元。当晚，被执行任务的巡警大队民警当场抓获。2006年6月10日，二人均因涉嫌盗窃罪被蓬莱市公安局取保候审。

二、处理过程

案件承办人填写了《启动平和司法程序审批表》，报科室负责人和主管检察长审批后，书面告知双方当事人启动该程序的利害及后果。和谈及不起诉、帮教过程具体如下：

和解会议。2006年8月15日，由蓬莱市社会治安综合治理办公室主任、教育体育局副局长、两犯罪嫌疑人所在中学的副校长及班主任、双方当事人参加的和解会议在综治办主任的主持下召开。主持人简要介绍了会议主题及与会人员身份后，检察机关案件承办人简要介绍了案件事实及罪名；两犯罪嫌疑人当场陈述了对犯罪行为的认识，并向受害人当面道歉，请求谅解；姜某、闫某的法定监护人主动向受害人当面道歉，提出愿意赔偿受害人的损失，并就自身的失职行为进行检讨，表示今后一定会教育好孩子；被害人陈述案件发生使自身遭受的物质和精神损害，明确表示愿意接受道歉和经济赔偿，并表示不想追究犯罪人的刑事责任。双方均当场在和解协议上签字。而后二人所在的实验中学副校长、班主任分别发言，表明对案件的处理意见，希望从教育挽救的角度出发，不要追究他们的刑事责任，并表示愿意帮教。

帮教会议。教育挽救、预防犯罪是平和司法理念中所蕴含的重要内容。和解会议后，蓬莱市人民检察院立即召开检委会讨论研究公诉部门提交的不起诉意见，2006年8月18日，烟台市院批复同意对姜某某、闫某某作出不起诉决定。之后，检察机关依照《关于对适用平和司法程序不起诉未成年人开展帮教工作的实施细则》的规定，对某中学发出《检察建议书》："……建议你校对姜某、闫某进行帮教。(1)建议帮教期限为3个月，自不起诉决定宣布之日起计算；(2)建议敦促姜某、闫某利用业余时间学习基本的法律知识；(3)建议对闫某的交友提出意见；(4)建议敦促姜某、闫某每个月对自己的思想、表现情况加以总结，交帮教人备案。"

2006年9月12日，由蓬莱市社会治安综合治理办公室主任主持召开宣布不起诉决定及落实帮教工作会议。蓬莱市教育体育局、姜某、闫某所在中学的代表、被帮教人姜某、闫某及其监护人和班主任参加会议。在宣布不起诉决定后，该中学代表针对检察建议，结合本单位的实际，提出具体的帮教意见："帮教期间自2006年9月12日至12月11日；责任班主任某某；(1) 帮教期限为3个月，自不起诉决定宣布之日起计算；(2) 督促其认真学习有关法律、法规。通过法律讲座、主题班会等多种形式，提高法制观念和法律意识；(3) 采取家访、个别交谈等形式，提高其思想意识，并为其改正错误营造良好的氛围；(4) 要求其每月向班主任汇报一次思想，报告一个月来的思想状况，发现问题及时疏导；(5) 与家长联手，密切留意其存在的交往情况，杜绝其与有劣迹的社会青年交往。"

被不起诉人的监护人分别就接受帮教和配合教育表态，在他们接受帮教内容和期限之后，蓬莱市社会治安综合治理办公室确定通过帮教协议并由相关人员签字，并确定蓬莱市教育体育局为帮教责任机关，所在中学及被不起诉人的班主任为帮教单位、直接帮教责任人。

后续帮教。帮教会议后，蓬莱市人民检察院公诉科配合蓬莱市社会治安综合治理办公室每月对帮教工作进行跟踪回访，监督考查。2006年12月12日，帮教期满后，蓬莱市社会治安综合治理办公室组织召开检察机关、帮教责任机关、帮教单位、帮教责任人、姜某闫某及法定监护人参加的帮教听证会，并邀请两位人大代表参加，决定是否解除帮教。听证会认为，姜某、闫某在三个月的帮教期内，真诚悔过，遵纪守法，认真学习，已经走入正轨，达到了帮教的预期成效，同意解除帮教。2007年1月，在期末考试中，被不起诉人姜某、闫某的成绩均前进10名以上，并且未出现违法违纪的不良记录。

三、评析

检察机关对该案适用平和司法程序的动因有以下几个方面：

法理动因。经检察机关审查后认为，犯罪嫌疑人姜某、闫某实施了《中华人民共和国刑法》第264条规定的盗窃行为，但二人实施犯罪时均不满18岁，属于未成年人初次犯罪，符合《中华人民共和国刑法》第17条第3款规定的"已满14周岁不满18周岁的人犯罪，应当从轻或者减轻处罚"的情况。并且，虽然盗窃物品价值在1000元以上，属于"盗窃公司财物数额较大"的范围，但量刑的范围在"3年以下有期徒刑、拘役或管制，并处或者单处罚金"之间。综合该案件事实与证据，诉至法院后，该案便可能依据《中华人民共和国刑法》第37条的规定，进行"免予刑事处罚"的处理，不判处刑罚。

情理动因。公诉人阅卷后，在其法定监护人在场的情况下，分别讯问了犯罪嫌疑人姜某与闫某,两人如实供述犯罪事实,并痛哭流涕地表示悔改。姜某的监护人表示:如果能不判刑,给孩子一个改过的机会,将补偿被害人的损失。闫某的监护人也提出:孩子违法与家长疏于管教有很大关系,如果能在检察机关处理,不致判刑,愿意包赔受害人的经济和精神损失。公诉人将犯罪嫌疑人的监护人的意见转达受害的失主王某某和曲某某,并听取他们对案件处理的意见。二人均表示只要能适当赔偿损失,赔礼道歉,不愿追究两名学生的刑事责任。

鉴于此,蓬莱市人民检察院从及时化解社会矛盾、尊重和保障刑事诉讼当事人诉讼权利的角度出发,决定对该案适用宽缓的刑事政策,根据《烟台市人民检察院平和司法程序操作规则(试行)》中所规定的:"盗窃物品价值不满2000元"的未成年人犯罪,在检察公诉环节,启动平和司法程序办理。

"平和司法"理念以补救社会关系为着眼点,以教育挽救犯罪人为落脚点。因此,办理该案件的蓬莱市人民检察院借鉴办理未成年人犯罪案件的经验及运用平和司法理念办案的心得,根据我国办理未成年人案件的相关法律规定、《中共烟台市委政法委关于推行平和司法程序的实施意见》,制定了蓬莱市人民检察院《未成年人犯罪案件适用平和司法程序办案规则》。将办案程序设计为"阅卷、讯问、询问、审批、告知、和解、检察委员会研究拟不起诉意见、上报烟台市院批准、宣布不起诉"九个步骤。其中对和解会议设定了8道程序,即召集相关人员参加、主持人主持会议、办案人介绍案情、加害人悔罪道歉、监护人检讨承诺、被害人发表意见、帮教代表发言、签署和解协议。并对审批、告知、和解等环节,配套设计了《启动平和司法程序审批表》、《启动平和司法程序告知书》、《和解协议书》等文书。对未成年人适用平和司法的一个重要环节是帮教,为保障未成年犯罪人不起诉后的帮教效果,蓬莱市人民检察院与蓬莱市综合治理办公室、教育体育局、共青团市委、妇女联合会等部门多次座谈后,联合签署了《关于对适用平和司法程序不起诉未成年人开展帮教工作的实施细则》,使"平和司法"在办理未成年人犯罪案件中,形成了一套以适用程序、和解程序、不起诉决定审批程序和帮教程序为内容的较为完整的程序体系。

[编写人:吴高志、陈志雁,山东省蓬莱市人民检察院]

张某上坟失火烧毁林木案

一、案情

张某,女,1957年3月生,汉族,农民,高中文化。2005年3月25日9时许,张某姐妹四人在蓬莱市潮水镇潮水二村某山上坟时,由张某点燃的纸张引起火灾,将1125颗松树烧毁,损失价值人民币近两万九千余元。案发后,张某的姐姐报警。同日,张某因涉嫌失火罪,被蓬莱市公安局取保候审。

二、处理过程

此案经检察机关公诉部门审查后认为,犯罪嫌疑人张某的行为已触犯了《刑法》第115条第2款的规定,构成失火罪,事实清楚,证据确实充分。但本案系过失犯罪,张某所涉嫌犯罪的主观恶性小,失火所造成经济损失的数额不是很大,诉至法院后极有可能判处3年以下有期徒刑。

案发后,张某的姐姐立即报案,张某真诚悔过,在案件移送检察机关审查起诉时已补栽树苗500棵,可见其弥补过失的积极态度;案发后,受害方蓬莱市潮水镇某村也要求司法机关不予追究犯罪嫌疑人的刑事责任,并出具了《关于张某失火一案的处理意见》,写明"失火后张某等四人能主动报案,积极组织家人救火,灾后能积极清理火灾现场,考虑其家庭条件都较差,生活比较困难,村两委研究决定不追究其刑事责任,只与其姐妹四人达成补栽和管理协议作为一次性处理"。可见受害方蓬莱市潮水二村在张家姐妹能将烧毁的树木补种从而恢复山林原状的前提下,可以谅解犯罪嫌疑人张某的过失。

鉴于此,检察机关从及时化解社会矛盾、尊重和保障刑事诉讼当事人诉讼权利的角度出发,决定对该案适用宽缓的刑事政策,即根据烟台市委政法委、烟台市人民检察院《关于推行平和司法程序的实施意见》,启动"平和司法"程序。在按照基本程序进行了启动平和司法程序的审批,对案件双方当事人进行了平和司法和解告知之后,检察机关在促成和解方面采取了新的措施:引入司法行政调解机制,达成刑事案件的民事赔偿和解。

调解前,蓬莱市人民检察院分管刑事检察的检察长与潮水镇党委成员、林业部门分别进行协商,林业部门愿意提供树苗供张某栽种,潮水镇党委对检察机关的办案思路表示理解与赞同。2006年11月8日,在蓬莱市蓬莱阁街道办事处人民调解委员会主持下，张某涉嫌失火一案双方当事人达成调解协议。调解中，该院与林业局代表列席了调解会议。

最后，某村与姐妹四人达成蓬阁2006年民调字第4号人民调解协议书，达成如下协议：(1) 张某等四人负责于2007年5月前在案发现场栽种松树苗1200棵（现已栽种500棵）并保证成活率达到95%以上，树苗由蓬莱市林业局提供，其他费用由被申请人张某等四人负担。(2) 蓬莱市林业局、潮水二村村委员监督张某等四人对树苗的栽种、管理，成活率以蓬莱市林业局的鉴定为准。(3) 到期因管理不善造成成活率未达到标准，张某等四人应当补栽所短缺的树苗。

达成调解协议后，根据平和司法程序，蓬莱市检察院公诉部门拟依据《中华人民共和国刑事诉讼法》第142条第2款对该案作相对不起诉处理，并经检委会研究决定对张某涉嫌失火案作相对不起诉处理。在对烟台市人民检察院请示并得到批复后，蓬莱市人民检察院作出不起诉决定并对双方当事人宣读了不起诉决定书。

三、评析

关于刑事和解，主持方是否应为检察机关一直存在较大的争议。从目前的法律、法规看，检察机关主持刑事和解，只限于理论研讨的层面，并没有明确的依据。在于法无据的前提下进行的刑事和解，很可能为外人所诟病。为此，引入新机制成为必然的选择。

根据中华人民共和国司法部2002年出台的《人民调解工作若干规定》，司法行政机关组织成立了人民调解委员会；将公诉阶段认为可以进行刑事和解的案件，在双方当事人同意的情况下，将民事赔偿问题，由人民调解委员会主持调解，达成书面的《人民调解协议书》，难题便迎刃而解。蓬莱市人民检察院与蓬莱市司法局沟通，并于2006年11月2日，双方联合签发了《适用平和司法程序案件调解工作实施细则》，从指导思想、适用范围、和解原则、工作程序等四个大方面进一步规范了适用平和司法程序进行当事人和解的有关问题。使检察机关适用平和司法程序处理案件时，有了一定的规范和依据。

虽检察机关不作为调解的主持方，但作为启动平和司法程序、促成当事人和解的一方，应发挥协调、斡旋等促进社会和谐、化解社会矛盾的积极作用。

[编写人：陈志雁，山东省蓬莱市人民检察院]

福　建(3)

中学生吴某故意伤害致人重伤案

一、案情

2000年10月8日中午，某中学学生周某叫来同学吴某（时年未满16周岁）、陈某，称其被池某欺负，并拿出三把水果刀，要求一起找到池某将其“做了”。吴某出于朋友义气，即携刀伙同周某、陈某等在某快餐店门口殴打被害人池某，在殴打中吴某用水果刀刺伤池某右胸肋部、右大腿等处，致使其肝脏破裂，池某的伤势经法医鉴定为重伤。案发后，周某、吴某、陈某均在逃，2006年3月13日，吴某向公安机关投案自首，被取保候审，之后在司法机关的调解下，吴某与被害方池某及其家人达成刑事和解，由吴某赔偿池某医疗费3.8万元，2006年3月13日，被害方池某的父亲写了一份申请书，称其子池某经治愈后身体状况良好，无留下后遗症，对方家长负责的态度令其满意，念吴某当时年幼无知，请执法部门给予从轻处理。2006年4月20日该案移送检察机关审查起诉。

二、处理过程

该案经检察机关审查认为，吴某故意伤害致他人重伤的犯罪事实清楚，证据确实充分，涉嫌故意伤害罪。但鉴于其犯罪时未满16周岁，且有自首情节，并主动给予被害方合理的经济赔偿得到谅解，根据最高人民法院《关于审理未成年人刑事案件具体应用法律若干问题的解释》第17条之规定，应当依据《中华人民共和国刑事诉讼法》第37条之规定免予刑事处罚，因此可以适用《中华人民共和国刑事诉讼法》第142条第2款之规定作不起诉处理。

这是一起未成年人故意伤害他人致人重伤后，经刑事和解，最终由检察机关对其作不起诉处理的案件。鉴于该案曾造成重伤的严重后果,因此在该案的审理及研究过程中,检察机关从法律与情理的角度对此案进行了深入的分析,慎重地作出了不起诉的决定。

三、评析

1. 对吴某决定不起诉,符合法律及司法解释规定

(1) 依法应当从轻或减轻处罚。本案中,吴某持刀行凶,造成池某重伤的严重后果,其行为构成故意伤害罪,根据《中华人民共和国刑法》第234条之规定,应处3年以上10年以下有期徒刑。但由于吴某作案时未满16周岁,系未成年人,根据《中华人民共和国刑法》第17条第3款规定,已满14周岁不满18周岁的人犯罪,应当从轻或者减轻处罚。因此对吴某可能在法定最低刑即3年有期徒刑以下量刑。

(2) 依法应当免予刑事处罚。本案中,吴某系受周某唆使,出于朋友义气而犯罪,且系初犯。案发后,吴某虽潜逃多年,但最终能主动投案自首,承认所犯罪行,有悔罪表现,并能积极给予被害方赔偿,取得被害方的谅解,根据最高人民法院《关于审理未成年人刑事案件具体应用法律若干问题的解释》第17条规定"未成年罪犯根据其所犯罪行,可能被判处拘役、3年以下有期徒刑,如果悔罪表现好,犯罪后自首或者有立功表现,应依照刑法第37条的规定免予刑事处罚",因此对吴某符合免予刑事处罚的条件。

(3) 依法可以作不起诉处理。《人民检察院办理未成年人刑事案件的规定》第21条规定"对于未成年人实施的……初次犯罪……及被教唆实施犯罪案件等,情节轻微,犯罪嫌疑人确有悔罪表现,当事人双方自愿就民事赔偿达成协议并切实履行,符合刑法第37规定的,人民检察院可以依照刑事诉讼法第142条的规定作出不起诉决定"。因此对吴某依法可以作不起诉处理。

2. 对吴某不起诉,体现了恢复性司法的理念

决定不起诉处理,有利于挽救失足少年,消除社会隐患。本案中吴某作案时系未成年人,当时无论在生理上还是在心理上都处于不稳定阶段,情感波动大,辨别是非能力和自我控制能力差,加上客观上受他人唆使,其犯罪是一时盲目和冲动造成的;虽然其行为造成被害方重伤的严重后果,但被害方经治愈后身体状况良好,未留下后遗症,其行为造成的严重后果得以补救。案发后,吴某虽经潜逃,最终能投案自首,如实供述罪行,且给予被害方经济赔偿,最终取得被害方谅解,有明显的悔罪表现。应当将其与一些主观恶性大、屡教不改、情节后果严重的未成年犯相区别,因此对其刑事处罚的

意义不大，对其作不起诉处理后，经过教育、感化、挽救工作，往往能够很快觉悟，迷途知返，有利于其成长和发展。同时能避免对其判刑后可能使其产生的对社会的仇视心理，导致其将来可能会作出的一些不利于社会的行为。另外由于还有两名同案在逃，如果长期不归案，对社会来讲始终是个巨大的隐患。对吴某不起诉处理，可以促使他们尽快归案，依法给予其从轻或减轻的处理，得到法律的惩戒，消除可能造成的危害社会的隐患。

采用刑事和解结案，有利于平衡各方利益，促进司法公正。刑事和解是指在刑事诉讼程序中，被害人和犯罪人以犯罪人认罪、赔偿、道歉等方式达成谅解后，国家专门机关不再追究犯罪人刑事责任或者对其从轻、减轻甚至免除刑罚的一种案件处理方式。它以被害人的利益保护为核心理念构建而成，同时兼顾了犯罪嫌疑人及公共利益的保护，体现了恢复性司法的理念。相对于采用判刑的方式结案，刑事和解是一种处理轻微犯罪案件的较好的结案方式。刑事和解制度在刑事司法的宏观系统内促进了被害人、犯罪人及公共利益保护的价值平衡，促进了刑事司法的整体公正性，弥补了传统刑事司法制度对被害人利益的关照不足。本案中如果三名案犯均不归案，则被害人的利益则无法得到法律的实质性保护。

3．案件意义

这是一起贯彻宽严相济刑事司法政策的典型案例，综合运用了刑事和解及对未成年人保护的相关法律规定。最高人民法院《关于审理未成年人刑事案件具体应用法律若干问题的解释》、高检院新修订的《人民检察院办理未成年人刑事案件的规定》及《中华人民共和国未成年人保护法》的颁行，无不强调刑事司法领域加强对未成年犯罪嫌疑人的司法保护。当前如何在处理未成年人犯罪上贯彻宽严相济的司法理念，应把握以下三项原则：

一要宽严有度，明确刑罚与非刑罚处理的尺度。宽严相济的核心是区别对待。没有区别对待，就没有宽严相济。必须具体地分析个案，区别不同情况，体现宽严有别、宽严相济。区别的目的在于最大程度地预防犯罪、化解矛盾。宽严相济必须把握好度。度的标准就是法律规定的界限，法律和政策的基本精神、基本原则。宽严相济深刻体现了以人为本的价值理念。刑事司法办案人员应当透过案卷看到人，了解人心、把握人性、通达人情，认识人的差异，必须严格依法办事又要避免简单就事论事、过于格式化地处理问题。

二要宽严有据，找准刑事政策与法律规定的依据。当前宽严相济仍是一项刑事司法政策，在立法层面仍处于不断完善之中，高检院《关于在检察工作中贯彻宽严相济刑事司法政策的若干意见》中明确了总的适用原则和具体的作用范围，有利于统一司法适用标准，增强宽严相济刑事政策适用的指导性和可操作性。但实践中司法人员仍应结合现有的法律规定进行操作，而不能超越法律规定的界限。应当严格按照该意见的规定，依法对“三类案件”即“未成年人犯罪案件、因人民内部矛盾引发的轻微刑事案件及轻微犯罪中的初犯、偶犯”应从宽处理；依法对“九种情形”即“初犯、从犯、预备犯、中止犯、防卫过当、避险过当、未成年人犯罪、老年人犯罪以及亲友、邻里、同学同事等纠纷引发的案件”适用不起诉。

三要注重效果，做到法律效果和社会效果的统一。刑罚的最终目的在于化解社会矛盾，促进社会和谐，而非简单地惩处犯罪人，满足公民的复仇心理，因此宽严相济刑事政策，并非简单表现为处理上的轻重有别，更主要的是通过轻缓化、人性化地适用法律，化解社会矛盾，促进社会和谐，从而实现法律效果和社会效果的统一，最大程度地满足社会大众对公平与正义的期望。鉴于未成年人犯罪与他们生理、心理发育不成熟有着直接关系，由于其心智的不成熟，缺乏足够的认知能力，其犯罪往往基于一时性起，或受他人蛊惑，主观上要求危害社会，或与社会对抗的主动性并不强，犯罪后悔罪的心态也比较明显，因此，针对未成年人犯罪的特点和规律，应坚持“教育为主、惩罚为辅”的原则，积极、稳妥地办理未成年人犯罪案件，这是体现宽严相济刑事政策的重要方面。同时刑事和解制度作为一种处理轻微刑事案件的方法，给冲突双方解决冲突提供了机会。只要双方当事人在公平、公正的原则下进行平等协商，达成谅解，进行赔偿，并在充分了解行为后果的基础上，作出真实意思表示，要求不追究嫌疑人的刑事责任的，司法机关均应依法从轻或减轻处理，以最大限度地化解社会矛盾，减少社会的对立面，同时，也使被害方能够得到更合理的补偿，最大限度地减轻犯罪所带来的危害后果。

[编写人：王竑，福建省长乐市人民检察院]

陈某某因亲属间纠纷故意伤害案

一、案情

2005 年 1 月 16 日，犯罪嫌疑人陈某某（女）的兄弟陈老大和陈老二因祖宗的香炉安置问题发生纠纷，进而引起双方互殴。案发当日，恰逢犯罪嫌疑人陈某某回娘家收购紫菜，见其二哥陈老二满面伤痕，遂问事情缘由，在得知事情的真相后，犯罪嫌疑人就责备其大哥陈老大夫妇的不对，引起陈老大妻子魏某某的不满，双方就发生了口角，从而引发姑嫂之间的互殴，在互殴过程，犯罪嫌疑人陈某某用树枝击打被害人魏某某，导致被害人左胸第5、9、10、11肋骨骨折，经法医鉴定，被害人魏某某的损伤为轻伤，犯罪嫌疑人陈某某的损伤为轻微伤。

二、处理过程

案发后，被害人魏某某向福清市公安局报案，要求追究犯罪嫌疑人陈某某、嫌疑人的丈夫林某某以及嫌疑人的二哥陈老二的刑事责任。公安机关立案后，于2005年3月21日对犯罪嫌疑人刑事拘留，因被害人坚决要求追究嫌疑人的刑事责任，且双方达不成民事赔偿协议，犯罪嫌疑人于同年3月31日被执行逮捕，并于同年4月12日被移送检察机关审查起诉。福清市人民检察院于同年4月19日对犯罪嫌疑人作相对不起诉决定。

检察机关在审查该案后，考虑到该案是属于家庭内部纠纷引发的轻伤害案件，具有一定的特殊性。同时，办案人员在提讯犯罪嫌疑人陈某某时，其认罪态度较好，并对自己过激的行为表示懊悔。因此，他们大胆尝试着对该案进行“刑事和解”。为此，办案人员专门走访了被害人和犯罪嫌疑人所在村委会，了解情况，并邀请村老人会代表、派出所片区民警，组织被害人、犯罪嫌疑人的兄弟、犯罪嫌疑人的丈夫等人，进行调解，充分、平等地听取意见，晓之以理、以法，动之以情。最后，案件双方当事人达成民事赔偿协议，由犯罪嫌疑人一方一次性赔偿被害人魏某某人民币2.1万元，被害人同时也表示谅解，向检察机关提出不追究犯罪嫌疑人刑事责任的书面申请。福清市人民检察院于2005年4月19日在综合考虑本案的特殊性和考察犯罪嫌疑人一贯表现，以及征求犯罪嫌疑人的意见基础上，对犯罪嫌疑人陈某某作出相对不起诉的决定。

案件处理3个月后，检察机关组织原办案人员进行回访，经走访当地村委会、村老人会、派出所以及部分群众，均一致反映检察机关对该案的处理教育和挽救了当事人，不仅有效化解了矛盾，促使家庭成员重归于好，更重要的是解决了多年未决的家庭纠纷，并在村里起到了警示教育作用。经过走访原有案件当事人，他们在感谢检察机关的同时，也都纷纷表示能够珍惜这次机会，促使家庭和睦。

三、评析

轻伤害案件多数发生在亲朋、邻里、同事之间，属于群众内部矛盾，案件如能得到正确、及时、妥善的处置,对于缓和社会矛盾和犯罪嫌疑人改过自新均具有积极意义。如果不加考虑,统一对犯罪嫌疑人定罪起诉,往往会加重当事人双方彼此间的怨恨,激化矛盾,形成新的社会不稳定因素,容易滋生新的犯罪。本案是一起典型的家庭纠纷引发的伤害案件,涉及兄弟互殴、兄妹怨恨、姑嫂相残以及信仰冲突(因祖宗香炉安置问题的冲突),如果处理不当,必将引发更深的仇恨和冲突。福清市人民检察院在办理该案过程中,大力推行刑事和解制度,大胆运用不诉手段终结诉讼,既有利于提高办案效率,节约诉讼资源,更有利于化解矛盾,产生良好的社会效果,这种做法值得肯定与推广。

刑事和解是指采用调解方式对刑事案件进行结案,是一种在正式的司法程序以外处理刑事案件的方式。经过实践表明,刑事和解机制对于解决轻微刑事案件、妥善处理社会纠纷具有重要的实践价值,已经引起理论界的广泛关注和社会的普遍认可。刑事和解制度也是检察机关贯彻宽严相济刑事司法政策的一个重要的司法实践,它的推行,具有以下益处:一是能提高诉讼效率,降低诉讼成本。二是能较好地保护被害人的合法权益。刑事和解的一个重要条件是赔偿到位,能达到被害人谅解的程度,这对被害人权益无疑是一种有效的、切实的保护。三是有利于促进社会和谐。刑事和解强调通过被害人与加害人间的平等对话交流,达致抚慰被害人心理创伤、修复因犯罪损害的社会关系的目的,有利于避免产生新的社会冲突。

当然,推行刑事和解制度,要严格界定案件范围(一般针对可能判处3年以下有期徒刑的轻微案件),这也是避免执行宽严相济司法政策中出现抓“宽”弃“严”的错误倾向,同时,执行刑事和解的案件要事实清楚、证据基本充分,犯罪嫌疑人要有悔罪表现,并且对主要事实没有异议。另外,刑事和解应当坚持当事人自愿和公平公正的原则。经济赔偿数额和其他补救办法应当与被害人受犯罪损害而造成的实际损失及犯罪嫌疑人应当承担的责任相适应,并且应当考虑犯罪嫌疑人的赔偿、补救能力。

同时,福清市人民检察院在该案处理后开展的回访制度,也是值得肯定的。办理刑事案件,必须扭转“就案办案”的错误理念,不能办完案子、走完程序就算完事,更要关注案件当事人情绪是否理顺,对案件的处理决定是否服气,进而有针对性地加强释法析理工作,加强化解矛盾工作力度,这也是和谐意识在办案中的体现。为此,要在办理刑事和解的案件过程中,积极延伸办案的触角,对不诉的案件,认真开展回访工作,并通过社区、居委会、村委会等有关方面的参与,组织案件当事人,宣讲法律,继续稳定双方情绪，从深层次化解矛盾，避免冲突的再次发生，修复受损的社会关系，恢复正常的生活秩序，切实保障结案后的社会效果。

［编写单位：福建省福清市人民检察院］

大学生陈某故意伤害同学案

一、案情

2005年10月8日22时许，犯罪嫌疑人陈某与同学蔡某在福建师范大学闽侯县上街大学城校区A食堂吃夜宵时，陈某刷完用餐卡到窗口去端两碗扁肉，被害人包某（同校学生）以其先缴款为由，欲夺走陈某已端到手上的两碗扁肉，双方因此发生争执。在争抢中，陈某左手端的一碗扁肉掉落地上，包某就动手打了陈某左脸部一拳，陈某也将端在右手上的另一碗扁肉砸向包某脸部，瓷碗碎片划伤了包某的面部和眼部，经福州市公安局法医鉴定：包某的损伤属轻伤。

二、处理过程

2005年10月19日，福州市公安局上街分局对陈某涉嫌故意伤害犯罪进行立案侦查，同年10月21日对其取保候审。在公安侦查期间，学校保卫部门曾就赔偿问题进行调解，因被害人面部被划伤，双方就日后的整容费用无法达成一致意见而没有调解成功。按照以往办案惯例，公安机关对赔偿问题没有达成协议的案件都提请批准逮捕，鉴于本案系在校大学生犯罪，上街公安分局将案件情况向闽侯县人民检察院侦查监督部门通报。侦查监督部门即派员提前介入，经审查认为：本案系因琐事引发的临时起意的轻伤害犯罪案件，犯罪嫌疑人系在校大学生，又系初犯、偶犯，虽未就赔偿事宜达成协议，但对其继续采取取保候审强制措施不致发生社会危险性，遂建议公安机关不要将该案提请批准逮捕，待侦查终结后直接移送审查起诉。

2006年3月1日，上街公安分局将该案向闽侯县人民检察院移送审查起诉，公诉部门指定主诉检察官办理，经审查后认为，此案事实清楚，证据确凿，犯罪嫌疑人已成年，双方又未就民事赔偿问题达成协议，符合起诉条件。但考虑到犯罪嫌疑人陈某系在校大学生，犯罪情节较轻，被害人包某对案件的发生又有一定过错，为挽救失足青年，化解矛盾纠纷，促进和谐校园建设，公诉部门主动与校方联系，并派员配合学校保卫部门召集双方当事人进行调解。在多次调解协商下,双方终于就医药费、整容费等费用达成协议,犯罪嫌疑人陈某一次性向被害人包某赔偿人民币3.5万元,并取得了被害人包某的谅解。

鉴于双方已达成和解协议,经检察委员会讨论决定,2006年4月13日,闽侯县人民检察院依法对犯罪嫌疑人陈某作出了相对不起诉处理。

三、评析

该案的办理取得了较好的办案效果,淡化了刑事犯罪所带来的负面影响,使被害人的权益得到最大限度的保障,犯罪嫌疑人也受到了教育,对于化解社会矛盾、维护社会和谐稳定具有积极意义,实现了法律效果与社会效果的统一。

一是依法行使了检察职权。我国《刑事诉讼法》第142条第2款已明确规定:对于犯罪情节轻微,依照《刑法》规定不需要判处刑罚或免除刑罚的,人民检察院可以作出不起诉决定。该案属于在校大学生之间因琐事纠纷引发的轻微刑事案件,犯罪嫌疑人认罪悔过,已对被害人赔礼道歉、赔偿损失,被害人也对犯罪嫌疑人予以谅解。闽侯县人民检察院依法作出不起诉决定,正确地行使了检察权。

二是充分体现了社会效果。被害人因受伤治疗、整容需要医药费等费用,希望能得到适当的经济赔偿使被侵犯的利益得以保护;犯罪嫌疑人则不希望被判刑坐牢,争取悔过自新。闽侯县人民检察院及时将该信息准确地在双方之间进行传递,并为其创造了调解的条件和协商对话的平台,促成了双方和解,既保护了被害人的利益,也维护了犯罪嫌疑人的合法权益,修复了被破坏的社会关系,促进构建和谐社会。

三是教育挽救了失足青年。通过刑事和解,有效地保证犯罪嫌疑人能够正常完成学业成为社会的有用人才,避免了初犯、偶犯的犯罪嫌疑人因可能进入监管场所而造成"交叉感染"的危险。同时,办案人员通过阐述刑事法律、法规教育感化犯罪嫌疑人,促进他们同被害人或其他社会群体和谐相处,防止重新犯罪。

四是有效节约了司法成本。刑事和解,减少了诉讼环节,缩短了办案期限,节约了诉讼成本,提高了诉讼效率,同时也减轻了监管场所的压力,使有限的司法资源可以用于办理严重的刑事犯罪案件,更为有效地打击犯罪,保护人民。

[编写人:汪义平、连颖煜,福建省福州市闽侯县人民检察院]

湖　北(1)

未成年人胡某故意伤害初中生案

一、案情

2006年9月9日15时许，胡某(16岁)在网吧上网时，遇见红星中学初三学生黄某(14岁)。黄某听说同校初二学生高某某(13岁)要打彭某某(14岁)，就邀约胡某以及同校学生王某、李某、张某(均为13岁)等人，将正在该网吧上网的高某某带至网吧对面的一块空地上，胡某等4人轮流打高某某的耳光，要高某某分别与胡某等人“单挑”，导致高某某左鼓膜外伤性穿孔，经法医鉴定为轻伤。胡某被查获归案，其余人员因未满16周岁交家长管教。

二、处理过程

本案由区公安分局于2006年9月18日因寻衅滋事罪将胡某刑事拘留，同月26日由该局取保候审，10月20日移送区检察院起诉。

检察院审查认为，该案事实清楚，证据确实充分，构成故意伤害罪。鉴于胡某属未成年人，有悔罪表现，其家长赔偿高某某3000元经济损失，高某某及其家长愿意给胡某一次重新做人的机会。东西湖区检察院于2006年11月17日召开刑事和解会，胡某及家人与高某某及家人共同达成和解协议，并分别签名按手印。

该案提交院检察委员会讨论决定：对胡某犯故意伤害罪作不起诉处理，并要求承办人加强对胡某的跟踪帮教，并做好该案其他未成年人的帮教工作，达到法律效果和社会效果的统一。

三、评析

刑事和解的社会效果。该案是东西湖区办理的第一例利用刑事和解方式处理的未成年人伤害案件。该案作出不起诉决定后，胡某和高某某及双方家人都非常满意，特别是胡某痛哭流涕，向检察官和被害方下跪，表示一定不辜负期望，努力学习，重新做人。学校和社会反映良好，一致肯定对未成年人犯罪案件要加大教育、挽救力度，一致同意与检察院联手共同对几名涉案未成年人实行帮教。检察官春节前回访，了解到胡某等4名涉案人员均表现良好，学习努力；高某某也很快乐，该案对其伤害已经完全愈合，双方家长均非常感谢检察院对该案采取刑事和解。

刑事和解的法律依据。我国《刑事诉讼法》第172条、最高人民法院《关于执行〈中华人民共和国刑事诉讼法〉若干问题的解释》第200条中规定的调解制度，《刑事诉讼法》第142条第2款规定的微罪不起诉制度，最高人民法院《关于刑事附带民事诉讼范围问题的规定》第4条将赔偿情况作为量刑情节从轻处罚的规定，《全国法院维护农村稳定刑事审判工作座谈会纪要》关于犯盗窃罪赔偿损失的酌情从轻处罚的规定，最高人民法院《关于依法惩处生产销售伪劣商食品、药品等严重破坏市场经济秩序犯罪的通知》第5条关于积极主动赔偿损失可以酌情适当从轻处罚的规定。2006年12月28日最高人民检察院第十届检察委员会第68次会议通过了最高人民检察院《关于在检察工作贯彻宽严相济刑事司法政策的若干意见》、《人民检察院办理未成年人刑事案件的规定》和最高人民检察院《关于依法快速办理轻微刑事案件的意见》，这些规定都在不同程度上包含了刑事和解的内容与精神，这为司法机关探索试行该制度提供了法律依据。

刑事和解的理论障碍。刑事和解原则与罪刑法定原则相统一的问题应得到正确的理解。如果将罪刑法定原则理解为积极和消极两方面，刑事和解制度似乎就与罪刑法定原则的积极方面相矛盾，但从罪刑法定原则的渊源来看，它是反对罪刑擅断主义，保障人权。刑法确立其为“帝王原则”的目的是为了限制国家机器对刑罚权的过度施行。从思想基础和价值取向上，二者是一致的，故罪刑法定原则不能成为实现刑事和解制度的障碍。

刑事和解具体适用的几点建议：

第一，刑事和解的适用范围。犯罪按侵犯对象可分为三种类型：一是侵害对象为具体的被害人（被害人明确）；二是侵害对象为国家，如危害国家安全罪、军事犯罪等；三是侵害对象为公共利益（被害人不特定，不具体）。大多数人认为，刑事和解只适用于未成年人犯罪，初犯、偶犯、过失犯罪；也有人认为在犯罪人认罪并取得被害人谅解或者赔偿一定损失后，对严重犯罪也可以实行刑事和解，判决较轻刑罚。我们认为刑事和解适用于有明确被害人的刑事公诉案件。无论案性如何，只要犯罪人认罪，且犯罪人和被害人均自愿和解即可进入刑事和解程序。被害人不明确的案件，犯罪人无法取得具体人的谅解，其侵犯公共利益的程度高，国家需从维护社会利益的角度来考虑对犯罪人的处罚。

第二，刑事和解主持人和适用环节。有人认为刑事和解贯穿刑事诉讼整个过程，在侦查阶段、审查起诉阶段以及审判阶段均适用刑事和解。笔者认为刑事和解应在审查起诉阶段由检察官主持双方进行和解。理由如下：

首先，侦查环节不宜进行刑事和解。公安机关的任务是及时查清犯罪事实，找出犯罪人，发现、收集、固定、保全、完善证据，保证侦查工作依法、客观、及时、全面，确保准确、及时、有力地追究犯罪，并为公诉人出庭公诉提供证据支持。如果侦查环节就开展和解工作，会造成公安机关工作不到位的后果：具体表现为因警力不足，侦查人员进行和解会占用很多时间，而致取证不及时，一旦和解失败，就会延误侦查良机，可能会造成案件事实无法查清，影响公安机关打击犯罪的神圣使命，也会让一些人利用和解牵制侦查机关的侦查活动。加之刑事和解是以犯罪嫌疑人认罪为前提的，如果侦查机关在未查清犯罪事实，收集足够证据的情况下，盲目认可犯罪嫌疑人认罪事实，可能会制造冤、假、错案。如果犯罪人和被害人在侦查阶段提出和解要求，侦查机关可在侦查终结时将材料一并移交给检察机关处理。

其次，对公诉案件而言，审判机关是依据公诉机关的指控而进行裁判。审判阶段是一个“不告不理，有告必理”的阶段，既然检察机关提起公诉就是其代表国家行使了公诉权，如果审判机关主持刑事和解，会影响国家公诉权的严肃性。

再次，刑事和解符合公诉职能。公诉权是指法律规定承担公诉职能的国家专门机关，为维护公共利益，依法决定是否将特定的犯罪嫌疑人交付审判、支持提起公诉以及提请法院改变错误刑事判决的一种权力。人民检察院代表国家行使公诉权，其追究犯罪嫌疑人的刑事责任的目的是为了改造犯罪人，预防犯罪，维护社会稳定，保护人民群众，这与刑事和解的目的一致。

最后，人民检察院是国家法律监督机关，对侦查活动和审判活动具有法律监督权力，肩负打击犯罪和保护人权的双重职责，对公诉案件能否进行刑事和解及和解后如何处理能准确把握尺度，刑事和解由其实施有助于规范执法行为，实现公平正义和社会和谐的目标，防止以钱买刑等司法腐败的行为发生。

第三，刑事和解后案件的处理方式。刑事法律关系主体包括犯罪人、国家、被害人。刑事诉讼作为实现国家刑罚权、确定被告人刑事责任的过程，被视为国家主动追究犯罪的专门活动，是公权力的反映和象征。但公权力的运用应当体现人民的意志，实现社会正义。现代社会中的大多数犯罪即侵害了公益，也侵害了私益。为此，检察机关在代表国家行使公诉权时就要针对不同案件的特点，兼顾国家利益和个人利益，综合的、全面的考量犯罪所带来的危害，促成犯罪所侵害的利益得到修复，体现司法公正，控制和预防犯罪，减少危害后果。为此，检察机关对已经达成刑事和解协议的案件就应根据犯罪的社会危害性来决定案件的处理方式。通常对社会危害性较轻的、犯罪人主观恶性小的案件采取不起诉，将犯罪人交由家庭、社区监督教育，让其尽快回归社会；对犯罪人主观恶性大、社会危害性严重的案件则应提起公诉，对犯罪人给予相应刑罚制裁，交由司法机关监督教育。具体表现形式为：

一是刑事和解不起诉。刑事和解不起诉是指对一些轻微的刑事案件、青少年犯、偶犯或被害人有重大过失的非严重刑事案件，犯罪人认罪且真诚赎罪，在被害人同意的情况下，由检察官主持，在被害人和犯罪人双方亲属参与下，达成和解协议，由犯罪人赔偿被害人经济损失，补偿劳务或提供社会服务等。在和解协议完全履行或一时不能完全履行的，由犯罪人提供担保人保证履行的情况下，由检察机关作出不起诉决定。

二是刑事和解起诉。刑事和解起诉是指对犯罪人和被害人均愿意和解，且不属于和解不起诉范围的案件，被害人和犯罪人及其双方亲属在检察官的主持下，双方达成和解协议，检察官可作出要求法院从轻或减轻处罚犯罪人的起诉决定。此类案件双方虽达成了和解协议，犯罪人虽得到了被害人的谅解，但犯罪还严重侵害了国家的利益，破坏了正常的社会秩序，所以在考虑被害人和犯罪人利益同时，还必须兼顾国家利益、社会公共利益，达到警戒其他社会成员的目的。之所以请求法院从轻、减轻处罚犯罪人，是因为犯罪人积极弥补犯罪带来的损害，并愿意悔改，其人身危险性相应降低，同时对其从轻或减轻刑罚，有利于犯罪人尽快接受改造，回归社会。

三是推行社区矫正。社区矫正是与监禁矫正相对的行刑方式，是将符合社区矫正条件的犯罪人置于社区内，由专门的国家机关在相关社会团体和民间组织以及社会志愿者的协助下，在判决、裁定或决定确定的期限内，矫正其犯罪心理和行为恶习，并使其顺利回归社会的非监禁刑罚执行活动。社区矫正不仅有利于提高罪犯的教育改造质量，促进社会治安秩序的良性循环，而且有利于合理配置行刑资源，减轻国家的行刑成本。作为与监禁刑相对的全新的行刑方式，社区矫正体现了"宽、轻"的刑事政策思想，是实行刑事和解后未判处监禁刑的案件对犯罪人有效的一种管制方式。它能使犯罪人免受监狱经历，不受交叉感染，没有服刑记录而使其能自然地回归社会不致再犯罪，有效实现犯罪人的再社会化，改善犯罪人与被害人之间的关系，从而达到化解冲突，促进社会和谐的目的。

［编写人：易珍荣，湖北省武汉市东西湖区人民检察院］

湖　南(3)

蔡某某因邻里纠纷故意伤害案

一、案情

被害人蔡老三系犯罪嫌疑人蔡某某(男,1962年9月25日出生,汉族,小学文化,农民,住湖南省宁乡县某镇某村)的亲叔叔,且是邻居,平时没有矛盾。2006年10月1日下午,被害人蔡老三因家中一只鸡死在路边,怀疑是侄媳妇尹某某(蔡老三的亲侄媳)打死,遂两人发生争吵,蔡老三辱骂尹某某是"绝代种"(俗语,对没有儿子的人的侮辱),两人继而揪扭,尹某某倒地。正在附近田中割稻子的犯罪嫌疑人蔡某某见状赶回家中拿起一把菜刀参与打斗,持刀在蔡老三脖子上划了一刀,血流不止,双方随即被扯开。蔡老三的伤情经法医鉴定为轻伤。

案发后,经村负责人多次调解,被害人蔡老三不愿与犯罪嫌疑人蔡某某达成民事赔偿。同年10月9日,宁乡县公安局立案侦查。同年11月13日,犯罪嫌疑人蔡某某因涉嫌故意伤害罪被刑事拘留,同年同月21日被执行逮捕。侦查期间,在村主任主持下,犯罪嫌疑人蔡某某亲属与被害人蔡老三就民事赔偿达成书面协议,并履行了赔偿2000元的义务。

二、处理过程

2007年1月15日,宁乡县公安局将此案移送宁乡县人民检察院审查起诉。宁乡县人民检察院经审查后认为,此案事实清楚,犯罪嫌疑人主观恶性不大,有悔罪表现,且此案双方当事人系亲叔侄关系,有和解的基础,决定适用刑事和解。

同年1月31日,宁乡县人民检察院组织被害人蔡老三、犯罪嫌疑人蔡某某及其亲属、村主任尹克军对本案公开审查,邀请案发地流沙河镇综治办主任、长年从事基层工作的市人大代表、县人大法工委主任、县政法委负责人及人民监督员等5人作为评议员共同对该案公开评议。并邀请宁乡县公安局法制科负责人列席。部分公民参加了旁听。公开审查会议上承办检察官介绍案情后,犯罪嫌疑人蔡某某当面向被害人蔡老三赔礼道歉,请求谅解。被害人蔡老三接受道歉,并请求不追究犯罪嫌疑人蔡某某的刑事责任。5位评议员就本案的社会危害性、双方的过错和应吸取的教训发表了评议意见,一致认为可不起诉,并建议责成蔡某某具结悔过。

宁乡县人民检察院当即召开检察委员会,认为本案系亲属邻里之间因邻里纠纷直接引起的轻伤害案件,被害人有一定过错;双方自愿就民事赔偿达成了书面协议并已履行,被害人要求不追究犯罪嫌疑人刑事责任;犯罪嫌疑人真诚悔罪,基层组织愿意帮教,社会危险性已消除。本案符合刑事和解不起诉的条件,决定对蔡某某不起诉。主持人公开宣布不起诉决定,并当场释放蔡某某。承办检察官、村主任、评议员对蔡某某进行了训诫、教育。蔡某某再次诚恳悔过,并表示今后做一名遵纪守法的公民。

三、评析

宁乡县人民检察院自2005年以来,探索轻伤害案件的宽缓化处理途径。并于2006年3月牵头会同法院、公安局、司法局联合制定实施了《宁乡县关于办理故意伤害(轻伤)案件适用法律若干问题的意见》。该案是宁乡县人民检察院适用《湖南省人民检察院关于检察机关适用刑事和解办理刑事案件的规定》和《宁乡县关于办理故意伤害(轻伤)案件适用法律若干问题的意见》办理的一起刑事和解不起诉案件。

本案通过听取双方对案件事实、民事赔偿协议、案件处理的意见,确认了刑事和解的合法、自愿、有效性;评议员组成的广泛性和评议意见的全面性,确保了处理结果的公开、公正、公平和司法活动的社会直接监督;检察委员会当即作出决定,并立即公开宣布处理决定、释放犯罪嫌疑人,提高了诉讼效率,保护了在押犯罪嫌疑人的合法权益;检察官、基层组织负责人、评议员公开训诫、教育被不起诉人,并责令具结悔过,由基层组织负责监督,有利于改造、教育犯罪嫌疑人,真正化解矛盾,也消除了被害人的后顾之忧;廉政访谈直接听取双方对检察机关和检察官办案中的执法、廉洁情况的意见,有利于检务督察和执法监督。

本案的处理,取得了很好的社会效果。一是双方的矛盾得到了真正化解,经跟踪回访,现双方已和谐相处。二是基层组织(村、镇)、县人大、政法委、公安局、人大代表、人民监督员对检察机关通过公开审查不起诉方式反应良好。三是刑事和解方式经《检察日报》、新华网、《湖南日报》、《长沙晚报》、《今日宁乡》、宁乡电视台等媒体报道后，在当地民众中产生了一定的影响力。

［编写人：王国忠，湖南省人民检察院；刘慧，湖南省长沙市人民检察院；喻昭强，湖南省长沙市宁乡县人民检察院］

刘某某因亲属间纠纷故意伤害案

一、案情

2006年9月3日晚7时许，犯罪嫌疑人刘某某（男，1966年8月8日出生，汉族，湖南省浏阳市人，初中文化，农民，住浏阳市某乡某村）接到自己外甥谭某的电话，称其父亲谭某某打了其母亲刘小小。于是，刘某某与哥哥、侄子共三人遂前往浏阳市城区刘小小家寻找谭某某。9月4日凌晨1时许，刘某某、刘小小等人在浏阳市城区滨河路农贸市场找到谭某某后，刘小小与谭某某又发生纠纷，刘某某因不满谭某某打了其姐刘小小，用拳头打了谭某某一下，两人遂发生冲突，后被他人劝开。刘某某返回溪江后，因谭某告知谭某某可能上门闹事，便准备了一把菜刀。当日凌晨3时20分左右，谭某某从浏阳市城区赶至农村刘某某家，用脚踹开刘某某家一楼厅屋大门，强行闯入室内，持木椅与刘某某对峙，刘某某认为先下手为强，遂持事先准备的菜刀朝谭某某头部砍了几刀。谭某某受伤后，头部血流不止，倒在刘某某家地上，刘某某即叫邻居打120急救电话，并要家人报了警。随后，刘某某向公安机关投案。同年9月6日，经浏阳市公安局刑事技术鉴定，谭某某所受伤为重伤。同年10月20日，经湘雅二医院司法鉴定中心重新鉴定为轻伤（偏重）。

二、处理过程

刘某某因涉嫌故意伤害犯罪，于2006年9月5日被刑事拘留，同年9月18日湖南省浏阳市人民检察院不予批准逮捕，次日由浏阳市公安局决定监视居住。案发后，刘某某与谭某某双方达成了民事调解协议，被害人谭某某请求免除对刘某某的刑事处罚。

湖南省浏阳市人民检察院检察委员会经讨论认为，犯罪嫌疑人刘某某因亲属之间的纠纷而持刀故意伤害亲属身体，致自己的姐夫轻伤，其行为已触犯《中华人民共和国刑法》第234条第1款的规定，构成故意伤害罪。但本案系亲属之间纠纷引起，被害人有明显过错。特别是刘某某犯罪后，能主动投案自首，采取措施对被害人进行救治，现双方已达成调解协议，被害人也出具报告请求司法机关对犯罪嫌疑人免予刑事处罚。

鉴于犯罪嫌疑人刘某某所犯罪行法定刑在 3 年以下，且具有从轻或减轻处罚情节，双方已达成调解协议，犯罪嫌疑人已取得被害人谅解，依据《湖南省人民检察院关于检察机关适用刑事和解办理刑事案件的规定》第 2 条、第 4 条、第 5 条第(1)项、第 8 条、第 10 条第(2)项的规定，可以认定本案已达成刑事和解。根据《中华人民共和国刑事诉讼法》第 142 条第 2 款的规定对刘某某作出不起诉决定。

三、评析

2006 年 12 月 19 日，湖南省浏阳市人民检察院检察委员会决定对犯罪嫌疑人刘某某故意伤害案不起诉。湖南省浏阳市人民检察院决定对犯罪嫌疑人刘某某相对不起诉后，于 2006 年 12 月 21 日到浏阳市某乡某村村民委员会，召集犯罪嫌疑人和被害人及当地村委会干部、村民对不起诉决定进行了公开宣布，这是该院根据《湖南省人民检察院关于检察机关适用刑事和解办理刑事案件的规定(试行)》依法办理的第一起刑事和解不诉案件。该案的办理收到了良好的社会效果：一是促使民事赔偿剩下的 5000 元赔偿款当场兑现，保护了被害人的合法权益；二是对双方当事人进行了适当的批评教育和思想开导，化解了矛盾，促进了双方的相互和解；三是使当地村民受到了一次生动的法制教育，有利于社会稳定，促进了社会和谐。

[编写人：王国忠，湖南省人民检察院；刘慧，湖南省长沙市人民检察院；钟斌，湖南省浏阳市人民检察院]

陈某某交通肇事案

一、案情

陈某某，男，47 岁，汉族，大专文化，系某有限公司总经理。2006 年 8 月 5 日凌晨 1 时许，陈某某酒后驾驶一辆菱帅牌轿车在芙蓉路由南往北行驶至留芳宾馆路段时，与范某某驾驶同向行驶的无牌三轮摩托车相撞，致使范某某驾驶的无牌三轮摩托车被撞向对向车道，又与王某某驾驶由北向南正常行驶的的士相撞，造成范某某受伤。事故发生后，陈某某没有停车，驾车离开。当日 8 时 30 分，陈某某到开福区交警大队如实供述了肇事经过。2006年8月14日，范某某经抢救无效死亡。

法医鉴定认定：范某某重度颅脑损伤，其损伤程度为重伤。交通事故认定书认定：陈某某负事故的全部责任。

案发后，某有限公司支付范某某医疗费用人民币46452.49元，赔偿范某某家属人民币25万元，赔偿的士车主人民币2380元。

二、处理过程

陈某某因涉嫌交通肇事罪，于2006年8月5日被长沙市公安局直属分局行政拘留，于2006年8月17日被长沙市公安局直属分局取保候审。陈某某涉嫌交通肇事罪一案由长沙市公安局直属分局侦查终结后，于2006年9月4日移送长沙市开福区人民检察院审查起诉。

开福区人民检察院经审查后认为，犯罪嫌疑人陈某某在案发后能投案自首，积极配合医院对范某某进行治疗，悔罪态度好，与被害人家属就民事赔偿达成了一致意见。且陈某某提出了刑事和解的请求，该案符合《湖南省人民检察院关于检察机关适用刑事和解办理刑事案件的规定》（试行）的有关规定，经过认真研究，并请示上级检察院后，于2006年12月6日召开了有被害人家属、陈某某及双方的律师以及人民监督员参加的刑事和解会，顺利达成和解协议。

三、评析

本案是湖南省人民检察院《关于检察机关适用刑事和解办理刑事案件的规定》（试行）下发之后，长沙市检察机关办理的第一件刑事和解案件。这是开福区人民检察院从构建和谐社会出发，充分运用检察职能，做好加害方和受害方双方的工作，积极适用轻缓刑事政策，化解社会矛盾开展的一种尝试。

为做好刑事和解后的法制宣传教育工作，2006年12月16日，开福区人民检察院刘革强检察长和案件承办人来到陈某某所在单位，举办了法制讲座。在案件承办人宣读了不起诉决定书，并做了进一步的解释之后，刘革强检察长以本案为例，深入讲解了刑事和解的意义以及相关法律知识。开福区人民检察院在严格把握刑事和解处理的案件标准，促成刑事和解成功后，做好法制宣传教育工作，注重法律效果和社会效果的有机统一，取得了很好的实效。

［编写人：刘慧，湖南省长沙市人民检察院；张吟丰，湖南省长沙市开福区人民检察院］

陕　西(3)

王某因家庭矛盾故意伤害案、张某交通肇事案、大学生张某故意伤害案

一、王某因家庭矛盾故意伤害案

犯罪嫌疑人王某，男，29岁，农民。2003年3月17日下午4时许，犯罪嫌疑人王某与妻子吴某因家庭琐事发生争吵后，其妻离家出走不知去向，为了寻找妻子，前去同村居住的岳母李某某家，要求李帮忙照看小孩，李某某没有答应，双方发生争吵并相互厮打，王某随手拿起缝纫机盖板在李的头部击打，致李头部受伤住院，构成重伤。事后王某听说其岳母的伤势较重，怕妻子的兄弟找他麻烦，就离家前往广东打工。吴某照顾其母李某某病愈出院后，也带着儿子赶往广东与丈夫共同居住并一起打工。2003年4月21日，公安机关以涉嫌故意伤害罪对王某立案侦查，并上网追逃王某。2006年10月30日，广东省中山市公安局在集中清查外来人口时，将王某抓获，并移交凤翔县公安局。

公安机关侦查终结后，于2006年11月29日以王某涉嫌故意伤害罪移送审查起诉，检察机关收到案件材料后，经讯问犯罪嫌疑人、询问被害人，发现两家的亲戚关系并未因此次伤害行为而破裂，吴某仍然与王某生活在一起，并一起打工。被害人李某某也原谅了女婿的过错，一再要求对王某从轻处理。据此公诉人从维护家庭和谐的角度出发，认为王某的行为虽然给被害人造成较大伤害，但毕竟是发生在亲戚之间，又是岳母和女婿至情之间的，当时的伤害行为是在情急之下，具有一定的偶然性，虽属故意伤害犯罪，但社会危害性相对较小。在案件办理过程中，王某多次向岳母认错，双方亲戚、家人都提出了和解要求。

针对此种情况，办案人员深入该村，在村调解委员会的配合下，召集双方当事人及有关亲属参加举行了和解会议。双方当事人很快达成和解协议，王某当着众人的面认错，并拿出1万元作为岳母的医疗费。李某某当即取出2000元塞到王某手中，说："我娃只要认错就行了，亲戚还是亲戚，这2000元妈送给你，但愿你们小俩口和和气气过日子。"

2006年12月11日，经凤翔县人民检察院检察委员会讨论决定，对王某以故意伤害罪作出相对不起诉的决定。此案处理后，双方当事人都对检察机关人性化的执法方法表示感激，在场的村委会干部和村民代表均给予好评，两个家庭从此和好如初。

二、张某交通肇事案

犯罪嫌疑人常某，男，23岁，系某火车站设备车间电工班职工。2006年4月28日15时30分许，张某驾驶两轮摩托车沿东风路自东向西行驶至铁路医院路口处，与由南向北过公路的受害人赵某某发生碰撞，致赵某某受伤，经医院抢救无效于2006年6月27日死亡。经公安机关认定张某负事故的主要责任，被害人赵某某负事故的次要责任。

本案的受害人赵某某，男，77岁，原系宝鸡某钢厂副厂长，党委副书记，属国家离休干部。事故发生后，被告人非常积极地对受害人进行抢救，医院治疗过程中先后支付了三万余元的医疗费。看到被告人态度非常积极，被害人临终前留下遗愿，要求亲属不要为难张某，并请求司法机关不要追究张某的刑事责任。而张某本人及所在单位也承诺，愿意赔偿受害人的一切损失，张某与被害人亲属也达成10万元的赔偿协议。此案提请后，办案人认为该案情节轻微，双方具有和解意愿，可以作相对不诉，后经院检委会研究认为张某系初犯，属过失犯罪，情节轻微，且民事部分已赔偿完毕，符合相对不起诉的条件，遂决定对张某作相对不起诉。2007年2月14日，我们专门举行了不诉案件公开处理大会，会上检察人员宣读了对张某不起诉的决定书，被害人亲属、张某及张某所在单位均作了发言，被害人亲属对事情的处理表示满意，对检察院的不诉决定没有异议，张某对本人的行为作了深刻的检讨并对检察院的不诉决定感激不尽，事后还专程送来一面锦旗表示感谢。目前张某已正常上班，工作中表现非常积极。

三、大学生张某故意伤害案

张某系宝鸡某高校大学四年级学生。2006年9月，受害人苏某多看了一眼正在吵架的王某等人，遂双方发生争执，王某等人便打电话叫来犯罪嫌疑人张某,双方发生斗殴,张某将苏某刺成重伤,涉嫌故意伤害犯罪。

此案提请公诉后,办案人发现本案的双方当事人均系在校学生,犯罪嫌疑人张某已在大学四年级读书,只剩几个月就学满毕业,学校反映张某三年多来在学校一直表现良好,这次犯罪纯属偶然。在审阅案卷时发现,张某在犯罪后能自动投案,并检举揭发了一起在校学生抢劫8人的重大案件,属重大立功表现。案发后,张某对自己的行为追悔莫及,积极进行了民事赔偿并与受害人达成协议,被害人及家属对张某表示谅解并请求免予对其刑事处罚。

在全面审查案件的基础上,检察机关从有利于教育感化的角度出发,决定以和解方式结案。经共同商议,家长与学校签订了帮教协议,张某被作相对不起诉处理,得以重返校园。后张某在校实习期间,表现良好。

四、评析

陕西省宝鸡市位于中西部,经济社会发展相对滞后,近年来随着改革深入及利益的调整,各种矛盾凸发,刑事犯罪呈上升趋势。在应对犯罪率上升和维护社会稳定工作中,我们积极探索刑事和解的办案方式,努力维护社会和谐发展,收到了一定成效。我市的刑事和解主要有以下特点:

首先,起步比较早。一是理论研究早。随着起诉权便宜主义理论的泊入和人本思想的觉醒,我们逐渐进行诉权多元化的思考,对让渡、软化、收敛诉权等问题开始了探索工作。2003年,我们就专门对辩诉交易问题进行了研究和探索,辩护人和公诉人在诉前进行交易,不只进行证据交换,而且进行诉讼主张的交易,如果被告人积极认罪则可换取较轻的控诉甚至不起诉。当年我们撰写的《辩诉交易可行性分析及制度设计》被评为第二届全国检察理论研究年会优秀论文。2004年,恢复性司法的理念成勃兴之势,我们认识到刑事和解与恢复性司法具有诸多契合点,于是在恢复性司法的理论框架下,积极开展刑事和解问题的研究,从理论上提出了刑事和解的基本思路和操作规程,我们撰写的《恢复性司法之探索现状及发展构想》被高检院评为全国优秀检察调研成果。由于理论上起步比较早,准备比较充分,为刑事和解的实务运行提供了有力的理论支持。

二是实务探索早。与理论研究相呼应,在检察实践方面,我们也较早开始了刑事和解思想的尝试与探索。如2004年,我们就尝试进行辩诉交易,充分听取受害人和被告方的意见,对被告人真诚悔罪的案件,公诉人可降低起诉标准或提出从轻处理的意见,同年,我们建议法院对数起未成年人犯罪案件试行了圆桌审判方式。2005年,中央提出建设社会主义和谐社会的要求后,我们感到咄咄逼人、垄断发言权的公诉方式与和谐社会的要求多有不合之处,注重平息社会矛盾和社会关系的修复理应成为司法工作的基本思路。基于这一思想,我们在全市检察机关提出了亲和公诉的要求,要求公诉工作中充分考虑当事人的感受和真诚需求,使公诉权体现人性化特征。近年来,亲和公诉、暂缓起诉、附条件不起诉等相对和缓的起诉方式逐步实行。2006 年,我们正式开展刑事和解工作,市院制定了《未成年人案件办理规则》,明确提出轻微的未成年人犯罪案件应力争以和解方式结案,确定了适用刑事和解的具体条件和要求,许多基层院开展了刑事和解工作,极少数重伤害案件也以和解方式结案,刑事和解成为全市公诉改革的一项重点工作。

当然,这条路也并非一帆风顺。在我们试行以和解方式结案的过程中,也遇到过不少质疑的声音。如 2003 年我们尝试圆桌审判,本院就有不少人反对,有干警写出了《质疑圆桌审判》的批评文章,对法律未明确授权的改革提出了尖锐批评,这些都使我们对刑事和解的改革和探索出现过彷徨和犹豫,但探索的步伐并没有因此而停止。

其次,方法比较多。作为一项新的司法改革项目,对刑事和解的探索,我们没有固守着一个模式,而是从不同的角度去思考,不断探索,不断丰富,不断完善,运用各种方式体验、实施。先后采取了以下方式和途径:

一是圆桌审判。对情节较轻的未成年人犯罪,公诉机关发挥主观能动性,基于教育、感化的目的,我们建议人民法院对此类案件进行圆桌审判,具体办法是取消普通法庭森严的布局和坐席设置,法官、公诉人、被告人及律师、受害人共同围坐在一张圆桌旁,庭审时先由被告人和受害人进行适当的沟通交流,之后公诉人提出相对和缓的公诉意见,法官最后依据证据对事实予以认定。庭审中公诉人和法官对被告人提出一定的批评意见,被告人真诚悔罪并向受害人承认自己的错误后,法庭给予较轻的处罚。当时我们选的是一起在校学生犯罪案件,通过庭审,被告人承认了错误,受害人表示愿意谅解,后法庭当庭宣布判处其缓刑。

二是暂缓起诉。2005 年,陈仓区人民检察院受理了一起未成年人盗窃案件,被告人是一名很快将要参加高考的在校学生。由于本案的案值并不大,我们考虑如何既能使被告人受到教育,又能不影响其正常的升学考试。在这种情况下,公诉人大胆作出了暂缓起诉的决定。具体办法是暂时对被告人不予起诉,设定一个考察期,让其回校继续读书,如果在规定的考察期内被告人没有违法、违纪问题发生,期满后检察机关即以相对不起诉结案,让其不经受刑事审判的煎熬。

三是亲和公诉。2005年,我们在全市检察机关提出亲和公诉的思路,具体要求就是公诉工作中坚持人性化办案的思想,对案件进行公诉时,充分考虑被告人本人、父母、子女等具体情况,看有没有父母病床、子女年幼等特殊情况,如果存在父母重病、亡故或子女结婚、参加高考等重大事项,力争不在这些时间对被告人提起公诉或将其交付审判。同时,我们非常注重听取受害人的意见,帮助受害人和被告人进行交流,在法律规定的范围内,尽可能尊重受害人的真诚需要,比如有些伤害案件、盗窃案件发生在邻里之间、亲朋之间,对这些案件,如果受害人主动提出从轻处理或和解的意见,我们一般予以尊重,对案值不大、情节不很严重的案件,如果当事人愿意和解,我们大多放弃诉权,以相对不起诉结案处理。

四是刑事和解。经过连续两年的理论准备和实践探索,2006年,我们正式开始刑事和解的试行工作,使刑事和解慢慢走上了前台,开始进行规范化的运作。我们推行刑事和解的具体办法是:一是选择案件,主要选取过失犯罪及情节较轻的案件,如交通肇事案件、未成年人犯罪案件、初犯、偶犯以及亲朋之间的轻微伤害和盗窃案件。二是审查条件。一般情况下,和解必须符合三个条件,即被告人认罪;受害人谅解并同意和解;需要赔偿损失的予以赔偿。如果未能达到上述条件,一般不主动进行和解。三是组织实施,办案人(主要是公诉人,有时也包括审判人员和侦查人员)、受害人、被告人、未成年人的法定代理人、调解组织人员或村组干部,在校学生的老师等参加。和解时,受害人和被告人讲出双方意见,被告人向受害人认错并获得受害人的谅解,双方就赔偿达成一致,有关人员对被告进行批评教育并制定帮教办法。以上工作都落实后,检察机关放弃诉权,以不起诉结案。

最后,效果比较好。虽然我们的刑事和解尚在摸索之中,绝大多数情况下只是一种点点滴滴的尝试,但这些尚不成熟的零星尝试后面,已得到较高的评价和认可,收到了良好的法律效果和社会效果。

一是法律效果显著。近年来,我市检察机关按照刑事和解的思路共处理刑事案件12件17人,通过这种方式的处理,显现了很好的法律效果。一是当事人满意度提升。过去我们坚持国家追诉主义,不主动听取当事人尤其是受害人的意见,一度时期甚至人为地控制不诉率,许多轻微的刑事案件也提起了公诉。有时邻里之间的轻微刑事案件,受害人请求对被告人从轻处理且双方当事人私下里已进行了和解,这种情况下,我们一般会公事公办，很少听取当事人的意见。虽然起诉率较高，但忽略了当事人的真诚需求，当事人并不满意甚至颇有微词。而我们用和解的思路处理案件后，虽然起诉率下降了，但当事人的满意度却上升了。2006年以来我们专门就和解问题进行了专题回访，当事人表示满意的达到90%，远高于公诉案件的满意度。二是案件质量提高。过去没有和解思路的时候，部分有瑕疵的案件无法便宜处理，只能硬着头皮起诉，结果送到法院开庭审理时，因种种原因无法作出有罪判决，法院要么照顾检察院的面子勉强判决，要么只好宣告无罪，起诉案件质量不高的问题经常发生。用和解思路处理有关案件后，基本消除了无罪案件，起诉质量有了明显提高。三是节约了司法资源。在诉讼实践中，我国有超过50%的案件是3年以下的轻刑案件，如果顽固地坚持起诉法定主义，案件不分大小一律纳入公诉权的视野，将使许多很轻微的刑事案件也走完了刑事诉讼程序，经过起诉交付审判，有些轻微案件最后宣告免予刑事处分，有些很小的案件反复退查，此方式将有限的司法资源很平均地用到了这些轻罪案件上，造成了司法资源的严重浪费。实施和解思路后，相当一部分轻罪案件提前剥离出诉讼程序，有效节约了司法资源。我们曾做过统计，同样一起案件，用和解方式结案，公诉环节只需要一个人投入两到三天的工作日，而如果提起公诉，则至少需要两个人，从准备起诉书和公诉词、向法院提交证据复印件和目录、参加庭审到最后审查判决，至少需要投入7到10个工作日，复杂的效果未必好，而简化的效果未必不好。

二是良好的社会效果。2005年开始，中央提出构建社会主义和谐社会的思路，以人为本成为基本的执政理念。通过刑事和解的摸索与实践，我们深深体会到，刑事和解与和谐社会的要求高度契合，这种新的司法处断方式具有良好的社会效果。如我们实行圆桌审判和暂缓起诉处理的两起在校学生犯罪案件，被告人受到教育发奋读书，一名考上了重点高中，一名考上了大学，学生深表谢意，受害人也对这样的结果感到欣慰。我们对发生在亲戚邻里之间的几起案件进行刑事和解后，受损的社会关系得到有效修复，加害人真诚道歉，受害方予以谅解，消弭了许多社会矛盾，当事人之间和好如初，在维护地方稳定方面发挥了积极作用。再如太白县开展刑事和解后，检察工作还得到了县委和县政府的高度好评。原因是2003年以来，随着连接关中和陕南的姜眉公路从太白县过境，车流量剧增，交通事故也呈上升趋势。2003到2004年，该县就曾多次发生过被告人因判刑而拒绝赔偿、受害人继而采取堵路或围攻地方政府等极端做法的群体事件。2005年该县检察机关开始对交通肇事案件探索和解方式结案，所处理的案件肇事方均赔偿了受害人的损失，当地群众也受到教育，提高了遵守交通法规的意识，该县的交通事故呈逐年下降趋势，再没有发生过堵路或围堵政府机关的事件，当地群众和政府均表示满意。

在刑事和解的探索、实施过程中，虽然我们认为和解的理念应该进一步彰扬，但由于缺少立法方面的支持，许多问题只能边摸索边尝试，颇有欲渡无舟楫之感，面对一些质疑的声音也有些底气不足，据此，建议从以下方面进行立法完善：

一是扩大检察官的自由裁量权。目前我国公诉权的设定中，对检察官的自由裁量权，仅限于绝对不起诉和相对不起诉，且条件苛责。在这样的权能设定下，检察机关的权力空间太狭窄，许多刑事和解案件只能打擦边球，找不到准确的结案理由。建议《刑事诉讼法》规定："对于双方当事人已和解的案件，人民检察院可以不起诉。"

二是将赔偿损失作为法定从轻情节。目前我国《刑法》并未将被告人赔偿受害人的损失作为法定从轻情节，在诉讼实践中，许多被告人一旦被判刑，就拒绝赔偿，受害人的损失无法补偿，颇有意见。建议《刑法》总则中增加一条，规定："被告人赔偿受害人损失的，应从轻处罚"。

三是扩大受害人的发言权。近年来随着被害人学的勃兴，被害人在刑事诉讼中有了一定发言权，但仍享有有限的诉讼权利。要广泛推进刑事和解制度，必须进一步强化被害人的主体地位，建议规定："追究被告人刑事责任时，应听取受害人的意见。被害人愿意与被告人和解的，只要意思真实，应予允许。"

四是应设立专门的机构和人员。刑事和解，着眼于社会关系的修复，司法机关只能决定诉讼问题，诉讼程序结束后，被告人如何教育，破损的社会关系如何修复，这些不能再依赖司法机关，必须要有社会组织的参与。在刑事和解的推行过程中，建议成立专门的社会性的和解组织或机构，确定专业化的工作人员，通过司法外组织和人员的参与，保证和解具有良好的社会效果。

[编写人：姚宏科，陕西省宝鸡市人民检察院]

甘　肃(2)

在校生张某某等故意伤害案

一、案情

犯罪嫌疑人基本情况：张某某，男，17岁，系白银某校高二学生。李甲，男，17岁，系白银某校高二学生。李乙，男，16岁，系白银某校高二学生。潘某，男，18岁，系白银某校高二学生。郎某某，男，18岁，无职业。李某某，男，18岁，系白银某校高二学生。陈某，男，18岁，系安徽某职业技术学院学生。被害人基本情况：郝某某，男，23岁，系白银区王岘乡农民。

2005年9月3日21时许，张某某、李甲、李乙、潘某、郎某某、李某某、陈某等人在白银区中心街一酒吧与郝某等人发生口角，继而相互厮打，郝某某闻讯赶到现场，被张某某，李甲、李乙、潘某、郎某某、李某某、陈某等人拳打脚踢，张某某持随身携带的水果刀在郝某某的胸、腹部连捅四刀，将郝致伤，经鉴定为重伤。

二、处理过程

张某某故意伤害一案进入起诉环节后，未成年人犯罪案件办案组的办案人进行了认真审查，发现该案犯罪嫌疑人中有3人系未成年人，另4人虽系成年人，但刚满18岁，且7人中有6人系在校学生，如果在处理此案中能充分体现“教育、感化、挽救”的方针，很有可能把他们培养成有益于社会的人，于是提出了对此案进行刑事和解探索的意见。检察长专门听取了汇报并作了重要部署。

我们在讯问7名犯罪嫌疑人时，通知其法定代理人和家长在场，寓教于讯问的整个过程，审讯中7名犯罪嫌疑人表现出了极为深切的悔恨之心，请求家长承担被害人的各种费用。后来我们逐一对犯罪嫌疑人的家长进行了谈话，深入了解了涉案 7 名犯罪嫌疑人成长经历，与家长共同剖析了他们犯罪的原因，了解了犯罪嫌疑人家庭管教、监护的情况。诸位家长尤其深刻地分析了家庭教育方面的原因，共同向我院提出了给这些孩子一个改过的机会，他们愿意承担给被害人造成的经济损失，并让我们转达对被害人深深的歉意。我们还深入到犯罪嫌疑人所在的学校，与学校领导、政教部门、班主任老师、代课老师召开了座谈会，了解了这些孩子在校的现实表现，分析了他们犯罪的原因，向学校明确提出不能因这些孩子犯罪而将他们推向社会，学校领导明确表态"我们配合检察机关的工作，我们欢迎这些孩子重返校园，重返课堂"。

最后，我们按照法定程序征求了被害人对此案的意见，被害人表示只要赔偿了经济损失，希望检察机关对犯罪嫌疑人从宽处理。至此，我们认为此案进行刑事和解的基础条件已具备，我们通过辩护人和诉讼代理人把双方当事人和家长、辩护人、诉讼代理人通知到我院的会议室，由办案人向双方当事人转达了对方的意愿，表达出了双方均愿意和解的意愿，在辩护人和诉讼代理人的调解下，双方很快就民事赔偿问题过成了共识，由该案主犯张某某的监护人承担民事赔偿费用 1.8 万元，其余各犯罪嫌疑人每人承担 4000 元，双方当事人及家长也握手言和。

经我院检委会决定，对犯罪嫌疑人张某某变更强制措施——取保候审后起诉至法院，对李乙等 6 名犯罪嫌疑人相对不起诉。在对张某某提起公诉的同时向法院提出了对张适用缓刑的意见，法院采纳了我院的意见对张适用了缓刑。经过我们回访，涉案的 7 人目前在学校和社会的表现良好。

三、评析

在处理此案中，我们克服了单纯就案办案的思想，既重视办案的法律效果，又充分考虑案件的具体情况，张某某一案的处理得到了社会、家庭、学校的认可，体现了较好的社会效果。

刑事和解处理方式更好地维护了被害人的合法权益。经过我们分别作双方当事人的工作，最终促成了当事人之间的相互交流，被害人向犯罪嫌疑人及其家属诉说了犯罪行为给自己造成的精神和经济上的损害后果，犯罪嫌疑人向被害人当面进行了道歉，这种交流有助于减轻被害人所受痛苦和仇恨，尽快恢复心理与情绪的稳定，从被害的阴影中解脱出来。更为重要的是司法实践中，被害人的经济损失和通过经济赔偿方式实现的精神损失难以得到充分、及时的赔偿，而通过刑事和解这样一种方式，使得被害人得到了及时的赔付，而不再是传统司法模式下即使胜诉，许多情况下也只是获得一张判决的尴尬和无奈的局面。

刑事和解改善了当事人之间的关系，使其关系由不和谐变得和谐，符合“宽严相济”的刑事政策，是促进社会和谐的需要。犯罪的发生大部分都是双方矛盾激化的结果，如果不加区别，一味地通过刑事司法程序定罪、处刑，会进一步恶化双方当事人之间的关系，扩大双方的矛盾，这都会成为影响社会稳定的因素，不利于构建社会主义和谐社会，而刑事和解以维护被害人合法权益为中心，为双方当事人提供了一个进行对话平台，促进被害人对犯罪人的谅解，在相互沟通中化解矛盾，减少了不和谐、不稳定因素。

刑事和解有利于教育犯罪人，有利于节约诉讼成本。刑罚具有一般预防和特殊预防的功能，而实现特殊预防功能，对轻微刑事犯罪进行刑事和解不失为一种很好的途径。犯罪人通过工作人员为其创建的平台，与被害人进行交流，深刻体会自己行为给他人，社会造成的损害，从内心深处反思自己的过错，真诚悔罪。由于司法机关和对方当事人对其的尊重，使犯罪人消除了一些误解和敌视，从而积极地承担责任，接受惩罚，达到特殊预防的目的。同时对达成刑事和解的犯罪人采取非监禁性强制措施，减少了看守所人满为患的工作压力，也避免了交叉感染。对达成刑事和解的一部分案件在起诉环节终止诉讼，可以使司法机关合理配置资源，着力处理严重刑事犯罪案件，节约诉讼成本，提高诉讼效率。

对完善刑事和解制度的几点建议：

一是建议将刑事和解程序设计在侦查、审查起诉、审判三个阶段。在刑事诉讼的这三个环节，当事人都有权提出刑事和解的要求。

二是建议对适用刑事和解的案件范围作出明确的限定。我们认为应限定在未成年人犯罪和依法应判处 3 年以下有期徒刑的轻微刑事犯罪，如过失犯罪、轻伤害犯罪、老年人犯罪等。

三是应赋予侦查人员、检察人员调解权。现行法律、法规中侦查、检察人员没有调解权，要进行刑事和解，侦查、检察人员只能通过做其他人的工作，再通过他人促成当事人的和解。由非公、检机关的第三人主持调解，往往存在让双方当事人认可的过程。我们认为应赋予侦查、检察人员调解权，以便提高刑事和解的效率，这也是当事人和司法实践的需要。

四是刑事和解必须遵循依法，自愿、公平、公正的原则。刑事和解的首要原则应该是依法进行，侦查、检察人员的工作必须于法有据。刑事和解必须建立在当事人自愿的基础之上，不得使当事人违背意愿与对方进行刑事和解。刑事和解应当体现公平、公正，不能因为进行刑事和解而使犯罪人承担不符合法律规定的民事赔偿责任。

［编写人：魏正武，甘肃省白银市白银区人民检察院］

魏某因口角纠纷故意伤害案

一、案情

2005 年月 5 月 7 日 16 时许，被告人魏某（女，现年 37 岁，个体经营户），在兰州市城关区某市场其自家经营的茶叶店门口，因进城务工的农民李某将自行车停放在其茶叶店门口双方发生争执，魏某持刀将李某眼睛扎伤。被害人李某经法医鉴定属重伤。

二、处理过程

公安机关以涉嫌故意伤害罪将魏某执行逮捕，并向检察机关移送起诉。在审查起诉阶段，被告人魏某的家属主动提出如果检察机关对魏某从轻处罚，愿意支付被害人一定数额的经济赔偿。检察机关公诉部门经征得被害人同意，对双方做了调解工作。但由于被告人与被害人就赔偿数额无法达成协议，且根据法律规定，故意伤害致人重伤的应处 3 年以上有期徒刑，不属于轻微刑事案件，故将本案向法院提起公诉。

法院最终以故意伤害罪判处被告人魏某有期徒刑 6 年，赔偿附带民事原告人经济损失 6 万元。接到判决书的被告人家属以被告人已被执行刑罚为由，拒绝再向被害人作出经济赔偿。由于被告人系外地人，在兰州也没有固定住所，法院没有强制执行的条件，被害人最终得到的只是法院以判决书形式所打的“欠条”，无法使其摆脱因被告人犯罪给其造成的生活困境，只得手拿判决四处上访求助。

三、评析

所谓“刑事和解”，是指犯罪嫌疑人、被告人以具结悔过、赔礼道歉、赔偿损失等方式得到被害人的谅解，被害人要求或者同意司法机关对犯罪嫌疑人、被告人依法从宽处理而达成的协议。对于未成年人犯罪案件以及其他一些轻微的刑事案件的处理，司法机关通过长期的司法实践，已经探索出了能最大化体现轻缓刑事政策的处理方式，应该不存在太多问题，而类似于上述案例中被害人李某的遭遇，在实践中并不少见，对于此种情况，被害人表现的是无助，而司法机关则更多的是无奈。刑事和解制度毕竟是对现行刑法的一种突破，在对于不同的案件处理过程中难免会出现问题，主要有：

一是在适用范围上存在问题。按照刑事案件和解制度的规定，适用刑事和解的前提就是必须是轻微刑事案件或者是未成年人犯罪的刑事案件，而判断是否是轻微刑事案件的标准就是刑期是否在3年以下，那么，上述案例中被告人魏某这样的重伤害，刑期在3年以上的案件，如果当事人双方均有和解愿望的，检察机关在审查起诉阶段能否进行刑事和解工作，将面临两难境地。一方面，如果严格依照法律规定，采取公诉方式进行处理，被告人尽管得到了相应的刑事处罚，但被害人的民事赔偿请求难以实现，其因犯罪行为而遭受的精神和物质的损失便得不到补偿。另一方面，如果依照当事人双方意愿进行刑事和解，对被告人作出不起诉或者要求法院从轻处罚，又存在突破了现行法律和刑事政策规定的问题。

二是在立法上存在问题。首先，我国现行的《刑事诉讼法》没有规定辩诉交易制度，但是在司法实践中遇到一些刑事和解案件已逐渐突破原来的轻微刑事案件领域，甚至渗透到刑事案件的其他领域，如盗窃、强奸等，尤其是在部分农村地区和少数民族地区刑事和解现象更为普遍。虽然在司法实践中存在着量刑减让、不起诉等类似于辩诉交易的司法操作，但由于法律对此没有具体规定，给具体案件的办理带来了一定困惑。其次，我国现行法律只规定了三种不起诉制度，并且对于每一种不起诉的条件都作出了明确的规定，没有对其他特殊的情形作出例外性的规定，致使检察人员在实际操作中，遇到类似重伤害案件当事人双方均有和解愿望的情形时，没有不起诉的裁量权，只有等待法院最终作出判决。而将该类案件起诉法院的弊端是，通常情况下，受害人的赔偿请求是通过刑事附带民事诉讼来实现的，在一般的伤害案件中，对于受害人的实际生活而言，获得赔偿可能比惩罚犯罪人更为重要。较于法院判决，刑事和解能帮助受害人尽可能获得赔偿。

刑事和解作为一项新型的刑事案件处理机制，对于妥善化解社会矛盾，积极解决社会纠纷，保持社会稳定具有十分重要的意义。我国有关司法机关多年的实践表明，刑事和解机制对于解决轻微刑事案件具有重要的实践价值。刑事和解的办案机制不应当仅仅局限于轻微刑事案件，应当转变执法理念，处理刑事案件时，要以有利于维护公共利益、有利于教育和挽救犯罪人、有利于节约诉讼成本为出发点，对于重伤害案件，尽管其刑期在3年以上，但被告人有悔罪表现，主动要求赔偿被害人经济损失、具备刑事和解条件的，应当积极适用。

应当在《刑事诉讼法》中增加辩诉交易的相关规定，确立刑事调解制度。对刑事犯罪通过在犯罪方和被害方之间建立一种对话关系，以犯罪人主动承担责任消除双方冲突，从深层次化解矛盾。我国现行的刑事司法是以国家起诉和对被告人判刑为主要模式的，这种模式不仅带来监狱压力大、司法成本高的后果，而且严重忽略了被害人在刑事诉讼中所应具有的主体地位。刑事调解制度的确立，不仅可以对大量的轻微刑事案件的当事人双方化解矛盾的机会，一旦达成和解，应当由侦查机关撤案或由检察机关作不起诉处理，而且对于普通的重伤害案件，如果犯罪方和被害方之间有和解意愿，加害人能够赔偿被害人经济损失的，检察机关应当对双方进行必要的调解，同时根据辩诉交易的相关规定，给予犯罪人以从轻或是减轻处罚的承诺。这样做利处有三：一是有利于缓解矛盾，稳定社会；二是有利于帮教和改造罪犯，减少危害社会的犯罪因素；三是有利于帮助被害人获得最大限度的民事赔偿。

［编写人：夏纪红，甘肃省兰州市城关区人民检察院］

四　川(1)

张氏兄弟非法侵入住宅案

一、案情

犯罪嫌疑人：张老大，男，39岁；张老二，男，35岁，两人系兄弟，均为住四川省成都市××乡××村的村民。受害人：杨某，男，37岁，张氏兄弟所在村支部书记。

犯罪嫌疑人和受害人所在村位于成都市近郊。近年来，随着城市经济的快速发展，到该村租用土地投资经营的商家日渐增多，张氏兄弟的犯罪起因即源于土地租用。2005年，一投资商租用该村土地建设钢材市场，杨某身为基层干部，亲自参与制定租用村民土地的赔偿方案和实施。大部分村民都对赔偿方案没有意见。而张氏兄弟认为：钢材市场在事先未经自己许可，并在没有丈量以便准确赔偿的情况推掉自己的鱼棚，其后对自己的赔偿明显偏低，这严重侵害了自己的权益。作为村支书的杨某，在其中肯定有猫腻。张氏兄弟对杨某的怨恨从此埋下。

其后，张氏兄弟多次找杨某论理，要杨某给个说法，要增加租地补偿。杨某均认为张氏兄弟在无理取闹，不予理会。这更加加深了张老大、张老二二人的怨气。

2006年4月10日中午，张老大经过钢材市场，看见昔日自己的鱼塘现在变成钢材市场后生意兴隆，而钢材市场的补偿款早就被自己花光，张老大又愤愤不平。回家抽了几口闷烟后，张老大按捺不住，觉得必须要找杨某把问题说清楚。于是，张老大气冲冲地赶到杨家。张老大见面即出言不逊，质问杨某。由于张老大类似的言语已经多次，杨某对此甚为反感，不想和其过多纠缠，呵斥几句后，便躲避不见。张老大又骂了几句，见杨某铁了心躲避自己，也莫奈何，骂骂咧咧地走了。

而后，张老大给张老二打电话告诉此事。下午，张老大、张老二兄弟及同组村民在一起喝茶，又说起此事。张氏兄弟越说越气，认为杨某故意整他们，决定要找杨某把事情给他们说清楚。于是二人及另两村民径直冲到杨家。

杨某家的卷帘门紧闭，张老二在外大声呼叫杨某出来。杨某当没听见。见久无回应后，张老二便脚踢卷帘门。猛踢几脚后，卷帘门纵向裂开一道缝隙。张老二又在缝隙处猛击几下，缝隙裂开更大。张老二首先从缝隙钻进去，张老大及两村民也钻了进去。杨某之妻正在厨房洗碗，听见响声从厨房出来，见数人正进入屋子，便大声呵斥他们做什么，并要求他们出去。张氏二人怒气冲冲，径直冲上二楼卧室。此时杨某正在佯躺睡午觉。张老二顺手拿起一铁器向杨某砸去，张老大飞起一脚向杨踢去，三人扭打起来；而两村民在楼下堵住杨妻上楼，场面一时大乱……杨妻努力挣脱控制后，用随身携带的小灵通报警。张氏兄弟见状，害怕警察赶来，赶紧离开。

二、处理过程

公安机关很快介入案件。经调查，公安机关认定：张老大、张老二二人非法闯入杨某家并殴打杨某致轻微伤。根据《中华人民共和国治安管理处罚法》第 43 条之规定，公安机关给予张老二拘留 5 日并处罚款 500 元、张老大拘留 5 日的治安处罚。但杨某不服，以非法侵入住宅罪对张氏兄弟提起自诉。法院受理后，经审查，认为证据不足，于是移送公安机关立案侦查。公安机关侦查终结后移送四川省成都市某区人民检察院审查起诉。

检察机关受理案件审查后认为，该案事实清楚，证据确实充分，案情简单，犯罪嫌疑人的行为已构成犯罪，但情节轻微，可以不起诉。考虑到该案诱因（农村土地纠纷）的复杂性、农村矛盾碰撞的表现及多年存在的矛盾处理办法，决定在法律框架下，汲取符合正义和法治精神的乡情民意，尝试实行刑事和解，启发有轻微犯罪事实的犯罪嫌疑人主动推进问题的解决。在和解不起诉的过程中，检察机关做了相应的工作。

检察机关审查后认为，张氏兄弟的行为已经构成非法侵入住宅罪。其理由是：居住权是宪法赋予公民的基本权利，我国《宪法》第 39 条规定：中华人民共和国公民的住宅不受侵犯。《刑法》第 245 条的规定则明确了从刑法角度保护公民居住权。根据该条规定：非法搜查他人身体、住宅,或者非法侵入他人住宅的,处3年以下有期徒刑或者拘役。张氏兄弟未经许可,以拍、掀卷帘门等手段,强行进入杨家居屋,并且在业主责令其退出时不退出,甚至殴打被害人,其行为属于“非法侵入”他人住宅,触犯了《刑法》第245条的规定,构成非法侵入住宅罪。

检察机关同时认为,本案犯罪嫌疑人的犯罪情节轻微,根据《刑事诉讼法》第142条第2款的规定,对于犯罪情节轻微,依照《刑法》规定不需要判处刑罚或者免除刑罚,人民检察院可以作出不起诉决定。其理由在于:必须考虑行为是否造成了对刑法意义上的法益的侵害及侵害的程度。犯罪是一种严重危害社会秩序的行为,行为人即使构成犯罪也必须考虑其行为在程度是否达到需要刑罚处罚的程度。我国是一个“熟人社会”,人与人之间基本上一种“熟人关系”。人们之间的交往关系密切,既习惯于随时造访他人,也习惯于欢迎他人来访。像本案行为人大大咧咧地直接进入他人房间找居住者论理说事的现象在民间大量存在。这种行为属于轻微危害社会秩序的轻微犯罪,但不需要判处刑罚或者免除刑罚,因此可作微罪不起诉处理。

但是,在进一步分析案件后,检察机关发现,本案虽案件事实清楚,犯罪情节轻微,但是被害人和犯罪嫌疑人之间的矛盾却很深。首先,从已经经历的案件处理过程看,张氏兄弟已经被公安机关治安处罚,但杨某仍然不依不饶,强烈要求追究张氏兄弟的刑事责任。杨某先是向人民法院提起刑事自诉。在法院因证据不足将案件移送公安机关立案侦查直至检察机关审查起诉期间后,杨某多次主动到公安、检察机关,在谈及张氏兄弟时很愤愤然,要求严惩凶手,并且要求张氏兄弟支付医药费、精神赔偿等费用。其次,在公安、检察机关讯问张氏兄弟时,两人均对自己的行为已构成犯罪的认识不足,而更多的是抱怨杨某作为村支书没有维护村民利益,甚至认为私闯杨家的行为是正当的。据此,检察机关认为,如果直接对张氏兄弟作出不起诉处理,必然对被害人利益保护不够,张、杨之间的矛盾隔阂和内心忌恨依然没有得到消解。另外,通过调研,检察机关发现,在城市化浪潮和推进城乡一体化进程中,因土地纠纷引起的基层干部和村民之间的冲突时有发生,像本案演变成犯罪的情况并不鲜见。类似事件如果频繁发生,一方面会影响基层干部的领导权威,另一方面干群关系会更趋紧张,影响到农村的稳定大局。

因此,本案处理应注意三个问题。第一,从特殊预防角度,应给犯罪嫌疑人一定的惩戒。尽管对其没有实施刑罚的必要因而可以不起诉,但微罪不起诉毕竟不同于绝对不起诉,犯罪嫌疑人的社会评价会降低,从而精神上受到一定的强制。第二,从一般预防角度,应通过本案的处理让社会上的不稳定分子看到犯罪嫌疑人付出的代价,警戒这些不稳定分子试图以类似的极端方式疏解诉求,维护基层社会治理秩序,从而维护社会稳定。第三,应使犯罪嫌疑人和被害人握手言和,充分化解双方矛盾,达到治标又治本的目的。为此,首先,应促成犯罪嫌疑人的真诚悔悟,并积极赔偿损失,赔礼道歉,换取被害人的宽恕;其次,应促成被害人对犯罪嫌疑人的原谅。有鉴于此,检察机关认为,本案宜在检察机关的主持下,实施刑事和解,以实现办案的法律效果和社会效果的统一。

刑事和解需要犯罪人和被害人在自愿的基础上互动,同时要使社会可接受,惟其如此,刑事和解才可能。为了确定本案是否有刑事和解的可能性,检察机关采取了以下措施:

做好犯罪嫌疑人一方的思想工作,引导其真诚悔悟。在检察机关传讯张氏兄弟时,承办人首先依法对犯罪嫌疑人是否有犯罪事实、犯罪过程等进行了讯问,张氏兄弟一一作答。张氏兄弟的交代和公安机关侦查情况吻合,据此,承办人认定张氏兄弟犯罪事实成立。随后,承办人和张氏兄弟进行了深层次的沟通,了解犯罪诱因和张氏兄弟的犯罪心理。张氏兄弟认为:他们之所以直冲入杨家,主要因为杨某在和土地租赁方签订协议时对有的事项有不公开的嫌疑,后来多次要求杨说明情况时,杨某均置之不理,似乎觉得自己是领导干部,高高在上,不把普通村民放在眼里。张氏兄弟同时辩称,在农村,像这样擅闯他家,不偷不抢,以为不会构成犯罪,由于自己不懂法,才触犯了法律。就张氏兄弟的陈述,承办人从法律、道德、情感角度进行引导。承办人告诉张氏兄弟,其行为已构成非法侵入住宅罪,严重影响了他人的居家安宁,也给社会造成一定的恐慌。对这种犯罪行为不及时惩治,其他村民会误以为类似行为真的合法而相互效尤,最终将影响社区的共同安宁。张氏兄弟意识到了自己行为的严重性,悔恨之情溢于言表。承办人询问张氏兄弟,是否愿意在有群众代表参与的情况下向被害人赔礼道歉并当场赔偿损失,以换取被害人的谅解,检察机关也会根据其悔罪情况决定是否起诉。张氏兄弟同意承办人的建议。

做好被害人一方的思想工作,为刑事和解创造条件。承办人单独约见了被害人。从和被害人的交谈中,承办人了解到被害人在平常工作中确实存在方法方式的问题,简单、武断,“官本位”意识浓,不讲工作技巧,不善于化解干群矛盾等,这印证了张氏兄弟的陈述。承办人适时指出杨某工作中的不足。杨某认识到，如果平常不对质疑不屑一顾，注重解释沟通，不至于导致双方隔阂加深，更不至于引发张氏兄弟犯罪。承办人告诉杨某，张氏兄弟已经真诚悔罪，自愿赔礼道歉、赔偿损失。杨某认为，自己作为村支书，在法律意识、思想境界上应比普通村民高，如果张氏兄弟能理解自己的工作，能真诚悔悟并对犯罪造成的损失采取一定的补救措施，愿意既往不咎，和对方和解。

而后，检察机关走访了当地乡镇干部、涉案社区党员和村民，了解村社类似矛盾的基本特点、诱发案件的起因、嫌疑人和被害人的性格等，听取他们对本案的处理意见。多数乡镇干部、涉案社区党员和村民代表认为，张氏兄弟非法侵入他人住宅，应依法予以惩治；但考虑张氏兄弟系初犯，犯罪源于张、杨之间的误会且杨某的工作方式欠妥，以及乡情民意等因素，如果张氏兄弟能真心道歉，保证不再犯并作出赔偿，应给予张氏兄弟改过自新和张、杨握手言和的机会，这对促进村社团结大有裨益。

检察机关认为，在张、杨之间实行刑事和解的条件已经成熟。随后，在检察机关的主持下，在了乡镇干部、社区党员和法律意识相对较高、有一定影响、公道正派的村民代表参与见证下，张氏兄弟和杨某达成了刑事和解。张氏兄弟当场诚恳宣读了道歉信，支付了犯罪行为造成的损失，保证今后不再犯类似错误，做一个守法的好公民。杨某欣然接受了道歉和赔偿，确信张氏兄弟已经彻底认识到错误。杨某恳求检察机关考虑张氏兄弟的悔罪态度，给予相应的处理。

至此，一起刑事和解成功促成。最后，检察机关根据本案的具体情况，依照法律规定，对张氏兄弟涉嫌非法侵入住宅罪作微罪不起诉处理。

三、评析

该案事实清楚，案情简单，但检察机关并没有把其当成很普通的案件，而是立足于构建和谐社会，按照法律规定，通过治标又治本解决问题。这契合传统民间的和谐观念和目前村社中的乡情民意，活化了矛盾消解手段。结合本案的处理，可引出以下问题。

刑事和解必须以行为人和被害人的自愿为前提，不得以强制方式要求和解。这里又包括两个层次：行为人的主动自愿和被害人的积极响应。行为人的主动自愿是刑事和解的前提，因为先在犯罪行为意味着行为人有自我采取措施归复社会的责任；在行为人有刑事和解的意愿后，被害人若积极响应，愿意和解，惟其如此，刑事和解才能启动。

检察机关的“撮合”对刑事和解付诸实施至关重要。由于我国“有罪必罚”的民间法律意识很浓，行为人和被害人之间还不能适应刑事和解的新刑事司法观念，有必要由检察机关启发行为人自主理性走向自由之路。而且，由检察机关适度掌控刑事和解，还可以避免当事人规避法律，防止“以钱代刑”等恶果出现。在具体操作中，在案件送到检察机关后，首先分别调查犯罪者与被害人是否愿意和解，因为直接接触可能会激发冲突而导致和解失败，而通过缓和的间接接触，使被害人报复的情感得到平息，以便最终为实现和解创造条件。

和解手段主要有经济意义的和解和名誉意义的和解。一类是经济意义上的和解，如在对被害人造成实质性损害的案件中，如人身伤害、财产毁损，当事人应达成经济意义上的和解，包括损害恢复、赔偿等。另一类是名誉意义上的和解，如赔礼道歉、真诚的谢罪、悔悟、赠送礼物等，适用情形针对给被害人造成精神损害的案件，如侮辱、毁损名誉等。

刑事和解最重要的意义在于刑事司法观念的更新，使当事人更深入地参与到传统上由国家垄断的刑事司法运作过程中，被害人利益、行为人合法权益和社会的理性期待都得到满足，从而创造了多赢的格局。

传统的犯罪观认为，犯罪是个人与国家的冲突，它侵犯的不是个人的利益，而是国家的利益，因而对犯罪人的追诉只能由国家进行，而不允许调解。在我国，刑事诉讼是传统公法的主要内容，在程序上选择的是检察机关代表国家追究犯罪人的刑事责任。在国家强权面前，被害人无法表达和实现自己的意愿，其实给被害人造成了新的伤害。基于民主法治国之原则，那种只有积极的司法干预才能实现争议，消极的司法干预便不能实现正义的陈旧观念需要重新审视。犯罪人虽然侵犯的是国家利益，但其实际承受者是被害人，被害人是刑事冲突中的直接参加者，在诉讼程序中也应该从“旁观”到“参与”。刑事追诉并非全是国家统治的事务，而是公共事务之一种，容许私人有影响之可能性并无不妥。我们必须打破国家独占刑事追诉的局面，鼓励被害人的参与。

通过本案的处理，我们发现刑事和解确实具有我们所热切盼望的制度功能。它唤醒了当事人的主体意识，重视国家权力和个人权利的平衡，被害人与犯罪人权益的平衡，兼顾二者的利益。对于被害人来说，通过刑事和解不但确保了其实质利益，而且还弥补了精神上的损害，有助于被害人走出犯罪阴影。对犯罪人来说，一方面通过与被害人的沟通，能够深刻认识自己的犯罪行为给他人带来的痛苦的程度，使其真诚悔悟并采取实际行动对被害人予以赔偿来建立平和社会关系，从而提升了他的社会责任感。另一方面经由和解之践行,其被免予起诉、免予有罪宣告或刑罚执行,可避免刑事追诉所形成之负面效应,减轻其回归社会适应之困难。

刑事和解提高了司法的整体效率。在司法有限的前提下,为了更好地完成诉讼任务,就必须高效地利用有限的司法资源,刑事和解的突出优点就在于可以极大地提高诉讼效率。本案中,从表面看,检察机关先后同犯罪嫌疑人和被害人沟通,并在社区代表的参与下亲临社区实施刑事和解,似乎增加了工作量。但是,由于本案被害人持续要求追究嫌疑人的刑事责任,如果检察机关直接作不起诉处理,被害人恐怕难以“服气”,被害人可能存在的多种选择难免会造成司法成本的进一步耗费。从更宏观的角度,由于刑事和解还缓和了社区的类似紧张对峙情绪,减少了刑事案件的发案率。所以,总的来说,刑事和解提高了司法的整体效率。

当然,由于职权性质使然,检察机关必须严格依法执法,因此本案中检察机关对刑事和解的探索力度必然受到限制,即仅仅在现有法律框架下(如《刑事诉讼法》关于酌定不起诉的规定)进行有限的尝试。我们期待相关法律的完善,尽快构建起符合中国司法实际的刑事和解制度。

［编写人:张和平、周光富,四川省成都市成华区人民检察院］